해방 50년의 한국철학

철학연구회 편

철학과현실사

머리글

올해는 해방 반세기가 되는 해이다. 돌이켜보건대 우리가 지내 온 지난 반세기는 역사적으로 그 전례를 찾아볼 수 없을 정도로 격심한 변화와 혼돈을 겪었던 시기였던 것 같다. "배고프다 갈아 보자"는 웃지 못할 원색적인 구호로부터 '근대화'라는 표어에 이르기까지, 그리고 근대화라는 지상 명령 앞에 숨죽이고 있을 수밖에 없었던 자유에 대한 욕구가 드디어 분출되기 시작하였던 최근의 민주화 운동에 이르기까지 우리의 지난 반세기는 참으로 숨가쁘고 어지러운 사건들의 연속이었다.

사회의 혼돈에 따른, 혹은 사회의 혼돈을 야기시킨 사상과 가치관의 혼돈도 우리를 더욱 어지럽게 만든 한 요인이었을 것이다. 사회 속에서의 구체적인 삶의 양상이 달라졌기 때문에 사상과 가치관도 변하게 된 것인지 아니면 거꾸로 가치관이 변화했기에 구체적인 삶의 양상도 따라서 바뀌게 되었는지는 정확하게 알 수 없으나 여하튼 이 양자가 서로 맞물려 그동안 우리에게 엄청난 변화와 그에 따른 어지러움을 가져다 준 것만큼은 틀림없는 사실일 것이다.

지난 반세기 동안 우리 학계가 걸어온 모습도 총체적 혼돈과 결코 무관하지 않을 것이다. 특히 우리 철학계가 걸어온 발자취에는 혼돈과 혼란의 자국이 더욱 짙게 배어 있지 않나 생각된다. 사상과 관련된 혼돈과 혼란은 그것이 바로 사상적 자유로 연결되어 사상의 발전을 가져올 것이라는 생각에서 그것을 반드시 부정적으로만 볼 필요가 있겠는가 하는 시각도 가능할 줄 안다. 사상적 혼돈과 혼란을 어떤 주어진 이데올로기를 위하여 사상이 도구적으로 이용되거나 그것에 의하여 타율적으로 지배되는 상태에 대립되는 것으로 이해한다면 그러한 시각에도 일리는 있다고 보인다. 그러나 사상적 혼란과 사상적 자유는 엄연히 서로 다른 것일 것이다. 사상적 혼란이 사상적 자유를 위한 한 준비 단계일 수는 있을지 모르나 그것이 바로 사상적 자유 그 자체일 수는 없을 것이다. 무엇보다도 사상적 자유로부터는 지적 창조가 가능할 것이지만 사상적 혼란으로부터는 어떠한 창의적인 사상도 나올 수 없을 것이기 때문이다.

사상적인 혼란 못지않게 우리를 괴롭혀 왔고 우리의 발전을 저해하여 왔던 또 하나의 요소는 사상적 질곡이다. 사상적인 질곡으로부터도 지적 창조가 가능하지 않을 것임은 더욱 분명하다. 그동안 우리가 어떤 질곡에 사상적으로 구속되어 왔는지는 이 자리에서 구태여 거론할 필요가 없으리라 생각된다. 다만 여기에서 사상적 질곡과 관련하여 한 가지 짚고 넘어가야 할 점은 이제는 우리가 혼란은 모르더라도 질곡으로부터는 해방이 되었다고 생각하기 쉬운데 과연 그렇게 생각해도 좋은가 하는 점이다. 사상적인 질곡은 보통 일정한 정치적인 이데올로기로부터 오기 십상인데 그것만이 사상적 질곡의 전부는 아닐 것이다. 최근에 이루어진 민주화와 더불어 이제 그러한 의미로서의 질곡으로부터는 어느 정도 해방이 되었다고 치부해도 좋을 듯하다. 그러나 문제는 그러한 의미의 해방, 그러한 정도의 해방만으로는 참다운 사상적 자유를 이루어 내기 힘들 것이라는 데에 있다. 진정한 의미에서의 지적 자유는 우리의 정신을 구속시키는 일체의 것들로부터 해방이 되어야 획득될 것이다. 말하자면 한갓 외형적인 해방에 머물지 않고 각자의 내면적인 해방에까지 이르러야 진정한 지적 자유가 가능할 것이라는 뜻이다. 이러한 의미의 자유는 현실과는 거리가 먼, 지나치게 이상적인 데로 흐른 것이라고 생각될 수도 있겠으나 그럼에도 불구하고 이것을 강조하지 않을 수 없음은 새로운 사상의 창조는 진정으로 자유로운 정신에서나 가능할 것이고 정신의 진정한 자유는 바로 그러한 근본적인 의미에서의 내면적 해방이 이루어질 때라야 가능할 것이라고 보기 때문이다.

바로 이 대목이 해방 50주년을 맞은 현시점에서 우리가 가장 심각하게 생각해 보고 반성해 보아야 할 점이 아닌가 생각된다. 바로 이 시점이 새로운 사상과 새로운 가치관의 창조가 절실히 요청되는 때라고 보았을 때, 우리가 과연 참다운 의미의 자유, 참다운 의미의 해방을 이룩하였는지에 대한 반성은 새로운 사상과 새로운 가치관의 창조를 위한 초석이 될 것이기 때문이다. 앞으로 다가올 21세기 역사의 중심은 동북 아시아 지역이 될 것이라고 내다보는 사람들도 있는 것으로 알고 있다. 이 예측이 단순한 과대 망상의 결과인지 아니면 나름대로의 합리적인 근거를 갖춘 것인지를 알 도리가 없으나, 여하튼 우리가 지향해야 할 방향은 세계사의 주역까지는 모르더라도 적어도 그 중요한 일익을 담당하는, 또는 해야 하는 방향일 것임은 틀림없을 것 같다. 그리고 우리 철학계가 떠맡아야 할 짐은 그 일 중에서도 가장 기초적인 작업이라 할 수 있는 새로운 사상과 새로운 가치관의 제시이어야 하지 않나 생각된다.

그러한 가능성, 즉 새로운 사상과 새로운 가치관이 창조될 가능성이 우리에겐 충분히 있다고 감히 말하고 싶다. 새로운 사상의 창조는 우선은 여러 이질적인 기존의 사상들이 서로 부딪치고 자유롭게 만나면서부터 비롯될 것인 바, 이러한 만남의 시장이 한국에서처럼 다채롭게 선 곳도 별로 없어 보이기 때문이다. 동양의 여러 전통 사상에 대한 지적 탐구와 서양의 다양한 사상들에 대한 연구가 거의 비슷한 양적 결과들을 쌓으면서 동시다발적으로 수행된, 그리고 수행되고 있는 곳은 한국을 제외하곤 세계 어느 곳에서도 찾아보기 힘들지 않나 생각된다. 물론 그동안에 쌓였던 연구 결과들이 양적으로는 괄목할 만하지만 질적인 측면에서는 보잘 것없는 것일지도 모른다. 그렇지만 동·서양을 모두 알겠다는 우리의 지적 노력은 ‘잘살아 보겠다’는 데에 쏟았던 정열과 노력에 못지않게 대단히 치열했던 것만큼은 부인하지 못할 것이다. 그러한 노력이 치열했음은 한편으로는 단절되었던 우리의 전통을 회복시켜야 하겠다는 민족적 자존심과, 또 다른 한편으로는 서양 사상을 속히 받아들여 우리의 삶의 수준도 그들의 것에 못지 않게 높여 보겠다는 서양적 우월주의에 대한 콤플렉스가 동시에 작용하였기 때문이 아닌가 한다.

그러나 어디에서 연유한 것이든 우리의 지적 탐구와 노력은 그 어느 한 쪽에만 치우치지도 않았고 그 어느쪽도 게을리하지 않았다는 사실은 대단히 다행스러운 일이라 하지 않을 수 없다. 바로 이 사실이 어떤 새로움의 가능성을 담고 있고 새로운 사상의 싹을 잉태하고 있다고 믿기 때문이다. 물론 사상적 민족주의와 서양식 보편주의가 서로 아무런 주고받음도 없이 평행선만 걸어온 지금까지의 양상이 앞으로도 되풀이되어서는 곤란할 것이다. 이러한 양상이 계속된다면 발전도 창조도 불가능할 것이고 오직 맹목적인 답습과 모방만이 이어질 뿐일 것이다. 우리의 노력은 이제 이 양자의 교차점을 찾아 그 교차점에서부터는 새로운 사상의 탄생을 예고하는 하나의 통일된 선이 그어질 수 있도록 하는 데에 모아져야 할 것이라 생각한다. 다행스럽게도 이러한 사상적 만남의 필요성에 대한 목소리가 점점 커져 가고 있고, 또 실지로 구체적인 만남이 이루어지는 횟수도 점차 확대되어 가고 있다. 그 만남들에서 어떤 창조적인 합(合)이 이루어질 순간도 머지않아 올 것이라 확신한다. 우리 철학회의 여러 만남도 그러한 합을 이룩하기 위한 하나의 시동으로 보아도 무방하지 않나 생각된다. 또 그러한 뜻에서 우리의 21세기는 기대하여도 좋지 않나 생각된다.

올해로 꼭 50주년이 되는 해방—이 해방의 뜻을 되새겨보기 위하여 철학연구회는 지난 6월에 특별난 모임을 가진 바 있다. 그것은 지난 반세기 동안 우리의 철학자들은 어떤 문제들로 고뇌하였으며 전반적인 철학 연구의 동향이나 방법은 무엇이었는지 등을 반성해 보고, 또 앞으로 어떤 방향으로 나아가야 할 것인지도 모색해 보자는 취지에서 갖게 된 해방 50주년 기념 학술 행사였다. 이때 발표되었던 글들을 한데 묶어 보는 것이 우리 철학 연구의 현재 위치를 점검해 보고 또 우리의 철학 연구사를 기록해 둔다는 뜻에서도 적잖은 의의가 있을 것이라는 것이 많은 사람들의 공통된 의견이라 이를 〈해방 50년 한국 철학의 회고와 전망〉이라는 이름의 책으로 출간하게 되었다.

 이 책의 구성에 대해서 혹 의아하게 생각하시는 분들이 있을까 싶어 이 자리를 빌어 약간의 변명을 해두고자 한다. 이 책은 크게 회고하는 부문과 전망하는 부문으로 구성되어 있다. 회고하는 부문에서 원래 발표에서는 철학 교육과 철학 연구에 대한 회고도 큰 자리를 차지하였으나 이 부분은 그 양으로 보나 또 그 주제의 성격으로 보나 따로 한 권의 책으로 묶는 것이 좋다고 생각되어 이 책에는 싣지 않기로 하였다. 철학 작업의 회고 부분에서는 총 여섯 분의 선배 철학자에 대한 회고가 발표되었다. 이 여섯 분의 철학을 회고의 대상으로 삼게 된 데에는 어떤 특별한 이유도 없고 어떤 절대적인 기준이 있었던 것도 아니다. 일단은 작고하신 분들을 대상으로 삼기로 하였고 또 작고하신 분들이라 해서 모두는 다룰 수가 없었기에 우선 편의상 분야별, 학교별 안배를 고려하였고 짧은 시간 내에 비교적 쉽게 다룰 수 있는지의 여부도 고려하였다. 따라서 이번에 회고의 대상에서 빠진 분들은 바로 이러한 편의상의 기준에 의한 것으로 대상에 들고 빠짐의 구별이 어떤 객관적이고도 합리적인 기준이 있어서 결정된 것은 아니다. 이런 작업이 이번으로 끝날 것은 아니기에 이번에 빠진 분들에 대한 회고는 또 다른 기회에 얼마든지 이루어질 수 있으리라 믿는다. '회고'란 이름을 붙였지만 사실은 단순히 그분의 인격이나 사상을 칭송만 하는 것이 아니라 그분이 한 철학적 작업의 의의나 한계, 그리고 그것이 한국 철학 연구사에 남긴 긍적적·부정적 영향에 대한 "비판적" 고찰이 요구되었던 터라—이번 회고에서는 이러한 요구가 잘 수행된것 같지는 않지만— 이 원래의 의도나 요구를 고려해 볼 때 회고의 대상에 들었다고 해서 좋아하거나 빠졌다고 해서 섭섭해 할 일은 아니리라 생각된다. 만약 원래 의도한 대로의 비판이 잘 이루어졌더라면 회고의 대상에서 제외되었다고 섭섭해 하는 이들이 거꾸로 불쾌하게 여겼을 수도 있을 것이기 때문이다.

 어떤 것을 구성하든 구성에는 '완벽함'이란 없는 법—〈한국 철학의 회고와 전망〉을 구성하는 데에도 처음부터 적잖은 진통과 어려움이 있었다. 문제점들을 가능한 한 최소화시키면서 완벽과는 거리가 멀지만 그래도 이만한 정도의 판을 짤 수 있었음은 학회 임원 여러분들의 노고가 있었기 때문이다. 끝으로 상임이사 분들의 그동안의 수고에 감사드리고 또 판매 전망이 극히 불투명함에도 불구하고 이 책의 출판을 기꺼이 맡아 주신 철학과 현실사의 전춘호 사장님께도 심심한 사의를 표하는 바이다.

1996년 4월
철학연구회 편집인 일동

차 례

제 3 부 해방 50년의 한국 철학 : 전망

제1부 한국 현대 철학의 선각자

열암 철학—향내적 철학과 향외적 철학의 집합으로서의 한국 철학

이 남 영
(서울대)

1. 열암의 인품

경건한 선비, 성실하고 탁월한 교육자, 민족혼을 불러일으킨 애국적 지성 그리고 현대 한국에서의 진정한 철인(哲人), 이것이 열암(洌巖) 박종홍 선생(1903~1976)이 생전에 남긴 모습들이다.

선생은 국민학교 교원에서 중학 교사를 거쳐, 마침내 대학 교수까지 된 입지전적인 인물이다. 국사학계의 원로였던 두계(斗溪) 이병도 선생은 일찍이 평양 태생인 선생을 '대동강변(洌水)에서 태어난 우람한 바위와 같은 인물'이라고 해서 '열암'이라는 아호를 지어 주었고, 이에 흔히들 열암 선생으로 통하게 되었다.

올해로 선생이 작고한 지 어언 19주기가 지난다. 선생은 가셨어도 그 분의 인품과 사상은 생전에 못지 않게 추앙되고 학자들의 사표(師表)로서 살아 온다. 열암 선생을 스승으로 존경한다거나 사숙한다고 자처하는 인사들이 예상 외로 많다. 생전에 선생과 자리를 같이하고 대화를 나눴거나 학교에서 배웠다는 사실을 하나의 고귀한 축복으로 여기고, 마치 서양 고대의 플라톤이 소크라테스를 스승으로 모실 수 있었던 것을 가장 축복받은 일로 술회했듯이 그 감회를 토로한다.

열암이 별세한 1년 후, 우인(友人), 제자 등 61명은 선생의 학덕(學德)을 추모하는 회상록 《스승의 길》(일지사)을 꾸며서 그의 '큰 스승'된 모습을 생생한 증언으로써 밝힌 바 있다. 전 총리였던 이한빈 박사같은 분은 "해방 후, 문리대 영문과 학생이면서 철학을 부전공하다시피 공부를 하고 있을 때, 마침 대학은 '국대안'(國大案) 반대 시위로 휴강이 다반사였다. 그 무렵, 열암 선생의 과목은 2년간 한 시간도 쉬지 않고 강의를 지속한 유일한 강좌였다"고 증언하면서, 그 강의는 "초대형급 교수의 인격의 깊이를 잘 나타내고도 남음이 있었다"고 전한다. 현 국회의원인 남재희 의원도 부산 피난 시절 의예과 학생으로 열암 선생의 '철학개론' 강의를 수강하면서 "엑스터시에 가까운 감동을 느꼈다"고 술회하고, "그것은 강의라기보다는 드라마였다"고 밝히면서 철학과로의 전과를 마음먹었다고 전한다.

일찍부터 교육자 생활을 해 온 탓인지는 몰라도, 선생이 몸소 보여 준 성실과 경건의 고매한 인품에 관하여 지금까지도 여실하게 증언하고 기억 속에서 받들고 있는 사람들이 있다. 예컨대, 현재도 서울대학교 중앙도서관 내의 고참 사서직원들 사이에서는, 선생이 '60년대 대학원장 시절 도서관 출입할 때의 모습을 잊지 않고 있는 사람들이 있다. 책 반납을 하기 위하여 가져온 책들은 언제나 보자기로 싸여 있었고, 대출해 갈 도서 역시 보자기로 정성껏 싸서 가져간다는 것이다. 도서 대출신청도 손수 카드를 작성하여 제출하지, 절대로 직원에게 턱으로 가리키며 하대조로 시키려드는 법이 없었다는 것이다. 사실상 도서관에서의 책 대출만 해도 한두 권쯤 빌려 낼 때 으레껏 맨손으로 가져가거나 겨드랑이에 끼고 나가기 십상이련만, 열암 선생에게서는 결코 찾아볼 수 없는 일이었다. 한편, 현재도 지방 대학에서 유명 교수로 존경을 받고 있을 줄 믿는 모 교수는 자신의 모범을 열암 선생으로 삼고 마음 속으로 모시고 지낸다. 그의 증언에 의하면, 꼭 참고하고 싶은 외국어 원서를 마침 선생께서 대학원장 시절 갖고 계신다는 소식을 어떤 경로로 듣고는 며칠을 생각하고 주저하던 끝에, 결국 상경하여 혜화동 댁의 대문을 두드렸다는 것이다. 불청객인 시골 청년을 마다 않고 마주한 선생은 이 지방 학생의 간절한 소망을 듣고 쾌히 책을 빌려 주면서 많은 얘기도 들려 주고, 나중에는 후한 점심 대접까지 했다는 것이다. 이것이 계기가 되어, 이 젊은 학구(學究)는 더욱 분발하여 학업에 전념하였고, 그 역시 교수가 된 후로 학생을 대할 때마다 열암 선생의 정신을 되새긴다고 하였다.

2. 학문적 생애와 저술

열암은 평양의 한학자(漢學者) 집안에서 차남으로 태어났다. 어릴 때, 집에서 초보적인 한문을 배우다 5세 때부터 서당에서 사략(史略), 통감(統鑑)같은 한학을 배우고 서예도 익혔다. 그는 1920년에 평양고등보통학교를 졸업하였다. 졸업반 때, 그는 3·1독립운동에 가담했다는 이유로 일경(日警)에 연행되어 약 3주간 유치장에 구속되기도 하였다. 이것이 계기가 되어 민족의식이 싹튼 열암은 원래 물리학을 공부하여 새로운 발명이나 하려던 꿈을 버리고, 일본인이 내 민족이 아닌 민족적 타자임을 체험한 데에서 우리 민족을 먼저 알아야겠다고 깨달았다. 이에 그는 한문으로 된 각종 국사책들을 섭렵하고, 당시 사상계의 대표격이던 이돈화, 방정환 등의 저술과 강연을 통하여 민족의식을 더욱 심화하여 갔다. 그가 독서에 전념하던 어느 날, 일본 나라(奈良)의

둥대사(東大寺) 대불상의 주조의 총지휘자가 백제인 후손이었다는 사실에서, 일본 미술의 원조가 한국 미술에서 비롯하였음을 알고 새삼 놀라마지 않고 한민족의 특성을 밝히기 위한 포부를 지니게 되었다.

일찍이 10세 때에 부친을 여읜 열암은 대학 진학에의 꿈을 지녔으나, 집안 형편이 어려운 나머지 고보(高普)에 설치된 1년 과정의 사범과(師範科) 과정을 수료하고 1종 훈도자격을 취득하여, 19세의 나이로 보통학교 훈도의 길을 밟았다. 그는 처음에 전남 보성보통학교 훈도로 발령되었다가, 이듬해 대구 수창보통학교로 전근되었다. 그때 그는 고보 시절부터 관심이 많던 경주 석굴암의 석조의 미학적 연구를 위하여 방학 때가 되면 토함산에서 며칠씩 묵으며 관찰과 공부에 몰두하였다. 그 결과로, 그는 20세에 최초의 철학적 논문이라고 할 수 있는 〈조선 미술(朝鮮美術)의 사적(史的) 고찰〉을 《개벽》 잡지에 총12회에 걸쳐 장기 연재물로 발표하였다. 당시로서는 한국 지식인이 한국 미술사 분야에 관심을 갖고 논문을 쓰는 것조차 희한하고 소중한 업적일 수 있었다. 또한 이 논문을 살펴보면, 선생이 후반부 생애에서 어떻게 한국 사상 연구를 창의적이고 생산적으로 펼쳐 나갈 수 있었는지를 짐작할 수 있다. 왜냐하면, 선생은 이 약관의 나이에 이미 한문으로 된 각종 한국사 자료의 섭렵은 물론이고 중국의 소위 삼사(三史)와 위지(魏志) 및 당서(唐書), 신당서(新唐書) 등에 이르기까지의 고문헌을 철저히 조사, 활용하고 있음을 보게 된다. 선생이 대개 50대 중반부터 한국 사상, 한국 철학을 발표·강의한 것을 생각해 보면, 그간 30여 년간 선생의 철학 연구의 뇌리에서 한국 사상의 문제는 그 기간에 상응하는 학문적 검토와 세련의 과정을 거쳤다는 것을 알 수 있다.

선생은 그 후 23세 때에 보통학교 훈도로 만족할 수 없던 향학

열에서 일본 문부성 시행 중등교원 자격검정시험〔일명 문검(文檢)〕에 응시하고, 서울과 동경에서 치르는 예비시험과 본시험을 모두 합격하는 행운을 얻었다. 당시 이 문검에 대한 일반 인식은 하늘의 별따기보다 더 어렵다는 정평이었다. 선생은 6개월 과정의 교원강습교육을 받은 후 24세에 명문인 대구고보(현 경북고 전신)의 교유(敎諭)가 되었다. 선생은 원래 응시 학과목이 교육학이었는데, 학교에서의 담당 과목은 조선어와 한문이었고, 이때 총독부 편찬 교과서 외에도 〈용비어천가〉(龍飛御天歌), 향가(鄕歌), 《삼국사기》, 《삼국유사》 및 《동락사략》 등 당시 학생들로서는 듣지도 알지도 못하던 금서(禁書)의 내용을 배우게 된 데 민족혼을 고취시킨 학생들의 열띤 호응이 따랐던 것으로 전한다 (김사엽 교수 증언).

한편, 그때의 선생은 이미 《퇴계집》(退溪集)도 정독한 결과, 당시로서는 기대하기 어려운 놀라울 정도로 우수한 논문을 학술지에 발표하였다. 그것이 바로 〈이퇴계의 교육사상〉이다.

그 후, 열암은 고보 교유로 만족하지 않고, 27세 때에 다시 바로 몇 해 전에 설립된 경성제국대학 철학과에 뜻을 두고 전문학교 입학자격 검정시험에 응시, 합격함으로써 법문학부 철학과에 선과생(選科生)으로 입학하였다. 선과생 제도는 원래 각 직장에서 추천하는 우수 요원을 선발하여 대학 예과(豫科) 교육과정을 생략하고 정규 대학에서 전문교육을 이수하게 한 일종의 청강생 제도였다. 선과생은 대학교육을 이수하는 과정에서 예과 수료 자격검정시험에 합격해야만 정식으로 본과생으로 등록하고 졸업을 할 수 있고, 그렇지 않을 경우에는 학업을 이수해도 졸업장이 주어지지 않았다. 이에 열암은 학부과정중에 이 예과 수료 자격검정시험에 합격하여 정식 본과생이 되어 졸업하고, 연이어 대학원에 진학했고, 이듬해에는 오랜 동안 교제해 오던 현 부인(장숙진 여사)과 결혼하고, 대학에서는 법문학부 조수(助手)로 발령을 받

왔다. 당시에 연구 발표된 주옥같은 논문들은 이미 주위의 주목을 크게 끌었다.

35세 때, 열암은 이화여전의 교수로 임명되고, 2년 후에는 문과과장을 겸임하면서 김옥길 전 이화여대 총장을 비롯한 수많은 여성계의 지도자들을 배출하였다. 일본 식민 치하에서 고등교육 기관인 전문학교에서 한국인이 교수직을 얻기란 좀처럼 쉬운 일이 아니었음에도 선생이 임명될 수 있었던 것은, 모두가 그의 탁월한 학문적 능력과 교육자적 성실성의 결과라 할 것이다.

해방과 함께 선생은 새로 개편된 서울대학교의 교수로 취임하였다. 그로부터 1968년 정년퇴임하기까지 23년간을 철학 교수와 대학원장직을 겸직하면서 한국 철학계의 태산북두(泰山北科)로서의 학문적 업적을 이룩하였다. 선생은 일찍이 1945년에는 학술원 회원으로 추대되고, 55년에는 도미(渡美), 미네소타 대학에서 1년간 연구교수로 있으면서 저명한 미국의 철학 교수들과 교류를 갖고, 귀국길에는 유럽을 경유하여 하이데거, 야스퍼스 등과도 직접 만나 친교를 나누었다. 57세 때(1959)에는 한국에서는 최초로 '한국철학사' 강좌를 개설하고 이 분야의 교육과 연구의 창시자가 되었다.

선생의 강의는 문리대의 명강의로 이미 정평이 난 지 오래였지만, 그의 판서(板書)의 질서정연함이나 힘찬 운필법(運筆法)도 절륜한 것이었다. 수강생은 학기가 바뀔수록 눈덩이마냥 증가하였고, 소문을 듣고 청강 온 일반 시민과 타대학 학생들도 늘어갔다.

여기서 그의 다음 문제로 넘어가기 전에, 잠시 그의 중요 저술과 업적을 몇 가지 유형으로 분류하여 참고에 더하고자 한다.

1) 단행본

일반논리학(백영사, 1948. 8)
인식논리학(백영사, 1953. 5)
철학 개설(백영사, 1954. 9)
지성의 방향(백영사, 1956. 5)
철학적 모색(백영사, 1959. 12)
새 날의 지성(선진문화사, 1961. 12)
현실과 구상(박영사, 1963. 8)
지성과 모색(박영사, 1967. 8)
한국의 사상적 방향(박영사, 1968. 3)
자각과 의욕(박영사, 1972. 12)
한국 사상사(불교사상편)(서문당, 1972. 9)
한국 사상사 논고(유학편)(서문당, 1977. 4)
한국적 도덕관(교학사, 1975. 10)
변증법적 논리(박영사, 1977. 1)
열암 박종홍 전집(전7권)(형설출판사, 1980)
증보판 열암 박종홍 전집(전8권)(민음사, 예간, 1995)

2) 중요 논문

— 서양 철학편
"심리학적으로 본 심미적 감성의 우위(優位)"(日文), 문보조선
　　3월호(1926.3)
"하이데거에 있어서 불안(Sorge)에 관하여"(日文), 경성제대
　　졸업논문(1933.1)
"철학하는 것의 출발점에 관한 의문", 철학 창간호(철학연구
　　회, 1933.7)

"하이데거에 있어서의 초월의 내면적 가능성에 관하여"(日文),
　　미발표 원고(1933.9)
"철학하는 것의 실천적 지반", 철학 제2호(1934.4)
"하이데거에 있어서의 지평(Horizont)의 문제"(日文), 이상
　　(1935.2)
"현대 철학의 제문제", 조선일보(1938.4.15~3회 연재)
"이해와 사유", 문예(1942.9)
"실존주의와 현대 철학의 과제", 자유세계(1952.3)
"선구와 지도", 문리대학보 창간호(1952.12)
"사르트르의 철학사상", 문리대학보 제3권(3954.1)
번역/칸트, 형이상학 서론(*Prolegomena*), 서동익과 공역(합
　　동도서, 1956.11)
"로고스와 창조, 하이데거의 경우", 지성 창간호(1958.6.1)
"부정에 관한 연구", 서울대학교 논문집 인문사회과학 편, 제8
　　집(1959.6)
"미국 사상의 특징", 사상계(1959.7)
"전환하는 현대 철학", 전환하는 현대 사상(동양출판사,
　　1961.3)
"키에르케고르의 고독한 실존", 사색하는 사람들(동서출판사,
　　1962.12)
"주체성의 문제", 학생 연구(서울대 학생지도연구소, 1967.8)

— 동양 철학편
"토인비와 음양사상", 대학신문(1955.12.12)
"실존철학과 동양 사상, 특히 유학사상과의 비교", 사상계
　　(1958.8)
"20세기의 동양 사상", 대학신문(1963.6.24)
"중용의 사상", 대학·중용, 신역 사서(현암사, 1965.11)
"동양 사상이 서구에 미친 영향", 지성과 모색(박영사,

1967.8)

— 한국 사상편
"조선 미술의 사적 고찰", 개벽 제22호~제35호(1922.4~
　　1923.5)
"이퇴계의 교육사상(日文), 경북의 교육 제6호(1928.3)
"조선의 문화유산과 그 전승의 방법", 동아일보 신춘특별논문
　　(1935.1.1~8회 연재)
"'우리'와 우리 철학 건설의 길", 조선일보(1935.7.9)
"우리의 현실과 철학", 조선일보(1935.8.15~23.7회 연재)
"고전 부흥의 의의, 고전 부흥의 이론과 실제", 조선일보
　　(1938.6.1)
"4·7론의 현대 철학적 전개에 관한 각서", 조선일보(1940.8)
　　　이원구 저, 심성록 외, 수필본으로 필사(筆寫) 보존
　　　(1944)
"이율곡의 경장 진주의", 자유평론(1952.3)
"한국 사상 연구에 관한 서론적 구상", 한국사상 창간호
　　(1958.7)
"문화의 전승, 섭취, 창조", 사상계(1959.10)
"강릉의 오죽헌", 사상계(1959.10)
"오늘의 지성, 한국적 입장에서", 지성과 모랄(동양출판사,
　　1960.9)
"한국의 길", 한국일보 신년호 연두사(1961.1.1)
"민족적 주체성", 사상계(1962.10)
"한국의 있어서의 근대적인 사상의 추이", 대동문화연구 제1집
　　(1963.8)
"교원의 논리도 사람의 논리다", 새교육 9월호(1963.9)
"한국 사상에 나타난 인간의 존엄성", 동아문화 제2집
　　(1963.9)

"한국 사상에 나타난 인간의식", 세대 (1963.11)

"한국 유학의 역사적 추이와 그 경향"(미발표 유고, 1963)

"한국적 가치관의 새로운 방향", 세대 (1964.5)

"이퇴계의 성학십도(聖學十圖)", 사상계 (1964.7)

"사상사적으로 본 조남(潮南)", 조남문화연구 제2집 (전남대, 1964.9)

"한국인과 과학사상", 과학세기 창간호 (1964.10)

"한국에 있어서의 가치관의 추이", 동아문화 제4집 (1964.11.)

"이황, 성리학의 진수", 한국의 인간상4(신구문화사, 1965.4)

"이이, 지인(智認), 철인(哲人), 현인(賢人)", 한국의 인간상 4(신구문화사, 1965.4)

"최한기의 경험주의", 아세아 연구 제20호 (1965.12)

"곽종석, 한말 영남 유학의 지주", 한국의 인간상 (신구문화사, 1965)

"한국 사상의 방향", 중앙일보, 창간 1주년 기념특집 (1966.9.22)

"인륜과 산업과의 불가리(不可離)의 관계를 역설한 이원구의 사상", 이상과 사회 춘추사 (1967.7)

"도산(島山) 사상의 밑바탕", 기러기, 제44호 홍사단 (1968.3)

"한국인의 모랄", 아세아 창간호 (1969.2)

"서구 사상의 도입, 비판과 섭취, 기(其) 천주교", 아세아 연구 제35호 (1969.9)

"유학의 수용과 변용에 대하여", 서강 창간호 (서강대, 1970.1)

"조국의 젊은이들에게", 독서신문 제2호 (1970.11.15)

"서구 사상의 도입과 그 경향", 한국 민족 사상사 대계 I, 개설편 (아시아 학술연구회, 1971.5)

"한국의 철학", 한국학, 서울대 동아문화연구소 편 (현암사, 1972.5)

"퇴계의 시대적 배경", 퇴계학 연구(400주기 기념사업회, 1972.7)

"인류과 산업의 불가리, 이원구", 한국인물대계5(박우사, 1972.7)

"한국 유학의 특징", 한국일보(1972.8.15)

"민족문화와 주체적 교육", 교육평론(1972.12)

"이정직의 칸트 연구", 한국사연구휘보, 제2호(1973.5)

"통일과 민족사적 정통성", 한국 교육이념의 탐구(서울시교육위, 1973.7)

"우리 민족과 인내천(人乃天) 사상", 신인간, 1월호(천도교 중앙총부, 1974.1)

"한국 사상, 오늘의 과제", 근대(1975.11)

"유교 사상", 한국사론3 조선 전기편(국사편찬위, 1975.12)

3) 중요 보직 및 활동

18세, 평양고등보통학교 졸업(1920.3)

19세, 전남 보성보통학교 훈도(訓導) 취임(1921.4)

20세, 대구 수창보통학교 훈도 전임(1922.4)

24세, 대구 공립고등보통학교 교유(教諭) 발령(1926.4)

27세, 경성제국대학 철학과 입학(1929.4)

31세, 위 대학 졸업 및 대학원 입학(1933.3.5)

32세, 결혼, 법문학부 조수 발령(1934.3.5)

35세, 이화여전 교수 발령(1937.10)

42세, 전국 전문학교 폐교 조치로 퇴직(1944.1)

43세, 경성대학 법문학부 교수 취임(1945.12)

44세, 국립서울대학교 문리과대학 교수 취임(1946.10)

52세, 학술원 회원에 추대(1954.3)

　　　한국철학회 회장 선임(1954.9)

53세, 도미(渡美), 미네소타대 연구교수 1년간(1955.9)
54세, 유럽 여행중 하이데거, 야스퍼스 방문 회담(1956.7)
57세, '한국 철학사' 한국 학계에서 최초로 강좌 개설 강의
         (1959.4)
58세, 학술원상 수상(1960.7)
    서울대에서 철학박사 학위받음(1960.9)
60세, 서울대 대학원장 임명(1962.1)
61세, 한국사상연구회 초대 회장에 추대(1963.2)
    《박종홍 박사 환갑 기념 논문집》(철학연구회 편)헌정받
      음(1963.10)
    일본 천리대(天理大) 부설 조선학회 초청으로 도일(渡
      日)
    '한국에 있어서 근대적 사유의 추이' 학술발표(1963.10)
62세, 최수운 기념탑 비문 지음, 대구 제막식 거행 참석
         (1964.3)
64세, 학술원 종신회원 추대(1966.6)
    서울대 20년 근속 공로 표창(1966.10)
65세, 미국 및 유럽 학계 시찰(1967.8.~10)
66세, '국민교육헌장' 기초위원 선임(1968.2)
    '한국 10대 신사'(《올·다이제스트》주관)에 제3위로 지
      명됨(7)
    서울대 대학원장에서 정년 퇴임(재직 23년, 1968.8)
    서울대 명예교수로 추대(9.1)
    성균관대 유학대학장에 취임(10)
    《철학연구》(제3집)를 '박종홍 교수 정년퇴임 기념호'로
      발간(11)
67세, 성균관대 대학원장 취임(1969.3.1)
    도산서원 원장에 추대(4)
68세, 한양대 문리과대학장 취임(1970.5)

남산 퇴계 선생 동상 명문 지음, 제막식 참석 및 기념강
연에 기조강연 (10.20)
대통령 교육문화담당 특별보좌관에 취임 (12.10)
69세, 다산학회 회장에 추대 (1971.2)
퇴계학연구원 원장에 추대 (3)
70세, 《철학연구》(제7집)를 '박종홍 박사 고희 기념 특집호'로
발간 (1972.9.30)

― 서훈(敍勳) 사항
홍조소성 훈장 수령 (1962.8.15)
문화훈장 대통령장 수령 (1963.12.17)
국민훈장 무궁화장 추서 (1976.7.13)

3. 철학사상

열암 선생에게서 초지일관하는 철학적 관심은 바로 "나의, 이
시대의, 이 사회의, 이 땅의 이 현실적 존재 자체에 있다"면서,
포기할 수 없는 '이 현실'의 삶을 어떻게 창조해 갈 수 있는가의
탐색과 그 활로의 철학적 모색에 있었다. 그가 철학을 하지 않을
수 없었던 출발점의 현실은 "남부여대(男負女戴)해서 만주나 시
베리아의 황야를 유랑하는", '향토를 잃어버린' 겨레의 현실이었
다. 남이 대신 살아 줄 수도 없는 우리 겨레의 현실을 어떻게 다
시 건설하고 창조적인 현실로 구축할 수 있느냐는 문제의식에서,
그 해결방법을 열암은 논리학의 연구로써 찾고자 했다. 그래서
그는 《일반논리학》, 《인식논리학》을 연구하고 《변증법적 논리》
와 〈역학의 논리〉 및 〈창조의 논리〉까지 완성하려는 계획을 세웠
으나, 뒤의 두 가지는 아쉽게도 미완으로 남게 되었다.

열암은 서양 철학을 연구함에 있어서도 철학사에서 추구하는 진리 구명의 추이에 주목하고, 이를 향외적 (向外的) 방향과 향내적 (向內的) 방향의 두 사조로 유형화하였다. 그리고 이들 두 사상의 독자적 진로에는 각기 그 한계성이 있음을 포착하고, 바람직한 현실의 창조적 건설은 두 사상 방향이 지양되면서 함께 살려지는 새로운 미래 지향적 길을 모색해야 한다고 논증한다. 열암은 향내적인 실존사상과 향외적인 과학철학이 서로 배치되는 것이 아니라, 본래가 하나밖에 없는 진리의 길을 제각기 일면적으로 추상화한 데에서 하나의 구체적인 길의 양면임을 망각하고 서로 분리되어 있다고 했다.

이러한 두 면을 본래 하나의 양면으로 가지고 있는 것이 다름 아닌 동양 사상이라고 하였다. "얼핏 보아 케케묵은 보잘 것 없는 것 같기도 하나, 오히려 실존사상과 과학철학을 밑바닥으로 통하는 면에 있어서 문제삼게 된다. 오늘날, 서양 철학의 막힌 앞날을 타개함에 있어서 귀중한 시사를 주는 사상이 아닐 수 없다"고 내다보고 있다. 여기서 열암은 다시 중요한 발언을 던진다. "근대 과학을 토대로 하여, 다시 그것을 넘어 동양 사상을 섭취하려는 태도와 근대 과학의 토대 없이, 저들이 높이 평가한다고 하여, 그저 동양 것 하나면 족하다는 생각이나 태도와는 근본적으로 다름을 알아야 한다"(철학 개설, p. 276)고 주의를 환기시키고 있다.

열암은 한 걸음 더 나아가서 "동양 중에서도 우선 우리는 한국의 것을 먼저 알아야 하겠다. 우리는 지금 바로 우리의 것을 살려서 적극적으로 다룰 줄을 알아야 할 때가 되었다"고 역설하고, 우리의 삶에 새 힘을 넣어 주는 안내의 몫을 한국 철학의 연구를 통하여 실현시키자고 강조하였다. 열암은 한국 철학의 연구는 과거를 위한 과거에 얽매여 그것을 무상의 자랑거리로만 생각하기 위한 것이 아니라, 정열적 기대에 찬 미래의 성공을 돕기 위한 방법의 하나로 생각하였다.

선생의 또 다른 평소의 일관된 주장은 "사상이란 회고적인 추억에 그의 사명이 다하는 것이 아니다. 우리의 삶에 새 힘을 넣어 주는 안내의 몫을 담당할 수 있어야 할 것이다"(한국 사상사, p. 16)라고 하여, 사상은 현재와 미래와의 관련에 있어서 과거가 되살려지는 보다 큰 의의가 있다고 보았다.

열암은 생전에 '창조의 논리'를 수립하기를 필생의 염원으로 삼았다. 이 창조에 관한 구상은 로고스에 의한 측정에 따라 주어진 소재를 현실적 요청으로서의 일정한 목적적 견지에서 채택하여, 하나의 구체적 형태의 새로운 질(質)을 획득하는 질적 비약을 도모하는 것이다. 이는 기존의 전통적 질곡을 타파하고 지양하려는 혁신적 비약의 과정이라고 보았다. 이는 전통적인 것을 그저 부정만 하는 것이 아니라, 이 부정을 매개로 하여 전통의 지향하는 목표를 다시 긍정하는 과정이며 발전적으로 살려서 계승하는 실천이라고 논증하였다.

한편, 창조의 논리가 구명되려면, 먼저 그 사실 자체를 들여다보는 것이 필요하다고, 열암은 강조한다. 이에 선생은 한국 사상사의 현장에서 퇴계·율곡·다산(茶山)·동학·서학 또는 이원구, 최한기, 이인재, 이정직 그리고 곽종석 등을 통하여 밑바탕에 흐르는 일관성을 파헤쳐 왔다.

열암의 취지는 다음과 같다. 즉, 창조의 논리는 우리 한국의 현실을 창조적으로 살리고 성공적인 미래를 건설하기 위한 지적 탐구작업이었다. 따라서 창조의 방향은 '도의'(道義)의 참(誠)과 과학기술의 참(眞)이 상호 침투하여 하나의 힘찬 밑받침이 되면서 우리의 새로운 역사를 창조하는 것이다. 그리고 그 뜻을 도모했던 조상의 정신에서 활력의 근거를 찾게 되기도 한다.

열암 철학은 다음과 같이 요약될 수 있을 것이다. 즉, 숭고한 인간 완성을 목표하며, 조상의 빛나는 정신을 오늘에 되살리는 창조적 역군으로 하여금 과학의 진리와 도의의 진리를 동시에 추구하게 했던 이론적이자 실천적인 구상이었다.

마지막으로, 열암 철학은 전통과 현대를 함께 살리려는 정신적 자세인 데에서, "미래 지향적 창조가 조상의 일을 오늘에 되살리는 것"(자각과 의욕, p. 49)이라는 발언도 깊이 음미할 내용이다. 한편, 선생은 "주체성이 상실된 곳에 창조는 있을 수 없다"고 피력하거니와, 이 역시 나와 남이 다르다는 차이가 분명할수록, 이는 자각의 도가 높아지는 것이요, 자신의 여건을 적극적으로 살리면서 독립을 지탱할 수 있는 힘이자 민족정기라고까지 하였다. 선생은 새 날의 건설을 위해서는 창의적인 섭취에 과감하고 전통 속에서 새로운 힘을 자각하는 데에서 국토 통일의 역량도 발휘될 수 있으리라 내다보고 있다(자각과 의욕, p. 102). 우리에게 힘을 넣어 주는 지혜의 소리가 아닐 수 없다.

유학의 현대적 의의
─ 이상은 선생의 견해를 중심으로 ─

김 병 채
(한양대)

1.

"유학이 오늘날 현대인들에게 무엇인가"라는 물음은 유학을 전공으로 하는 학자들에게 있어 피할 수 없는 문제이다. 왜냐하면, 유학은 그 본질적 성격이 바로 현실과 관계하고 있기 때문이다. 그리고 유학의 이러한 문제를 한국에서 가장 심도 있고 열성적으로 탐구한 학자는 이상은 선생이다.

선생은 일찍이 고려대학교의 아세아문제연구소를 설립하여 이 연구소를 중심으로 활동하였다. [1] 이러한 활동은 곧 유학을 전공으로 하는 선생에게 있어 현실에 대한 인식에서 비롯된 것이라 볼 수 있다. 유교문화권인 아세아 제국(諸國)의 당면한 문제에 관한 연구는 곧 현재에 있어서의 유학의 공능(功能) 및 그 진로에 관한 선생 나름대로의 탐색이었다고 볼 수 있다.

이와같이 선생은 현실의 문제에 관하여 유학자로서의 관심을

---

1) 아세아문제연구소는 이상은, 김준엽, 조기준을 중심으로 하여 1957년에 한국과 그 주변 아시아 여러 지역 민족의 역사, 문화, 생활을 조사·연구하는 것을 목적으로 설립되었다. 선생은 이 연구소의 소장으로 정년퇴임까지 그 직에 머물렀다.

표명하였고, 이를 학자의 입장에서 연구하는 방식으로 접근하였다. 선생은 한 번도 이러한 학자의 입장을 떠나 본 적이 없었고, 이러한 선생의 태도는 선생이 평소에 강조하던 유가(儒家)로서의 선비의 자세를 흐트러뜨리지 않았음을 통하여 알 수 있다. 선생은 일생 동안 권력에 아부함이 없이 유학이 현실에 대하여 무엇을 말할 수 있을 것인가를 연구하였던 것이다.

이러한 선생의 관심은 당연히 전통 유학에 대한 새로운 해석의 시도로 나타났다. 즉, 그는 '유학의 현대적 의의' 2)를 탐구하는 것을 일생의 문제로 삼고 연구하였다. 즉, 전래의 '성균관'이나 '향교' 안에 현대인들과 격리되어 있던 '유교' 3)를 그 본래의 모습인 '유학' 4)으로 바꾸고자 하였고, 그것이 갖고 있는 본래적인 가치가 현재에 어떻게 표현되어야 할 것인가에 관심을 가졌다고 볼 수 있다. 유학은 그것이 처해 있는 현실에서 어떠한 말을 해야 하는 것인가가 가장 중요한 일이라고, 선생은 보고 있는 것이다. "유교가 우리 나라에 들어와서 우리 문화에 공헌한 바 있다면 그 것은, 즉 우리에게 인간의 존엄성, 인간의 가치를 극히 존중하는 의식, 그러한 인생관, 윤리관을 길러 준 데 있는 것이다. 저 유명한 사육신(死六臣)의 절의(節義)같은 것도 그것이 단순히 총애

---

2) 선생의 저서인 《유학과 동양 문화》(범학사, 1981년)는 1975년 선생이 작고 하시기 전에 마지막으로 자기의 글들을 정리하여 출판한 책으로, 그 글들의 대부분이 바로 이 '유학의 현대적 의의'에 관한 글들을 모아 놓은 것이다. 그러므로 논자는 이 글의 제목을 '유학의 현대적 의의'라고 붙였다.

3) 여기서 논자가 '유교'라 부르고 있는 내용은 근대 서구의 교육을 받고 그로 인하여 소위 과학적이고 합리적인 사고를 해야 한다고 주장하는 현대의 일반인들에게 소외당하고, 심지어는 배척까지 받고 있는 형식적인 것만을 강조하는 예교(禮敎)로서의 '유교'를 말한다. 이상은 선생이 그의 논저에서 사용하고 있는 '유교'라는 '교'는 사실 이와는 다른 뜻이다. 그것은 《중용》에서 말하는 '수도지위교'(修道之謂敎)라고 말할 때의 '교'이다.

4) '유학'이라 말함은 공자에 의하여 비롯된 현실 행위로서의 '학'을 뜻한다. 즉, 오늘날의 학문으로서의 '학'이 아니라 《논어》에서 말하고 있는 그러한 의의의 '학'을 지칭하는 말이다.

해 준 군주에 대한 신하의 봉건적 충성심에서 나온 것만은 아니다. 그것은 불의에 대한 항거, 인간의 양심적 가치를 끝까지 상실하지 않으려는 숭고한 정신이 약동(躍動)한 것이다. 조대(朝代)마다 조정(朝廷)에 부당한 처사가 있으면 산림(山林)의 선비들이 복궐상소(伏闕上疏)하여 정의를 주장하고 간사(奸邪)를 지척(指斥)하는 일이 종종 있던 것도, 모두 이러한 가치의식, 문화의식에서 일어난 행동이었다.——우리는 다시 우리의 전통적 정신을 찾아야겠다. 뼈가 있고, 굳세고, 드높고, 녹녹치 않은 인간, 품위 있고, 격이 있고, 진실된 인간, 먼저 '인간'부터 찾아야겠다."[5] 선생은 유학의 전통 정신의 의의를 비판의식, 가치의식 그리고 문화정신에서 찾고 있다. 이는 분명히 유학에 대한 새로운 해석이다. 그리고 이러한 정신을 선생은 인간의 존엄성에 근거하고 있다. 유학의 인생을 가치생명의 끊임 없는 자기 실현으로 보는 것이다. "인간은 인간의 존엄성을 발휘하는 것, 즉 인생의 가치를 실현하는 것이란 점을 말하고 싶다. 인간의 존엄성은 어디로부터 온 것인가? 그것은 인간이 가진 '양심'에서 오는 것이다. '양심'이란 자기로써 자기를 속일 수 없는 마음을 말한다."[6] 이것은 인성(人性)의 내재적 가치를 인정하고, 이 내재적 가치는 바로 인간의 존엄성의 근거가 됨을 말하는 것이며, 이것이 바로 가치생명이다. 선생은, 생명은 무한히 계속하여 자기를 실현하고 있다고 생각하였다. 그러므로 '우공이산'(愚公移山)의 우화를 설명하면서, "이 우화는 영구한 생명을 통하여 보는 점에 있어서 그 의의가 더욱 심원(深遠)하다. '북산우공'(北山愚公)은 그것을 무한한 생명의 매개를 통하여 논하는 것이다"[7]라고 이해하여 말하고 있다.

인간의 가치는 바로 생명가치이고, 이러한 생명가치의 흐름을

5) 이상은, 현대와 동양 사상, 일신사. p.30, "인간으로서의 성공".
6) 같은 책, p.26.
7) 같은 책, p.35, "우공(愚公)의 지(智)".

유학에서 말하는 도덕 실천으로 보고 있는 것이다. 그러므로 이 세계는 이러한 인간의 생명가치가 자기를 실현하는 장으로 보아야 한다. 그리고 이 가치생명을 선생은 바로 공자(孔子)가 말하는 인(仁)으로 파악하고 있다. "인간과 인간 사이에, 더 넓게 말하면 인(仁)은 로고스보다 더 근원적인 것이요, 또 그것은 로고스의 정적(靜的)·객체적·형식적인 성격에 비하여 동적(動的)·주체적·내용적인 성격을 띤다. 이러한 '인'은 형이상학적으로 우주의 대생명(大生命)의 흐름에서 오는 것이라고 본다. 《주역》(周易)에서 말한 '천지지대덕왈생'(天地之大德曰生)이라 한 그 '생'에서 오는 것이다. 그래서 그들은 '생생지리'(生生之理)라고도 말한다. ──그 자체의 본질로 말하면, 인간인 경우에는 맹자(孟子)가 말한 불인(不忍), 측은(惻隱)이나 《중용》(中庸)에 말한 순순(肫肫) 송명유(宋明儒)들이 말한 측은(惻怛) 같은 말들이 그것을 형용하는 타당한 용어들이요, 우주 자체에 있어서는 '천리유행'(天理流行)이라, '순역불이'(純亦不已)라, '어목불이'(於穆不已)라, '생생불이'(生生不已)라 하는 말들이 그것을 설명하는 용어로 사용되어 왔다. 그러나 '인'의 체(體)와 용(用)을 동시에 설명할 수 있는 문구로서는 역시 계사(繫辭)의 '적연부동'(寂然不動), '감이수통천하지고'(感而遂通天下之故)란 말이 가장 적당하다. '심연부동'(寂然不動)은 '인'의 '체'를 말하는 것으로 묵묵히 생식(生息)하는 상태를 의미한 것이요, '감이수통'(感而遂通)은 '인'의 '용'을 말하는 것으로서 지극히 민감한 상태를 의미한다. ──다시 말하면, 인간의 정치, 도덕, 종교, 예술, 음악 등의 생활이 다 그 밑바닥에 '인'을 바탕으로 하고서야 성립된다는 것이다."[8]

선생은 '인'을 생명의 본질로 파악하고서, 우리의 생명은 바로 이 '인'을 통하여 우주의 대생명의 흐름과 합일(合一)할 수 있다

---

8) 같은 책, p.216, "휴머니즘에서 본 유교사상".

고 하는 것이 유학의 입장임을 알았다. 때문에 '인'은 '천리유행'
과 '순역불이'함으로 인하여 현상계로서의 자연이 있게 된다고 보
게 된다. 그러므로 자연계는 '천리'의 '유행'이고, 인성 또한 이
'천리'로서의 '인'이 내재함으로 '순역이기' 하는 것이다. 그러므로
"인간의 성(性)은 이 자연한 것에서 온 것이다. 다시 말하면, 인
성은 본체론적(本體論的) 근거를 가진 것이요, 단순한 이상계(理
象界)의 자연이 아니다. '천명지위성'(天命之謂性)의 '성'도 이러
한 본체론적 근거를 가지는 '성'이다. 후일에 주렴계(周濂溪)가
태극도설(太極圖說)을 발표한 후로, 이 '성'의 본체론적 근거가
'태극'이 되었다. 《중용》에도 '졸성지위도'(率性之謂道)라고 한
다. ──인간의 윤리도덕의 법칙은 인성 속에 태극의 이(理)로서
갖추어 있다가 일차심(一且心)이 외래 사물에 접할 때에 실현되
는 것이란 의미이다. [9]

2.

이상은 선생은 유학을 인성의 삶의 문제에 관한 '학'(學)에서
출발한다고 보았다. 그러므로 유학은 인간학인 셈이다. 즉, 인간
의 문제에서 출발하여 인간을 중심으로 한 세계관, 형이상학 그
리고 우주론에서 나아가는 것이다. 때문에 인성론은 유학의 기초
가 된다. 인성의 본질에 대한 인식과 그 근거를 탐구하는 것이
인성론이다. 그러므로 보통 유학을 휴머니즘이라 한다. 그러나
"휴머니즘에서 말하는 '인간성'은 선(善)과 악(惡)을 겸(兼)함
또는 무선무악(無善無惡)의 인성관에서 말하는 것이다. 유교에서
말하는 인간성은 '팔지소이위인'(八之所以爲人)이란 관점에서 인
성을 말하기 때문에 성선설(性善說)의 관점에서 본 인간성이다.

---

9) 같은 책, p.71, "인생관과 논리".

서양 중세기 기독교의 원죄(原罪)설은 신 본위(神本位)에서 인성을 보았고, 근대의 진화론은 동물 본위에서 인성을 말하기 때문에, 양쪽이 다 인성을 바로 보지 못한 것이라고 생각한다. 바로 보자면, '인지소위인'이란 인간 본위 입장에서 보아야 한다."[10] "동양에서는 언제나 인간이 중심이 되며, 본위가 되며, 주체가 된다. 그렇다고 동양에서 신을 축출하거나 '신의 사망'을 선언한 일도 없으며, 그렇다고 자연을 극복해 온 일도 없다. 신과는 '천인합일'(天人合一)이요, 자연과는 '조화일치'(調和一致)이다. ──사상 면으로 이것을 설명한다면, 동양인은 성선(性善)의 인간관에 입각해서 그 인생관을 가졌던 까닭이 아닌가 한다."[11] 이러한 '성선'의 인간관이므로, "사람의 마음은 그 본성이 다같이 '인'의 본질을 가지고 있기 때문에, 그것을 잘 미루어서 확충하면 정치 교육을 통해서 '애'(愛)의 보편적 실현이 가능하다는 것을 유가에서는 합리한 생각으로 알고 있다. 그러므로 거기에는 내세의 사상, 초현실의 사상이 존재할 여지가 없다. ──유가의 인생관은 성선관(性善觀)이기 때문에 원죄의식이 없다. 다만 유가에서는 사람이 생후에 후천적 영향, 환경의 영향으로 그 선한 본성을 충분히 발휘하지 못하는 수가 있다 하여, 사람으로써 '범죄'를 하는 일이 있다는 것을 인정할 뿐이다. 그러나 그와 동시에 사람은 누구나 다 개과천선(改過遷善)할 수 있다고 본다. 이 개과천선도 자기가 자기의 '가이위선'(可以爲善)의 본성을 발휘해서 하는 것이요, 신의 힘을 빌어서 하는 것이 아니다. 이런 의미에서, 유교의 인간과 기독교의 인간을 비교하면, 기독교의 인간은 신에 예속된 인간이요, 신에 의해서만 그 인격의 완성도 기할 수 있는 극히 미약한 인간이지만, 유교의 인간은 개체가 다 자주적으로 자기의 인격 완성을 할 수 있는 독립자존의 인간이다."[12] "사상

---

10) 같은 책, p.218, "휴머니즘에서 본 유교사상".

11) 같은 책, p.140, "동양적 인간형".

12) 같은 책, p.84, "유교는 종교인가?"

신앙 면으로 볼 때, 기독교의 ①유일의 인격적인 신, ②'원죄' 속죄사상, ③부활 영생, ④현세의 종말관, ⑤천당 지옥 등의 신앙은 유교에서는 모두 불합리한 것으로 알고 잘 받아들이지 않는다. 정통 유교는 성선설로서 '인개이위요순'(人皆以爲堯舜)이라 하여 그 자신의 자각과 노력 여하에 따라서 이 지상에 지선(至善)의 세계도 실시할 수 있다고 본다. 유교에서는 '신' 대신 '천'(天)을 믿는데, 그 천은 원시 유교에서는 '천리'(天理)란 개념으로 대찬되었다. 이 천리는 인간의 본성 속에 내재해 있는 것으로 안다."[13] "동양의 인성관에 있어서 이 '적연부동'(寂然不動)하고 안정무착(安靜無着, 집착이 없는)한 '중'(中)을 인성의 본연한 자태라고 본다. 그것은 즉 '구중이이응만사'(具衆理而應萬事, 모든 이치를 갖추어 가지고 모든 일에 응하는)하는 '심'(心)의 본연한 자태라고 한다. 이 구중이이응만사하는 마음은 안정부착(安靜無着)한 상태에 놓이면 모든 유한성을 초월하여 무한한 것에 직통할 수 있다.──이리하여 동양의 인성은 천지의 성(性)과 통하고 있다. 그것을 자각하여 실현하는 사람은 '군자'(君子), '성인'(聖人)이라 칭하고, 그것을 자각하지 못하고 기질의 작용에만 지배되는 사람을 '서인'(庶人), '소인'(小人)이라 일컬었다.[14]

동양에 있어서의 천도천명관(天道天命觀)은 특별한 의미를 갖는다. 고대에 상제(上帝), 천제(天帝)는 의지를 행사하는 종교적인 인격신으로서 천(天)이었다. 이것이 주대(周代)에 들어서면서 형이상학적인 실체의 의미로 커다란 전환을 하게 된다. 이것을 우리는 보통 '종교의 인문화 현상'이라 부른다. 즉, '천도천명'이 아래로 관통하여 인성의 본체를 이룬다는 것이다. 이상은 선생은 바로 이러한 견해를 지지하는 우리 나라의 대표적인 학자이다. 그러므로 선생은 "성선관이란 다름이 아니라 인간이 경외하고 신앙하는 '천'이 곧 나에게 갖추어 있는 '성'(性)이라는

---

13) 이상은, 유학과 동양 문화, p.277, "유학의 이념과 한국의 근대화 문제".
14) 현대와 동양 사상, p.75, "인생관과 논리".

생각이다. 서양에서는 인성이라 하면 으레 신성과 대립되는 어떤 악의 근원처럼 생각하는 경향이 많지만, 동양에서는 인간의 본성을 '천'이라고 본다. 그것은 "천지(天地)는 이생물위심(以生物爲心)"이라고 한 그의 '심'이 곧 인간이 가지는 '인'의 마음이기 때문이다. 다만 이 '인'심을 사람마다 다 갖고 있어도, 그것을 키우고 길러서 확충시키지 못하고 그냥 던져 버려 두면 악이 발생할 수도 있는 것이다. 그러므로 유가에서는 악을 제거하기 위해 오직 자기의 본성을 자각하고 그것을 잘 보존하고 키우는 것(養)은 즉 '천'의 생물의 '심'을 받들어서 더욱 그것을 실현시키는 것이 된다. ——나의 인심, '인성'이 곧 '천'의 '심'이니, 나의 심성을 극진히 존양(存養), 확충(擴充)하는 것은 즉 '천심'을 극진히 받드는 것이다. 다시 말하면, 인간의 본무(本務)를 다하는 것이 곧 '천'을 섬기는 것이며 '천'을 경외하는 것이다. [15]

3.

이상은 선생은 '천도천명'이 바로 나의 심성의 본질이 되는 것이라고 하여, 초월적인 천도천명이 바로 인간의 내재적 본질로서의 도덕 심성이며, 이러한 심성을 자각함으로써 도덕 실천의 근거로 삼고자 하였다. 그리고 이러한 본성이 곧 《대학》(大學)에서 말하는 '명명덕'(明明德)이라고 보고 있다. "인간 생활의 내부적·정신적인 면의 내재적 가치를 《대학》의 술어(述語)로서는 '명덕'(明德)이라 하였다. '명덕'은 인간의 소이(所以)를 말하는 것이다. 현재 민주주의 사회의 기본 이념인 인간의 존엄성이란 말은 바로 인간이 자신 본성 속에 지니고 있는 이 '명덕'을 가리킨 말로 해석해야 옳다고 본다. 왜냐하면, 인간으로부터 이 '명덕'을 빼 버린다면, 인간은 동물이나 기계·도구에 불과할 것이

---

15) 같은 책, p.98, "유교는 종교인가?"

요, 하등 존엄성을 찾아볼 수 없기 때문이다. 서양 사람들은 이 존엄성을 '자유·정의·진리'를 애호하는 인간의 정신이라고 해석하는데, 유교에서는 이것을 '인·의·예·지·신'을 애호하는 정신으로 알고 있다. 그러므로 '명덕'의 구체적 내용은 서양식으로 말하면 '자유·정의·진리'요, 유교 식으로 말하면 '인·의·예·지·신'이다. [16)

이와 같이 인·의·예·지는 도덕 심성으로서의 '명덕'이고, 이 '명덕'이 바로 인간에게 존엄성을 갖게 하는 것이라고, 선생은 보고 있다. 그러므로 인간이 그 존엄성을 유지시키려면 바로 이 본성으로서의 도덕 심성을 확충시켜야 한다. "맹자는 본성의 충분한 실현을 '진심'(盡心)이란 말로 표현하였다. 흔히 말하는 '성의를 다한다'는 말도 '진심'의 뜻은 되지만, 맹자가 말하는 '진심'의 의미는 사람의 인간성을, 즉 '인, 의, 예, 지'의 '성'을 최대한으로 실현하라는 말이다. 진심에 있어 가장 중요한 것이 '직'(直)이다. 공자는 "인간이 산다는 것은 '직'으로 살아가는 것이다. 거짓으로 산다는 것은 요행으로 사는 것이니라"라고 하였다. '직'이란 솔직, 강직 등의 의미와 동시에 질박, 성실, 순진의 뜻이 있다. ──'직'은 대인관계에는 정직·솔직의 의미도 되지만 자기에 대해서는 '무자기'(毋自欺)의 뜻이다. ──사실 동양 도덕의 근간이 '무자기', '신독'에 있지 않은가 한다."[17) 《대학》이나 《중용》에서 '성'을 '무자기'라고 하였으니, 자기를 속이지 않아야 남에 대해서도 직(直)할 수 있다. ──유가사상에 의하면, 사람의 본성은 '천지(天地)의 대덕(大德)'인 생(生)의 이(理)로써 이루어진 것이므로, 그것은 '생생불이'하는 우주 실재의 자기 실현이다. 이것을 유학의 술어(述語)로는 천지위성(天之謂性), 졸성지위도(率性之謂道)라도 하였다. 졸·성(率性) 두 자가 즉 '직'의 의미이며 '무자기'의 뜻이다."[18) '무자기'는 곧 '진기'(盡己)이며 '진심'(盡

---

16) 유교와 동양 문화, p, 272, "유교의 이념과 한국의 근대화 문제".
17) 현대와 동양 사상, p. 150, "동양적 인간형".

心)이다. 그러므로 맹자는 '진심·진성·지천'을 말하였던 것이다. 진기·진성하는 일은 바로 내재적 본성을 실현하는 일이다. 그것을 맹자는 '성'의 현현(顯現)이지 '명'은 아니라고 하였다. 맹자는 '성'과 '명'을 나누어 말하면서, '명'은 하늘이 준 것으로 객관적 제한으로 개변(改變)시킬 수 없는 것이라고 하였고, '성'은 하늘이 준 것으로 인간에게 내재하여 있고, 그것을 극진히 하면 '구'(得)하여 실현할 수 있는 것으로 보았다. 이것을 그는 '반구제기'(反求諸己)라 말한다. 즉, 도덕 실천을 가능케 하는 주관적이고 내재적인 근거로서의 '성'을 말하고 있다. [19] 그러므로 "사업의 성공·실패는 시세라든가 사회환경같은 객관적 조건의 '이·불리'(利不利)에 많이 관계되지만, 인간으로서의 성공·실패는 오직 인간 자신의 노력에 달렸다는 점이다. 동양의 종래 용어로 말하면, 사업의 성패에는 '명'이 있다고 본다. 아무리 인간으로서 할 노력을 다 했어도 성공을 못할 때에는 그런 것을 '명'이라 하여 '진인사이대천명'(盡人事以待天命)이라 하고, "모사(謀事)는 재인(在人)이니, 성사(成事)는 재천(在天)"이라고도 한다. 그러나 자신의 인격의 완성같은 것은 자신에게 주어진 천부 능력을 가지고 자신에게 내재해 있는 가치를 발휘하는 것이니, 그 성공 여부는 오직 전적으로 자기에게 책임이 있는 것이요, 남에게 평계할 여지가 없는 것이다. 거기에는 '명'이란 것이 없다. '명'이란 것은 객관적인 조건의 이·불리를 말하는 것인데, 인간이 자기의 가치를 발휘하고 자기의 인격을 완성함에는 그 처한 바 환경이나 성세의 이·불리는 관계 없다. 왜냐하면, 유리한대로 그 가치를 발휘하고, 불리하면 불리한 그것이 오히려 그 가치를 발휘하는 조건이 되며 기회가 되는 것이다. 그러므로 공자는 불원천불우인

18) 같은 책, p.204, "휴머니즘에서 본 유교사상".
19) 孟子, 盡心偏：口之於味也, 耳之於聲也, 鼻之於臭也, 四肢之於安逸也, 性也；儒命焉. 君子不謂性也. 仁之於富者也, 義之於君臣也, 禮之於君臣賓周也, 知之於賢也, 聖人之於天地也, 命也；有性焉. 君子不謂命也.

(不怨天不尤人), 하학이상달(下學而上達)이라 하였으며, 맹자는 궁즉독선기신(窮則獨善其身)하고 달즉겸선천하(達則兼善天下)라고 하였다. 이것은 모두 인간 자신의 향상적 세력은 오직 자기에게 달렸다는 것을 의미한 말이다."[20] 즉, 어떤 상황 아래에서도 인간은 그 인간으로서의 가치를 발휘할 수가 있고 인격을 완성할 수가 있다고, 선생은 주장한다. 이런 인격의 완성은 곧 내재하는 '천도'의 실현인 것이다. 그러므로 '하학이상달'(下學而上達)이라고, 공자는 말하고 있다.

그러면 이러한 도덕 실천의 주체는 바로 인성의 본질인 '인·의·예·지'이다. '인·의·예·지'의 표현이 곧 '하학'이고, 또한 이 '인·의·예·지'의 현현(顯現)을 통하여 '상달', 즉 '천도'의 가치가 실현되는 것이다. 그리하여 상달하게 되면 곧 천인합일(天人合一)의 실현을 이루게 된다. 이것을 선생은 통일로 본다. "'인'과 '의'를 비교해 보면, 그 가운데에서 생명의 원리가 어떠하다는 것을 알 수 있게 된다. '인'의 단(端)인 측은(惻隱)의 경우에 있어서는 물아일체(物我一體) ──, 즉 '나'와 '남'이 통해서 하나가 되는 것을 볼 수 있고, '의'의 '단'인 수악(羞惡)에 있어서는 '나'와 '남'이 엄격히 대립되면서 '나'의 독자적 인격이 주장되는 것을 볼 수 있다. ──순수한 '인'의 행동, 즉 순수한 자기본성의 요구에서 행동할 때에는 '나'와 '남'의 차별이 없어지고 피아(彼我)의 계선(界線)이 타파되어 하나의 생명으로 통하고 만다. 인류가 가지는 동정심이라, 인류애라, 박애라 하는 것은 다 이러한 개체적 자아를 초월하여 전체와 하나가 되려는 생명의 요구에서 발생하는 '인'의 정신이다. ──'인'과 '의'는 서로 모순되는 원리같이도 보이나, 좀더 깊이 따져 보면 반드시 그런 것도 아니다. '인'이 만약 개체적 자아의 초월이라면, 그것은 생명의 자기 확대, 자기 신장을 의미하는 것이다. 그러나 그 확대, 신장이 진

---

20) 현대와 동양 사상, p.21, "인간으로서의 성공".

정한 자기의 확대, 신장이 되려면, 생명이 하나의 주체로서 정립되지 않고서는 이루어질 수 없다. 생명이 하나의 주체로서 정립할 때에 인간에게 있어서 비로소 하나의 '인격'이 존립하게 된다. 그런데 무차별, 무분별의 '하나'(一體)에서는 '주체'란 것이 있을 수 없다. 주체가 있으려면 주체에 대립되는 객체가 동시에 정립되어야 한다. 객체는 주체의 자기 확대, 자기 신장에 대한 하나의 외재적인 제한인 동시에 주체의 주체로서 존재를 드러내게 하는 요건이 된다. ——'의'(義)란 다름 아니라 인격적 주체로서의 존재를 긍정하는 정신이다. 그 긍정은 부정에 대한 부정이 성립되는 것이므로, '의'에는 저항정신이 항상 수반한다. '의'에는 또 수치의 감정도 포함되는데, 수치는 분노의 경우를 뒤집어 놓은 것이다. 즉, 무례한 행동을 당한 객체의 반발로 인해서 주체가 자기의 무례함을 자각했을 때에 생기는 정감이 수치이니, 이것은 주체가 객체에 대한 부정을 자기로써 부정하는 것이다. 이때에는 주체생명의 확대, 신장이 아니라 회귀, 수축(收縮)이다. 그러나 이러한 회귀, 수축으로 인해서 생명은 자기를 심화, 정화하면서 한 계단 더 승화시킨다. 인간의 모든 참회, 회계, 반성, 자각이 대개 이런 회귀, 수축에 의한 생명의 자기 승화이다. 결국 '인'과 '의'는 상반인 것 같지만 실은 상성(相成)하는 것이다. '인'은 생명의 초월적인 면에서 말한 것이요, '의'는 생명의 주체화 면에서 말한 것이다. 생명의 실현은 언제나 주체에 의한 실현이므로, 인간의 본성에 따라서 행해지는 모든 행위는 어느 것이나 인·의(仁義)의 정신에 내포되어 있지 않은 것이 없다. 특히 가치의 세계에 있어서의 생활에서 그러하다. [21]

그리고 생명이 하나의 주체로서 자기의 존재를 자각하는 것이 '의'라고 한다면, 이러한 주체로서의 자아(自我)가 다른 생명의 존재가치를 인정해 줌으로써 인류의 질서를 확립하는 것을, 선생

---

21) 같은 책, p.144~146, "인간과 학문".

은 '예'라고 본다. "인간은 '나'의 인격적 존재로서의 주체임을 자각하는 때에 또한 '나'도 하나의 인격적 존재로서의 주체임을 '내'가 인정해 주는 인간성을 뜻하는 말이다.——상대자를 인격적 주체로서 자기와 동등하게 인정한다는 것은 즉 '경'(敬)을 뜻하는 것이다. 소위 사양이라는 것도 상대자에게 대하여 자기를 낮추는 것인데, 자기를 낮추는 것은 동시에 남을 존중하는 것이니 '경'의 뜻이 내포된다. 질서의 원리는 '경'에 있다"[22]

 '지'(智)란 도덕적 행위에 대한 시·비(是非) 판단이다. "공자는 '지자불혹'(智者不惑)이라고 하였는데, 맹자도 '불혹'을 '지'로 보았다. '혹'이란 무엇인가? '혹'은 외계의 인식에 대한 '혹'과 내부 생활, 즉 행동에 있어서의 '혹' 두 가지가 있다. 전자의 '혹'은 자연 사물, 즉 객체 대상에 대하여 그것이 무엇인가를 몰라서 하는 'What'이요, 후자의 '혹'은 주체 자신의 행동에 대하여 혹은 주체로서 본 객체의 행동에 대하여 어떻게 할 것을 몰라서 의문하는 'How'이다. 서양에서는 '지'의 기원을 인간의 자연에 대한 호기심에서 찾았으니 그 지(智)는 'What'에 대한 '지'요, 동양에서는 그것을 인간의 당연한 행동을 어떻게 해야 할 것이냐 하는 적절한 요구에서 찾았으니 그 '지'는 'How'에 대한 '지'이다. 'What'에 대한 '지'는 정관적(靜觀的)인 '지'이므로 천천히 'What'을 찾아 내지만, 'How'에 대한 '지'는 행동적인 '지'이므로 순간적인 결정을 내린다. 맹자가 말한 '시비지심 지지단야'(是非之心智之端也)라 한 '시비지심'은 결정지심(決定之心)을 말하는 것이다.——동양적 '지'는 대개 직관적·직각적 형식을 취하게 된다.——맹자가 말한 직각적인 '지'란 생활해 가는 과정에 있어서 자기가 처해 있는 그때그때의 상황 밑에서 자기의 본성(良知)이 요구하는대로 결정하는 것을 말한다."[23] 직관적이고 직각적인 '지'가 우리 인성에 내재해 있다는 선생의 주장은 바로 인

22) 같은 책, p.147, "인간과 학문".
23) 같은 책, p.147,

간의 존엄을 표현하는 것이다. 서양에서는 이러한 '지'는 오직 신인 하느님만이 가지고 있으며, 우리 인간에게는 이러한 지적 직관이 있을 수 없다고 한다.

'인·의·예·지'에 관한 이상은 선생의 이러한 설명은 바로 현대적인 해석임과 동시에 현대 유학의 전개방향인 것이다. 그리고 선생의 천도(天道), 천명(天命), 인성(人性)이 그 본질에 있어 상통하며, 또한 형이상학적인 실체로서의 '천도'가 인성에 내재한다는 주장은 바로 현대 중국 철학의 주류인 '당대신유학'(當代新儒學)과 상응하는 것이다.

4.

'당대신유학'이라 불리는 현대 유가철학은 중국 철학을 대표하는 조류이다. 중국은 1911년 신해혁명을 통하여 봉건군주제를 청산하고 공화국을 성립하면서 근대화의 길에 들어섰다. 그러한 중국의 가장 커다란 문제는 서양의 고학(苦學)과 민주(民主)의 도입이었다. 그리하여 1919년 5·4 신문화운동이 일어났고, 중국은 급속한 격변의 시대에 접어들게 된다. 당시의 지식인들은 한편으로는 서구의 문화를 수용하면서, 다른 한편으로는 중국의 전통 문화에 대한 반성과 비판 그리고 자각을 시작하게 되었고, 따라서 그들은 갈등과 고뇌 가운데에서 중국 철학의 나아갈 길과 그 역할을 모색하기 시작하였다. 그리하여 중국에서는 결국 현대 중국 철학의 주류라고 할 수 있는 '당대신유가철학'이라는 새로운 중국 철학이 형성되게 된다.[24]

이러한 격변의 현장 가운데에서 이상은 선생은 북경대 철학과

---

24) 이에 관하여는 졸문(拙文), 전환기의 중국 경제(공저), 집문당, 1992 및 "현대 동양 철학의 경향과 한국적 의미", 현대 사상의 경향(공저), 한국정신문화연구원, 1992년 참조.

를 졸업하였다. 때문에 선생에게 있어서는 중국 철학의 현대적 의의란 가장 절실한 과제였으며 또한 필생의 연구과제가 될 수밖에 없었다. 그리고 선생은 실제로 일생을 이 작업에 몰두하였던 것이다. 그래서 선생은 당대신유가의 중심 인물인 당군이(唐君毅), 서복관(徐復觀), 모종사(牟宗三) 등과 계속하여 학문적 연대관계를 유지하면서 현대 중국 철학을 선도하여 나갔던 것이다.

이제 중국도 1989년 5월에 있었던 소위 '천안문사건'이라 불리는 '신 5·4 천안문운동'을 계기로 하여 본격적인 현대 신문화운동을 전개하고 있다. 개혁과 개방에 발맞추어서 과거 유물변증법 사상에 얽매였던 사슬을 풀고 전통 중국 철학에 대한 새로운 해석과 의의를 탐색하고 적극적으로 이의 현대적 의미를 연구하기 시작하였다. 그래서 그들도 '현대 신유가철학가'들이라 불리는 당대의 중국 철학자들에 대한 본격적인 연구에 돌입하였다. 그리하여 '물화'(物化)되어 버렸던 중국 철학에 '생명'을 주입하게 되었다. 그들의 이러한 생명가치의 긍정과 그것의 전개는 바로 이상은 선생을 포함하는 현대 중국 철학을 연구하는 철학자들의 중심 과제였던 것이다.

"본래 '선'은 이상적인 것이며 영원히 미래적인 것이다. '생'의 의의는 바로 이러한 이상을 실현해 내어서 실현적인 것으로 만드는 데 있다. ──그러므로 '선'의 이상을 실현하고자 한다면, 반드시 이상을 견지(고집)하고 현실의 나쁜 상황에 영향받지 않아야 한다. 여기에는 반드시 자강불식(自强不息)과 불굴불요(不屈不撓)하는 의지의 노력이 있어야 한다. ── (우리가 맡아야 하는 것은) 다른 것이 아니라 바로 우리가 말하는 이상적 자아를 현실적 자아에 덧붙이는 것이다. 유가의 인성은 바로 이러한 의무를 극진히 하는 인행이고, 그 '도'(道)를 오직 '지성무식'(至誠無息)하게 하는 데 있다"[25]는 선생의 말은 바로 선생의 입장을 극명하

---

25) 儒學在世界論文集, "中庸圖解", p.85, 東方人文學會編印, 1969, 홍콩.

게 보여 주는 말이다. '천도천명'이 내재하는 가치생명으로서의 이상적 자아가 현재에서 자기를 전개하는 일이 바로 현실적 자아의 실현이고 도덕 창조가 된다. 이것은 또한 역으로 '하학이상달' 하는 것으로서 공자의 천인지천이며 맹자의 진심지성지천인 것이다.

김동화의 불교철학 탐구

목 정 배
(동국대)

1. 뇌허(雷虛)의 생애

한국 문화는 불교적 사상으로 승화되고 장엄되었다. 1,600년의 불교 수용이 그 하나이겠으나, 문화 수용을 편협한 자아의식으로 매몰시키지 않고 보편적 보응의식으로 심화시켰기 때문이다. 삼국 시대에 이르러 불교가 전래된 것은 주지의 사실이지만, 구전이나 다른 사실에 의하면, 불교의 전래역사가 고구려 소수림 2년(AD 372년)보다 더 올라갈 수 있는 것이다. 그러나 공인의 역사성에 입각하여 역사를 전개하니, 4세기 전후로 불교가 신앙된 것이라 할 수 있다.

긴 역사를 가진 불교문화, 사사의, 교리, 예술 등 온갖 문물이 한국 역사·문화에 기층 구조를 형성하고 있음을 누구도 부정할 수 없다. 고구려의 논리적 강건성이 고구려 문화의 기반이 되는가 하면, 계율적 온화함이 백제 문화를 형성하였고, 조화와 통일성이 신라 불교를 장엄하였다. 또한 고려 시대의 호족적 기질과 선(禪)사상이 고려장경과 청자빛 청정성을 창의하였고, 배불(排佛)의 시대에도 조선조 불교는 호국의 의지로 승계되었으니, 한국 문화 전반을 불교를 배제하고 생각할 수 있겠는가.

일제의 강점 시대에도 불교의 명맥을 유지하기 위하여 많은 스님들이 각고의 노력을 경주하였다. 이처럼 한국 불교는 영광과 시련, 고난과 극기, 아니, 자기 성찰을 거듭하면서, 불교의 중흥이 바로 한국 역사의 부흥이라는 사명 아래 각고한 신행으로, 부단한 연구로, 불타는 신심으로 그 생애를 다한 분이 근대에 와서 한두 분이 아니었다. 운허(鏡虛), 만공(滿空) 등의 선승이 적장삼매(寂靜三昧)의 활검(活劍)을 휘둘렀는가 하면, 만해(卍海), 용성(龍城) 등의 애국지사가 나왔고, 영호(映鎬), 기산(琦山), 범산(梵山), 현곡(玄谷), 뇌허(雷虛), 운허(耘虛) 등의 학승이 속출하여 한국 불교 근대화의 명맥을 유지하게 한 것이다. 만약 위의 스님들이 아니었다면 한국 불교의 현대화는 암담하였을 것이고, 우리들은 50년의 시간을 진흙으로 메우는 토담이었을 것이다. 그러나 선승, 선학들의 노고에 의하여 불맥이 이어져 왔고 교학의 치도(治道)가 전개된 것이다. 이 어찌 고마운 선학들의 은혜가 아닌가. 그러므로 여기서는 앞서 많은 분들의 학해(學海)를 연찬하여 다시 되새겨 보는 것도 중요한 일이지만, 뇌허 김동화의 생애와 학문 그리고 뇌허가 남기고 간 사상적 염주알을 새롭게 닦아 엮어 보려고 한다.

김동화는 1902년에 태어났고 1980년에 별세한 불교학자이다. 호는 뇌허, 경상북도 상주 출신으로, 아버지는 '학수'이며, 어머니는 전주 이씨이다. 1913년에 상주 '동해사'로 출가하여, 1914년에 상주 '남장사'에서 사미계를 받았다. 1916년에 승려의 도첩을 받고 상주보통학교를 졸업하였으며, 1919년에는 상주 '남명학원'에서 사집과(四集科)를 수료하였다. 1923년 3월에는 '금룡사' 지방학교를, 1928년에는 일본 입정대(立正大) 전문부 종교과를 졸업한 뒤, 그 해 6월 경성실업전수학교의 교원이 되었다. 1930년 7월에 남장사에서 혜봉(慧峰)을 법사(法師)로 건당(建幢)하여 '뇌허'라는 법호를 받았다. 1932년에 입정대(立正大) 학부 종교학과를 최우수 성적으로 졸업한 뒤 3년 동안 불교 교리 발달사를 연구하였으며, 1936년 4월에는 입정대 전문부의 종교과 전임 강사가 되었다. 1940년에 귀국하여 금룡사에서 대덕(大德) 법계를 받았으며, 1941년 2월에는 경상북도 오산불교학교의 교장에 취임하였다. 1941년 10월에 경성의 혜화전문학교 강사 겸 생도주사(生徒主事)에 취임한 이래 생도과장을 거쳐서 1943년에 교수가 되었으며, 1944년 5월에는 조선불교중앙포교사 및 조선불교 교학위원으로 취임하였다. 1947년 9월에 동국대학 교수가 된 이후 부학장·학장·대학원장, 불교문화연구소 소장 등을 거치면서 후학들을 양성하는 한편 많은 저술을 남겼다. 동국대학교 외에도 서울대학교, 성균관대학교, 고려대학교 등에서 강의하여 불교 전파에 힘썼으며, 1946년에는 조선불교법규위원 및 상벌위원, 1947년에는 조선불교법계고시위원, 1952년에는 고등고시위원으로 위촉되었다. 1962년 12월에는 동국대학교 대학원에서 명예철학박사학위를 받았고, 1970년 12월 5일에 학술원 공로상을 받은 뒤 학술원의 종신회원이 되었다. 특히 세계적인 불교학의 연구를 학계에 정착시킨 공로자로서 후학들을 지도함에 있어서는 언제나 열과 성의를 다하였다. 대표적인 저술로는 《불교학 개론》, 《삼국 시대의 불교사상》, 《선종사상사》, 《불교 교리 발달사》, 《원시불교사상론》, 《구사학 개론》, 《유식학 개론》, 《불교윤리학》, 《불교유심사상의 발달사》 등이 있으며, 대표적인 논문으로는 〈불교의 호국 사상〉, 〈선종소의경에 대하여〉 등을 들 수 있다. 현재 불교계에서는 그의 평소 업적을 추모하기 위하여 뇌허학술상을 제정하여 매년 수상하고 있다.

2. 뇌허의 불교학 탐구

뇌허는 한국 불교계 최초로 《불교학 개론》을 1954년에 저술·출판하였다. 당시만 해도 강원 교재가 불교교육의 교재로 전승되어 왔는데, 6·25 전란 이후 아직 사상적·종교적 불모지 시대에 뇌허는 커다란 웅지(雄志)를 품고 《불교학 개론》을 출판하였으니, 이 《불교학 개론》은 당시의 지성인에게 감로수와 같은 것이었다. 뇌허는 일제 강점기에 일본 입정대에서 불교학 교리체계에 큰 관심을 갖고 필생의 사업으로 생각하여 학부 때부터 여기에 전념하였다. 그 전념의 결과, 우선 한국 불교계에 내놓아야 하는 것이 무엇인가 생각하여 급선무의 것으로 《불교학 개론》을 저술한 것이다. 이러한 개론서를 저술할 때에는 언제나 선학들의 저술에 힘입는 것은 어쩔 수 없는 필연의 길이다. 그는 자연 일본에서 이미 출간된 개론서를 참고하였을 것이다. 이러한 참고의 연유가 약간의 비판을 받게 된 것도 어쩔 수 없는 상황이었으리라. 그러나 뇌허의 최대의 관심사는 불교 교리의 체계적 연구였다. 그것이 《불교 교리 발달사》란 희유(稀有)한 명저(名著)가 나온 배경이다. 뇌허는 이 《불교 교리 발달사》를 저술하면서 교리사의 의의를 입에 침이 마를 정도로 소상하게 밝히고 있다.

불교는 기원전 565년에 출세한 석가가 29세에 출가해서 6년간 고행의 결과, 35세(기원전 531년)에 견성오도(見性悟道)하여 45년간 교화생활을 한 뒤에 80세에 입적한 불타(佛陀)에 의하여 개교(開敎)된 것으로서, 불교가 하나의 종교로서 시작된 것은 그의 오도년(悟道年)인 기원전 531년부터이다. 그러므로 불교의 교리라 하면 '오도'의 내용을 토대로 45년간 모든 사람들에게 설한 교설내용 전체를 가리키는 것이다. 설사 교주가 입적한 이후라 할지라도 교주의 교설을 신봉하는 것이 종교인만큼 그 교리에 변동이 있을 수 없는 것이 원칙이다. 즉, 불교의 교리는 있지만 교리사라는 것은 있을 수 없는 것이다. 그러나 불멸 후 오늘날에 이르기까지 그 연수(年數)는 실로 2,500여 년이라는 세계 종교 중 가장 오래된 종교일 뿐만 아니라, 정신문화체로서 이와 같이 오래 보존되어 오는 것이라고는 동·서 아무 데에도 그 유래가 없다. 동·서의 문화는 차치하고 인도에만 국한하여 본다 할지라도, 석존 생존시이던 2,500년 전의 인도인들이 과거 바라문 문화에 의하여 비교적 많은 정신적 훈련을 받기는 했지만, 과연 석존의 '오도'의 내용이 남김 없이 이해가 되었을가 하는 것은 의심할 여지도 없이 불교의 원시 소승의 문헌과 대승의 문헌이 이것을 충분히 증명하고 있다. 환언한다면, 다 같은 석가의 언설(言說)이지만, 석가 당시의 인도인들은 그 시대의 문화 정도에 의하여 그 교설을 이해하였을 것이요, 그 후대에는 문화가 점차 발달함에 따라 그 시대 문화의 정신으로 그 교설을 이해하고 해석하였을 것이다. 이와 같은 의미에서 볼 때, 석가의 교설 그 자체로서는 원래 발전될 것이 없지만, 시대의 문화 정도에 의하여 그에 대한 시대인들의 이해와 해석이 달라졌으므로, 이에 교리에 대한 변화·발전이 있게 된 것이다. 이것을 가리켜 교리사라 할 수 있는 것으로, 이에 교리사설이 성립된다.

고 주장하였다. 왜냐하면, 일불소설(一佛小說)의 불타의 교리라도 불타 입멸 후 시대에 따라 변화·발전하여 왔는가를 엄격히 준별하여야 한다. 그 변천의 과정을 구분하기 위하여 인도에 있어서는 인도의 몇 단계, 중국은 중국, 기타 국가 등에 다 각각 몇 단계를 나누어 볼 수 있는 것으로, 이제 먼저 인도의 발달단계는 이것을 원시불교 시대·부파불교 시대·소승불교 시대·대승경 시대·대승논부 시대 등으로 대분하여 고찰하는 것이 편리할 것이라고 하였다. 이와 같은 시대적 구분은 교단 내에 이와 같은 획기적인 역사적 사실이 있었기 때문이다. 원시 불교는 교주 석존으로부터 부파불교로 분열될 때까지를 말하는 것이요, 부파 시대라 함은 교주 입멸 후부터 대립적인 암투가 있어, 그것이 드디어 불멸 후 100년경에 상좌대승(上座大乘)의 근본 2부(二部)로 분열된 후 이에서 18부파(十八部派)를 파생하게 된 것이며, 소승 시대라 함은 전 부파불교 중 유력한 부파만이 잔존하여 부파불교에 대립하게 된 것이다. 그 다음 대승경 시대라 하는 것도 역시 부파불교 중의 진보파의 발전상을 말하는 것으로서, 부파불교 분열의 이유는 비교적 단순하였지만, 부파불교 중 몇몇 진보적 분파가 대승으로 발전하는 데에는 교리사상적으로 보수파에 대해서는 비약적 발전이었다. 그러므로 보수파로서는 그 대승적 태도에 대하여 절대 반대를 하였던 것은 대승교도들이 자기 변호를 하였던 사실에 의해서도 알 수 있다. 이처럼 불교 교리는 석존 입멸 이후 몇 단계로 변화·발전된 것으로 추정된다. 뇌허는 이 변화·발전을 교리사의 변천으로 파악하였고 이것을 정리한 것이다. 다시 말하면, 불교학을 전공하는 사람이 불교의 그 심오하고도 광범한 교리를 참으로 안다고 자신을 가질 수 있는 것은 매우 어려운 일이다. 그러나 불교를 안다고 자처하는 사람도 다음과 같은 이해의 범주에 해당한다고, 뇌허는 말하고 있다. 즉,

① 한역의 경문를 해설할 수 있는 정도,
② 특수한 불교 용어의 의미를 어느 정도 해석할 수 있는 것,
③ 1경 (一經) 1론 (一論)의 취지를 이해할 수 있는 것,
④ 일종의 교학을 조직체계적으로 이해하는 것,
⑤ 전 불교 교리사상을 조류적 (潮流的)으로 비교·구분하여 이해하는 것,
⑥ 교리사상의 발전과정을 역사적으로 더듬어 볼 줄 아는 것,
⑦ 전 불교 교리를 종합적으로 조직하고 또 체계적으로 이해하는 것 등으로 나누어 볼 수 있다.

라고 하였다. 그러나 위와 같은 것은, 고래 (古來)의 불교학자, 불교인들의 불교 이해의 개념을 본다면, 그것은 불교를 이해하려고 하는 것인지 또는 불교를 신앙하는 것인지의 태도의 구분이

되지 않는다. 이 신(信)과 해(解)는 구별이 되어야 한다. 이것이 곧 불교의 특징이기 때문이다. 처음에는 무지몽매한 범부로서는 현명하신 불타의 교설을 무조건 믿지 않을 수 없다. 그러나 그 다음 단계에 이르러서는 우리는 어째서 그 교설을 믿지 않으면 안되는가, 불타는 어떻게 해서 각자(覺者)가 되셨는가? 우리는 그 교설대로 과연 '각자'가 될 가능성을 소유하고 있는 것이 확실한가 하는 등의 의문이 생겨나니, 그 이유를 알아야 한다. 요컨대, 종래의 불교인들은 구두(口頭)로는 중생성불이니 성불을 목적으로 한다고 하면서도, 기실 그 신앙심에는 불타와 인간과의 거리는 멀리하고 있다. 석가모니불도 원래 우리 인간과 똑같은 일개 범부에서 출발하여 인간 아닌 성자, 아니 인간 이상의 불타가 되셨던 것이 아닌가? 환언하면, 석존은 우리 인간의 나아갈 길을 제시하시고 올라갈 수 있는 데에까지 이미 올라가신 인간 완성자이신 것이다. 그러므로 우리가 불교의 모든 교리 문제를 연구함에 있어서는 언제나 항상 인간적으로 이해하는 것을 잊어서는 안된다. 만약 이 점을 망각한다면, 그것은 죽은 불교가 되고 만다.

뇌허는 12세에 입산한 이래 불유구(不踰矩)의 연(年)을 가까이 바라보는 오늘날까지의 불교생활이란, 요컨대, 이상과 같은 불교의 수학(修學)과 신행(信行)을 희망·염원·사색하는 테두리 안에서 허덕이고 몸부림쳐 온 것 이외에 다른 아무런 욕망도 없었다고 술회한 적이 있다. 이 말은 불교를 연구하고 불교를 믿는 것은 '수학'과 '신행'을 일치시켜 최고의 완성자에 이르는 것이라는 말이다. 그러므로 여하의 저술이 연구·출판되어 교학 이해에 도움도 주었지만, 궁극적인 목적은 불교 교리 발달사 하나에 있다고 힘주어 말한 것이다. 참으로 그 결과로 남은 것이 《불교학 개론》, 《원시불교사상론》, 《구사학 개론》, 《유식학 개론》, 《선종사상사》, 《삼국 시대 불교사상》, 《불교 유심사상의 발달》,

《신편 불교성전》, 《불교윤리학》 등의 제저서이다. 그리고 이상 저서의 종합이요, 전체적인 결정이 곧 《불교 교리 발달사》인 것이다.

이와 같은 연구의식은 변함이 없다. 초지일관하였던 뇌허의 성실성, 진지성이 항상 후학들에게 감동적 교훈으로 남아 있다. 그러나 여기서 뇌허의 또 다른 관심은 교학체계를 도외시한 선종 성립의 문제였다.

다시 뇌허는 한국 불교의 정신사에 관심을 깊게 가졌던 것이다. 그리하여 삼국 시대부터 전래 수행된 선종에 대하여 체계적 구조를 연구하게 되었다. 그것이 바로 《선종사상사》이다. 보리달마 이후 중국 선종의 학적 체계를 세워 한국 선종사를 조감하고자 한 것이다. 그러기 위하여 선의 의미가 있는가를 살피고 중국 선종계 맥을 체계화한 것이다. 뇌허는 선의 의의에 대해 다음과 같이 논하고 있다.

선종이라 하면 종파 불교 가운데의 일종으로서 중국 불교 30종 중의 하나이다. 그러나 종파 불교 중 법화종(法華宗)이나 화엄(華嚴), 기타 삼론법상(三論法相) 등 제종(諸宗)은 전 불교사상 중의 일부분이기는 하나, 그것이 전 불교에 관통되는 통불교적인 사상적 요소는 적다.

이에 비하여, 선종의 선적인 의의는 통불교적인 사상이다. 첫째, 교주 석존이 6년간 수행을 쌓아 드디어 대오(大悟)하고 철저히 "나는 일체의 승자이다. 나는 일체지자(一切智者)이다"라고 하여 불타임을 선언케 한 그 수행방법은 과연 무엇이었던가.

이에 대해 석존은 '비고비락'(非苦非樂)의 중도행(中道行)이라 하였고, 그 중도행의 내용은 정견(正見), 정사유(正思惟), 정어(正語), 정업(正業), 정명(正命), 정정진(正精進), 정념(正念), 정정(正定)의 8정도(八正道)라 하였는 바, 이 가운데에서 가장 중요한 것이 즉 '정견'과 '정정'으로서, '정견'은 출발점이요, '정정'은 종착점이라고 할 수 있다.

'정견'이라 함은 중정(衆正)한 견해 사상의 의미로서 석존 교설에 대한 올바른 이해를 말하는 것이요, '정정'은 이러한 '정견'에 의하여 정신을 1경(一境)에 집중하는 실천방법을 의미하는 것으로서, 이것이 8정도 중도행의 완성, 즉 대도(大道)를 각득(覺得)케 한 유일한 방법이다.

기타의 원시적 실천방법인 4염처(四念處；信·受·心·法), 4여의족(四如意族；欲·念進·思惟), 5력(五力；信·進·念·定·慧), 5근(五根, 五力과 같음), 7각지(七覺支；擇法·精進·喜·除·捨·定·念) 등이 모두 정신을 통일하는 정적(定的) 의의를 갖지 않는 것이 없다.

석존은 이와 같이 성도를 한 방법이 선정적 방법이었을 뿐 아니라, 성도한 후에도 시간의 여유만 있으면 언제든지 입정(入定)하여 있는 것이 보통이었다는 것은 원시 경전에서 흔히 볼 수 있는 일이다.

다음에 소승불교의 대표라고 할 만한 설일체유부(說一切有部)의 실천관을 보아도 견도(見道), 수도(修道)의 방법이 관법(觀法), 관념(觀念)의 선정적(禪定的)인 것이다. 즉, 견도위(見道位)에서는 3계(三界)의 이(理)에 대한 미혹을 4체(四體)의 이치를 중심으로 이것을 관찰·사색의 대상으로 하고 수행하여 나아가며, 또 그 다음 수행위(修行位)에 올라가서는 80품의 3계미사(三界迷事)의 혹(惑)을 점차 단제(斷除)해 가는 것이므로 수행의 자심(自心)을 상대로 하는 관념미식의 방법이 아니면 안된다.

그 다음, 대승불교의 각 종을 보아도 모두 그렇지 않은 종이 없다. 대승불교 각 종의 교학은 대개 교상(教相), 관심(觀心)의 2문(二門)으로써 구성되어 있는 바이다. 교상문(教相門)은 그 '종'의 이론철학의 부문이요, 관심문(觀心門)은 실천철학의 부분이요, 그래서 반드시 실천문이 있는 바, 이는 대개가 선적인 행법이다.

화엄종의 일심법계관(一心法界觀), 천태종의 일심삼관(一心三

觀), 법상종의 오중유식관(五重唯識觀 ; 遣虛存實識·捨濫留純識·攝末歸本識·隱劣顯勝識·遣相證勝識), 진언종의 아자본불생관(阿字本不生觀), 심지어 정토종의 정명염불(稱名念不) 등까지도 선종의 의의가 내포되어 있다.

이상과 같이 불교에 있어서의 선종사상의 위치라는 것은 원시·소승·대승을 막론하고 원래 전 불교에 일관되는 수행방법인 바, 불법이 중국에 수입되어 특히 이 사상만을 독립시켜 보급·발전시킨 결과, 이것이 선종이라는 일종으로 성립하게 됨에 따라, 드디어 이 사상이 여타 제종과는 관계가 없는 것처럼 선전되게 되었다.

그러면 선이란 어떤 의의를 가진 것인가?

선(禪)은 인도 고속어(古俗語) 'Jhana'라는 말의 후부 모음인 a가 떨어져 나간 'Jhan'의 음역어이다. 그리고 선을 인도의 아어(雅語), 즉 성어(聖語)로서는 'Dhyana'라고 하며 지가나(持詞那)라고 음역한다. 이것을 구역에서는 사유수(思惟修), 승악(乘惡), 공덕총림(功德叢林) 등이라 번역하고, 신역에서는 정려(靜慮)라고 역(譯)한다.

'사유수'라고 함은 심(心)을 1경(一境)에 전주하여 심세(審細)히 사려하는 것을 사유, 이와 같은 심리로 점진하는 것을 수(修)라 한다. '승악'이라고 함은 속계(欲界)의 탐(貪), 진(瞋), 수면(睡眠), 조희(調戲), 의(疑) 등 5합(五蓋) 기타 일체제악(一切諸惡)을 기사(棄捨)하는 고로 이렇게 명하며, '공덕총림'이라고 함은 이 선으로 인하여 지혜, 신통, 사무양심(四無量心) 등 모든 공덕이 쌓이는 까닭이다. 그 다음에 정려(靜慮)라고 함은 '정'은 적정(寂靜)의 뜻이요, 려(慮)는 주량(籌量)의 뜻(대비바사론, 141), 1소연(一所緣)에서 계념정려(繫念靜慮)히 하여 정심사려(正審思慮)하는 것(유가사지론, 33), 혜원(慧苑)의 《음의》(音義) 권상(卷上)에

"선아(禪那)는 차운정심사려(此云靜心思慮) 위정심사려(謂靜心思慮), 구번위사유수(舊飜爲思惟修)는 약야(略也)."

라고 논하여 있음에 의해 보면, 구역은 사유라 하나 '려'(慮)의 뜻만 표현되어 있고 '정'(定)의 뜻은 결여되었다는 것으로 신역에서 '정'과 '려'의 두 가지 뜻이 구비되어 있는 것이 '선'(禪)의 의의라고 보았다.

즉, '정'은 적정의 뜻, '적정'은 지(止)의 뜻으로서 '정'을 말하는 것이며, '려'는 사려의 뜻, 사려는 관(觀)의 뜻으로서 혜(慧)를 의미하는 것으로 정려와 정과 혜의 뜻이 구비된 것으로 본다. 이와 같은 의미에서 본다면, 선정이라는 숙어가 사용되고 있는 것도 결코 무리는 아니다.

또한 선의 본질을 규명함에 있어 선은 무엇을 목적으로 이러한 행위가 구성되는 것인가. 즉, 선적 종교행위 구성의 본질적인 요소가 무엇인가 하는 것을 고찰할 단계에 이르렀다. 서산대사(西山大師)의《선가구감》(禪家龜鑑)에 의하면,

고봉운(高峰云) 참선수구삼요(參禪須具三要) 1유대분지(一有大憤志) 2유대신근(二有大信根) 3유대의정(三有大疑情) 고궐기일(若闕其一) 지절족지정(知折足之鼎) 종성폐기(終成廢器)

라고 한 말이 있는 바, 이것은 선의 본질을 지적한 말이라 볼 수 있다. 즉, 선이란

제1에 생사일대사를 판결해야 하겠다는 일대분지(一大憤志)를 일으켜야 한다는 것.
제2에 종본 이래(從本以來)로 조조영영(昭昭靈靈)하여 불승생 불승멸(不曾生不曾滅)하며 명부득장부득(各不得狀不得)할 1물

(一物)이 유(有)하다는 불타의 교설을 유일의 대신근(大信根)으로 해야 할 것.

제3(第三)에 참구(參究)하여 가는 데에는 대의정(大疑情)으로부터 출발을 해야 한다는 것이다.

이 세 가지 요건의 순서는, 첫째, 참선(參禪)은 '대의정'에서 출발하여, 둘째, '대신근'에 입각해서 항상 '대분지'를 분기해야 할 것이다.

이것도 물론 선의 일종 본질관이기는 하다. 그러나 종교에 대하여 선종 자체로서 그 특징을 표시하는 어구에 '불립문자, 교외별전, 직지인심, 견성성불'(不立文字 敎外別傳 直指人心 見性成佛)이라는 말이 있지 않은가. 역시 서산대사의 어구에 "교문유진일심법(敎門唯傳一心法)이요, 선문(禪門)은 유전견성법(唯傳見性法)"이라고도 한 바와 같이, 교(敎)와 선(禪)의 구별을 명확히 한 어구로서 이 구상(句上)에 선의 본질이 또한 명료하게 표시되어 있다고 볼 수 있으니, 이를 도시한다면 다음과 같다.

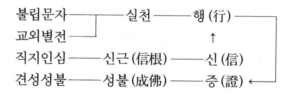

선종은 불교라 칭하되 일반 종교와는 매우 상이한 점이 많다.

첫째, '불립문자', '교외별전'이라고 하여 교주 불타가 설한 경전을 부정하는 듯하니 이것이 크게 다른 점이요, 조사(祖師)들이 제자를 접화(接化)함에 당하여 살불살조(殺佛殺祖)하는 듯한 언동을 하니 이것도 종교에서는 전연 볼 수 없는 일이며, 종교는 신앙의 대상에 반드시 불(佛)보살이 있는 법인데, 선가에서는 이 점이 불분명하다.

선가의 이러한 점이 결국 미열반광적 (未熟半狂的)인 선도를 배출하게 된 원인인 것으로 선천마 (禪天魔)라는 비난을 받아도 변명의 여지가 없을 것이다. 그러나 선적 수행이 상당한 경지에 들어간 자에게는 이상의 모든 결점이 결점으로 끝나지 않게 할 수 있는 일이다.

불립문자의 문제에 대하여 보더라도 《열반경》에 "의문 불의인 (依文不依人)하고 의의 불의문(依義不依文)하라"는 말과 같이 문자에만 너무 의존하지 말라는 의미이지 문자를 전연 무시하라는 의미는 아니다. 만약 그렇다면 석가가 설한 45년간의 설법을 전혀 부정하는 것이 되리니, 불교의 일종으로서 그러할 도리가 있을 수 없지 않은가.

그 다음, 불조를 무시하는 언동이 있는 것은 피교화자(被敎化者)의 여하에 따라서 나오는 언동이다. 즉, 피교화자가 만약 불조라는 위대한 존재로 인하여 관문을 투출(透出)하지 못할 때에는 이미 죽은 불조가 도리어 장애가 되므로, 그러한 방편적 언동으로서 생불(生佛)을 조성하고자 한 수단인 것이다.

또 신앙의 대상이 분명치 않다는 것은, 그것이 석가인 것은 뚜렷한 것이다. 그러나 특히 선종의 종지(宗旨)는 오매(寤寐)에 견성성불하는 데 있으므로, 그 성(性)을 즉심시불(卽心是佛)이라 믿는 관계상 자연 조석예불이라든가 일상생활상 경건한 신앙태도가 보이지 않게 되는 것이요, 그 진의가 불·보살을 무시하는 것도 결코 아니다.

이상과 같이 보아 오면 선종에도 신앙이 있고, 경건한 종교심도 있으며, 종교적으로 비난받을 점도 그다지 없음을 알 수 있다. 이에서 다시 선의 본질 문제를 고찰한다면, 첫째, 신앙에서 출발하여, 둘째, 성불의 목적에 이르러야 하는 바, 여기에 이르기 위해서는 셋째로 실천이 있어야 하는 것이다. 선종의 신앙이란 무엇인가. 그 대상은 교주 석가세존이요, 선종(禪從)은 대상을 신앙하게 되는 것이다. 그러면 어째서 석존을 신앙해야 하는

가. 석존이 위대한 불타이므로 신앙하는 것은 아니다.

석존은 우리 중생이 삼계고해로부터 초탈할 수 있는 본 능력이 일체 중생 자심중에 구비되어 있음을 교시하였으니, 그것이 다름 아닌 '일절중생유불성 (一切衆生雙有佛性) 중생심성본래정화 (衆生心性本來淸淨)'라는 것이다. 선종에서 신조적 (信條的)으로 제시한 것이 즉 직지인심 (直指人心)인 것이다. 석존을 신앙하는 귀추 (歸趣)는 즉 이 '직지인심'의 신조에 있는 것이다. 그리고 이 신조의 귀결은 모든 중생이 석가와 동등한 불타가 되는 데 있는 것으로, 이 점을 요약·제시한 것이 곧 견성성불 (見性成佛)인 것이다.

이상과 같이 신앙에서 출발하여 그 성불의 목적지에 이르러 가는 데에는 다만 이론이나 욕망만으로 되는 것이 아니라 실천이 있어야 한다. 만약 한 가지의 실천이 없다면, 그것은 영원한 피안의 파라다이스에 불과하고 말 것이다.

종교의 생명은 이론에 있는 것이 아니라 실천에 있다. 그러면 이 실천은 어떻게 할 것인가. 만약 종교의 설에 의하면 불타 45년의 설법을 다 연찬(硏鑽)해야 할 것이니, 명일을 기약치 못할 인명에 어찌 일모도원 (日暮道遠)의 장탄식을 금할 수 있으리오. 종교에서도 물론 그 실천수도법으로 원시적인 8정도 등 37조도품 (三十七助道品)을 위시하여 각종의 독특한 실천도법이 모두 있다.

그러나 그것들은 모두 역시 이론적임을 면치 못하고 단도직입적 실천수행법이 아니며, 이에 비하여 선종에서는 정문일침 (頂門一針) 격으로 불립문자를 전제하고 다만 좌선하는 것만으로 가르친 것이다.

선의 본질을 이와 같이 신근(信根), 성불(成佛), 좌선(坐禪) 등의 3조(三條)로 요약되는 것이라고 하였다.

3. 뇌허의 한국 불교관

뇌허 김동화는 확고부동한 신해(信解)를 갖춘 학승이다. 어디에도 회유되거나 아부곡세하지 않는다. 불교적 학과 신을 성불에도 초점을 맞추어 일관투달(一貫透達)하려 하였다. 즉, 뇌허에게는 입정대 학생 때부터 관심사였던 불교 교리 발달사가 시종여일한 성도문(聖道門)이었고, 이 대란사(大難事)를 회통키 위하여 이목을 돌리지 않고 장좌궤상(長坐机床)하면서 교해의 문류를 섭렵하였고 생각은 삼매에 일경시켰다. 그 결과, 방대하고 정밀한 교리사가 산태(產胎)하게 되었고 고고히 법명(法鳴)을 울리게 되었다. 이러한 작업은 뇌허의 진지하고 부동한 성품이 신앙으로 온축되었기에 가능한 일이었다. 그러나 만년인 1979년에 저술한 《한국 불교사상의 좌표》에서 한국 불교에 대하여 애정 어린 충고와 비판을 다음과 같이 진단하였다.

한국 불교의 오늘의 현실에 있어 과연 문제는 무엇일까? 이러한 주제를 다룸에 있어서 불교 교단의 행정적인 문제는 고려하지 않고, 오직 불교 교리 그 자체를 중심으로 한국 불교의 현실을 파악해 보고자 한다.

오늘날 한국의 불교는 법적으로 조계종(曹溪宗)이라는 한 종파만의 불교인 것처럼 되어 있다. 조계종이라고 하면, 중국의 13개 종파, 일본의 13개 종파 그리고 우리 역사상 이조 초기 11개 종파 등 여러 종파 가운데에서 선종에 속하는 한 종파일 뿐이다. 뿐만 아니라, 현재 한국의 불교인들이 믿고 있는 교리와 그 신앙의 실제에 있어서도 과연 선종의 교리와 신조만인가 하면, 결코 그렇지 않다는 사실은 불교인들 스스로가 공인하고 있는 일이다.

그러함에도 불구하고 오늘날과 같은 현상이 생기게 된 것은 해방 후 몇몇 정상승(政商僧)들이 교권을 장악하기 위한 속셈에서 독자적으로 한국 불교의 광대한 범위를 선종 가운데 일개 종파인 조계종에 국한·축소시켜 놓았기 때문이라고 혹평하고 있다. 사실 해방 후 교단 내의 몰지각한 몇몇 관료승들이 한국 불교사의 전통을 무시하고 또한 장래의 불교 발전을 위한 대책을 고려하지 않은 채, 다만 교정(敎政) 집권자로서 교단 운영에 편리한 방법만을 찾기에 열중한 나머지, 이 나라 불교사상 일찍이 없었던 큰 착오를 범해 놓은 것도 비껴날 수 없는 일이다.

10년이 지나면 강산도 변한다고 한다. 이 나라의 거대한 불교를 일개 종파로 축소시켜 놓은 지도 어언 10여 년이 지났으니, 이제 불교도들이 각성할 시기도 되었다고 본다. 그렇다고 해서 이 나라에서 조계종이 없어져야 한다는 것은 결코 아니다. 다만 조계종만이 한국 불교의 전부라고 생각하는 것은 잘못이라는 점을 지적한 것은 과격한 표현일지도 모른다. 그러나 뇌허는 한국 종단에 큰 관심을 가진 것이리라.

그러므로 한국 불교는 불교 자체의 문제로서뿐만 아니라 이 나라의 문화 발전 및 민심의 지도를 위해서도 반드시 재정리해 볼 필요가 있다고 주장하면서, 뇌허는 다음과 같은 이유를 밝히고 있다.

① 한국 불교사의 사실을 살펴보면, 한국 불교는 단일종이 아니다.

② 현재 한국 불교도들의 가슴 속에 자리한 생생한 신앙과 교리사상을 볼 때, 그 중 선종적 신념과 사상이 있는가.

③ 대외적인 체면을 보더라도, 세계 어느 불교국에서 나라 안에 한 가지 종파만을 갖고 있는 곳이 있던가? 남방의 여러 나라의 불교가 부파불교의 한 부파인 분별상좌부(分別上座部)라고는 하지만, 그 불교는 종파적인 색채가 없는 근본 불교 또는 원시불교의 성전인 경장·율장·논장(經藏律藏論藏)의 셋 모두를 소의(所依)로 하고 있다. 그러므로 이것은 통불교 또는 원시불교라고 보아야 한다.

④ 불교의 발전과 관련하여 볼 때, 불타의 교리사상에 전혀 근거도 없는 이론을 주장한다든지 또는 불타의 가르침에 반대되는 해석을 하는 따위는 용납할 수 없다. 그러나 경율론 3장(三藏)에 타당한 근거를 가지고 건설적이며 발전적인 교리의 천명과 실천을 주장하는 특수한 불교관이 갖가지로 나타난다면, 그것은 불교의 종파로 인정해야 할 것이다. 이것이 다름 아닌 과거 여러 불교국에서의 부파요 종파였던 것이다. 만약 이것을 정책적으로 막는다면, 이는 불교의 발전을 저해하는 일이다.

⑤ 선종의 사상만으로써는 시대에 알맞는 발전을 기대할 수 없다. 원래 선종의 내용은 '불립문자, 교외별전'이요, '직지인심, 견성성불'이라는 것으로 그 마음을 닦고 실천하는 것이다. 그러므로 '3장'의 연구는 필요가 없는 것이다. 불교의 본분으로 본다면, 물론 이것이 진정한 방법이요, 곧 바른 길이라 할 것이다. 그러나 종교는 자기 자신의 수행과 남을 이끌어 준다는 두 가지 길이 있는 것이므로, 남을 이끌어 주는 방법으로서는 '3장'의 연구가 절대적으로 필요하다고 하겠다. 불타께서 보리수 아래에서 처음 '정각'을 이루신 그때 그 마음으로 보아서는 어떠한 설교도 하실 필요가 없었다. 그래서 삼칠일(21일)간 정(定) 가운데 들어 계셨던 것이 아닌가?

그러나 막상 도(道)를 깨닫고 나서 둘러보시니 중생을 교화하지 않을 수 없는 대자대비심(大慈大悲心)이 솟아났던 것이다. 이러한 성심(聖心)·불심(佛心)으로 드디어 45년 동안의 무한한 설법이 있게 되었고, 이를 집대성한 것이 다름 아닌 불교의 '3장'이다.

우리 불교신자에게는 이 '3장'이 살아 계시는 불타와 같거늘 어찌 소홀히 할 수 있겠는가? 현대인은 더욱이 말과 글에 거의 전적으로 의존하고 생활해 가는 사람들이므로, 아무리 '불립문자'를 부르짖어 보아도 헛수고에 불과한 것이다.

이와 같은 뇌허의 학문적·사상적·신앙적 주장을 간과해서는 안될 점이 있다고 본다. 불교는 세계 정신사를 관류하고 있는 인류 문화 총체의 하나이다. 인간으로 탄생하신 불타가 보리수하에서 성도하여 인간 해방과 정신 해탈의 종교, 철학, 사상, 윤리, 문화를 창도하였다. 이러한 정신문화 대개를 하나의 수행적 선종에다 귀일시키는 것은 협의의 세계로 함입하는 것으로 보았다. 논자는 뇌허의 일련한 사상 추구와 불교철학 탐구가 독단적이고 편협한 의도에 의한 것이라고 보지 않는다. 뇌허가 한국 불교를 사랑하고 광도중생의 보살행 불교가 되려면 대승적 방편력이 최대한으로 활용되어야 함을 강조하다가 거북한 표현이 나왔다고 본다. 그러나 뇌허의 논지를 의미 있게 수용한다면, 한국 불교뿐만 아니라 세계 불교가 재고될 수 있을 것이다.

뇌허 스승이 가신 지 15주년이 되는 오늘, 뇌허 불교철학을 재구성해 보는 것은 더욱 의미가 있는 일이라고 생각한다.

서양 철학의 수용과 서우(曙宇)의 철학

백 종 현
(서울대)

1. 서양의 '필로소피아'와 한국의 '철학'

말이란 일반적으로, 따라서 낱말도 우리 인간의 어떤 사태에 대한 경험의 표현수단이다. 그런 만큼 우리가 어떤 새로운 말을 갖게 됨은 우리가 새로운 사태에 접했음을 지시한다.

우리 사회에서 철학(哲學)이라는 말이 쓰이기 시작한 것은 줄잡아 1세기쯤 되는 것으로 추정된다. 이미 17세기에 천주교 교리와 함께 서양의 철학이 유입되어, 그 명칭이 처음에는 '비록소비아'(費祿蘇非亞)로 표기되다가, 19세기 말 이인재(李寅梓)의 《철학 고변》(哲學攷辨)이 저술된 이래 철학(哲學)이라는 말이 정착되었다는 보고가 있다(조요한, "우리의 삶, 우리의 현실, 한국 철학 언어로의 모색", 월간 조선, 1982. 2, p. 328 참조). 또 다른 조사 보고에 따르면, 연희전문학교 1921년도 교과과정에 '논리학', '윤리학'을 비롯해 '철학 개론'이라는 교과목이 들어 있었다 하니(박영식, "인문과학으로서 철학의 수용과 그 전개과정,", 연대 인문과학연구소 26집, 1972, p. 110 참조), 이것은 이미 서양 학문의 유입과 더불어 '철학'이라는 낱말과 그 낱말이 지시하는 내용이 함께 우리 사회에 유포돼 있었음을 짐작케 한다. 그러니까 이것은 우리 사회 문화가 1세기 이래로 '수용'이라는 새로운 어휘를 갖게 되었고, 그에 상응하는 새로운 체험을 했음을 말해 준다.

그러나 '철학'이 서양 학문의 한 가지로서 일본 제국주의 세력에 실려 우리 사회에 퍼지게 됐을 뿐만 아니라, '철학'이라는 낱말 자체가 서양어 'philosophia'의 번역어로서 일본인 니시 아마네(西周)에 의해 만들어졌음도 알려져 있는 사실이다. 이러고 보면, '철학'이 이미 수 세대에 걸쳐 우리 사회에서뿐만 아니라 한자 문화권에서는 보편적으로 사용되고 있는 낱말이라 하더라도, 그것이 서양어 'philosophia'의 번역어임이 분명하고, 또 같은 한자라도 한국과 중국과 일본에서 낱말로 조성될 때에는 사람들의 사용방식과 어감이 다소간에 차이가 나는 경우가 없지 않으므로, '철학'이 과연 'philosophia'의 번역어로서 우리에게 적합한지, 그대로 계속 사용한다면 그것을 어떤 의미연관에서 납득해야 할 것인지 이제라도 한 번 검토·반성해 볼 만한 일이다.

'철학'이라는 말의 연원을 밝히면서 어떤 이는 일본의 니시 아마네가 "'필로소피아'를 주염제(周濂溪)의 《통학》(通學)에 나오는 성희전 현희성 사희현(聖希天 賢希聖 士希賢)의 희현(希賢)의 정신과 통한다고 생각하여 '희현학'(希賢學)으로 하다가, 그것이 너무 유교적 색채가 짙다고 생각되어 철학이라는 명칭으로 확정했다(1872년)"고 설명한다(조요한, 앞의 글, p. 330). 그러나 이 설명에는 '희현학'으로부터 어떤 연유로 '철학'이라는 바뀐 명칭이 나오게 되었는지에 관해서는 아무런 해명이 없다. 그런 반면, 한 일본인 학자의 서술에 따르면, '철학'은 일본인들이 명치유신 이후 서양 문물을 받아들일 때 더불어 수입되었는 바, 'philosophia'라는 명칭이 처음에는 문자 그대로 희철학(希哲學, Ki-tetsu-gaku)으로 번역되다가, 1870년대 말경에 '철학'으로 축약되었는데, 그것은 "희철학(希哲學)이 발음하기가 어렵기 때문이었을 것"이라 한다. (Tadashi Ogawa, "Heideggers Übersetzbarkeit in ostasiatische Sprache—Das Gerpräch mit einem Japaner, in *Zur philosophischen Aktualität Heideggers*, Bd. 3, hrsg. D. Papenfuss • O. Pöggeler, Frankfurt/M. 1992, s. 184 참조). 일본 사람들의 어감에서 희(希)는 '바라다', '기대하다', '드물다', '성기다' 등의 뜻 외에도 '의욕하다', '추구하다' 따위의 뜻을 가지고 있다 하고, 철(哲)은 여기서 '밝음'(밝다, 밝히다)을 넘어 '앎'[知] 혹은 '밝은 지혜'[明智]를 뜻할 터이니, 희철(希哲)이란 '지혜[혹은 참된 지식]를 추구함[사랑함]', 곧 'philosophia'의 직역이고, 여기에 지식체계인 '학문', '배움' 그리고 학문을 가르치고 배우는 곳인 '학교'의 의미를 지닌 학(學)이 추가되어 '희철학'이라는 말이 생겨났다고 보겠다.

우리가 위와 같은 일본 학자의 설명을 그대로 받아들인다면, 'philosophia'의 번역어로는 '희철'만으로도 이미 충분할 것이고, '학'의 덧붙임은 군더더기에 지나지 않을 것이다. 어쨌든 '희철함'이나 그것의 성과도 하나의 학문이라는 뜻에서 '학'이 추가되었든 혹은 '수학', '물리학' 등처럼 일정한 지식체계에는 '학'을 붙임이 자연스러워 그러했든, 일단 '희철학'이라는 번역어가 형성되고 이로부터 '철학'이라는 간략어가 생겼다면――그것이 발음상의 어려움을 덜기 위해서든 아니면 다른 연유에서든――, 이제 '철학'이란 '희철'이라는 원의를 가진 말이라 생각하면 그만일 것이다. 그러나 그것은 우리가 '철학'을 계속해서 일본어로 사용함을 뜻한다. 또는 적어도 이 '철학'이라는 우리가 하는 작업의 간판을 계속해서 일본 사람 식으로 사용함을 뜻한다.

우리의 어감으로는 '철학'을 '희철학'의 준말로 받아들인다는 것이 마땅치가 않다. 이런 생각을 갖는 사람이 많다면, 'philosophia'의 번역어로 우리 어감에 맞고 원의에 충실한 새로운 명칭을 찾아보든지, 기왕에 통용돼 온 말 '철학'에 새로운 의미를 부여하든지 하는 것이 좋을 것이다.

우리 나름의 의미 부여가 도무지 어려운 경우가 아니라면, 남이 만들어 준 말이라 하더라도 이미 한 세기에 걸쳐 받아 써 와 익숙해진 말을, 그것도 간판 명칭을 바꾼다는 것이 썩 좋을 것 같지 않아, 필자는 몇 해 전에 우리의 오랜 유가적 전통에도 맞고 그리스 'philosophia'의 형성 배경도 살려 주는 적절한 의미를 '철학'에 부여한 바 있다("고전철학 강의", 철학과현실, 1991년 가을호, p. 127 참조).

고대 그리스에서 'philosophia'라는 추상어가 형성된 과정을 살펴보면, "지혜를 추구하는 (자)"[philosophos], "지혜를 추구하다"[philosophein]라는 구체어가 먼저 생기고, '지혜의 추구', 곧 'philosophia'가 나중에 생겼다는 여러 사람의 문헌 연구 결과가 있다(J. Ritter · K. Gründer, *Historisches Wörterbuch der Philosophie*, Bd. 7, Sp. 573ff 참조). 지혜를 추구하는 자의 지혜를 추구하는 활동의 결실이 '지혜의 추구'라는 지식 자체 내지는 그 지식의 체계일 터이니, 말의 형성이 사태의 추이에 상응하는 좋은 예로 보인다. 그러니까 'philosophia'(Xenophon, *Memorabilia*, IV, 2, 23; Aristoteles, *Metaphysica*, I, 3, 983b 21 참조)란 'philosophos'의 'philosophein' 활동 자체 혹은 그 활동의 결실로 이해하면 될 것이다. 그러면 'philosophos'란 어떤 자를 말하는가? 이 말이 최초로 등장하는 문헌 가운데 하나에서, 우리는 매우 시사하는 바가 많은 다음과 같은 구절을 발견한다.

"파이드로스여, 그를 지혜 있는 자[sophos]라 부르는 것은 내가 보기엔 너무 높이 올라간 것 같고, 그런 말은 신에게나 적용하면 적절할 것 같네. 그러나 지혜를 추구[사랑]하는 자[philosophos] 혹은 그 비슷한 말로 부른다면 [그 자신에게나 사태 자체로 볼 때나] 보다 더 합당할 것 같네"(Platon, *Phaidros*, 278d).

플라톤이 전해 주는 이런 소크라테스의 견해에 따르자면,

'philosophos'란 지혜[참된 지식]를 가진 자라기보다는 지혜를 사랑하고, 추구하며, 그에 이르려고 애써 노력하는 자, 이를 테면 구도자(求道者)쯤을 지칭하겠다.

'philosophos'의 본디 뜻이 이러하다면, 그것을 우리가 '철인'(哲人)으로 납득하는 것은 이미 오래 전부터 형성된 우리의 유가(儒家)적 전통에 비추어 볼 때 아주 자연스러운 일이다. "마음 내키는 대로 행해도 법도에 어긋남이 없는"(從心所欲 不踰矩) 자, 그는 분명히 신인(神人)이며 성인(聖人)이다. 이런 성인 공자(孔子)의 으뜸 제자 10명을 '십철'(十哲)이라 칭했고, 이에 버금가는 제자들을 또 골라 '칠십이현'(七十二賢)이라 일컬었으니, 철인(哲人)은 현인(賢人)보다도 한 발짝 더 도에 가까이 다가간. 그러나 완전히 도에 이른 성인은 아직 아닌, 그래서 도에 이르르고 애써 노력하는 자를 이름하는 것으로 보이기 때문이다.

'철인'은 그러니까 쉼 없이 인간이 걸어야 할 길을 추구하고 우주 만상의 이치를 찾는 자이며, 이런 그의 지적 작업을 사람들은 일찍이 '도학'(道學)이라고 혹은 '이학'(理學)이라고 불렀다. 이제 우리가 이 '철인의 학문'[哲人之學]을 서양 문화의 'philosophia'에 대응하여 '철학'이라 고쳐 부른다 해서, 그 본래의 뜻이 일실되지는 않을 것이다. 그것은 사람들이 '대인의 학'[大人之學]을 '대학'[大學]이라고 줄여서 부르듯, 또한 어법에도 어긋나는 일이 아니다. 다만 과거의 '지혜의 학'이란 그 탐구대상 영역으로 볼 때, 오늘날의 개념으로는 제과학을 포함한 모든 학문을 어우르는 말로 보아야 할 것이고, 이제 1세기 이래 우리가 모색하는 '철학'은 탐구대상의 면에서나 탐구방법의 면에서 (분)과학들과는 구별되는 총체학(總體學)이자 근본학(根本學)으로서의 학문으로서, (경험적) 자료에 의한 지식체계가 아니라 원리적인 지식의 체계로 이해해야 할 것이다. 서양의 학문 전개사에서도 'philosophia'가 그런 의미 변화를 겪었듯이, 우리의 '철학' 개념도 학문 전개의 제국면에 따라 넓게 쓰기도 하고 좁게 쓰기도 하면, 두 개념은 서로 충분히 잘 어울릴 것이다.

2. 서양 철학의 수용과 한국 철학 : 철학의 국적의 의미

우리에게 '서양 철학'은 무엇인가? 우리는 왜 1세기 동안이나 서양 철학을 배우며 익히고 있는가?

'철학'이라는 것도 하나의 학문이고, 학문이란 보편적 지식체계의 이름이라 한다면, 대체 '서양의' 철학이란 무엇이고 '동양의' 철학이란 무엇인가?

한국의 철학이란 "한국 사람이 한국에서 통용되는 언어로 한국 사회·문화 속에서 생기는 학문적인 문제를 원리-반성적으로 탐구하는 지적 활동 또는 그 결실"이라고 규정하면 어떨까 싶다. 이 규정이 무난하다면, '한국'이 들어갈 자리에 '서양'이나 '동양', '독일'이나 '중국'을 넣거나, 더 나아가서, '기호 지방', '영남 지방' 또는 '세계', '인류'를 넣어 '……의 철학'이라고 규정할 수 있을 것이다. 물론 이 규정은, 예컨대, '한국 사람', '한국에서 통용되는 언어', '한국 사회·문화 속에서 생기는 학문적인 문제'를 어떻게 이해하느냐, 또 이 세 조건 중 일부만 충족시키는 경우 어느 쪽에 비중을 두느냐에 따라서, 때로는 좁게 때로는 넓게 적용될 수가 있을 것이며, 심한 경우, 그 기준을 아주 느슨하게 사용하면 '서양 철학', '한국 철학' 따위의 구별이 무의미하게 될 수가 있기는 하다.

어떤 이의 생각에 의하면, "어떤 철학의 국적을 결정짓는 것은 그 철학을 배태시킨 철학자의 탄생지도 아니고, 그 철학자가 주로 활동한 지적 단위체나 그가 사용한 언어도 아니다. 만일 첫째의 기준이 적용된다면, 스피노자 철학은 네덜란드 철학이 될 것이고, 둘째 기준이 적용된다면, 김재권의 철학은 미국 철학, 비트겐슈타인의 철학은 영국 철학이 될 것이고, 셋째 기준이 적용되면, 퇴·율[退溪·栗谷] 철학은 중국 철학, 비트겐슈타인의 철학은 독일 철학이 될 것이다. 이후 영향력의 기준에서 판별이 된다면, 프레게의 철학이나 비트겐슈타인의 철학은 영국 또는 미국 철학이 될 것"(김혜숙, "한국어, 한국 철학", 한민족철학자대회 1991 대회보, 권2──현대 한국에서의 철학의 제문제, p. 119)이다. 그래서 이런 생각은 "철학은 국가적 성격을 갖기보다는 개인적 성격을 갖는 것"(앞의 글, p. 120)이라는 결론으로 나아간다. 딴은 충분히 사려 깊은 논변이다. 그렇다면 우리가 그리스 사상과 중국 사상, 독일 철학과 영·미 철학을 구분해서 말하는 것은 몰지각한 짓인가?

문화권의 경계라는 것이 먼 빛으로 보기와는 달리 가까이 다가 갈수록 희미한 탓에, 지도에 국경을 표시하듯이 그렇게 분명하게 선을 긋는다는 게 어렵다는 것은 인정하지만, 그럼에도 우리는 기성의 문화를 충분히 의미 있게 공간적·시간적으로 구분하여 얘기할 수도 있고 구별되는 대개의 특징을 열거할 수도 있다. 이런 일은 또한 문화의 한 양상인 철학에 대해서도 물론 할 수 있다. 인간들이 언제 어디서 살았고 살든, 인간인 한에서 상호간에 보편성을 나눠 갖게 마련이지만, 또한 개인간에 집단간에, 뿐만 아니라, 일정 개인이나 집단이라 하더라도 연대별로 여러 면에서 차이가 난다. 어떤 철학도 그것이 철학인 한 '원리적 지식체계'라는 보편성이야 가지고 있겠지만, 누가 언제 어디서 왜 어떻게 했고 하는가에 따라 구별될 수도 있다. 우리는 플라톤의 철학과 아리스토텔레스의 철학을 구별하고, 청년 칸트의 철학과 장년 칸트의 철학을 구분하며, 율곡의 철학과 서우(曙宇) 최재희(崔載喜)의 철학을 구별할 수 있을 뿐만 아니라, 적어도 똑같은 정도로 의미 있게 한국 철학과 독일 철학을 그리고 조선 중기의 한국 철학과 현대의 한국 철학을 구별하여 말할 수 있다.

플라톤과 아리스토텔레스의 철학은 고대 그리스 철학의 축이며, 칸트와 헤겔의 철학은 근대 독일 철학의 핵이고, 퇴계와 율곡의 성리학은 근세 조선의 철학을 대표하며, 열암 박종홍과 서우 최재희의 철학은 1940~1960년대 한국 철학의 일면을 분명하게 대변한다. 김재권이 한국인의 한 혈족이라 하더라도, 그가 미국 사회·문화 속에서 생긴 학문적인 문제를 미국 말로 쓰고 생각하고, 그 결과가 미국에서 화제거리가 된다면, 그의 철학적 작업은 '미국적'이라고 평가할 수밖에 없다. 독일 철학계를 들판으로 비유할 때, 한국인 백 아무개가 독일에서 독일 말로 칸트 철학에서 제기된 문제를 철학적으로 논했다면, 그의 작업은 독일 철학계라는 들판에 널려 있는 이름 없는 들풀 가운데 하나이고, 그런 뜻에서, '독일적'인 것이다. 그러나 그가 거기서 한국적인 '임-있음'의 문제 시각에서 '존재자의 본질-존재' 해명을 시도했다면, 그의 작업은 '한국적'이다. 더구나 그가 한국에 돌아와 이 작업을 한국의 문화의식 속에서 한국어로 계속하여 결실을 본다면, 그것은 한국 철학의 일부라고 해야 할 것이다.

이런 의미 정도로 '한국 철학'을 이해하고서 원래의 물음으로 돌아가자. ──우리에게 철학은 무엇이고, 왜 우리는 1960년대 이래 서양 철학을 수용하고 그 사상 흐름에 편승하고 있는가? 대체 이런 판국에 우리는 무엇을 염두에 두고서 '한국 철학'을 말할 수 있는가?

이른바 철학자들은 철학이 제반 문화를 선도해야 한다고 그리고 할 수 있다고 자부하나, 사실은 여타 문화 영역을 뒤따라 가는 경우가 더 많다. 1920년대에 서양 철학이 유입된 것도, 당대 한국인들의 철학적 자각과 모색으로부터 그 길에 이르게 되었다기보다는, 서양의 제반 문물이 세계 정세의 흐름에 따라 우리에게 밀어 닥침으로 인해 서양 문화의 한 가닥으로 우리에게 다가왔다고 보아야 할 것이다. 거기다가 철학의 학문적 성격과 역할이 제과학의 맨 뒤에 오면서도 제과학의 단초와 원리를 추궁하는 것인 만큼, 한국의 제반 학문세계가, 다시 말하면, 표층 문화를 주도하는 물리학, 천문학, 지리학, 생물학, 법학, 정치학의 세계가 이미 서양적 흐름에 합류했는[휩쓸려 들어갔는]데, 철학이 여전히 성리학적이고 실학적인 전통만을 이어 간다면, 그렇지 않아도 현대에 와서 신통치 않아진 이른바 분과학의 근본학으로서의 철학의 역할은 허공에 뜬다. 한국 사회의 질서와 정의의 골간을 이루는 헌법체계가 《경국대전》(經國大典)의 정신을 떠나 미국 헌법, 프랑스 인권선언, 독일 헌법 정신과 그 맥을 같이하는데, 재래의 법철학, 정치철학으로 어떤 법원리, 정치원리를 설명할 수 있겠는가?

한국에서 당초에 서양 철학의 수용이 자발적이 아니었음은 거의 틀림없는 사실이다. 그러나 철학자가 사회생활에서 완전히 떠나 있다면 몰라도, 이미 사회 근간이 서양 식으로 재편되어 가는 마당에 철학한다는 사람이, 그가 순전히 과거 한국 철학의 역사 연구가이길 지향하는 경우가 아니라면, 그 재편되어 가는 문화 양상의 근거를 탐구하지 않을 수는 없는 것이다. 우리는 오늘날 우리 사회 운영의 토대인 '자유'와 '평등'의 원리를 이해하기 위해 퇴계나 율곡 혹은 다산의 사상보다는 로크나 루소 또는 칸트의 사상에 대한 이해를 더 필요로 한다. 물론 문화 양상은 중층적인 만큼, 표피 층에는 새로운 물결이 일어도 심층에는 여전히 옛 물이 두텁게 남아 있을 수 있다. 바로 그만큼은 우리가 한국에서 서양적 철학을 한다고 해도, 그것은 한국식 서양 철학, 바꿔 말해, 화제는 서양에서 발원했으나, 그러나 이미 우리 자신의 문제를 다루는 우리의 철학, 곧 한국(적) 철학의 일환이라 할 것이다. 그러니까 우리가 서양 철학을 수용했고 수용한다고 하더라도, 바로 그로 인해서 우리의 철학적 문제가 순전히 '서양적'이 된다고 볼 수는 없다. 이런 얘기는, 예컨대, 삼국 시대에 불교사상을 수용한 것에 대해서도, 여말선초(麗末鮮初)에 성리학을 수용한 것에 대해서도 그대로 적용된다.

어떤 이는, 한국 역사에서 주류(主流) 사상은 언제나 외래적인 것이고, 그런 의미에서, 한국 사상사는 외래 사상 수용사인데,

'한국 사상'이라는 것이 무엇이고, 더구나 '우리 한국 철학'이란 무엇이냐고 묻는다. 과연 외래 사상을 접수했다고 해서 일체의 고유성을 얘기할 수 없는 것일까? 독일 이상주의 철학이 그 연원을 따지면 그리스 사상이고 기독교 사상이라 해서, 우리는 독일 철학을 얘기할 수 없는가? 문제의 발원이 남에게 있다 하더라도, 문제의식이 수반되어 그 문제가 이미 자기 문제가 된다면, 그 문제의 해결방식과 결과도 상당 부분 자기 것이 된다고 보는 게 온당하다.

오늘날 우리에게 서양 철학은 무엇인가? 기자(記者)적 관심에서 소개되는 것이 아니라──, 그러나 사실 한국에서 이른바 '서양 철학하는 사람' 가운데에는 '기자'라고 불러야 할 사람이 많다. 일정 부분 한국적 문제의식과 문제 해결의 관심에서 수용되고 변용된다면, '서양' 철학은 그만큼 '한국의' 철학이기도 하다. 우리가 오랜 동안 중국 철학사상을 수용하다가 난데없이 서양 철학을 떠들게 된 것은, '한국의' 제문화 양상이 어느 사이 서양화한 것과 맥을 같이한다고 말하면, 철학하는 사람이 주체성도 없이 궁색한 변명을 한다고 비난받을까? 역설로 들릴지 모르지만, 오늘날 한국에서 주체적으로 철학하는 사람은 '서양' 철학을 할 수밖에 없다고 말하는 것이 더 합당하다. 우리가 아프리카(탄자니아나 니제르)의 철학 혹은 아라비아의 철학은 거의 수용하지 않고 중국 철학이나 서양 철학을 수용한 것은, 그것이──수동적으로 세계 정세에 따른 일이든 능동적인 문화 향상 전략의 일환이든──우리의 제반 문화·학문 영역에 피할 수 없는 영향을 미쳤고, 그 가운데에서 우리의 삶을 꾸려 가고 있기 때문이다. 과거 우리에게 수용된 '중국' 철학이 우리의 철학이 되었듯이, 현대에 우리가 수용하는 '서양' 철학은 우리 철학의 일부인 것이다.

3. 서우(曙宇)의 학문과 한국 철학에의 기여

서우 최재희(1914~1984)는 한국의 서양 철학 수용기에 있어서 1.5세대에 속한다고 볼 수 있다. 신남철(申南澈), 한치진(韓稚振), 안호상(安浩相), 박종홍(朴鍾鴻), 김두헌(金斗憲) 등(조희영, "현대 한국의 전기(前期) 철학사상 연구——일제하의 철학사상을 중심으로", 용봉논총(龍鳳論叢) 제4집, 전남대 인문과학연구소, 1975, p. 1 아래 참조) 이미 1930~1940년대부터 활발히 활동한 이들을 1세대로 칠 때, 서우의 철학적 주 활동 시기는 1950~1970년대로 잡을 수 있기 때문이다. 이것은 그가 어떤 선각자적 결단보다는 이미 형성되어 있는 학풍에 다소간 영향을 받은 채로 공부를 시작했음을 뜻하고, 더구나 주로 서양 철학을 하면서도 서양에서 수학한 적은 없으므로 당시의 일본식 학교 철학을 우선 습득했을 것임을 뜻한다. 그러나 그는 그의 학문이 무르익기 전에 해방을 맞이하였으므로, 일본어 서적을 일차 문헌으로 다룰 충분한 소양을 갖추었으면서도 왜색조를 짙게 드러낸 저작을 아직 내놓지 않아도 좋은 처지에 있었다. 그래서 그는 과거의 행적에 대한 자기 비판을 거칠 필요 없이 그의 힘이 닿는 데에까지 새 나라 건설과 새 문화 창달에 열정적으로 참여할 수 있었다.

1938년, 경성제대 철학과 교육과정을 마치고 조수(1939), 강사(1942) 생활을 거쳐 1947년 교수직에 오른 서우는 종신토록 학교 철학의 테두리 안에 머물렀다. 그는 당시의 학문 사회의 요구에 부응하여 철학의 전 분야에 걸쳐서 활약하였고 저술도 내놓았다. 《윤리학》(1953), 《논리학 원론》(1953), 《사회철학》(1963), 《철학 원론》(1964), 《휴머니스트의 인간상》(1968), 《서양 윤리사상사》(1970), 《역사철학》(1971), 《칸트의 순수이성 비판 연구》(1976) 등 18권의 철학 전문 저서와 11편의 독립

논문 그리고 《학생과 사상》 등 5권의 계몽적 저술이 그런 사실을 말해 준다. 그가 후학들에게 미친 영향으로 볼 때, 그의 철학적 작업의 주요 공적은 칸트의 비판철학과 헤겔 등의 독일 이상주의 철학의 소개·번역 보급·논구, 역사철학 연구, 휴머니즘 철학에 대한 개척자적 연구에서 찾을 수 있다. 그 자신뿐만 아니라 서양 철학 수용기 1.5세대의 최대의 공로라고 할 칸트의 《실천이성 비판》(1957), 《순수이성 비판》(1972), 《비판철학[형이상학] 서론》(1978) 등 6권의 번역을 뺀 그의 저술은 사후에(1985) 전집으로 발간되었는데, 전 6권 총 4,158쪽에 달한다(최재희 전집, 삼지원 참조).

서우의 서양 철학 원서 번역작업은 타인에게는 새로운 문화의 전수요, 그 자신에게는 그 자체가 철학함의 한 방도였다. 그는 원서의 전체 대의뿐만 아니라 문장 하나하나의 진의 파악에 심혈을 기울였다. 독일인 누구에게서도 원서 강독을 받은 바 없는 그의 칸트·헤겔·셸러 번역이 거의 모두 직역이며──직역이야말로 가장 값지고 그만큼 어려운 방식의 번역이다── 또한 정확하다는 것은, 그의 노고가 얼마나 컸을까를 미뤄 짐작하기에 충분하다. 문장 하나하나의 뜻이 조금이라도 분명하지 않으면 심지어 제자에게 묻는 것조차도 망설이지 않았다. 예컨대, 《순수이성 비판》과 《비판철학 서론》의 역자 주 가운데 몇 개는 서우의 뜻에 따라 필자가 붙인 것인데, 《비판철학 서론》(박영사, 1978, p. 129 하단 주 1)에는 '백종현 조교 제공'이라고까지 써 넣어 그런 사실을 밝히고 있다. 또 《실천이성 비판》(박영사, 1975) 신역을 내놓을 때에는 필자에게 자신이 학창 시절부터 가장 소중히 여겼던 작업이 이 책의 한국어로의 번역이었으며, 그것으로 어느 정도 망국의 한을 달랬다고 말하면서, 결론부의 자신의 번역이 그 자신 마음에 흡족하지 않으니 원문과 철저히 대조하여 검토해 달라고 당부하기도 하였다. 서우의 번역어 가운데 일본어 투의 것이 더러 있고, 지금의 우리의 어감과 다소 거리가 있는 것도 있으며, 문장 구성도 적의하지 않은 것이 가끔 눈에 띄지만, 그와 우리 사이의 세대 차이 그리고 그가 충분히 국어를 체계적으로 배우지 못한 세대에 속함을 감안한다면, 그의 정확한 문장 구사 능력은 오히려 놀랍다.

서우의 역서 칸트 《순수이성 비판》과 칸트의 이론형이상학에 관한 논저들이 학계에 미친 영향이 매우 커서, '서우 최재희' 하면 누구나 '칸트 《순수이성 비판》'을 연상할 정도이지만, 그러나 서우의 일관된 철학적 주 관심은 사회에서의 인간의 실천 문제에 있었다. 윤리학, 법철학, 인간학, 역사철학에 관한 그의 방대한 연구 결과물들이 이를 증거한다.

다른 분야에서도 그러했지만, 도덕철학 분야에서 서우는 밀려드는 서양 철학사상을 동양 및 한국의 전통 사상에 비추어 해석하면서 자신의 사상을 내보였다. 서우는 칸트에서 '이성의 사실'인 도덕법칙에 대한 무조건적인 존경심을 퇴계가 말한 마음의 제반 경향성을 주재하는 '경'(敬)의 심정으로 설명하였다(최재희전집 6권, p. 224 참조).

인격주의적 도덕관을 견지한 서우는 역사철학적인 탐구에서도 인간주의적 이상사회의 모습을 찾고자 하였다. 그래서 그는 특히 헤겔 역사철학을 깊이 있게 다루었는데, 그것은 역사를 자유정신의 자기 전개사로 보는 헤겔에게서 자신의 생각을 발견했기 때문일 것이다. 또한 일제 침략기의 민족 수난, 세계 대전, 한국 전쟁, 이념 투쟁, 계층 갈등의 현장을 지켜보면서, 개개인간의 생각이나 힘의 차원을 넘어서는 세계정신과 같은 어떤 힘을 감지했고(최재희 전집 2권, p. 465 참조), 그럼에도 자기 부정 과정을 거쳐 한 발짝씩 이상을 실현해 가는 정신의 중심 매체는 인간일 수밖에 없음을 통찰했기 때문일 것이다.

세계사를 관통하고 있는 세계정신을 운위한다는 점에서 서우의 역사철학은 기본적으로는 헤겔적이나, 그의 저술 《역사철학》은 산만하다 싶을 정도로 동·서양의 기존 역사관을 두루 살피면서

당대의 한국 현실의 문제들에 개입한다. 이 책에서 서우는 '제1
장 제1절 한국 개국의 정신' 해명부터 시작해서 서양인의 여러
역사관을 일람한 후, '동양인의 역사 서술'에 관해 언급하고, 마
지막 부분에서 문화정책을 다룬다. 심지어 '언어정책의 일관성'
(제6장 제4절)이라는 제하에서는 '한글 전용의 의당성(宜當性)'
을 논한다(최재희 전집 4권, p. 193 참조).

  서우의 역사철학이 결과적으로 얼마나 독창적인가에 대해서는
의견들이 갈리겠지만, 그는 적어도 그가 놓여 있는 한국의 현실
에서 역사를 조감하고자 시도하였다. 철학은 어떤 문제를 다루든
"현실에서 그 출발점을 가져야 한다"고, 서우는 생각했다. "철학
이 현실에서 출발한다는 것은 현실을 자신의 외부나 혹은 먼 건
너편에 두고 그것을 탐구해야 한다는 뜻이 아니다. 현실은 우리
인간에 대해서 그 외부에 있는 것이 아니라, 그 안에서 우리가
출생한 곳이요, 활동하는 곳이며, 죽음을 맞이하는 곳이다. 이런
고로, 현실은 보통 생각하듯이 객관적 대상인 것이 아니라, 오히
려 우리가 발을 디디고 있는 지반이요 바닥인 것이다"(최재희 전
집 4권, p. 201).

  그가 체험한 현실 토대 위에서 철학적으로 반성하는 태도를 유
지한 서우는 '국가와 개인의 관계'(최재희 전집 6권, p. 396)를
유기적이고 윤리적인 것으로 파악하였다. 여기서 우리는 서우의
사회철학사상의 일단을 읽을 수 있다.

  "국가가 개인들의 집합체인 것은 틀림없다. 그러나 많은 개인
들이 그저 집합한다고 해서 그런 집합이 곧 국가가 되는 것은 아
니다"(최재희 전집 6권, p. 397). 국가를 인간의 신체에 비유하
면, 개인은 신체의 각 부위들이다. 각 신체의 부위들이 신체의
유기적 조직에서 떨어져 나가면 미구에 사멸하고 말 듯이, "개인
들이 만일 국가라는 생명적·유기체적인 전체로부터 떨어져 나가
고 보면, 그들의 완전한 생존은 시간 문제로 된다"(최재희 전집
6권, p. 397). "국가와 개인의 관계는 신체와 그 부분적 기관들

의 관계처럼 유기적인 것이다"(최재희 전집 6권, p. 399). 그러나 국가와 개인의 관계는 한낱 신체적인 유기적 관계가 아니다. 그 위에 또한 '윤리적' 관계이기도 하다. 개개인은 신체의 부위와는 달리 자기의식을 가지고 있고, '윤리적인 의식을 가지고서 행위하는 존재'(최재희 전집 6권, p. 399)이다. 자율적이고 윤리적인 의식을 가진 국민으로서 개인은 단지 국가의 일부분으로서 국가에 예속된 존재가 아니라, 거꾸로 국가를 지키고 키워 나가는 국가 사회의 주인이기도 하다. 이런 국민들의 실천적 힘에 의해 '일시적으로 소멸한 듯한 국가라도' 회생할 수가 있다. "예속된 동족을 해방하고자 일제에 항거하여 조국을 재건하려고 했던 해방 전의 국내·해외의 몇몇 지사(志士)들만이라도 한 번 회상해 볼지어다"(최재희 전집 6권, p. 400).

서우가 아직 충분히 자기 철학을 개진하지 못했다는 것은 그의 흠이라 할 수 없다.. 제반 문화 영역도 그러하지만, 더욱이 철학은 여타 문화 수준의 진전과 어깨를 나란히 해서 나아간다. 여타 문화 영역의 진전이 지지부진한데 철학만이 불쑥 솟는다는 것은 기대하기 어려운 일이다. 자연언어로 사색하는 철학자가 국어조차도 제대로 성립돼 있지 않은 시대에서 젊음을 보냈으면서도, 열정적으로 계몽에 참여하였고 깊은 모색과 넓은 찬술(纂述)을 남겼는데, 그의 공이 적다고 할 것인가! 당대의 그의 '한국' 철학 수준은 사실상 여타 문화 영역의 수준을 훨씬 웃도는 것이었다. 오히려 그의 주 활동기로부터 1.5세대가 더 지난 오늘날의 한국 철학도의 수준이 여타 문화 영역의 그것만 못한 것이나 아닌지……
서우는 여러 방면의 실천철학 분야, 이론철학 분야에 수많은 저작을 남겼고, 근대 독일 철학에 관한 그의 저술과 역서는 아직까지도 그 영향력이 감퇴되지 않고 있다. 그가 이런저런 작업을 통해 끈질기게 추구했던 것은 '휴머니스트의 인간상'을 마침내 우리 한국 사람에게 제시하는 일이었으며, 그로써 그는 한국에서 철학하는 사람으로서 한국이 근본적으로 사람다운 사람이 사는 나라가 되는 데 기여하고자 하였다. 그가 '인간 양심의 회복'(최재희 전집 6권, p. 517)이라는 글에서 우리에게——어찌 한국 사람에게 국한된다고 할까마는——남긴 말을 다시 한 번 숙독하면서, 서양 철학 수용기의 한 거목에 대한 짧은 평설을 마친다.

"무릇 적어도 하나의 나라가 번영하고 강하게 되자면 필요한 것이 한두 가지가 아니다. 제도적인 법률, 정치적인 권력, 경제적인 재력, 국방을 위한 무력 등이 모두 긴요한 것임에 틀림이 없다. 그러나 겉으로 나타나는 이런 것들보다도 더 근본적으로 중요한 것이 있는 것이요, 이 중요한 것을 온 국민이 간직하고 있어야만 한다. 이러한 중요한 것을 우리는 '인간성'이라고 한다. 온 국민의 심저(心底)에 공통되게 인간성이 간직되어 있어야만, 한 나라는 참으로 번영하고 참으로 굳세게 될 수 있다. 이런 진리는 오늘날의 우리 '한국'에 대해서도 타당한 것이다"[1995. 4. 5].

조선조 성리학 연구서의 백미
—《한국 유학사》를 중심으로 배종호 —

박 양 자
(강릉대)

1. 스승과의 만남

배종호 선생님을 내가 처음 뵌 것은 1971년 3월 철학과 강의실에서였다. 율곡(栗谷)의 고장 강릉에서 초·중·고등학교를 나온 나는 어려서부터 율곡에 대해 관심이 많았다. 대학 1학년 때에 5·16을 경험한 나는, 우리 조국이 어디로 가야 하는지 그 미래를 알고 싶어했다. 그러나 과학기술 문명이 물밀듯이 쳐들어온 1960년 초, 현실은 너무나 복잡다단하여 미래의 방향을 추측하기조차 힘들었다. 그래서 나는 우리 시대에서 가장 가까운 조선 시대 사상사를 연구하는 것으로부터 다시 시작하기 위하여 철학과 진학을 결심하고 한국 철학 강의실을 찾았던 것이다. 그러나 내가 강의 첫 시간에 우리 배 선생님께 처음 들은 말은, 고금동서(古今東西)에 여류 철학자는 없었으니, 인물도 괜찮은데 일찍 전공을 바꾸라는 말씀이었다. 이 서운한 말씀에 좌절되었던들 오늘의 나는 없었을 것이다. 1972년 6월에 착수하여 1974년 10월에 완성을 본 배 선생님의 《한국 유학사》 및 《한국 유학자료 집성》의 자료 복사로부터 원고 교정에 이르는 대사업에 내가 적극적으로 참여한 것도 이러한 선생님의 말씀이 역으로 큰 자극이 되어서였던 것 같다.

1919년 2월 25일, 선생님은 경남 산청에서 태어나셨다. 1937년에 진주고보를 졸업하시고, 1941년 경성제국대학 예과 그리고 1943년에 철학과에 진학하여 서양 철학을 전공하신 분이다. 당시 경성대학에서 본과로 진학할 때에 철학을 선택한 사람은 배 선생님 단 한 분뿐이어서, 선생님의 학생 때의 별명은 '독야청청'이었다고 한다. 학부 시절에 동양 철학 강의를 수강한 것은 필수과목이었던 '불교 개설'과 '지나(支那) 철학사'뿐이었고, 졸업논문도 〈헤겔(Hegel)에 있어 자기 의식의 전개〉였다고 한다.

배 선생님께서는 방황의 시절이 길었다고 평소 담담히 말씀하시곤 했는데, 6·25 전에는 동국대학교 정치대학 등에서 철학 개론, 윤리학을 강의한 적도 있었고, 6·25 이후 함양농고에서 10년간이나 교편을 잡은 일도 있었다. 배 선생님이 서울로 올라와 연세대학교에서 동양 철학 강의를 하시게 되는 것은 1960년, 선생님의 나이 42세 되던 해였는데, 정 교수님의 권유로 동양 철학의 길로 들어서게 되었노라고 늘 정 선생님께 감사하시곤 하였다. 연세대 부임 후, 선생님의 연구 영정은 자책과 좌절, 발분격동(發憤激動), 고독과 침묵 그리고 때로는 앙천대소(仰天大笑)의 연속이었다고 회고하고 계시다.

배 선생님의 첫인상은 글방에 조용히 앉아 공부를 가르치던 옛 선인(先人)의 풍모가 느껴지는 분이었는데, 선생님의 예리한 눈매는 역시 철학을 전공한 분 특유의 단호한 면이 있었고, 이는 선생님이 지니셨던 깊은 지혜의 표출이었다고 생각하고 있다. 강의 도중 흥미진진한 주제에 이르면 경상도 억양이 높아지고 또 호탕하게 웃으시곤 했는데, 배 선생님의 특징이었다. 이때 우리들의 관심을 끌었던 것으로는 음양오행론, 《주역》, 풍수지리설 등이 있었는데, 당시에는 너무나 내용이 어려워 잘 이해하지 못한 것이 내심 애석하다. 이러한 학문들은 함양에 계실 때에 전북 남원에 사는 춘봉(春峰) 이종구 선생과 절차탁마하는 가운데 얻

78

게 된 귀중한 자료라고 말씀하시곤 했다. 배 선생님은 자연과학에 대해서도 흥미 이상의 관심을 가지고 계셔서 강의 시간에 동양 철학과 자연과학과의 비교 강의도 자주 하시곤 했다.

배 선생님은 노자(老子)와 불교에도 관심이 많으셨고, 강의 시간에 유(儒)·도(道)·불(佛) 3교의 비교 강의도 종종 하셨는데, 언젠가는 이 주제로 책을 쓰고 싶다고 말씀하신 적도 있다. 당시 동국대학교 불교학 교수로 계시던 우정상 선생님과는 친분이 두터웠던 것으로 알고 있다. 이러한 유·도·불 3교에 대한 해박한 지식과 서양 철학을 전공한 철학방법론이 정주성리학(程朱性理學)을 연구하는 데 큰 도움이 되었다고 선생님은 늘 말씀하시곤 했는데, 사실 동양 철학하는 분들은 방법론이 부족하다느니 결핍되어 있다느니 하는 과격한 비난을 받고 있었던 당시에, 배 선생님은 이에 굴하지 않고 동양 철학을 논리적으로 이해하고 체계를 세워 규명해 주려고 노력한 선구자라고 할 수 있다. 입장이 다르면 방법론은 달라지게 되므로, 동양 철학에 있어서 중요한 것은 방법론보다는 그 수행방법에 있다고 늘 강조하시곤 하였다.

배 선생님의 첫 논문 발표는 1962년, 연세대 《인문과학》 제7집에 게재된 〈이기론(理氣論)에 대한 고찰〉, 바로 그것이다. 그후 계속 동양 철학에 대한 논문이 다수 발표되고, 또 1965년에는 《철학 개론》도 집필하셨는데, 주요 논저 목록은 다음과 같다.

철학 개론, 공저(연대 출판부, 1966)
철학 개론(선명문화사, 1973)
한국 유학사(연대 출판부, 1974)
철학 개론(동화문화사, 1976)
국민과 윤리, 공저(박영사, 1976)
한국 유학의 과제와 전개 1·2(범학사, 1979~1980)
한국 유학 자료 집성 상·중·하(연대 출판부, 1980)

한국 유학의 철학적 전개 상·중·하(연대 출판부, 1985)
한국 유학의 전개 속(1989)

그러나 선생님의 연구활동에 있어 획기적인 전기가 된 것은 1970년 10월에 연대 출판부에서 간행된 《한국 유학사》 집필이라고 할 수 있다. 선생님은 이 책으로 1975년 1월에 한국일보 주최 출판문화상을 받으셨다.

1972년 4월, 배 선생님은 연세대 인문과학연구소 요청으로 〈한국학의 본질〉이란 논문을 준비중에 계셨다. 당시만 해도 출판 장비 및 영인시설이 좋지 않은 때여서, 영인본은 없는 상태이고 귀중본은 도서관에만 있었으므로, 이 논문을 쓰기 위한 자료의 수집이 대단히 어려운 형편에 있었다. 다행히도 연세대 도서관의 특별 배려로 귀중본인 문집류를 대출받아 조선 시대 유학자들의 자료를 6개월간에 걸쳐 복사하게 되었는데, 이때 선현들의 유향(遺香)이 담긴 3,000권이 넘는 한적(漢籍)들을 내 손으로 직접 만져 보고 옮길 수 있었던 것은 평생 잊지 못할 추억이 될 것이다. 권양촌(權陽村)으로부터 곽면우(郭俛宇)에 이르는 50명의 조선을 대표하는 유학자들의 문집과 그리고 조선조 유학사상에 큰 영향을 준 중국 송대(宋代)의 주렴계(周濂溪)·정명도(程明道)·정이천(程伊川)·장횡구(張橫渠)·주자(朱子)·육상산(陸象山), 명대(明代)의 왕양명(王陽明)·나정암(羅整庵)의 저서 그리고 《성리대전》 가운데에서 성리학과 관계가 있는 자료를 발췌한 결과, 무려 6,000장이 넘는 분량이 되었다. 오늘날과 달리 참고자료를 구하기 힘들었던 당시, 선생님이 심혈을 기울여 발췌하고 복사하신 이 귀중한 자료들은 후일 1980년 5월에 약 5,400장으로 재정리되어 총 2,725페이지에 달하는 《한국 유학자료 집성》 상·중·하 3책으로 연세대 출판부에 의하여 간행되었다. 1973년 여름은 유난히 무더웠는데, 철학과 학형 5, 6명과 런닝셔츠 차림으로 여름방학 두 달을 꼬박 복사자료의 자체(字體) 수정에 바쳤던 것도 잊혀지지 않는 추억이다. 이《한국 유학자료집성》에 수록된 방대한 자료에 의거하여 1974년에 완성된 것이《한국 유학사》이다.

미국의 실용주의 사조와 과학기술 문명이 적극적으로 한국에 도입되기 시작한 1960년대 이후, 우리 학계는 어느 분야를 막론하고 서구학의 수입에 급급한 나머지 한국의 전통적인 학문을 연구·계발하는 데에는 소홀했다. 철학계 역시 예외는 아니어서, 철학이라 하면 그것은 바로 서양 철학을 의미할 정도였다. 이러한 사상적·문화적 과도기를 살면서 배 선생님은 늘, 외래학(外來學)의 수입도 중요하지만 전통 사상의 바른 좌표 설정이 무엇보다 시급하다고 강조하시곤 했다. 삼국 시대부터 고려 시대까지는 불교로 민족성이 통일되었고, 조선 시대는 정치이념에서부터 서민의 일상생활에 이르기까지 유학으로 통일되었는데, 오늘날에는 이에 대체할 만한 철학이 없기 때문에 국민윤리와 민족성의 방향이 부재하게 되었다고 개탄하시곤 했다. 전통 사상을 바로 세워 놓고 거기에 외래 사상을 시의적절하게 수용·정화(受容淨化)해야 한다는 주장이다. 이러한 동기에서, 한국 철학의 바른 위상을 정립하기 위한 기초 작업으로 심혈을 기울여 집필하신 것이 바로《한국 유학사》이다.

배 선생님의 저서 가운데 또 하나의 대표적 저술을 들어 보면, 1984년, 연세대 정년을 맞아 전에 선생님의 회갑을 기념하여 1979년에 간행된《한국 유학의 과제와 전개》1·2권과, 그 후 발표한 논문들을 모아 편집한《한국 유학의 철학적 전개》상·중·하 3책이 있다. 이《한국 유학의 철학적 전개》3책에는 배 선생님께서 첫 논문을 쓰신 1962년부터 정년을 맞이하실 때까지 20년이상 사계(斯界)에 발표하신 31편에 달하는 주옥같은 논문들이 수록되어 있다.

① 이기론(理氣論)에 대한 고찰, ② 이일분수설(理一分殊說)의 도덕적 의의, ③ 유·불·도(儒佛道) 3교의 알력과 조화, ④

조선조 성리학의 사상사적 특징, ⑤ 화담의 주기(主氣)사상, ⑥ 매월당 김시습의 철학사상, ⑦ 퇴계와 고봉의 사단칠정변론, ⑧ 퇴계의 거경궁리설(居敬窮理說), ⑨ 퇴계 철학의 방법론, ⑩ 퇴계의 인성론(人性論), ⑪ 퇴계의 한·중·일(韓中日)에 있어서의 지위, ⑫ 공자의 중용사상, ⑬ 율곡의 이기관(理氣觀), ⑭ 율곡의 사단칠정론과 인심도심관(人心道心觀), ⑮ 율곡의 미발지중(未發之中), ⑯ 율곡의 이통기국설(理通氣局說), ⑰ 율곡의 철학사상, ⑱ 한국의 기(氣)철학, ⑲ 고려의 도교사상, ⑳ 고려시대의 철학 사상, ㉑ 조선조 후기의 도교 사상, ㉒ 동양의 인성론, ㉓ 호락(湖洛) 논쟁에 있어서의 인물성동이론(人物性同異論), ㉔ 이위암(李魏巖)과 한남당(韓南塘)의 심성론(心性論), ㉕ 기로사(奇蘆沙)와 임녹문(任鹿門)의 철학 비교, ㉖ 박세당의 반주자학(反朱子學)과 격물치지설(格物致知說), ㉗ 한국의 현대 사조와 유교사상, ㉘ 유가 충·효(忠孝) 일치의 사상, ㉙ 유가의 인(仁)사상, ㉚ 오륜의 한국적 전통성, ㉛ 노자(老子)의 성리 철학의 이해 등이 바로 그 논문들이다.

이 31편의 논문은 모두 배 선생님의 깊은 사색과 철학에 대한 정열을 기울인 연구결과로, 그 어느 것이나 다 선생님의 혼이 깃들여 있지 않은 것이 없다. 따라서 이 논문들은 이를 전공하는 후학들에게 폭넓은 방향 제시와 정밀한 자료 제공을 해 주고 있다. 특히 호락 논쟁, 유리론(唯理論)·유기론(唯氣論)의 전개는 선생님께서 주력을 기울이신 것으로, 선생님의 지도를 받아 자립한 연구자들도 다수 있다.

그러나 나는 오늘 은사 배종호 선생님을 회고함에 있어 조선조 성리학 연구의 고전(古典)이 된 《한국 유학사》에 한정하여, 외람되나마 배 선생님의 한국 성리학에 대한 견해를 소개하고 또한 후학에 미친 영향을 살펴볼까 한다.

2. 한국 유학사 소고(小考)

1) 서언(序言)

《한국 유학사》는 배 선생님께서 〈서문〉에 언급하고 계신 것처럼 한국 유학 전반을 다룬 책은 아니고, 유학 가운데에서 철학적 방면인 성리학만을 다룬 책이다. 유학이란 인·의·도·덕(仁義道德)을 중심 내용으로 삼고 수기치인(修己治人)을 목적으로 하는 세계와 인생의 본질을 규명하는 광범한 내용을 가진 학문이다. 또한 공자 이후 시대적 요청에 응하여 선진(先秦)유학, 한·당 주소학(漢唐注疏學), 송대 성리학(宋代性理學), 청대 고증학(淸代考證學) 등으로 분류되기도 한다.

선생님 자신도 이 유학사를 집필하시는 동안 "유학이란 인생필수지학으로서 삶의 전반에 걸쳐야 하는데, 유학을 다만 윤리를 다루는 성리학이나 경세학(經世學)인 실학교화학(實學敎化學)으로서의 교육학 등에만 한정할 것이 아니라, 문학, 역사, 예술, 종교 등 제분야까지 고구(考究)해야 하고, 더 나아가서는 자연과학적 측면, 즉 음양학(陰陽學)까지도 추구해야 할 것"이라고 말씀하신 적이 있다.

성리학은 송학(宋學)의 중핵(中核)을 이루고 있는 사상으로서 흔히 이기심성지학(理氣心性之學), 의리지학(義理之學), 단순히 이학(理學)이라 불리기도 하는 사상이다. 또 정주(程朱)와 주자(朱子)의 학문이 중심이 되므로 정주학(程朱學)이라 부르기도 하고, 그 중심 내용이 도의지학(道義之學)이므로 도학(道學)이라고도 하며, 또 출신지를 들어 염락관민지학(濂洛關閩之學)이라 부르기도 하며, 원시 유가와 구별하여 신유가(新儒家)라 불리는 사상이다.

《한국 유학사》에서 배 선생님은 한국 성리학의 본질을 규명하기 위한 주요 과제로 태극론(太極論)과 기론(氣論)·성정론(性情論) 가운데 사단칠정론(四端七情論)·인심도심론(人心道心論) 그리고 그 근원이 된 주리·주기(主理主氣)의 쟁점, 보편과 개성의 관계 등으로 분류하고 있다. 그리고 기본 전제로, 송대 신유학은 주(朱)·장(張)·소(邵)·이정(二程)을 거쳐 주자(朱子)에 이르러 집대성되는데, 그러나 주자학에는 아직 미진하고 미흡한 점이 많아서 전후 상반된 표현과 상약정조(詳略精粗)의 문제점들이 산적잔존(山積殘存)하고 있다는 것에서 출발한다. 이러한 점은 중국에서도 문제화되어, 주자와는 입장을 달리해서 유학을 다시 체계화하려 한 육왕(陸王)학파도 대두되었는데, 특히 숭유정책을 채택한 조선조는 주자학의 전성 시대로, 주자학의 내부에 잠재해 있던 이러한 문제점을 놓고 유학자들이 논쟁을 거듭한 결과, 중국의 원(元)·명(明)·청대(淸代)의 '이학'을 능가하고 있다는 것이, 배 선생님의 견해이다.

배 선생님은 우선 조선조 성리학의 본질을 크게 '주리'사상, '주기'사상 그리고 절원(折衷)사상의 세 조류로 나누어 고찰한다. 주리·주기란 문구는 이퇴계(1501~1570)와 기고봉(奇高峰) (1527~1572) 사이의 사단칠정논변에서 시작되며, 퇴계가 처음 사용한 말이다. 퇴계는 정추만(鄭秋巒, 1509~1561)의 《천명도》 (天命圖)에 '사단발어리, 칠정발어기'(四端發於理, 七情發於氣)라 한 말을 개작하여 '사단이지발, 칠정기지발'(四端理之發, 七情氣之發)이라 한 바 있다. 후일, 퇴계는 이발(理發)과 기발(氣發)을 다 인정하는 이·기 호발설(理氣互發說)을 채택하고 있다. 그런데 이러한 이·기 호발설에 의한 사·칠 이기분대설(四七理氣分對說)을 기고봉은 반대하고, 칠정포사단(七情包四端)의 이·기 공발설(理氣共發說)을 주장한다. 율곡은 퇴계의 '이발이기수지'(理發而氣隨之)를 부정하고 '기발이리겸지'(氣發而理乘之)만 인정하고 있는데, 이로써 퇴계가 소중히 여기던 이존기비(理尊氣卑) 사상과 이로 인하여 생각해 낸 '이발'의 사상이 무시당하게 되었다. 이에 퇴계와 율곡의 후학들은 후일 영남 지방과 기호 지방을 중심으로 양 파로 대치하게 되는데, 퇴계학파가 율곡학파를 주기파(主氣派)라 폄칭함으로써 주리파(主理派), 주기파로 나뉘어지고, 그 중에는 사설(師說)이나 지방색에 구애받지 않고 주리·주기의 절충적인 입장을 취하는 절충파(折衷派)도 나오게 되었다는 것이다.

2) 퇴계와 율곡의 사상

한국 성리학사에 있어서 획기적인 사건은 퇴계와 고봉 사이에서 벌어진 사·칠 논변과 율곡과 우계(牛溪)에 의해 전개된 인심도심설(人心道心說) 논변이다. 물론 퇴계와 율곡 이전에도 주리적 경향을 가졌던 이언적(李彦迪)과 주기적 경향을 가졌던 서화담(徐花潭)이 없었던 것은 아니나, 고려 말에 들어온 주자학이 조선조에 수용되어 가는 과정에서 일어난 이 주리·주기 논쟁은 그 후 150여 년이 훨씬 지난 퇴(退)·고(高)·율(栗)·우(牛)를 기다려 비로소 꽃피었다 할 것이다.

퇴계는 이·기(理氣)를 논함에 있어서 '이'는 천리의 순수성, 고귀성, 존엄성으로 보고 있으나, '기'는 주로 형기(形氣)에 국한시켜 인욕(人欲)의 소종래(所從來)로 봄으로써 '기'의 잡박성과 비천성이 두드러지게 나타난다. 퇴계는 이·기의 관계를 결시이물(決是二物)로 보아 이·기 호발설을 주장한다. 이·기가 상순하는 가운데에서도 소주(所主)와 소지(所指)가 있으므로, 사단은 이발 위주인 주리요, 칠정은 기발 위주인 주기라는 것이다. 퇴계에 있어 칠정과 사단은 어디까지나 별물(別物)로서 마음 속에서 칠정 대 사단의 논리로서 상순하면서 호발한다는 것이다. 그리고 인심도심 문제도 인심을 칠정, 도심을 사단에 배정하고 있다.

그러나 고봉은 이·기 공발설을 주장하는데, 이 공발은 상발과는 달리 시·공적으로 선후좌우가 없이 동시동소(同時同所)를 의미하고 있다. 사·칠론에 있어서도, 고봉은 칠정이란 사람의 정의 전부로 유선악(有善惡), 사단은 칠정 중의 선한 것만을 가리키는 것으로 칠정포사단이라는 것이다.

율곡과 우계의 논변은, 주자의 《중용서》 가운데 나오는 인심도심이 혹생혹원(或生或原)한다는 말이 퇴계의 사단칠정이 이·기호발한다는 설과 그 지의(旨義)가 서로 부합한다고 말한 것으로, 우계가 퇴계의 입장에 서서 율곡에게 질정한 것이다. 이는 후일에 서인(西人)이 노론(老論)과 소론(小論)으로 갈라지고, 소론이 남인(南人)과 우호적이었던 점을 연구하는 데 큰 시사점을 부여하고 있다. 퇴계는 인심과 도심을 사단과 칠정에 분속(分屬)시켜 사·칠이나 인심도심의 소종래(所從來)를 주리와 주기로 분속시키나, 율곡은 이에 반대하여 칠정을 심(心) 작용의 총회로 보아 인심과 도심을 합하여 칠정이라 하고, 사단은 칠정 중의 선정(善情)만을 가리킨 것이라 하고 있다. 이는 고봉의 칠·사론과 다를 바 없다.

격물치지론(格物致知論)에 대해서 퇴계는 물리(物理)가 오심(吾心)에 내지(來至)한다는 이능자도설(理能自到說)을 주장하고 있는데, '이'는 이발이란 본체론적 해명과 관계 있는 것으로 이는 능발능생하는 '이'라 한다. 율곡은 격물의 격(格)을 주자와 같이 지(至)로 해석하여, 내 지식이 물리에 이른다는 것으로, 물리에 이르고 못 이르는 것은 어디까지나 오지(吾知)의 명(明)과 암(暗)에 달려 있다고 하여 퇴계의 이자도설을 반대하고 있다.

그리고 수양론(修養論)에 있어서도 퇴계는 거경궁리(居敬窮理)에 의하여 심정이명(心定理明)하여 점진적으로 진지(眞知)를 획득할 것을 말하고 있는 데 반하여, 율곡은 주성(主誠)을 내세워 성(誠)이 이루어지면 격물이명(格物理明)이 된다는 것이다. 성은 천도(天道)로서, 율곡의 이러한 성즉명(誠則明)의 방법은 그의 생이지지(生而知之)로서의 용공(用功)의 표현인 듯하다.

3) 주리파의 전개과정

주리파는 퇴계의 이·기 호발설을 지지하는 학파로서 주로 영남 지방에서 발달되었다. 율곡의 설(說)을 공격하고 퇴계의 설을 옹호하기 시작한 것은 퇴계 사후 약 100년 후의 이갈암(李葛庵, 1627~1704)부터이다. 갈암은 발하지 아니하는 '이'는 허무공적(虛無空寂)이므로 만화(萬化)의 근원이 될 수 없다 하여 '이'의 능조작(能造作)을 인정한다.

이밀암(李密庵, 1711~1781)은 동정(動靜)에 의해서 음양이 분화되고 오행(五行)이 구비되는 것이라 하여, '기'에 상관없이 태극 자신의 소위(所爲)로 말미암아 일용동정(日用動靜)의 체용(體用)이 갖추어진다고 말하고 있다.

이대산(李大山, 1711~1781)은 이주기자(理主氣資)라 하여 이를 발휘운용(發揮運用)하는 활물(活物)로 보고 있다.

유정재(柳定齋, 1777~1861)는 대산의 설을 이어 '이'의 자발적 동정에 의하여 '기'가 동정할 수 있다고 보고, '이'는 활물로서 우주의 주체요 또 심(心)의 주체라 하고 있다. 이는 이발을 부인하고 기발만을 주장한 율곡에 대한 비난이라 할 수 있다.

주리설(主理說)의 정점에 선 사람은 이한주(李寒洲, 1811~1878)로 그는 이선기후(理先氣後), 이주기자(理主氣資)라 말하고 있다. 한주는 "동정으로 말미암아 기운(氣運)이란 이름이 있는 것"이라 하여 동정 자체를 바로 '기'라 하고 있는데, '기'를 '이'의 자구(資具)로서 생명이 없는 무조작의 사회(死灰)같이 취급하고 있다. 한주는 심성정(心性情)을 다 일리(一理)라 하여 주기파의 기설을 부인하고 동시에 심즉리설(心卽理說)을 내세운다. 이처럼 주리파의 성즉리(性卽理)의 명제는 한주에 이르러 심즉리(心卽理)란 명제로 대체된다.

곽면우(敦俛宇, 1846~1919)는 한주의 설을 곧바로 받아들여

율곡 계통의 심시기설(心是氣說)을 신랄하게 비난하고 이주기자 (理主氣資)를 주장하고 있다.

이화서(李華西, 1792~1868)는 사승(師承)은 없지만 이주기객 (理主氣客), 이주기역(理主氣役)을 주장한다. 화서는 태극, 즉 이를 동정하는 것으로 봄으로써 퇴계와 더불어 이동이활(理動理 活)의 사상을 가진다. 화서의 주리적 경향은 퇴계와 같이 인간 중심의 견지에서 이·기를 본 것으로 이존기비(理尊氣卑), 이주 기역사상이 되고 이선기혹악(理善氣或惡)의 경향을 빚어 낸다. 화서는 이를 능조작 주재작용으로 봄으로써 이를 재신 심(宰神 心)이라 말하고 있다.

주리학파의 대표자로 기로사(奇蘆沙, 1798~1876)가 있다. 주 리파는 퇴계의 이발·이동 사상을 발전시킴으로써, 이한주에 이 르러서는 심즉리(心卽理)를 주장하여 '기'를 도리어 무정의·무조 작(無情意無造作)의 사회로 격하시켜 버렸다. 그러나 한주에 있 어서는 아직 주리기자라는 이·기 이원관(理氣二元觀)에 머물러 있었다. 그러나 기로사(奇蘆沙)에 이르러서는 이를 극대화하여 기를 '이중사'(理中事), 이류행지각(理流行之脚)이라 하고 주리 사상을 초극하여 유리론(唯理論)을 확립한다. 로사(蘆沙)에 있 어 이·기는 일체로서 기는 이중사이므로, '이일지론'(理一之 論), 즉 유리론이 되고 만다.

4) 주기파의 전개과정

주기파는 율곡계를 이은 기호학파를 지칭한다. 율곡은 기발이 승(氣發理乘)을 주장한 나머지 심시기(心是氣)라 말하고 있는 데, 김사계(金沙溪, 1548~1631)의 문인 송우암(宋尤庵, 1607~1689)은 "퇴계의 이발이기수지(理發理氣隨之)란 일구(一 句)는 큰 착오"라 하여 퇴계의 이발을 공격하면서, '이'는 전혀 조작작용이 없는 것이라 주장했다. 따라서 기동이무동 심발성불발(氣動理無動心發性不發)을 주장했다. 그리하여 우암은 심시기설(心是氣說)을 내세운다.

권수암(權遂庵, 1641~1721)은 우암(尤庵)의 심시기성즉이설(心是氣性卽理說)을 계승한다.

한남당(韓南塘, 1682~1750)은 율곡의 이른바 심시기(心是氣) 사상을 이어 받은 호락 논쟁의 거두이며, 주자 언론동이고(言論同異考)의 완성자이다. "심(心)은 전언하면 이·기 합(理氣合)이다. 성과 대언(對言)하면 성즉리 심즉기(性卽理心卽氣)"라고 하고 있다.

이위암(李巍巖, 1677~1727)도 심시기 성시리(心是氣性是理)의 입장을 고수하나, 그러나 기호학파 안에서 주리와 주기로 대립되자, 위암(巍巖)은 이통 위주(理通爲主), 남당(南塘)은 기국 위주(氣局爲主)로 되어, 드디어 호락 논쟁이 일어나게 된 것이다.

임록문(任鹿門, 1711~1788)은 심성을 동일한 것으로 보고 성즉기(性卽氣)라 하여 유기론(唯氣論)을 주장한다. 록문은 '기'의 성정을 생의(生意)라 하는데, 그 생의로써 만물은 생생(生生)하고 또 수렴(收斂)하는데, 그것은 막지연이연(莫之然而然), 즉 자연이며 또 당연의 칙이라 한다. 록문에게는 '이'는 다만 '기' 안에 내재하는 '기'의 속성 법칙에 불과하다. '기'는 절대자로서 기무대(氣無對)이며, '이'는 그 '기'의 그러한 곳에 불과한 것이라 한다. 록문은 또 기질지성(氣質之性) 하나만을 인정한다.

5) 절충파의 전개과정

절충파는 사승(師承)이나 지방색에 구애받지 않고 주리나 주기의 양 설을 절충함으로써 자가(自家)체계를 수립한 학자들이다.

이일재(李一齋, 1499~1576)는 이·기 일물일체설(理氣一物一體說)을 채택하였고, 장여헌(張旅軒, 1554~1637)은 이·기 일

본설 (理氣一本說)을 주장하였다. 여헌 (旅軒)의 이 설은 율곡의 기발이승일송설 (氣發理乘一送說)과 흡사한 점이 있다.

정우복 (鄭愚伏, 1563~1633)은 퇴계 계통으로서 격물론 (格物論)에 있어서는 이도설 (理到說)을 지지하나, 이기설에 있어서는 이본기용 성체정용 (理本氣用性體情用)의 입장에 서서 율곡설을 지지하고 퇴계의 호발설을 반대한다.

임창계 (林滄溪, 1649~1696)는 기호학파에 속하나 율곡의 기발불상이지묘 (氣發不相離之妙)만 인정하고 있다. 창계는 퇴계의 사칠이기분대 (四七理氣分對)를 반대하고 율곡과 같이 성발위정 (性發爲情)의 입장에 서 있다.

조졸수재 (趙拙修齋, 1638~1689)는 율곡의 이기불상리 (理氣不相離)와 기발이승 (氣發理乘)을 인정하나, 심성을 논함에 있어서는 기발이승을 다시 이분 (二分)하여 이승기 (理乘氣)와 기우리 (氣寓理)로 나누고 있다. 또한 승자 (乘字)를 활화 (活化)의 의미로 삼은 것은 퇴계의 이발이동 (理發理動)을 연상시키고 있다.

김농암 (金農巖, 1651~1708)은 송우암의 제자로 율곡의 기발이승의 대원칙을 견지하면서도, 심성론에 있어서는 주리·주기로 나눈 퇴계의 입장을 가미하고 있다. 이·기의 '기'와 형기 (形氣)의 '기'를 구별하고 있다.

이도암 (李陶庵, 1680~1746)은 농암의 문인으로 주기파의 심즉기와 주리파의 심즉리 (心卽理)를 취하지 아니하고 이·기 (理氣)를 합하여 심 (心)을 설명하고 있다.

김삼연 (金三淵, 1653~1722)은 율곡이 기발을 지나치게 강조한 나머지 이의 주재를 소홀히 했다고 비난하고는 있으나, 사칠론에 있어서는 퇴계를 반대하고 율곡에 찬동하고 있다.

김미호 (金渼湖, 1702~1772)는 심즉리나 심즉기를 취하지 아니하고 심겸이기 (心兼理氣)를 내세우고 있다.

정입재 (鄭立齋, 1788~1816)는 이기론에서는 주리, 심성론에서는 주기를 취하고 있다.

오노주(吳老洲, 1763~1832)는 '이'는 '기'의 체(體), '기'는 '이'의 재(才)가 된다고 하면서 이동이재(氣動理宰)를 강조하고 있다. 이·기는 구별이 없을 수 없으나 또 판연히 이물(二物)로 해서는 안된다 하여 이·기의 불이불잡(不離不雜)을 주장한다.

전양제(田艮齋, 1841~1922)는 율곡 설을 옹호했으나, 주기파의 심즉기설(心卽氣說)을 거부하고 주리파의 심즉이설(心卽理說)도 인기위리(認氣爲理)라 하여 비난하고 있다. 그러나 주리 쪽에 서 있다 할 것이다.

6) 호락 논쟁

주리, 주기 그리고 절충의 3파는 모두 이기론을 중심 문제로 다루었으나, 1700년초에 노론 권상하(老論權尙夏) 문하에서 금수와 오상의 관계 그리고 심(心)의 미발과 기질의 관계를 논하다가 의견 대립을 가져와, 드디어 호락 논쟁으로 비화되었다. 호락 논쟁의 주요 쟁점은 두 가지로 요약할 수 있는데, 하나는 인성과 물성(物性)이 같은가, 아니면 다른가라는 문제이고, 다른 하나는 미발일 때의 심체(心體)가 본선(本善)인가, 아니면 유선악(有善惡)인가라는 문제이다. 이는 주자의 이일분서론(理一分殊論)과 율곡의 이통기국(理通氣局) 사상에 대한 견해 차이에서 생긴 보편과 특수 논쟁이라 할 것이다.

인성과 물성에 대하여 《중용》의 천명지위성장(天命之謂性章)의 주자주(朱子注)가 서로 다른 것을 계기로 인물성구동(人物性俱同)을 주장하는 이외암과 인물성상이(人物性相異)를 주장하는 한남당 사이에 이 문제를 놓고 격렬한 논쟁이 일어났던 것이다. 양인은 다 충청도 사람이었으나, 남당을 지지하는 사람들은 호서 지방에 살았고 외암을 지지하는 사람들은 경기 지방에 살았으므로 호락 논쟁이라 지칭된 것이다.

이 호락 논쟁은 그 후 확대되어 이도암(洛)과 윤병계(湖), 이

정암(湖)과 어기원(洛), 김삼연(洛) 사이에 크게 논란을 일으켰으며, 현관봉(洛)의 인물성구동론(人物性俱同論)은 유명하다.

3. 《한국 유학사》의 역사적 의의

생각해 보면, 1974년에 《한국 유학사》가 출판된 당시에는 문집류 이외에 한국 성리학 자료로 장지연의 《조선 유교 연원》, 현상윤의 《조선 유학사》, 이병수의 《자료 한국 유학사 초고》(未刊) 등이 있을 뿐이었다. 초판 1,000부가 소화되는 데 4년이란 세월이 걸렸다. 이것이 당시 한국 유학계의 현주소였다. 1995년 현재, 《조선 유학사》는 8판을 기록하여 총 7,500부가 출판되었다.

한국에서 성리학의 역사에 대한 최초의 체계적이고도 전문적인 이 《한국 유학사》는 조선 시대 사상사를 정립해 가는 데 관건이 될 만한 사상적 내용을 제공해 주는 보고(寶庫)이다. 조선 시대의 역사를 연구함에 있어서 반드시 짚고 넘어가야 할 문제에 사화(士禍)와 당쟁(黨爭) 그리고 예송(禮訟)과 실학(實學)의 개념 정의 등이 있는데, 이들은 성리학의 기본 구조를 모르면 풀 수 없는 어려운 문제들이다. 그러기에 이른바 당쟁이 조선을 망하게 했다는 식민지 사관이 판치기도 하였고, 예송에 대하여도 감정적 당쟁의 차원에서 연구하는 것이 고작이었다. 수 년 전부터 사학계를 중심으로 사화와 당쟁에 대해 긍정적 시각이 확대되고 있는 것은 바람직한 일이다.

조선 시대를 풍미한 유학은 송학(宋學)으로, 그 중에서도 주자학이 주축을 이루고 있다. 송대 유학의 특징은 한(漢)·당(唐)의 호족이나 귀족과 같이 타고난 신분에 의하여 출세하는 것이 아니라, 이른바 사대부(士大夫)라 일컬어지는, 성현(聖賢)이 기록한 경전을 공부하여 경전에 적혀 있는 정신을 체득한 독서인들이 과거라고 하는 관리 채용 시험에 합격하여 관직에 나아가 정치인이 된다고 하는 점에 있었다. 조선 시대에 있어서도 관직에 나아간 사람들은 경전을 공부하여 과거에 합격한, 말하자면, 학자인 동시에 정치인인 사대부들이었다. 따라서 이처럼 학자가 과거를 통해서 정계에 진출하는 제도하에서는 동문수학한 학자들이 붕당(朋黨)을 이루고, 심한 경우에는 당파를 이루어 정치적 갈등을 일으키는 수가 많게 된다. 동문수학한 학자들이 학문적 성향이나 정치적 이념 문제에 동일 노선을 취하게 되는 것은 학자가 정치인이 되는 유가의 기본 구조에서는 당연한 일로, 조선 시대의 정치적 갈등만을 '피비린내 나는 당쟁' 운운할 필요가 없다.

여말(麗末)에 원(元)의 만권당(萬卷堂)을 통해 전래된 성리학은 조선 초 국시(國是)로 채택됨에 따라 활기를 띠게 되는데, 이때의 주자학은 허형(許衡)을 거쳐 들어온 실천 중심의 사상으로 주로 《소학》(小學)이 중심이었다. 이것은 통일신라 이후 고려를 유지해 온 불교적 문화기반과 그 실천적 성향 면에서 비교적 맞았기 때문일 것이다.

조선 초의 유학 수용은 우선 선초(鮮初) 정도전(鄭道傳)의 불교 배척이라는 소극적 방법으로 시작되어 1470년 성종(成宗) 원년에 《경국대전》(經國大典) 편찬이라는 적극적 방법으로 이행되어 가는데, 따라서 조선 초에 유학이 곧 수용된 것이 아니라는 것은 유학의 핵심 사상인 수기치인(修己治人)과 이의 실천 강목인 삼강오륜(三綱五倫)의 특색을 살펴보면 곧 알 수 있다.

주자학이 본격적으로 연구되어 조선에 뿌리를 내리는 것은 퇴계와 율곡을 기다려야 하는데, 주리·주기의 설이 대립되기 이전의 유교와 관련된 큰 사건들을 열거해 보면, 이른바 사화라는 것은 사회에 만연해 있던 불교적 요소를 제거해 가는 과정에서 일어난 사건임을 알 수 있다.

여말에 《주자가례》(朱子家禮)가 들어왔으나, 1397년 《경국대전》에 장자의 가묘(家廟) 설치가 제정된 후, 1398년(태조 7년)

에 문묘(文廟) 완공, 1411년(태종 11년)에 서부학당의 설치, 1428년(세종 10년)에 《이행록》(李行錄) 편찬, 1430년(세종 12년), 가묘를 안 세우면 치죄(治罪)처벌, 1434년(세종 16년)에 《삼강행실》(三綱行實) 편집, 1470년(성종 1년), 《경국대전》인포(印布), 1488년(성종 19년)에 유향소(留鄕所) 부설, 1518년(중종 12년)에 중종(中宗)의 계비(繼妃) 문정(文定)왕후의 친영례(親迎禮), 김안국(金安國)이 《궁씨향약》(呂氏鄕約)·《정속인륜행실》(正俗二倫行實) 등의 책을 제도(諸道)에 간행할 것을 왕에게 허락받음, 1523년(중종 17년)에 세자(世子)의 관례(冠禮) 시행, 《소학언해》(小學諺解) 인행(印行) 선포, 1541년(중종 35년), 풍기에 백운동(白雲洞)서원 건립, 1544년(중종 38년)에 《주자대전》(朱子大全) 간행 등등의 기록들을 참고해 보면, 주자학이 불교의 영향을 서서히 제거해 가면서 조선 사회에 토착해 가는 모습을 알 수 있다.

그러나 주리·주기 논쟁은 같은 유학자들 사이에 주자학 해석을 가운데 두고 벌어졌던 학문적 논쟁이며, 이른바 동인(東人)·서인 분당은 이 양파의 학술적 상이(相異)가 정권과 연계됨으로써 일어난 것임을 알 수 있다.

절충파는 사승(師承)·당색·지방색과 관련이 전혀 없는 것이 아니나, 호락 논쟁을 통하여 선명하게 알 수 있는 바와 같이, 락파(洛派)에는 소론(少論)과 남인(南人) 성향의 학자가 많은 것을 주시할 필요가 있다. 이는 주자학자들 상호간에 침투되어 있었던 노불(老佛)이라는 이질적 사상을 제거해 가는 과정에서 나타난 논쟁이라 할 수 있다.

따라서 치열한 정권 투쟁이라고 일컬어지는 조선조의 이른바 당쟁이라는 것도, 이는 단순한 정권 싸움이 아니라, 중국의 원·명 교체기와 명·청(淸) 교체기에 당면할 때마다, 조선 왕조의 존립과 기강을 위태롭게 하는 이러한 위기 사태에 직면하여, 나라의 운명을 걱정하는 사대부 사이에서 삼강오상론(三綱五常

論)·천리인욕론(天理人欲論)·성학론(聖學論)·화이론(華夷論)에 입각한 출처진퇴관(出處進退觀)을 사이에 놓고 견해의 차이가 생겨 일어난 학술논쟁이 정권과 연계됨으로써 초래된 결과임을 알 수 있다.

성리학자들을 주리파·주기파·절충파의 3파로 분리하고, 이에 대해 체계적이고도 상세한 논술을 전개한 이《한국 유학사》는, 배 선생님께서 당쟁이나 예송 그리고 실학에 대하여는 구체적으로 언급한 바가 없지만, 조선조의 왜곡된 식민지 사관을 불식시키고 아직 미해결 상태에 있는 역사적 사실을 정립하고 규명해 가는 데 관건이 될 내용을 망라하고 있다. 한국 성리학사의 고전이 된 이《한국 유학사》는 지금까지 유학에 관심을 가진 학자들에게 초석이 되었거니와, 앞으로는 역사학도들에게도 그 진가가 인정될 것으로 믿어 의심치 않는다.

배 선생님은 평생 사도(師道)를 걸으신 분이다. 1982년에 국민훈장 목련장(木蓮章)을 수상하시고, 1984년에 국민훈장 모란장(牡丹章)을 수상하셨으며, 1982~1986년에 한국동양철학회 1·2대 회장을 역임하시고, 1987~1989년에 한국사상사학회 회장, 1988~1990년에는 율곡사상연구원 원장을 역임하시어 한국 동양 철학계의 향방을 개척해 주신 공로가 크기는 하지만, 배 선생님은 어디까지나 교육자셨다. 교수는 자기 전공을 열심히 연구하고 또 학생들을 잘 지도해야 한다는 소신을 가지고 계셨다. 통근버스를 애용하셨고, 연구실을 비우지 않으셨다. 휴강을 하시지 않은 것도 인상에 남는다. 4학년 학생 중에 졸업을 포기하고 리포트를 내지 않은 학생이 있으면, 반드시 집으로 전보를 치게 하셨다. 내가 선생님의 가르침을 받아 지금까지 실천하고 있는 몇 가지 점이다.

배 선생님은 소탈하신 편이어서 가리는 음식은 없었지만, 술은 거의 하시지 않았다. 담배는 줄담배였는데 결국 폐암으로 돌아가셨다. 옷차림에 특별히 신경을 쓰신 분은 아니었고 검소한 분이었다.

풍수지리설에 남다른 관심이 있었지만, 잡기에는 관심이 없었던 것으로 안다. 연구실에서도 시간이 나면 조용히 명상에 잠기시곤 했는데, 그것이 이른바 태식법(胎息法), 묵조법(黙照法)이라는 것이었다. 말수가 많은 분은 아니었지만 직언(直言)을 좋아하셨다. 배 선생님은 고고(孤高)하여 근접하기 어려운 그런 타입의 학자는 아니었고, 심오한 동양 철학의 원리를 직접 삶 속에서 실천하고 또 제자들에게도 올바른 삶의 자세와 생활방법을 강의를 통해 가르쳐 주신 분이었다. 배 선생님은 서양 철학 일색이었던 1970년대 철학계 풍토에 동양 철학계를 정지(整地)해 준 분이고 또 철학을 생활화한, 소박하고 훈훈한 애정이 감도는 전형적인 스승의 표상이셨다.

이 작은 글을 마치며, 예지(叡智)로 가득찬 이 끝을 알 수 없는 어려운 길로 들어서도록 문을 열어 주신 은사 배종호 선생님의 온정에 감사드린다.

박홍규 교수의 삶과 철학

윤 구 병
(충북대)

제 앞에 책이 한 권 있습니다. 바로 이 책입니다. 이 책은 아주 특별한 책입니다. 이 책이 무슨 책이냐고 궁금해 할 분이 있을 겁니다. 그런 분은 저에게 이렇게 묻겠지요. "그것이 무엇이냐?"(Ti esti) 보시다시피 《박홍규 전집 그 형이상학 강의 1》이고 민음사에서 나왔습니다. 천으로 된 양장본 책이고 500쪽이 넘는 두꺼운 책입니다. 이 책에 어떤 내용이 있는지 한 번 훑어보지요. 차례를 보면 맨 처음에 '고별 강연'이 있습니다. '고별 강연'은 원고 없이 강연한 것을 제자들이 녹음해서 풀어 옮긴 것입니다. 그러나 이 책만 보아서는 이 강연의 원고가 있었는지 없었는지 알 수 없습니다. 이 강연에 따로 원고가 없었다는 사실은 《박홍규 전집 1 희랍 철학 논고》에 들어 있는 '박홍규 전집의 편찬 원칙'을 보아야 밝혀집니다. '고별 강연' 다음에 나오는 제목들을 차례로 읽겠습니다. '필연', '자기 운동 1', '자기 운동 2', '광주 강연', '인식과 존재', '방황하는 원인', '앎의 개념', '고별 강연 검토 1', '고별 강연 검토 2', '고별 강연 검토 3', '고별 강연 검토 4'. 제가 말씀드린 내용은, 여기 계신 분들이 박홍규 전집

1, 2권을 사서 보시면 직접 눈으로 확인할 수가 있는 것입니다.

"그것이 무엇이냐"는 질문에 대한 제 답변이 썩 만족스럽지 못하리라는 사실을 저도 잘 알고 있습니다. 어떤 분은 이렇게 말씀하실지도 모릅니다. "그까짓 거 누군 몰라? 눈으로 보면 되는데." 그렇습니다. 구태여 철학하는 분이 아니더라도, 글자만 아는 분이라면 이 정도는 누구나 알 수 있습니다. 주의깊게 이 책을 살펴보는 분이라면, 제가 방금 말씀드리지 않은 사실도 알 수 있겠지요. 이를 테면 이 책의 대부분이 박홍규 교수의 강의를 들은 제자들과 박 교수 사이에 있었던 대화를 기록한 일종의 대화록이라는 사실같은 것 말입니다. 어떤 분이 저더러 창밖에 있는 나무를 가리켜 보이며 "저것이 무슨 나무냐?"고 묻는다고 칩시다. 그리고 그때 제가 "아, 저 나무요? 소나무입니다"라고 대답했다 칩시다. 제 대답을 듣고 물었던 분이 "아, 그래, 소나무로군" 하고 고개를 끄덕인다면, 저는 제대로 대답한 셈입니다. 그러나 만일에 그 분이 "아니, 소나무인 걸 몰라서 묻나? 내가 묻는 뜻은 저것이 무엇 때문에 소나무라는 이름을 지니게 되었느냐는 거야" 하고 되묻는다면, 앞서 한 제 대답은 제대로 된 대답이 아니겠지요.

여기 계신 분들 가운데에서 누군가 "그 책의 내용이 무엇이냐?"고 물으셨을 때, 만일에 제가 "직접 읽어 보시지요"라고 대답한다면, 불쾌해 하실 분이 많을 줄 압니다. 그런 답변을 들으려고 저를 이 자리에 세우신 것은 아닐 테니까요. 이 자리에 서서 제가 해야 할 일은 분명합니다. 모두들 마음 속으로 이렇게 재촉하고 계실 겁니다. "박홍규 사상이나 철학, 만일에 그런 것이 있다면 그걸 간단하게 요약해서 발표하고 어서 내려가. 자네 얼굴이 여러 사람에게 시각 공해를 불러일으키는 줄 모르나."

그 뜻을 왜 제가 모르겠습니까? 그러나 솔직히 말씀드려, 저는 박홍규 사상이 무엇인지 잘 모릅니다. 여기서 재미있는 일화를 하나 이야기하기로 하지요. 이 일화는 소광희 교수께서 저희들에게 들려 주신 것입니다(여기 나와 계시는지 모르겠네요). 박홍규 선생님이 플라톤 대화록의 원전을 강독하시는데, 어떤 대화록을 골라 처음부터 강독하시는 게 아니라 중간부터 하시더라는 겁니다. 아마 이런 말씀을 곁들이셨겠지요. "작년에 여기까지는 했네, 잉. 그러니까 이번 학기는 여기서부터 할 거야. 자, 시작하세." 이렇게 시작한 원전 강독이라는 것도 한 학기에 겨우 몇 페이지 채우지 못하신 적이 많으니, 이를 테면 플라톤의 대화록 가운데 하나인 소피스트 편을 예로 들 때, 선생님 자신은 몇 해에 걸쳐 처음부터 끝까지 원전 강독을 하신 셈이지만, 학생들 처지에서 보면 처음 들었던 선배와 마지막 들었던 후배들을 나란히 줄세워 놓고 연대기적으로 확인해야만, 박 선생님이 원전 강독 시간에 하신 이야기의 전모가 드러나지 않겠느냐는 소 교수의 말씀이었습니다. 웃는 분이 계시는데 우스개 소리가 아닙니다. 그러니 박홍규 교수의 50년이 넘는 사상의 전개과정을, 처음부터 끝까지 지켜보지 못하고 중간에 줄서서 어정쩡하게 한 토막만 접한데다가, 머리가 나쁘고 정신마저 산만해 들었던 이야기마저 열에 아홉은 한 귀로 흘려 버린 터라서, 이 자리에 이렇게 서 있는 저 자신이 참 원망스럽습니다. 이런 사정을 미리 감안하시고 제 이야기를 들어 주시면 고맙겠습니다.

먼저 오해가 없도록 제가 들었던 원전 강독을 기억나는대로 열거해 보겠습니다. 플라톤의 '티마이오스', '필레보스'의 일부분, 루크레티우스의 '자연의 본성에 관해서'(De Rerum natura), 베르그송의 '인식에 직접 주어진 것에 관한 시론', '창조적 진화', '물질과 기억', 아마 이 정도일 것입니다. 박 선생님 문하에서 들었던 강독 내용이 고작 이것밖에 안되는데다, 이해하고 넘어간 부분이 하나라면 못 알아듣거나 오해한 부분이 아홉이 넘을 터이니, 제 이야기가 얼마나 단편적일지는 미루어 짐작하고 남음이 있을 것입니다. 이런 형편에 제가 감히 박홍규 사상을 회고합네 어쩌네 하면, 지나가던 소도 웃을 겁니다.

아무튼 멍석은 펴진 터이니, 숲도 나무도 보지 못한 처지이지만 저 나름으로 받아들인 박홍규 사상의 한 단면만 말씀드리겠습니다.

박 선생님에 따르면, 철학은 구체적 데이타의 총체를 다루는 학문입니다. 구체적 데이타는 먼저 우리에게 대상(Gegeustand, object)으로 주어집니다. 이 책, 저 창문, 저 창밖의 소나무……이런 것이지요. 그러니까 구체적 데이타란 일차적으로 우리 감각에 와 닿는 고유명사의 세계입니다. 제 손에 들려 있는 이 책은 고유명사로 이루어진 감각세계(현상계라고 해도 좋습니다)의 한 구성원으로서 지금 여기에 있습니다. 이 책이 한 시간 뒤에 불에 타서 없어져 버릴지도 모르고 100년 뒤에 삭아서 없어져 버릴지도 모르지만, 지금 여기 바로 제 눈앞에 '있습니다'. 제 시선을 가로막고 '있습니다'. 다시 말해, 저에게 '맞선 것'(Gegeustand)으로서 '있는 것'입니다.

만일에 이것이 '있는 것'이 아니라면, 이것은 앎, 곧 인식의 대상이 아니겠지요. '없는 것'은 앎의 대상이 되지 않으니까요. 제가 이렇게 말씀드리면 당장에, '없는 것'이 어찌 앎의 대상이 아니냐고 반문하실 분이 있을 겁니다. 그렇다면 말을 조금 고치겠습니다. "'아예 없는 것'은 그 자체의 규정에 따라 없으므로, 우리는 그것을 생각할 수도 없고, 생각할 수 없으므로 말할 수도 없다." 우선 이렇게 규정하고 들어갑시다. 제가 들고 있는 이 책은 '있는 것'이므로 감각의 대상이 되고, 앎의 대상이 됩니다. 그런데 이 책은 '여럿' 가운데 '하나'로 있습니다. 저와 이 책의 관계만 도려 내서 보더라도, 저 따로 이 책 따로 있습니다. 어려운 말로 하면, 저라는 개체와 이 책이라는 개체는 저마다 '하나'이면서 저 '하나', 이 책 '하나', 합해서 둘입니다. 저와 이 책은 왜 합해서 '하나'가 되지 못할까요? 왜 따로 떨어져 있을까요? 왜 저는 이 책과 '다르고' 이 책이 '아닐'까요?

다른 학문을 하는 사람이 이런 의문에 사로잡힌 저를 본다면,

틀림없이 저를 미친 놈으로 여길 것입니다. 그러나 저는 박홍규 교수로부터 철학은 끝까지 왜? 왜? 하고 따지는 학문, 곧 원인학(aitiology)이라고 배웠습니다. 고유명사의 세계에서 추상공간의 극한에 있는 가장 보편적인 일반명사에 이르기까지, 추상의 긴 사다리 하나하나에마다 왜? 라는 질문을 던지며 기어 올라가야 한다고 배웠습니다.

이 책이 '하나'인 까닭, 곧 '한' 권의 책인 까닭은, 이 책이 '있는 것'이기 때문입니다. 파르메니데스가 이야기한대로 '있는 것'은 하나입니다. 만일에 '있는 것'이 '여럿'이라면, '있는 것'이 논리적 추론의 최종 단계에서 드러나는 최고의 유 개념이 될 수 없겠지요. 다른 방식으로 증명할 수도 있습니다. 아시다시피, '여럿'의 최소 단위는 '둘'입니다. 만일에 '있는 것'이 둘로 있다면, '있는 것 ㄱ'과 '있는 것 ㄴ'을 가르는 '무엇'이 '둘' 사이에 있어야 할 것입니다. 그리고 그 '무엇'은 '있는 것'이거나 '없는 것'이거나 둘 가운데 하나일 것입니다. 그런데 그 '무엇'이 '있는 것'이라면, '있는 것 ㄱ', '있는 것', '있는 것 ㄴ'은 모두 '있는 것'이므로 한데 달라붙어 '하나'가 되고 맙니다. 그 '무엇'이 '없는 것'이라면, '없는 것'은 그 자체가 규정에 따라 없으므로 '있는 것 ㄱ'과 '있는 것 ㄴ'을 갈라 놓은 한계도 없습니다. 따라서 '있는 것'은 ㄱ과 ㄴ으로 갈라지지 않습니다.

그러나 저는 앞서 이 책 따로 저 따로이고, 이 책은 저와 다르고 제가 아니라고 했습니다. 다시 말해서, 이 책과 저는 '하나'가 아니고 '둘'이라고 했습니다. 제가 이 책과 다르고, 저는 이 책이 아닌 까닭은 어디 있겠습니까? 간단히 다시 정리해 보기로 하지요.

- 윤구병은 이 책과 다르다. 왜?
- 윤구병은 이 책이 아니다. 왜?
- 윤구병에게 '있는' (어떤) 것이 이 책에는 '없고', 윤구병에

게 '없는' (어떤) 것이 이 책에는 '있다'. 그렇습니다. '있음'과 '없음'이 사이에 들어 저와 이 책을 갈라 놓은 것입니다. '있는 것'이 '하나'라면, 그런데 이 현상계에서 이 책과 제가 '둘'이라면, 이 현상계에는 '하나'인 '있는 것' 밖에 '다른' '하나'가 있는 게 분명한데, 이 '다른' '하나'의 근거가 되는 것은 '없는 것' 말고 무엇이겠습니까? 그러니까 우리가 사는 세계, 우리가 이것과 저것을 가르는 세계, 시간과 공간, 운동과 정지, '있는 것'과 '없는 것'이 분리되는 세계는 물질계든 생명계든 의식의 세계든, 있는 것과 없는 것이 함께 있는 세계라고 볼 수밖에 없습니다.

그러나 앞에서도 이야기했듯이, '없는 것'은 인식의 대상이 아닙니다. 따라서 '있는 것'인 한에서 대상을 총체로서 다루는 철학적 인식의 대상도 아닙니다. 가장 구체적인 데이타인 고유명사의 세계에서 출발하여 가장 보편적인 데이타인 최고 단계의 추상명사의 세계에 이르기까지, 데이타 전체를 한데 아울러 일관된 체계를 구축하려는 형이상학적 가설(hypothesis)도 '없는 것'에는 바탕을 둘 수 없습니다. 만일에 '없는 것'이 형이상학적 가설의 기초가 되려면, '없다'는 규정 아닌 규정을 받아들이는 어떤 것, 다시 말해서, '있는 것'으로 보이는 '없는 것', 곧 있을 수 없는 것, 박홍규 교수의 용어를 따르면 '불가능한 것'으로 있어야 합니다.
형이상학을 정초지을 가설을 모색하는 긴 탐구의 과정에서, 실증과학의 토대를 붕괴시키지 않고 데이타의 총체를 하나로 묶는 이론체계를 수집하려고 애썼던 철학자들이 끝까지 회피하려고 했던 것이 '없는 것'을 끌어들이는 것이었습니다.
플라톤은 고유명사의 세계인 현상계를 설명하는 궁극원인으로 형상(Idea)과 제작자(Demiurgos)와 생성(gignomenon), 이 셋을 들었습니다. 제작자가 시간과 공간을 초월한 형상계에 있는 현상들을 보고, 그 형상들을 볼 때에 방황하는 원인(planomeneaitia)인 생성을 재료로 삼아, 때로는 이 생성이 자기 뜻을 따르도록 설득을 하기도 하고, 때로는 엇나가는 이 생성을 강제로 끌어들이기도 해서, 우리가 보는 이 감각세계를 하나의 질서 있는 우주로 만들었다는 것입니다. 플라톤에 따르면, 이 책과 제가 다른 까닭은, 이 책이 나누어 가지고 있는 현상과 제가 나누어 가지고 있는 현상이 다르기 때문입니다. 또 이 책이 이렇게 황금배율로 이루어진 질서 있는 모습을 지니고 있고, 제가 이런 멀쩡한 모습으로 이 자리에 서 있는 까닭은 데미우르고스의 힘 때문입니다. 그리고 조만간 이 책이 이 세상에서 사라지고, 저도 언젠가 죽어 흙으로 돌아가는 운명을 회피할 수 없는 까닭은, 저와 이 책을 이루는 기초 자료인 생성이 데미우르고스의 질서짓는 힘에 맞서서 무질서를 지향하는 측면이 있기 때문입니다. 그러니까 아리스토텔레스의 용어를 빌어 표현하면, 플라톤의 형상계는 형상인(形相因)이고, 데미우르고스는 운동인(運動因)이고, 생성은 질료인(質料因)인 셈입니다. 플라톤은 운동과 정지, 질과 양, 시간과 공간을 두루 배려하여 형이상학의 가설을 수립했다고 할 수 있겠습니다. 플라톤의 형상은 영원히 정지해 있으면서 현상계에 있는 다양한 대상들의 질적인 차이를 담보하는 원인이 됩니다. 이 책과 제가 비록 한시적이나마 이런 모습을 유지하고 있을 수 있는 까닭도, 플라톤 식으로 설명하자면 형상에 동참하고 있기 때문입니다. 플라톤의 제작자는 제 삶의 동력이자 이 책과 제가 질서 있는 관계 속에서 이렇게 공존하도록 하는 궁극원인입니다. 저도 이 책도 시간이 지나면 덧없이 사라지고, 저와 이 책이 차지하고 있는 공간이 덧없기는 마찬가지인 다른 것들로 채워지도록 하는 원인의 일부는 생성이 제공하고 있습니다.

그러나 플라톤의 이 형이상학적 가설에는 헛점이 참 많습니다. 플라톤의 형상들은 저마다 '하나'로 '있는 것'이지만, 파르메니데스의 '있는 것'과는 달리 단 '하나'가 아니라 '여러 하나'입니다. 이 '여러 하나'를 구별하는 경계선이 무엇인지는 끝내 드러나지 않습니다. 박 선생님은, 플라톤의 형상계에서 하나하나의 형상은 저마다 허무('없는 것')에 둘러싸여 있다고 하지만, 이 설명도 '여러 하나'가 지니고 있는 근본적 모순을 없애지 못합니다. 헛점은 이것만이 아닙니다. 현상계에 있는 것들을 없애는 힘을 지닌 방황하는 원인, 곧 생성의 근원이 어디에 있는지 밝히지 못하고 있습니다. '있는 것'이 '하나'라면 그리고 그것이 '여럿'의 원인이 되지 못한다면(그런데 실제로 '하나'는 '여럿'의 원인이 되지 못합니다), '여럿'의 원인은 '있는 것'과는 다른 것이어야 합니다. 곧 '있는 것'이 아니어야 합니다. '있는 것'도 아니고 '없는 것'도 아닌 것, 다시 말해서, '무규정적인 것'(apeiron)이 '여럿'의 원인이 아니겠느냐고 우겨도 소용이 없습니다. '있는 것'도 '없는 것'도 '아닌 것'은 '있는 것'과 '없는 것' 사이에만 있을 수 있는 것이기 때문입니다. 따라서 '여럿'의 최초 원인은 '없는 것'이라고 보아야 합니다. 그러나 그리스 철학의 대전제는 "'있는 것'은 있고, '없는 것'은 없다"입니다. 그리고 플라톤은 이 대전제를 스승인 파르메니데스를 통하여 계승합니다(또한 이 대전제는 근세 실증과학의 꽃이라 할 수 있는 물리학에까지 계승되어, 나중에 에너지 항존의 법칙으로 알려진 열역학 제1의 법칙으로 자리잡습니다). 플라톤이 자기의 형이상학적 가설체계 속에서, 왜 파르메니데스의 일자인 '있는 것'과 그와 반대되는 극한에 있음직한 '없는 것'을 빼고, '여러 하나'의 원인인 형상들과 질서 있는 운동의 원인인 데미우르고스와 공간적·시간적 연속성과 질료의 원인이라고 할 수 있는 생성을 놓았는지에 대해서 저 나름으로 해석하자면, 아마 플라톤의 머리 속에 이런 생각이 있지 않았나 싶습니다.

"어차피 '있는 것' '바로' '그것'이나 '아예 없는 것'은 직관이나 영감의 대상은 될지언정 학문적 인식의 대상은 아니다. 따라서 우리의 감각에도 주어지지 않고 사유의 대상도 되지 않는 이런 초월적인 것을 형이상학의 가설체계 속에 끌어들이는 것은, 파르메니데스가 보여 주었듯이, 현상계를 가상의 세계로 돌려 버리거나, 그렇지 않으면 제논이 보여 주었듯이, 학문적 인식을 상식과 어긋나는 역설의 올가미 속에 묶어 놓기 쉽다. 구체적 데이타의 가치를 손상시키지 않으면서 현상세계에 대한 학문적 인식의 기초를 놓고 그 한계를 밝혀 내려면, 우주 형성의 근본 원인을 있음과 없음이라는 서로 모순되는 양 극단까지 밀고 가지 말고 우리의 사유가 미칠 수 있는 영역 안으로 한정하자."

우리는 플라톤의 가설체계에서 형상들을 보고(theorein) 생성을 주물러 질서 있는 우주를 만드는(prattein) 제작자를 보는데, 이 가설은 이론(theoria)과 실천(praxis)을 결합하여 질서 있는 세계를 만들려는 플라톤의 열망을 잘 반영하고 있습니다. 그러나 플라톤의 의도야 어떻든지, 박홍규 선생님은 운동과 정지, 시간과 공간이라는 두 축을 동시에 놓고, 이 우주 안에서 일어나는 모든 일을 일관된 체계로 묶으려는 플라톤의 욕심이 지나쳤다는 것을 꿰뚫어보았습니다. 그리고 아리스토텔레스의 철학에서 대안이 되는 가설을 찾았습니다. 아리스토텔레스는 박 선생님이 '공간축을 중심으로 본 구체적 데이타의 총체적 관계망'이라고 불렀음직한 형이상학의 가설체계를 세운 사람입니다.

아시다시피, 아리스토텔레스의 형이상학적 가설은 '형상-질료 이론'(Form-Matter Theory)으로 요약할 수 있습니다. 아리스토텔레스는, 스승인 플라톤이 우주 형성의 근본 원인으로 놓았던 형상, 제작자, 생성에서 제작자, 곧 질서 있는 운동의 원인을 빼고도 이 우주를 총체적으로 설명할 수 있는 가설을 세울 수 있다고 믿었던 것이지요. 아리스토텔레스 가설에 운동인이 없는 것은 아닙니다. 그러나 이 운동인은 형상에 종속되어 있습니다. 스스로는 움직이지 않으면서, 곧 정지해 있으면서 다른 것들을 움직이게 하는 원동자로 순수형상을 놓았다는 사실만 보아도 아리스토텔레스의 의도를 알 수 있습니다. 아리스토텔레스에 따르면, 정지가 운동의 원인이라는 말인데, 이 말은 "공간이 시간의 원인이다", "'있는 것'이 '없는 것'의 원인이다"라는 말만큼이나 상식에 벗어나는 자기모순을 지닌 말입니다. 어떤 가설이 제 기능을 온전히 하려면, 내부에 논리의 모순이 없어야 합니다. 아리스토텔레스 논리학의 대원칙의 하나인 모순률은 한마디로 "논리적 모순을 범하지 말라"는 뜻을 담고 있습니다. 모순을 회피하라는 것이지요.

아리스토텔레스의 형이상학적 가설체계가 근원적 모순을 안고 있다 해서 보잘 것 없는 것으로 치부될 수는 없습니다. 아리스토텔레스는 플라톤의 형상론이 안고 있는 '여러 하나'의 문제를 그 나름으로 해결하는 데 성공했습니다. 순수형상은 궁극원인으로서 여전히 우리의 이성적 사유의 영역을 초월해 있지만, 그밖의 모든 것은 감각과 이성의 영역 안에 수렴되어 있습니다. 고유명사의 세계는, 플라톤의 가설에서와는 달리, 형상계와 감각계에 동시에 있는 것이 아니라 감각계에 국한된 것으로 남아 있게 되고, 질료가 원인이라는 것도 밝혀 냈습니다. 고유명사의 세계는 우연이 지배하는 세계입니다. 이 우연의 원인은 질료 탓으로 돌려졌습니다. 이 질료를 연속해서 빼 나가면, 질료가 빠진 만큼 보통명사의 세계가 열리고, 이 보통명사의 세계는 질료가 빠지는 데 비례하여 질서정연한 위계질서를 이룹니다.

이제 더 이상 이 책이 중요한 것이 아니라 《박홍규 전집》이 더 중요하고, 그보다는 '형이상학 강의'라는 점이 더 중요합니다. 저를 예로 들자면, 제자 윤구병이라는 사실보다 철학도라는 사실이 더 중요하고, 철학도라는 사실보다 사람이라는 사실이 더 중요합니다. 이렇게 차츰 질료가 빠져 나가면, 그에 비례하여 투명해지는 공간이 나타나고, 이 투명한 공간 속에서 형상들이 차츰 뚜렷이 보통명사로서 한계를 드러내면, 공간의 가로축, 세로축, 높이축에 저마다 자리잡고 있는 이 형상들의 관계가 일관성 있게 포착되어 하나의 체계 속에 묶일 수 있습니다.

　이론과 실천의 문제를 함께 고민할 수밖에 없었던 플라톤에 견주어, 우연이 지배하는 현실 세계를 도외시하고 필연이 지배하는 이론적 공간을 열어 가는 데 몰두할 수 있었던, 상대적으로 행복한 철학자의 모습을 우리는 아리스토텔레스의 가설 속에서 찾아볼 수 있습니다.

　그러나 공간축을 중심에 놓고 전개하는 아리스토텔레스의 형이상학적 가설은 사회 변화의 속도가 느렸던 중세까지는 매혹적일 수 있었으나, 과학기술의 발전과 더불어 인간 세계도 자연 세계도 급격하게 변모하는 과정이 가속화하면서 점차로 밑뿌리가 흔들리기 시작했습니다. 기존의 형이상학을 지탱하던 가설체계를 근본에서부터 재검토해야 할 시기가 온 것입니다. 독일에서 이 작업을 시도한 철학자로 헤겔이 있으나, 헤겔은 구체적 데이타에서 출발하지 않고 관념에서 출발했기 때문에, 결국은 실증과학과 접맥되지 못한 채 실패하고 말았다는 것이, 박홍규 선생님의 평가입니다. 구체적 데이타를 다루는 실증과학이 발달한 프랑스에서 실증과학에 폭넓은 소양을 쌓은 베르그송이 이 작업에 착수했고, 베르그송에 의해 서양 철학에서 아리스토텔레스 이후로 괄목할 만한 새로운 형이상학 가설이 제시되었는데, 베르그송은 플라톤이 제시한 두 축 가운데 하나인 시간축을 중심으로 새로운 형이상학적 가설체계를 세우는 데 성공한 대표 인물이라는 것이, 박 선생님의 견해입니다.

　애초에 운동하는 그 '무엇'이 있어야 한다는 서양 전통 철학의 오랜 가정을 깨뜨리고, 베르그송은 "태초에 (운동체, le mobile가 아니라) 운동(movement)이 있었다"는 대담한 가설을 세웁니다. 보통명사들로 이루어진 필연적이고 합법칙적인 공간화한 안정된 세계가 무너지고, 다시 우연과 모순으로 가득찬 고유명사의 세계가 복권을 외치고 나선 것입니다. 태초에 운동이 있었다 함은 태초에 모순이 있었다는 말입니다. 모순이 없는 운동은 생각할 수 없기 때문입니다. 그런데 원초적 모순은 '있는 것'과 '없는 것' 사이의 모순입니다. 생명의 세계에서 '있는 것'과 '없는 것' 사이의 모순은 죽느냐 사느냐 사이의 갈림길로 전환됩니다. 생명의 진화는 이제 더이상 말려 있던 융단이 펼쳐지는 것같은 연속된 과정이 아니라, 그때그때 선택에 의해서 죽느냐 살아 남느냐가 결정되는 순간순간의 비약입니다. '살아 있는' '하나'인 고유명사로서 생명을 가진 것이 지속적으로 살아 남으려면 끊임 없이 스스로를 재창조해야 합니다. 그런 뜻에서, 진화의 과정은 끊임 없는 창조의 과정이기도 합니다. 박홍규 선생님은 베그르송에서 형이상학적 가설 수립의 긴 모색과정이 끝났다고 봅니다. 다른 학문의 가설과는 달리, 형이상학에서 가설을 수립하려면 최초의 원인을 찾아 내는 탐구의 과정이 필요한데, 그 원인의 계열을 공간축에서 찾느냐 시간축에서 찾느냐 둘 중의 하나라는 것이, 박 선생님이 견해입니다. 구체적 데이타에서 출발하는 철학적 인식의 길은 형상이론이나 운동이론 중에 어느 하나에 귀결되지 다른 선택지는 없다는 것이지요.

고유명사로서 이 책은 머지 않아 없어질 것입니다. 이 책 안에는 자신을 재창조할 운동이 없기 때문입니다. 그러나 이 자리에서 있는 저는 제가 서 있는 이 자리를 안정된 위계질서의 한 자리로, 주어진 공간으로 파악하지 않고, 고유명사인 저를 둘러싸고 있는 문제 상황으로 파악합니다. 그리고 이제까지 제가 이 자리에서 해 온 일은 살아 남기 위한 하나의 선택이라고 보면 되겠습니다.

박홍규 선생님은 돌아가셨습니다. 그러나 그 분은 살아 계시는 동안 자신의 정신적인 삶을 이어 나갈 제자들을 선택했고, 그렇게 해서 제 가슴에도 살아 남아 있습니다. 제가 선택할 바는 다르겠지요. 제가 살고 있는 상황은 박 선생님의 상황과는 다르니까요. 저는 현재 박홍규 사상의 회고를 맡은 제 선택이 잘못된 것이 아니기를 바랄 뿐입니다.

제 2 부 한국에서의 철학교육

해방 50년, 철학교육의 회고와 전망
―초·중·고등 학교를 중심으로―

이 초 식
(고려대)

1. 철학의 주류가 바뀐 반 세기

해방 후 50년의 기간에 우리 나라뿐만 아니라 세계 전체는 커다란 변화를 일으켜 왔다. 인류는 2,000여 년 동안 삶의 기틀로 삼아 오던 농토형 삶에서 벗어나, 지구촌이 하나의 장터로 변하게 된 삶의 세계로 진입한 것이다. 우리의 경우도, 해방 당시 인구의 80퍼센트 이상의 생업이 농업이었으나, 반 세기 후인 오늘에 이르러서는 80퍼센트 이상이 농업 아닌 것을 생업으로 삶게 되었다. 이와 같은 삶의 구조 변화는 철학적 사유의 전환을 초래하게 한다. 철학은 어느 시대, 어느 사회의 철학이든지 그 시대, 그 사회의 근본 문제 해결과 직결되기 때문이다.

농업을 비롯한 1차 산업을 생업으로 하던 사람들은, 생존이 자연에 의존하게 되므로 자연을 지배하는 원리나 법칙을 절대시하며, 자연의 지배원리는 인간이 따라야 하는 당위법칙으로 존중되는 자연 중심의 절대주의적인 일원론적 철학으로 기울게 마련이다. 자연법칙에 순응하지 않으면 농사가 잘 되지 않아 생존에 위협을 당하게 되나, 그에 순응하면 농사가 잘 되어 잘 살 수 있기 때문이다. 이러한 점에서, 동양 철학과 서양 철학은 크게 다를 바 없는 것 같다. 평화로운 시기에는 자연이나 그 창조주에 관한 형이상학적 사색에 몰두하다가도, 전쟁이 일어나면 그 절대주의적 일원론의 철학은 전투적인 절대 명령의 기반이 되어 상대방의 철학과 대결해 왔다.

우리가 지난 2,500여 년 동안 동·서 철학의 주류를 형성해 온 철학들이 발생한 삶의 터전도 농터형으로 대표되는 1차 산업 사회였다. 불교철학, 노장철학, 유가철학, 기독교철학, 그리스 철학 등이 모두가 그 근본에 있어서는 농터형 삶에서 생장했다. 이들은 그 사상내용이 크게 다름에도 불구하고, 자연이나 자연을 지배하는 원리를 절대적인 진리로 존중하는 점에서 유사하다. 동양 철학과 서양 철학의 주류를 형성해 온 것이 일원론적 절대주의 철학이라는 것도 부인할 수 없다.

그러나 해방 후 지난 반 세기는 세계 철학의 주류가 바뀌는 대전환기였다. 2,500여 년 동안 동양 철학과 서양 철학에서 주류를 이루어 오던 거대한 절대주의 사상의 흐름이 비주류로 밀려나고, 비주류로 겨우 명맥을 유지해 오던 다원론적 상대주의 사상들이 주류의 자리를 차지하게 되었기 때문이다. 절대주의적 시각에 의하면 상대주의와 다원론은 극복되어야 하고 타도되어야 하는 대상이었으나, 오늘의 세계에 있어서는 오히려 적극적으로 상대주의를 수용하는 방향에서 현실의 난제를 해결하려는 것이 세계적인 추세이다.

상대주의 철학을 바탕으로 하는 '민주주의'는 현대인들에게 신화처럼 가치의 척도가 되었기 때문에, 그 누구도 감히 민주주의를 반대하지 못하는 분위기이다. 민주주의에도 온갖 폐단이 많지만, 그래도 인류가 수 천 년의 역사를 통해 실험해 온 제도 중에서는 가장 좋은 것으로 수용되고, 단지 보완작업만이 남은 과제로 여겨진다. 그리하여 내심 민주주의에 반대하는 사람들도 겉으로는 민주주의를 표방하고 '민주주의' 앞에 각종 형용사를 사용하여 그 내심을 감추려 해 온 것도, 민주주의적 상대주의 철학이 주류가 되었음을 입증해 주는 좋은 사례라고 하겠다.

무엇보다도 다원론적 상대주의 철학이 주류를 형성하는 데 크게 작용한 것은, 지난 2,500여 년 동안 인류의 삶의 대표적인 터전을 이루어 오던 농터형의 삶이 최근 20여 년 사이에 급격히 성장한 정보산업에 의해 장터형의 삶으로 바뀌게 되었기 때문일 것이다. 근대 서구 시민 사회에서처럼 특정 지역의 소규모의 장터가 아니라, 지구촌이 온통 장터로 변화되어 가는 오늘의 세계에 있어서는 다원론적 상대주의 철학이 생존의 기반이다. 우리들은 사고방식이 다르고 행동양식이 다른 사람들도 우선 거래의 상대로 인정하는 다원론적 상대주의 철학 없이는 지구촌 장터의 삶을 지속할 수 없기 때문이다. 장사에는 물건이 오가기 전에 말이 잘 교환되어야 하고, 말의 교환에는 관습이나 풍습이 소통되게 마련이다. 다시 말하면, 상대방의 믿음과 전통 문화를 무시하고서는 장사를 지속적으로 잘 할 수 없다.

오늘날은 절대주의를 생명처럼 고수해 오던 종교들까지도 자신들의 종교만을 절대화하고 다른 종교들을 모두 섬멸해야 한다는 교리를 더 이상 고집하기 어렵게 되었다. 다른 종교를 인정하고 이해하는 범위 안에서 자기의 정체성을 확보해야 하는 현대 종교 다원주의는 상대주의 철학의 대세를 잘 입증해 준다. 또한 과학의 발달은 과학적 지식을 통념처럼 절대화하는 것이 아니다. 과학은 여러 가지 한계 안에서만 신뢰성을 확보하는 상대적인 지식이다. 이리하여 사실과학의 세계에서는 절대적인 진리를 발견할 수 없다는 것이 정설이 된 지 오래이다. 상대적인 과학적 지식을 기반으로 확립된 현대 기술도 결코 절대성을 확보할 수 없다. 따라서 현대의 과학기술에 의해 성립된 장터형 삶도 절대적인 하나의 존재만을 숭상할 수 없다. 농터형의 폐쇄된 사회에서 가족 단위로 자연의 품 안에 안주하던 시기와는 달리, 장터형의 삶은 인간의 능력을 적극적으로 발휘해야 하는 인간 중심의 경쟁 사회이며 지구촌으로 지칭되는 개방 사회이다.

2. 비판과 반성의 한 가지 사례

세계 철학의 전환기를 맞이하여 우리의 철학도 커다란 소용돌이 속에 휘말리게 되고, 초·중·고등 학교의 철학교육도 여러 가지 시행착오를 겪어야 했다. 한 가지 비판적인 반성의 실례를 갖고 생각해 보자. 한국철학교육회의 발표가 끝나고 '한국의 현실과 철학교육의 과제'를 중심으로 열띤 토론이 벌어진 일이 있었다(1989. 7. 1). "과거 한국의 철학계는 한국의 현실을 외면하고, 관념의 세계에 안주하며, 민중의 아픔을 모른 채 외면하기만 하였고, 한국인으로서의 주체를 망각하고 외국 학설들을 수입해 판매하는 외판원의 신세를 면치 못했다"는 비판이 있었으며, "수 천 년의 우리의 전통을 망각해 왔다"는 질책도 있었다.

이와 같은 종류의 비판은 지난날에도 여러 모임에서 종종 논의되어 왔다. 40년 전, 필자가 대학에서 철학 공부를 시작하면서 친구들과 수없이 주고받았던 이야기 중에서도 이와 흡사한 비판들이 있었다. 당시 《자유부인》이라는 소설이 사회적 물의를 일으키면서, 외국 문물과 사상의 무분별한 수용이 우리의 미풍양속을 파괴한다는 탄식이 컸던 것으로 기억된다.

"외국 사상이 물밀듯이 들어와 우리의 주체성이 망각되었다"는 비판은 해방 직후부터 오늘날까지 50년간 지속되어 왔다고 해도 과언이 아닐 것이다. 물론 그 말이 실감나게 얼빠진 행동들이 한두 가지가 아니다. 그러나 실제로 그 말대로라면, 반 세기나 된 지금에는 우리의 주체는 완전히 말살되었어야 할 것이다. 그런데 아직도 말살되지 않고 남아 있어 말살될 위험이 있는 주체가 거론되는 것을 보면, 역설적으로, 그 비판들과는 반대로 우리들이 완전히 얼빠진 생활만을 한 것은 아닌 성싶다.

'80년대 고등학교 철학 교과 신설과 대학 철학과 출신의 교사 자격증 부활과 관련된 문제에 여러 모로 관여해 오면서 직면했던 물음들이 있었다. "철학자가 철학자로서 현실에 참여한다는 것은 무엇을 의미하는가?" 철학자들 중에는 대학 강단을 떠나 현실 정치에 참여한 사람도 있고 민주화 운동에 동참한 사람도 있었으나, 대부분은 강단에서 묵묵히 지내 왔다. 그러니 민중의 아픔을 외면했다는 지적도 받을 만한 것이다. 과연 모두 그래야 했나? 모두들 그렇게 하였더라면, 지금은 어떻게 달라졌을까? 철학자로서, 교육자로서 우리는 무엇을 해야 했는가? 어린이들을 위한 철학교육도 현실 참여로 보아 줄 수는 없는가? 그것은 분명히 철학하는 사람이 철학함에 의해 현실에 참여하는 길이 아닌가? 자연적으로도 지혜를 사랑하여 많은 물음을 지닌 어린이들에게 그 소중함을 일깨워 주고, 이를 형식교육에 의해 차단되지 않도록 보호하여 철학하는 국민으로 육성하는 일을 철학하는 사람은 결코 무시할 수 없을 것만 같다.

독자적인 우리의 철학 학설을 제창하는 일은 쉽지 않다. 그것이 싫어서 안한 것이 아니라, 실상은 능력이 부족하여 못했다고 하는 것이 솔직한 표현일 것이다. 독자적인 학설을 못 마련했으니 선진 외국에서 확립된 이론들을 늦기 전에 수입해야 했다. 그러니까 외국 학설의 무분별한 수입이라고는 할 수 없고, 분별력은 있었어도 외국 학설의 외판원 신세는 면할 길이 없었다고 해야 할 것이다. 어느 나라든지 학문 발전의 초기 단계에서 어차피 이런 시기를 통과해야 한다고 할 것 같으면, 혹종의 위안이 된다. 그리고 우리의 지적 전통을 먼 조상들로부터 계승하는 것도 중요하지만, 우리가 생생히 기억하고 비교적 확실히 알 수 있는 가까운 조상이나 선배들의 노작들을 정당히 평가하여 계승하는 일도 그에 못지 않게 중요할 것 같다.

3. 1기, 전 교과생활의 철학화 시기(1945~1954)

오랜 동안 인류의 생활을 지배해 오던 철학이 획기적으로 변모되는 지난 반 세기 동안, 우리의 초·중·고등 학교에서의 철학교육은 어떠했는가? 필자 자신이 받아 온 철학교육과 필자가 해 온 철학교육을 회고해 보건대, 남한의 경우, 다음과 같이 4기로 나누어 생각해 볼 수 있다. 즉, 제1기는 전 교과생활의 철학화 시기(1945~1954)이고, 제2기는 도덕 시간 및 철학 교과 배정기 (1954~1963)이며, 제3기는 도덕과 국민윤리의 철학 대행기 (1963~1982)이고, 제4기는 철학계 교과의 자유 선택 시기 (1982~1995)로 구분된다. 물론 이 구분은 교육과정 개정의 공포를 기준으로 한 것이므로, 그 실시에는 몇 년간의 기간이 소요되었음을 염두에 두어야 할 것이다.

제1기는, 공교롭게도 필자 자신이 초·중·고등 학교에 다닌 기간이기에 '내가 받은 철학교육'을 첨부하여 회고해 볼 수 있다. 필자는 북한에서 보낸 국민학교 5·6학년(1945~1947) 동안에 이미 '변증법적 유물론'과 '사적 유물론'의 투쟁철학을 배웠다. 그 후로도 북한은 계속해서 초·중·고등 학생들에게 그런 종류의 일원론적 절대주의 철학만을 유일의 철학으로 강요해 왔으며, 오늘도 그런 전투적인 철학은 초·중·고등 학교의 교육 전반을 지배하고 있다고 보아야 할 것이다. 이에 반해, 필자가 남하하였을 당시 남한의 초·중·고등 학교는 평화시 장터형 삶의 상대주의 철학을 모델로 하는 자유민주주의 교육을 실험하고 있었다.

이와 같이 남과 북의 초·중·고등 학교들이 서로 다른 철학교육을 하고 있는 동안에도, 남과 북의 민중철학(?)은 한 목소리로 어린 우리들을 깨우치고 있었다. "소련에게 속지 말고 미국을 믿지 말라. 일본은 일어난다. 조선 사람 조심하자."이 말은 해방 직후부터 상당히 오랫동안 남북을 가릴 것 없이 입에서 입으로 전해지고 있었다. 이것은 비형식적 철학교육의 좋은 본보기로 여겨진다. 그리고 "외국 사상이 물밀듯이 들어와 우리의 미풍양속이 말살되고 주체성이 상실되었다"는 표현도 지난 반 세기 동안 수없이 반복되어 왔다. 이것은 우리의 현실을 단순히 기술한다기보다는 경고나 자성의 발언으로서 비형식적 철학교육의 일종으로 간주된다.

학교 교육을 비롯한 공식적인 교육에서 철학교육이 반영된 것은 무엇보다도 교육이념의 확립에서 나타난다고 하겠다. 미군정 학무당국에 의해 1945년 11월 23일에 발족한 교육심의회는 10개 분과로 나뉘어, 당시 교육계는 물론이고 사회 지도급 인사 100여 명으로 구성되었으며, 그 중 교육이념을 다루는 제1분과는 미군을 배제하고 한국인만으로 형성되었음을 발견하게 된다. 그리고 제4차 전체 회의에서 1분과 위원장 안재홍이 제의하여 채택된 내용에 의하면, "홍익인간의 건국이념에 기하여 인격이 원만하고 애국정신이 투철한 민주국가의 공민을 양성함을 교육의 근본 이념으로 한다"는 것이다. 홍익인간의 이념은 고기(古記) 신화에 나오는 말로서 비과학적인 것이라는 반대 의견도 있었다고 하나, 민족 주체의식의 확립을 교육의 이념으로 하는 표현으로서 합의를 본 것 같다. 그리고 홍익인간의 이념은 대한민국 수립 후 1949년 12월 31일 공포된 교육법에도 반영되면서 인격의 완성, 민주국가 발전에 봉사 그리고 인류 공영의 이상 실현의 3단계로 세분된다. 하여간 우리의 철학교육에서는 그것이 형식적이든 비형식적이든 민족 주체의식의 교육이 중요한 역할을 하였다고 하겠으며, 그것은 배타적·공격적인 것이 아니라 인류 공영을 지향하기 때문에, 오늘에 있어서도 지구촌의 세계 시민 교육의 본보기가 될 수 있다고 하겠다.

우리가 처음으로 채택한 교육의 이념뿐만 아니라 교육의 방법도 매우 신선하였다. "지식 편중의 교과조직과 주입식 교수에서 벗어나 생활 중심의 교과조직과 계발식 학습 전개"를 하도록 했다. 필자가 이 시기를 '전 교과생활의 철학화' 시기로 지칭한 것은, 모든 교과에서 생활세계와 연결시켜 문제 상황에로 인도하고 학생들의 지적 호기심을 유발하게 하여 지혜를 사랑하도록 하는 철학함의 모형을 탐구학습이라는 이름으로 초·중·고등 학교의 교육 지침으로 삼은 것이 이 시기이기 때문이다. 일제 시대의 도덕교육에 해당했던 수신과를 없애고 '공민'으로 대치하였으며, 1946년 9월 1일에 마련된 교과과정에 의하면, 민주시민의 육성을 목표로 하는 '사회생활과'를 신설했고, 여기에는 공민, 지리, 역사, 직업을 포함시켰다. 그리고 도덕 교과나 철학 교과를 별도로 설정하지 않고 모든 교과를 통해 그리고 생활의 모든 영역을 통해 탐구학습의 철학을 익히도록 하였던 것이다.

그러나 해방 직후, 미국으로부터 '탐구학습'이나 '새 교육'의 이름으로 직수입한 민주주의의 교육에는 많은 문제점들이 있었다. 일본의 식민지 교육의 질곡에서 벗어나긴 하였으나 자주 교육의 준비가 되어 있지 못한 상태였기 때문에, 외국의 도움을 받는 것은 불가피했을 것이다. 하지만 당시 수입한 미국 민주주의의 진보주의 교육사상은, 평화시 개방적인 장터형의 생활을 배경으로 하는 철학이 기반을 이루고 있다. 이에 반해, 우리의 현실은 오랜 동안의 폐쇄적인 농터형 삶을 지속하고 있었으며 언어까지 빼

앗긴 식민지 생활을 해야 했고, 국민의 77퍼센트 가량이 문맹자인 상태에서 사상 투쟁의 사회 혼란이라는 파고를 넘어야 했다. 국민학교의 경우, 교사의 40퍼센트를 차지하던 일본인 교사들이 돌아가고 새로이 교육받고자 하는 아동들은 급증하여, 교사가 크게 부족했다. 그리하여 단기 강습들을 통해 교사를 대량으로 양성해야 했으며, 따라서 탐구학습의 교사도 며칠 동안의 주입식 강습으로 배출해야 하는 역리에 직면했다. 뿐만 아니라, 모든 교과에서 도덕교육이나 철학교육을 하겠다는 이상을 실현하기 위해서는 그렇게 할 수 있는 유능한 교사와 교육여건이 마련되어야 함에도 불구하고, 그렇지 못한 처지에서 공문서상의 탐구학습을 하다 보니, 실제로는 모든 교과에서 도덕교육이나 철학교육을 배제하는 결과를 초래하였다. 더욱이 6·25 전쟁까지 겪어야 했으므로, 자유롭게 개개인의 다양한 의견을 존중하며 교육하기는 무척 어려웠다고 할 것이다.

4. 2기, 도덕 시간 및 철학 교과 배정기
(1954~1963)

평화시 자유로운 시장경제의 경쟁생활을 배경으로 한 탐구학습이라는 새 교육 운동은 오랜 동안 비경쟁적 농경사회의 미덕을 존중하며 살아 온 우리의 풍토에 적응하기 어려웠으며, 더욱이 전쟁시에 그러한 교육이 문제가 있음은 당시 문교부 장관의 교육 방침에서도 나타난다. "각급 학교 교육과정 운영과 학습 지도의 실제에 있어서, 새 교육방침의 피상적인 모방과 교원의 대량 채용의 결과 야기된 지도력의 저하를 극복하기 위하여 기초 학력의 향상에 노력할 것"라는 표현을 발견하게 된다(1950. 5. 8, 홍웅선, 교육과정신강, 문음사, 1979, p. 75 재인용). 그리고 각계각층에서 도덕적 인간의 육성을 요망함에 따라 1954년 4월 20일에 공포된 〈교육과정 시간 배당 기준령〉에 의하면, 국민학교와 중학교는 1년에 35시간 이상을 도덕교육에 할애하도록 하였다. 이어서 문교부가 1956년에 발표한 〈도의 지도의 당면 목표〉에서는 다음과 같이 그동안의 교육을 반성하고 있다. "우리 교육의 이제까지의 당면 목표는 민주주의 이념을 받아 그 제도를 구체적으로 실시하는 데 있었다. 그러나 새 제도를 받아들일 준비도 없이 급작스레 그것을 받아들인 까닭에, 그 운영에 있어서 소기의 성과를 거두지 못하였다"(문교부, 도의 지도의 당면 목표, 문교월보 30, 1956. 11 재인용, 홍웅선, 1979, p. 25). 그리고 당시 새 교육을 지도한 사람들도 "우리의 민주주의적·철학적 기반이 취약했기 때문에, 새 교육 운동의 실제 모습은 미국의 모방의 범위를 벗어나지 못하였다"는 사실을 시인하며 반성하게 되었다.

이 시기에 도의교육은 국민학교의 새 교과로서 개설된 것이 아니고, "전 교과 및 기타 교육활동 전반에서 실시하되 각 학년 총 수업시간 수의 범위 안에서 연 35시간 이상을 충당해야 한다"는 것으로 되어 있으며, 중학교에서는 '사회생활과'에 배당된 시간 수 중에서 연 최저 35시간은 도의교육을 위한 활동에 충당해야 한다"는 것이다. 그러나 우리가 철학교육을 회고하면서 주목할 점은 1955년 8월 1일 문교부령 제46호로 제정·공포된 〈고등학교 및 사범학교 교과과정〉이다. 이것은 그동안 군정 시대를 벗어나 교육법을 제정하고 교육 전반을 설계하는 교육과정을 마련하려 했으나 6·25 전쟁으로 인해 중단되었던 일을 최초로 체계화한 것으로, 오늘날 우리들이 제1차 교육과정으로 지칭하는 것이다. 특히 여기에는 과거 '공민'으로 되어 있던 것이 '도덕'으로 개편되어, "윤리 도덕을 중심으로 예의를 올바르게 지도"하도록 했을 뿐 아니라, 특히 철학계 과목이 보통 교과로 배정된 것은 전국적 규모로 철학교육을 할 수 있게 되었다는 점에서 중요한 의미를 지닌다고 하겠다.

여기서 철학교육과에는 고등학교 2학년과 3학년 210시간이 배정되고, "논리, 철학 개론, 교육원리, 교육사, 교육심리학, 교육방법 등 중에서 그 기초를 연구함"을 그 내용 설명으로 하고 있다. 물론 여기서 고등학교의 철학과 논리는 선택과목으로 되어 있으나, 당시 교육과정에 의하면, 영어, 독어, 불어, 중국어 등의 외국어를 비롯해 많은 과목들이 선택으로 되어 있었다. 하여간 그 이전에는 별첨과 같이 학교별로 교과가 설정되었으나, 철학과 논리가 고등학교의 보통 교과로 배정된 것은 이때이고, 그후 30년 정도 지나 5차 교육과정에서부터 교양 선택으로 겨우 부활하게 되었다. 그리고 당시 고등학교 수준이었던 사범학교의 경우는 '철학 및 논리' 중의 한 분야에 관하여 그 개요를 연구하는 내용을 35~70시간(매주 연평균 1~2시간) 하도록 되었기 때문에 필수 과목이었다고 하겠다. 이와 같은 사실은 1955년 1차 교과과정의 '일러 두기'에서도 나타난다. 즉, "[교육 및 철학과]과정은 사범학교를 주로 한 것이고, 고등학교[철학교육과]에서는 그 중에서 일부 또는 전부를 선택하기로 한다."이 교과과정이 1963년까지 8년간 지속되지만, 철학이나 논리를 교육할 교사가 부족하고, 각 학교의 여건도 철학 교사를 별도로 채용하리만큼 충분하지 못하여, 실제로 철학이나 논리가 많은 학교에서 다루어지지는 못한 듯하다.

5. 3기, 도덕과 국민윤리의 철학 대행기 (1963~1982)

하여간 제2차 교육과정(1963. 2. 15 공포)과 제3차 교육과정(1974. 12. 31 공포)이 실시되는 20년의 기간은, 제1차 고등학교 교과과정에서 돋아나던 자유로운 철학교육의 싹이 뿌리째 뽑

한 암흑기로 평가된다. 다양하게 사고할 수 있는 철학이나 지적 합리성을 체계적으로 추구할 수 있는 논리를 교과에서 제외하고, 오직 정의(情意)적 설득에 호소하는 국민윤리 하나만을 필수로 부과하였으며, 한 권의 국정 교과서로서 획일적인 교육을 시도해 왔기 때문이다. 당시 조국 근대화라는 이름 아래 경제적 생산성과 유용성을 국가의 지상목표로 내세웠던 제3공화국과 제4공화국의 체제에서는 개개인들의 자유는 오랜 동안 제한되고 유보될 수밖에 없었으므로, 교육받을 인간을 설계하는 교육과정의 기본 틀도 그러한 방향에서 사상 교화를 주목적으로 하여 구성되었다고 할 것이다. 2차 교육과정에 새로 등장한 '국민윤리'의 지도목표 첫째 항목에는 이런 표현이 들어 있다. "……국가권력의 주체는 사상의 방향을 검토하고, 지도하며, 교화한다. 이른바 사상 교도(indoctrination)는 국민 교화에 중요한 의의를 가진 것이요, 그것은 적극적으로 방향을 제시하는 면도 있으며, 때로는 제한하고 금지하는 경우도 있다"(pp. 124~125). 즉, 국민윤리는 국가적 통제를 강력히 실현하려는 국책 과목의 특성임을 시사한 것이라고 하겠다.

물론 우리가 초·중·고등 학교의 철학교육을 다루기 위해서는 도덕 과목과의 연관성을 논하지 않을 수 없다. 하지만 철학교육은 예절 문제를 중심으로 한 관습 도덕의 교육과는 근본적으로 다르므로 도덕교육과는 구별해야 한다는 주장이 가능할 것이다. 그리고 철학교육은 오직 모든 기존적인 지식이나 행동양식을 철저히 비판하는 의미의 교육에만 적용된다고 할 수도 있을 것이다. 만약 우리가 철학을 이렇게 좁은 의미로만 사용한다면, 한 학파의 철학만이 공적으로 허용되었던 사회에는 철학교육이 없었다고 해야 할 것이다. 예컨대, 조선조 사회의 전통적인 유가철학이나 서구의 중세 사회의 철학 그리고 현대 공산권의 철학들은 자유로운 비판이 허용되지 않는 가운데 부여된 것이므로 철학교육이라고도 할 수 없게 되기 때문이다.

그러나 우리가 철학교육을 비판능력의 함양으로만 보지 않고, 확고한 신념을 지닌 사람을 육성하는 교육도 철학교육의 중요한 과제로 간주한다면, 철학교육은 우리의 전통 사회에서도 찾을 수 있을 것이다. 우리 사회에서 흔히 '철학이 있는 사람'이라고 할 경우 지칭되는 것은, 가령 '참이라고 믿는 것은 자신에게 불리한 상황에서도 참이라고 하고, 옳지 않다고 판단된 행위는 아무리 자기에게 이득이 된다고 하더라도 하지 않으며, 멀리 넓게 내다보고 원칙 있는 생활을 하는 인간'을 말한다고 하겠으며, 그렇지 못한 사람을 '철학이 없는 사람'이라고 하여 왔다. 그리하여 그처럼 철학 있는 사람을 목표로 하는 교육이 철학교육이라고 한다면, 전통적인 도덕교육도 철학교육에서 제외될 수 없을 것이다. 우리가 초·중·고등 학교에서 도덕 교과와 국민윤리만이 있었던 시대를 철학교육의 부재기간으로 처리하지 않고 철학교육의 대행기로 꼽아 보는 이유는 바로 이러한 맥락에서라고 하겠다.

실상 2차 교육과정에 나타난 국민윤리의 지도내용과 교재는 윤리학 개론이나 철학 개론에 해당하는 동·서 철학의 핵심 부분들이 많은 비중을 차지하고 있다. 오히려 교재는 대학에서 사용되는 전문적인 철학용어들이 학생들 수준에 쉽게 풀이되지 못하고 그대로 사용된 것들이 너무 많았기 때문에 난해하다는 평가를 받을 정도였다. 그러나 '청소년의 자각'과 같은 장을 마련해 도덕성과 학생들의 성장과정을 연결시켜 보려는 흔적도 발견할 수 있다. 물론 6·25 전쟁을 겪고 남·북이 군사적으로 대치하고 있는 휴전의 냉전 상황이므로, 북한 당국에 대해 적대의식을 강화하는 교육을 각급 학교에서 필수적으로 해야 했으며, 그것을 '반공 도덕'의 이름으로 수행한 점은 충분히 이해된다. 하지만 이러한 국가적인 단일 가치가 정부에 의해 주도됨에 따라, 그 실행이 정권의 유지와 옹호의 수단으로 전락된 점을 결코 부인할 수 없을 것이다. 더욱이 민족 주체성의 강조가 국민의 인권을 탄압하는 독재자에 대한 세계 언론의 화살을 막는 방패로 이용되고, 민족 자주성의 역설이 폐쇄적 정치를 정당화하는 구실로 악용되는 것은 당시의 남과 북의 공통된 현상이었다고 하겠다. 철학에서 소중히 여겨 온 주체성과 자주성이 현실 정치의 맥락에서 이처럼 변질될 수도 있다는 사실을, 우리는 기억해 둘 만하다. 그리하여 국민윤리가 민주화 과정에서 배격당하고 많은 사람에게 정권 유지 과목의 인상을 주게 되어, 6차 교육과정에서는 그 명칭을 '윤리'로 개칭되지 않을 수 없게 된 역사의 교훈을 잊지 말아야 할 것이다.

국민윤리가 유신헌법으로 성립된 4공화국의 3차 교육과정에서는 고등학교 교과 중에서 수위 과목으로 기록되고 6단위가 배정되어 강화되지만, 철학교육의 내용들은 대부분 제거되었다. 그리하여 국민윤리의 국정 교과서는 공보부의 정치 선전 책자처럼 되어 버렸다. 3차 교육과정의 일반 목표로 되어 있는 "한국 민주주의의 우수성을 인식하고 반공 민주 신념에 투철하게 한다"에서 '한국 민주주의'는 유신헌법의 민주주의이니, 그 우수성을 인식하도록 교육한다는 것이 어떠한 위선을 산출할 것인지는 충분히 짐작이 간다. 당시 우리는 이미 수출을 국가적인 목표로 삼고 외국과의 교역이 활발히 진행되고 있는 장터형 삶으로 진입하고 있었기 때문에, 외국의 민주주의가 어떤 것인지는 여러 가지 통로를 거쳐 우리 사회에 익히 알려져 있었다. 뿐만 아니라, 해방 후 30년 가까이 배워 온 민주주의의 참 모습이 유신헌법 식 민주주의가 아니라는 사실도 국민 대부분에게 잘 인식되어 있었다. 그러므로 그러한 의미의 한국 민주주의의 우수성이 인식될 리 없다. 그것은 진실을 추구하는 젊은이들의 강렬한 도전을 면할 수 없었다고 할 것이다. 그리고 정권 연장을 위해 정치도구화된 국민윤리 교재는 학생들의 왕성한 지적 욕구와 철학적인 갈망을 무시했으므로, 오히려 그 반동으로 국민윤리 전체가 거부감을 일으켜 그것의 정당한 측면까지도 모두 배격당하는 결과를 초래하게 되었다고 할 것이다.

6. 4기, 철학계 교과의 자유 선택기
(1982~1995)

4차 교육과정(1981. 12. 31 공포)에서도 도덕과와 국민윤리가 철학교육을 대행하는 역할은 크게 줄지 않았으며, 이러한 현상은 오늘날까지도 이어지고 있다. 국민윤리가 정권의 차원에서 오용될 위험성이 크지만, 한국 교육에서 '한국인 만들기' 교육의 중요성은 제거될 수 없으며, 새 세대를 진정한 한국인으로 육성함에 있어서 현대 한국인의 철학은 배제될 수 없다. 그리하여 1982년에 한국교육개발원에서 출간된 고등학교 국민윤리에서부터는 다시금 철학교육의 지면이 소폭이나마 늘어났으며, 강압적인 5공화국의 국정 국민윤리 교과서에서도 학문하는 자세로서는 '곡학아세(曲學阿世)의 유혹을 극복하고자 온갖 역경을 참아 온 학자들'에 대해 존경하는 마음을 키우는 내용을 담게 되었다(p. 93).

무엇보다도 4차 교육과정에서 주목할 사항은 '논리학'과 '철학'이 교육학, 심리학, 종교교육과 더불어 자유 선택 과목으로 편입된 사실이다. 이리하여 철학계 교과의 자유 선택의 시기가 열리게 된다. 학교장의 재량으로 지역사회의 실정을 고려하고 학생들에게 도움이 되는 목표와 내용을 선정하여 계획을 수립하게 하고, 특히 자유 선택 과목은 0단위에서 8단위까지로 되어 있기 때문에, 0단위를 선택하는 많은 학교들에서는 이것이 사문화되었지만, 의욕과 사명을 가진 학교장들이 철학교육을 할 수 있는 법적 기반을 얻게 된 셈이다. 이리하여 1984년에는 서울의 경동고등학교와 경기여자고등학교를 비롯해 각 시도에 연구학교들이 지정되어 철학교육을 실시해 보았으며, 특히 강원도에서는 도교육위원회와 학계 그리고 교사들이 협조하여 1986년에는 도내 54개 인문계 고등학교 가운데 28개 교에서 철학교육을 하기로 되었다. 또한 충청북도에서도 17개 학교가 철학교육을 실시하기에 이르렀다 (철학교육연구 1권 1호, 1985. 11).

철학계 과목이 자유 선택 과목으로 지정된 것은 정부의 너그러운 배려로만 이루어진 것이라고 단순하게 생각되지 않는다. 그것은 어떤 의미에서는 억압장치의 한계를 드러낸 것이며, 민주화 시대, 자유 개방화 시대, 정보화 시대로 변모되어 가는 세계적인 추세를 더이상 외면할 수 없음을 나타낸 것이라 하겠다. 국내적으로 끈질긴 민주화 운동은 자유민주 시민의 교육을 요구하였으며, 이것은 자유로운 철학교육을 간접으로 지원했다고 할 것이다. 그리고 우리의 철학계와 교육계 그리고 언론계를 비롯해 사회 각계 각층에서는 고정화된 다량의 지식을 주입식으로 교육해 온 우리의 입시 위주 교육이 앞으로 급변하는 세계에 대처할 수 없음이 여러 가지로 지적되었고, 비판적 사고능력과 창의적 구상 능력을 함양할 수 있는 교육, 진정으로 인간다운 인간을 교육하기 위한 철학교육을 꾸준히 요구하게 되었다. 고등학교 과정에 자유 선택 과목이 설정된 것이나 대학 입학시험에서 논술 문제를 다루게 된 것도 그러한 사회적 요구와 분리시킬 수 없는 것이다. 이리하여 고등학교의 철학과 논리학은 5차 교육과정(1990. 3. 1 개정)에서부터는 몇 개 과목 중에서 반드시 하나는 선택해야 하는 교양 선택 과목으로 되어 2단위가 배정되었고, 6차 교육과정 (1992. 3. 1 개정)에서는 4단위로 되어, 앞으로는 보다 활기 있는 철학교육이 기대된다.

7. 철학과 교직 부활과 철학자들의 한 목소리

고등학교 철학교육의 부활에는 몇 가지 어려움이 있었다. 그 어려움을 타개해 가기 위해 개성이 강하여 한 목소리를 내기 어려운 철학자들이 기적처럼 단합된 모습을 보인 것은 기록해 둘 만하다. 1982년 6월 5일, 한국철학회 춘계학술발표회에 이어 열린 총회에서 〈고등학교에서의 철학교육 실시 건의서〉를 한국철학회, 철학연구회, 한국철학연구회의 공동 명의로 문교부에 제출키로 결의하였으며, 그 후 위의 세 학회 회장단이 문교부 장관에게 그 건의서를 제출하였다(1982. 8. 9). 이에 대한 문교부 회신 (1982. 9. 13)은 "고등학교 교과과정 운영지침 (차)항에 학교장 재량의 자유 선택과목으로 철학, 논리학을 포함시키는 내용"이라고 한다(철학, 제19집, 1983 봄, pp. 189~190). 이것만을 보면 의아해진다. 왜냐하면, 반 년 전에 1981년 12월 31일자로 공포된 4차 교육과정 속에 이미 그런 답신 내용이 들어 있기 때문이다. 그러나 그 기록에는 나타나 있지 않지만, 철학자들이 그처럼 통합된 학회의 수준에서 그 건의서를 내게 된 데에는 별도의 심각한 까닭이 있었다. 그것은 제자들이 고등학교의 교사로 진출할 수 있는 길이 막히게 되었기 때문이었다.

4차 교육과정에서는 국민윤리가 5공화국의 국책 수위 과목으로 강화되었고, 이를 정부의 강력한 통제 아래에 두기 위해 몇몇 사범대학에 '국민윤리교육과'를 신설하고 그 출신들을 우대하는 취지에서 그들에게만 국민윤리교사 자격을 부여하기로 하였다. 따라서 그동안 전국 대학 철학과에서 해 오던 교직 이수를 할 수 없게 되었다(1982년도 입학자까지만 교직 가능). 그리하여 한국철학회 회장(윤명로 교수)과 철학연구회 회장(차인석 교수)은 다시금 문교부 장관을 예방하여 고등학교 철학교육 실시에 대한 회신 이후의 문교부의 후속 조치를 요구하게 된다(1983. 1. 25).
이와 같은 학계의 요구에 부응하여, 문교부는 1984년도부터 실시
되는 새 교육과정에 설정된 자유 선택 과목을 담당할 수 있는 교
사 양성을 위해 교원자격증 표시 과목에 철학교육학을 신설하도
록 했다(1983. 10. 12). 한국철학회는 그 공문을 복사해서 전국
철학과에 발송하여 조속히 교사자격증 표시 과목 변경 신청을 하
도록 촉구하였다(고려대학교의 경우, 11월 23일자로 신청하다).
그러나 문교부는 〈교원자격증검정운영지침〉(1983. 11. 26)을 통
해 교직 신청을 보류시키고, 그 후에는 전국적으로 교사자격증
소지자가 많다는 이유로 계속 철학과 출신의 교직 진출을 억제해
왔다.

한국철학회 1984년도 춘계 발표회(6. 2)의 주제는 '고교 철학
의 교과과정과 방법'으로 정하였으며 '전국 대학 철학과장협의회'
를 구성(회장에 안상진 교수)하여 교직 부활에 노력하였고, 다음
해에는 철학교육연구회를 창립하여(회장에 소흥렬 교수, 1985.
10. 19) 학계와 현장 교사들이 서로 의견을 교환하며 현장감 있
는 철학교육의 연구를 시도하였다. 2년 후, 5차 교육과정을 준비
한다는 소식이 있어 임혁재 교수와 필자가 문교부에 들렀다가
〈자유 선택 교과 설정의 문제점 분석〉이라는 보고서를 발견하고
놀라지 않을 수 없었다. 그에 의하여 1986년 3월 현재 전국에서
자유 선택교과를 운영하는 학교는 56개나 되는데, 관련학과 교원
양성 현황에 있어서 철학과는 "교직과정 신청 대학 없음"으로 보
고되었다. 즉, 교직과정을 신청하지 못하게 해 놓고(1983. 11.
26)는 교직과정 신청 대학이 없다고 하니 어이없었다.

그리하여 우리는 긴급히 전국 대학 철학과장협의회를 소집하도
록 하여(6. 12) 이 문제를 협의하게 되었다. 때마침 필자가 고려
대학교 철학과 학과장이었으며 철학교육연구회 회장 일도 맡고
있던 터이고 이런 사실을 발견하기도 하였던 관계로, 전국 대학

철학과장협의회의 회장 일도 같이 하라는 결의를 거부할 수 없게 되었으나 막막하였다. 필자에게는 로비할 능력도 없고 당국을 압도할 만한 권위도 없었기 때문이었다. 그러나 전국 철학과 교수님들의 전례 없는 전폭적인 지원이 있었기에 막연하게나마 무엇인가 할 수 있을 것 같기도 하였다. 그때 한 가지 방도가 보였다. 그것은 당시 상황이 강압적인 행정부의 지배 아래 있었으나, 행정당국에 공식으로 접수된 건의나 질의에 관한 민원에 대해서는 일정한 기간 안에 반드시 회신을 하도록 되어 있다는 사실을 발견한 것이다. 이리하여 때마침 구입한 컴퓨터를 활용해 협의회 명의로 1년 2개월 동안 계속하여 건의와 질의를 반복하였다(전국 대학 철학과장 협의회 공문 수발 현황철 1987~1988 참조). 당시 한국철학회 조요한 회장님을 비롯한 전국 철학과의 많은 교수님들의 도움으로 우리가 요구하던 "① 철학을 고등학교 필수 선택 과목으로 하는 것, ② 전국 대학 철학과 교직과정 부활 설치, ③ 철학 교사에 '논리학' 교원자격증 추가" 등의 문제가 대체로 만족스럽게 해결되었다. 단순한 집단이기주의에 의해서만 움직이지 않고 이성에 호소해야 하는 철학자들이 우리 사회에서 앞으로 해야 할 일도, 어쩌면 글과 말을 통해 부당한 것을 지적하고 합리적인 것을 납득할 수 있도록 꾸준히 노력해야 하는 것이 아닌가 생각된다.

문교부는 "철학과의 교수 평균 확보 인원의 수로 지정된 6인 이상"을 철학과 교직과정 설치를 위한 요구조건으로 내세워, 이에 미달하여 누락된 대학들에서 이를 완화해 달라는 공동 건의를 하자는 의견들이 나왔다. 그러나 필자는 이 요건이야말로 우리 철학과들이 우선적으로 교원을 확보할 수 있는 절호의 기회로 생각하여 그런 공동 보조를 피하고자 협의회장직의 사임을 표명하였으나(1988. 6. 29. 그 후 전국 대학 철학과에서는 뜻하지 않게 30명 이상의 교수를 확보할 수 있었으며, 전국 40개 대학에 가까운 대부분의 철학과에 교직과정이 설치되었다), 본 운영위원회는 본인의 사표를 수리하지 않았다. 그 대신 "협의회가 필요한 시기까지" 본 협의회 기능을 정지하기로 결의하였으며(1988. 9. 3), 제6차 고등학교 교육과정에서 '국민윤리'가 '윤리' 과목으로 바뀜에 따라 중단되었던 윤리교사 자격증을 철학과 교직과정 이수자들에게 다시 부여하는 문제를 협의하기 위해, 1993년 11월 13일, 전국 대학 철학과장협의회의 기능을 부활하고 이강수 교수에게 회장직을 넘겨 주었다. 철학과 교직과정 이수자들에게 윤리교사 자격증을 부여하는 문제는 아직까지 남아 있는 철학계의 과제로 생각된다.

8. 한국에 있어서 철학교육 연구의 시대

우리의 철학계가 고등학교 철학교육에 크게 관심을 갖게 됨에 따라 '철학교육' 자체에 대한 전문적인 연구의 필요성을 절감하게 되었으며, 그 결과, 한국 철학교육연구회가 한국철학회의 분과 모임의 형식으로 출범(1985. 10. 19)하였음은 앞에서 언급한 바와 같다. 본 회는 지난 10년 동안 30회의 연구발표회를 가졌고, 학술연구논문집 《철학교육 연구》를 총 10권 22호로 발간함으로써 철학과 교육의 현장과 그 연구에 있어서 새로운 역사의 장을 펼친 것으로 평가된다. 물론 지역별이나 대학 단위로 개별적인 철학교육 연구 모임들이 이를 뒷받침했고, 문교부나 도교육위원회의 지원을 받아 1, 2년 동안 준비한 '철학계 과목의 연구수업'안들도 매우 소중한 자료로 제공되었다. 그리하여 한국 철학교육연구회에서는 철학교수와 현직 교사 그리고 교육대학원 철학교육 전공 학생들이 주축이 되어 철학의 학문성과 현장 교육의 구체성을 생동감 있게 교류할 수 있게 되었다. 아마도 철학자가 철학자로서의 일을 가지고 현실에 참여할 수 있는 가장 가까운 길이 바로 이 길일 것 같다.

그러나 우리의 고등학교 철학교육에는 그동안 몇 가지의 빛과 그늘이 교체되어 지나고 있다. 한편에서 고교 철학은 활기 있는 연구와 수업이 진행되고, 많은 사람들이 철학교육의 필요성을 공감하는 밝은 면이 나타났다. 그러면서도 사람들의 필요의 내용이나 기대하는 바들이 같지 않기 때문에, 교육현장과 연구에 혼란이 야기하는 그늘이 뒤따른다. 이것은 아마도 개방적인 다원화 사회의 철학이 다의성을 지닌 데에서 비롯되는 불가피한 문제이기도 하다. 주입식 교육의 획일성을 극복하기 위해 철학교육이 출발했다고 하나, 다량의 지식을 요구하는 고등학교 현장에서는 시간에 쫓기고 있기 때문에, 성과가 불투명한 철학적 토론에 소비할 시간이 없다는 불평에 직면해 왔다. 고등학교 철학 교재와 논리 교재들이 마련되어 교수의 윤곽이 제시되고, 6차 교육과정에서는 철학과 논리학의 넓은 테두리를 규정하는 교육과정이 확립되는 등 그동안 많은 노력이 있었으나, 우리 나라 고등학교의 현실에 알맞는 철학교육을 하기에는 아직 역부족이다.

실리적인 효용성을 우선적으로 추구하게 되는 우리 나라 교육현장에서 철학교육과 논리교육에 관심을 두게 된 가장 큰 이유는, 무엇보다도 대학 입학을 위한 시험에 논술방식이 도입되었기 때문이라고 하겠다. 논술시험에 좋은 점수를 받으려면 철학적 구상력과 논리적 사고력이 필요하기 때문이다. 이리하여 이 땅에는 철학교육과 논리교육의 붐이 일어난 듯, 다량의 참고용 도서들이 속출하고 그것들이 서점가의 베스트셀러 자리를 차지하기까지 하였다. 우리 나라 대학 입시제도가 초·중·고등 학교 교육에 미치는 영향은 막중하다. 하지만 지속적이고 단계적인 연구 없이 이러한 외부 제도의 변화만으로 교육의 내실을 일시에 변화시킬 수는 없다. 더욱이 한 번 잘못 든 길은 오래 되면 될수록 시정하

기 어렵다. 졸속으로 한 일들이 대형 사고를 유발하듯이, 졸속
교육은 일회적인 학생들의 일생에 악영향을 줄 수 있다. 철학이
나 논리학을 전공하지 않은 사람들이 흥미 위주로 많이 팔릴 수
있는 것만을 목표로 하여 펴낸 철학책이나 논리책들이 어떤 위험
성을 내포하고 있는지를 짐작할 수 있다. 엉뚱한 것들이 철학으
로 둔갑하여 논리의 이름으로 논리를 오도하는 경우는 안타깝다.
물론 이러한 흥미 위주의 책들이 철학과 논리에 대한 관심을 널
리 보급한 공헌을 내세울 수는 있으나, 그것이 잘못된 생각을 널
리 보급한 결과가 된다면 치명적이다.

　그리하여 우리 철학계에서는 철학계 과목의 필요성만을 강조하
는 총론에만 머무를 것이 아니라, 보다 세부적으로 파고들어 많
은 철학자와 논리학자들이 학생들의 성장 수준과 사회 여건에 알
맞도록 교재를 구성하고, 미래 사회에 보다 능동적으로 대처할
수 있도록 철학과 논리학의 교육내용과 방법을 연구하고, 각종
교재를 개발하는 데에도 많은 참여가 있어야 할 것이다.

9. 어린이를 위한 철학교육에의 길

　해방 50년의 철학교육을 회고하는 자리에서는 자연히 향후 50
년을 바라보게 마련이다. 50년 후에도 필자가 이 세상에 살아 있
게 되리라고 기대할 수는 없을 것이다. 그럼에도 불구하고 향후
50년의 미래는 필자의 지대한 관심사가 아닐 수 없다. 나의 미래
사회에의 기대는 현재의 어린이 교육을 근거로 할 수밖에 없다.
우리 나라 사람들이 세계 어느 나라 사람들보다도 교육열이 강하
다는 사실은 밝은 미래를 기대할 수 있게 한다. 교육열이 강하다
는 것은 현재에 만족하지 않고 미래에의 강한 의지를 표현한 것
이기 때문이다. 필자는 특히 철학 공부를 하는 국민학교 교사들

과 30년간 사귀어 오면서, 우리의 미래가 결코 어둡지 않음을 확인할 수 있었다. 그리고 철학교육은 어린이가 언어를 습득하는 가정 교육에서부터 시작해야 하고 모든 교과를 함께 가르칠 수 있는 국민학교 과정에서부터 모든 교과를 통하여 추진되어야 한다고 믿게 되었다. 그러나 이 일이 말처럼 쉽지 않음도 절감하게 된다. 이를 위해 많은 학자와 교사들이 공동으로 장기간 노력과 정력을 기울여야 할 것이다. 이런 의미에서, 필자는 서울교육대학 철학연구동문회를 비롯해 철학 공부를 하는 국민학교 교사들의 공부 모임에 큰 관심을 갖게 되었다.

필자가 국민학교 교사들과 사귀어 오면서 논의된 철학교육의 문제를 더듬어 보고 싶다. 그들은 약 30년 전부터 철학에 관심을 두고 철학이 그저 좋아서 공부해 왔으며, 그들이 가르치는 일과 철학 공부를 연결하는 방안을 오랫동안 모색해 왔다. 그러던 중 1981년 3월, 서울교육대학 철학연구회 철학교육조에서 발견하여 교재로 사용한 것이 리프만(M. Lipman)과 앤 샵(Ann Margaret Sharp)이 편집한 《Growing Up With Philosophy》(Temple University Press, 1978. 이 중의 일부가 여훈근, 송준만, 황경식 교수들에 의해 '세 살 철학 여든까지'의 이름으로 1986년 정음사에서 번역됨)였으며, 이 책은 1985년 하계 세미나에서 다시 논의되었다. 그리고 1982년 서울 중랑 국민학교 교사들이 발견한 것이 매튜스(G. B. Matthews)의 《Philosophy and the Young Child》(Harvard University Press, 1980)였으며, 1984년 7월과 1985년 12월 그리고 1986년 8월, 한국 사회과학도 서관에서 개최되었던 서울교육대학 철학연구동문회의 하기 및 동기 세미나에서 이 책의 내용들이 토의되고 종합된 것을 정리하여 '어린이와 함께하는 철학'이라는 제목으로 1987년 4월에 서광사에서 출판되었다. 또한 국민학교 교사들이 철학교육을 공동으로 연구한 것으로서 잊을 수 없는 것은 《Philosohy in the Class-

room》(M. Lipman, Ann M. Sharp, F. S. Oscanyan, Temple University Press, 1980)이다. 이 책은 1984년 2년 24~29일 8월23~25일 동·하계 세미나에서 검토되고 정리되어 '어린이를 위한 철학교육'이라는 제목으로 1986년 1월에 서광사에서 출판되었다(서울교대 철학회 20년사 1970~1990, pp. 154~159 참조). 앞의 세 책을 비롯해 어린이를 위한 철학교육에 관한 책들이 오늘날까지도 여러 가지 형태로 공부되어 왔다.

필자가 국민학교 교사들의 철학 공부 모임을 중시하는 까닭은, 그것이 오늘날 대학 입학 논술고사라는 외부적 자극에 의해 일시적으로 붐이 일고 있는 철학교육이나 논리교육의 관심과는 질이 다르기 때문이다. 그것은 직접적인 실리와는 관계 없이 철학을 좋아하고 철학교육이 필요하다고 스스로 자각한 데에서 비롯된 것이기 때문이다. 그것은 외국에서 어린이 철학교육이 논의되니까 모방하는 식으로 따라 하려는 것이 아니다. 우리의 주체적인 요구에 의해 우리들이 선별적으로 선택하여 수용한 것이다. 해방 직후 도입되었던 탐구학습은 그것을 수용할 여건이 되지 않은 상태에서 선진국의 교육을 모방하는 것이었으나, 오늘날 국민학교 철학교사들이 추구하는 탐구 공동체 교육은 우리의 여건에 알맞도록 음미를 거쳐 조심스럽게 검토되고 있다는 점에서 특별한 의미가 있어 크게 기대되는 바이다.

10. 향후 50년의 철학교육을 바라보며

오늘날 철학함의 전형으로 삼고 있는 소크라테스의 대화법이나 철학교실을 진리 탐구의 공동체로 만들려는 철학교육의 접근방식은 외국에서뿐만 아니라 우리의 현실에서도 시기적절하다고 하겠다. 고정화된 지식체계를 일방적으로 주입하는 방식의 교육만으로는 급변하는 세계에 대처해 가기 어렵기 때문이다. 학생들이 스스로의 힘으로 자신의 문제를 해결할 수 있도록 하기 위해서는, 학생들이 실제로 관심을 갖고 있는 바로부터 출발하고 그 안에서 근본적인 문제를 선별해 대처해야 할 것이다. 뿐만 아니라, 공동의 근본 문제를 공동으로 탐구하는 분위기를 익혀야 하기 때문에 학교나 교실을 탐구 공동체로 만들어 가는 일이 중요하다. 그러나 필자는 소크라테스의 대화법이나 탐구 공동체 교육이 언제 어디서나 모든 철학과 철학교육의 전형이 된다고 주장할 수는 없을 것 같다. 철학은 허공에서 이루어지는 것이 아니라 구체적 사회 현실에서 성립되므로, 그 교육장들의 상위 시스템으로서의 사회와 긴밀히 연결된다고 하겠다. 다시 말하면, 철학교육의 목표와 내용 그리고 방법 등은 전망하는 사회 유형에 따라 달라져야 하기 때문이다. 전통적 농경사회에서의 철학교육은 비판적 사고와 창조적 사고를 오늘날처럼 강조하지 않아도 되었음을, 우리는 상기해 볼 필요가 있다.

더욱이 전쟁에 처한 사회에서의 철학은 평화로운 시대의 철학과는 판이하다. 전쟁에서 패배한다는 것은 비참하다. 그것은 때로는 곧 죽음을 의미하며, 때로는 모두가 노예로 예속됨을 말한다. 그리하여 승리를 목적으로 삼는 싸움터형 사회에서 최고 선은 다름 아닌 자기 편의 승리이기 때문에, 평화시에 죄악시하고 허위라고 배척하였던 것들도 그 최고 선에 도움을 주는 것이라면 모두 선으로 미화된다. 다량의 살인자가 영웅으로 존경받고, 교활한 거짓말쟁이가 계략가로 우대된다. 그러므로 싸움터형 철학은 자기 편에 유익한 자기네 철학을 절대시하고, 상대편 철학은 금하고 악마적인 것으로 적대시한다. 이처럼 선·악의 절대적 기준이 사회적으로 고정화되었으므로, 그 기준 자체에 대해 회의하며 비판하여 재구성을 하려는 개인적인 탐구는 물론 허용되지 않는다. 오히려 싸움터형 사회에서 자유로운 비판과 탐구학습은 내분을 조장하려는 적의 계략으로 몰릴 수도 있다. 철학적 비판은 무한퇴행할 수 있기 때문에, 이를 이용해 싸움터형 철학들은 자신의 진영을 강력한 통제로 억압하면서도, 상대편에게는 오히려 완벽한 자유를 요구하여 정신적 무장 해제를 기도한다는 식의 공격을 받을 수 있다. 그러므로 비판이 필요하나, 무한 퇴행적 비판은 실천이 요구되는 구체적 현실 세계에서는 허용될 수 없다. 이리하여 싸움터형 철학들은 비판을 금하는 단독적인 이데올로기들을 설정하게 마련이다. 따라서 싸움터형 사회에서의 철학교육은 다름 아닌 그 사회의 이데올로기 교육일 수밖에 없다. 그러나 전투가 끝난 사회에서 적극적으로 건설을 지향하게 될 때, 독단적 이데올로기 철학은 방해물이 된다.

그리하여 우리가 오늘의 철학교육을 어떻게 할 것이냐의 문제는 내일의 우리 사회를 어떻게 전망하느냐에 달려 있다. 우리가 비교적 사고를 강조하고 창의적 사고를 구사할 철학교육을 바람직하다고 보는 까닭은, 비록 전쟁의 위험이 완전히 배제된 것은 아니라고 할지라도, 미래 사회를 평화시 경쟁적인 장터형의 삶으로 전망하기 때문이다. 무한 퇴행적 비판의 낭만적 유혹과 응고된 독단의 배타적 자만을 극복하고 주어진 가능한 행동대안들 중에서 잠정적 결단을 해 가는 능력을 육성할 필요가 있다.

1) 자유경쟁적 장터형 철학이 인간의 창의력을 극대화하여 물질적 풍요를 향유하게 하고, 자아를 타자와 철저하게 비교함으로써 편견을 속박으로부터 해방하는 일에 기여해 왔다. 그러나 물질의 풍요를 가져오게 하는 과학기술의 발달은 우리의 산업 구조와 생활양식을 짧은 시간 동안에 바꾸어 가고 있는 데 비해, 이를 운용하고 활용하는 인간의 관념이나 행동습관의 변화는 그처럼 빨리 진전될 수 없다는 데에서 많은 문제들이 발생한다. 산업재해, 부실 공사, 대형 사고, 각종 오염 등 오늘날 우리 사회의

심각한 문제들을 추적해 가면, 그것들은 바로 외부 세계 변화와 내부 세계 변화간의 시간 차이에서 비롯됨을 알 수 있다. 오늘날, 우리가 그 시간차를 좁혀 가는 적응훈련을 착실히 하지 못한다면, 내일의 세계에는 더욱 더 큰 문제들이 발생할 것이다. 그러므로 한 시대의 근본 문제와 씨름해 온 오늘의 철학은 바로 이 시차 인식에 정력을 기울여야 할 것이며, 우리의 철학교육은 시차 적응훈련의 방향으로 나아가야 할 것이다.

2) 다른 한편, 장터형 삶의 세계에 있어서는 생존의 기반이 일차적으로 인간들간의 관계에 있으므로, 인간의 생존 기반으로서의 자연을 소홀히 하기 쉽다. 인간의 힘을 과신한 나머지 자연의 고마움을 잊고 자연을 두려워할 줄 모른다. 우리의 생활에서는 인간간의 언어적 대화만을 중시하고 말없이 하는 자연과의 대화를 무시하기 일쑤이다. 그리고 장터형 철학은 현실 세계에 너무나 집착하기 때문에, 이성의 눈으로만 볼 수 있는 순수한 가능 세계나 실천과 직접적 관계가 없는 듯한 초월적 존재에 대해서는 무관심해진다. 따라서 가능 세계에의 사고가 우리의 사고의 폭을 넓히는 것과 초월에의 믿음이 소중한 도덕성을 육성하는 기능을 상실하기 쉽다. 그리하여 우리의 철학교육의 기본 틀이 예상되는 삶의 터로서 평화시 장터형 철학을 벗어날 수 없다고 할지라도, 이를 보완하기 위해서는 자연을 존중하는 가능적 초월의 세계를 사유하는 전통적 농터형 철학의 소중한 유산을 재구성해야 할 것이다.

3) 향후 50년을 내다볼 때, 우리에게는 결코 잊어서는 안되는 한 가지의 숙제가 있다. 그것은 통일을 향한 철학교육과 통일 후의 철학교육이다. 현재 세계에서 가장 폐쇄된 사회로 꼽히는 북한 사회에서 하나의 가치만을 절대적인 것으로 믿고 살아 오던 북한 동포들이 다원화된 남한 동포들과 실질적인 교류가 이루어

질 때, 예상 가능한 문제들을 검토해야 할 것이다. 오늘날, 특히 탐구 공동체적 철학교육 프로그램이 개방화된 공산 세계에서 시민 교육의 차원에서 매력을 갖게 된 것을, 우리는 주목해 볼 필요가 있다. 폐쇄 사회는 강력한 통제를 하기 때문에 단색적으로 획일화하는 반면, 나름대로 유혹과 오류를 피할 수 있는 여과장치를 보호의 차원에 마련하고 있었다. 그러나 개방 사회는 온갖 사기와 기만적인 범죄와 유혹에도 개방되며, 대부분의 여과장치의 책임이 개개인들에게로 돌아가기 때문에 비판적 사고를 하지 않고는 살아가기 어려울 것이다. 그리고 스스로 단계를 밟아 논리적으로 사고할 수 있는 능력을 갖추지 못한 상태에서 개방 사회를 맞이하면, 모두가 경쟁의 낙후자 신세로 전락되어, 오히려 통일 후 민족이 실질적으로 갈라질 위험도 크다. 철학교육과 논리교육은 대학 이전의 학교 교육에서뿐만 아니라 대학 교육에서도 필요하듯이, 통일을 향한 교육이나 통일 후 교육에 있어서도 필수적이라고 하겠다.

참고 문헌

문교부, 고등학교 및 사범학교 교육과정, 문교부령 제46호 별책, 1955.

교과과정 총람, 법제연구원, 1984.

함종규, 교육과정 연역조사(전편), 숙명여자대학교, 1974.

홍은선, 교육과정신강-한국교육의 좌표, 문음사, 1979.

신동로, 교육과정과 교수방법, 교육과학사, 1994.

고등학교 국민윤리, 1968, 1971, 1976, 1990.

한국교육개발원, 고등학교 국민윤리, 1982.

한국철학교육연구회, 철학교육연구 제1권~제10권, 1985~1994.

한국 대학의 철학교육의 반성과 과제
― 교양과 전공으로서의 철학 ―

박 순 영
(연세대)

1. 서(序) ― 한국 대학 철학교육의 역사

서양 철학이 우리 나라에서 뿌리를 내리기 시작한 역사는 이미 70년이 넘었다. 처음 우리 나라에 고등교육기관이 설립된 1920년 대부터 철학 강의는 학문의 기초과목으로 인정받았지만, 본격적인 철학 연구는 철학과가 설치되면서부터였다.[1] 문헌에 의하면, 1925년에 경성대학에 철학과가[2] 개설되었다고 한다. 이 무렵,

---

[1] 1900년과 1910년대에 국내에 설립된 이화전문학교, 보성전문학교, 연희전문학교에서는 1925년 전까지 철학이 강의되었다는 흔적을 찾아보기 힘들다. 다른 전문학교와는 달리 연희전문학교가 시작부터 문과를 설치하였기 때문에 예외적으로 1921년의 교과과정에 논리학, 철학 개론, 윤리학이 포함되어 있었다. 1945년까지 경성제대의 철학과를 제외한 위의 전문학교에 철학과가 없었기에 교양과목으로서의 철학이 강의되고 있었다. 참조, 박영식, 인문과학으로서 철학의 수용 및 그 전개과정, 인문과학 26집, 연세대학교 인문과학연구소 편, p.119 이하.

[2] 경성제국대학 예시(1931년 3월) 안에 있는 경성제국대학 예과 규정(1923년, 개정 1925년, 1928년) 제2조에는 심리학, 논리학, 윤리학, 철학 개론 강의가 들어 있었고, 경성제국대학 통칙급 학부 규정(1925년) 제3조 법문학부에는 "다음의 5학과를 둔다. ① 법률학과, ② 정치학과, ③ 철학과, ④ 사학과, ⑤ 문학과"라고 명시되어 있는 것을 볼 때, 철학과가 이때부터 개설되어 있었

철학 강의는 대체로 외국인 교수에 의해서 수행되었지만, 1930년 대에는 일본과 유럽 등지에서 공부했던 한국 유학생이 돌아와서 대학에서 철학 강의를 실시했다. 이미 철학의 용어 형성이 그러하듯이, 이 무렵의 철학은 일본을 통한 우회적인 길로 서양 철학을 접하게 되었고, [3] 교양적인 철학이 주종을 이루고 있었다. 본격적인 전공 철학의 교육은 해방 후 1946년에 연세대학교와 고려대학교 등 3개 대학에 철학과가 설치되면서 시작되었다고 볼 수 있다. 그 후, 현재 전국의 대학에 47개의 철학과가 설치되어 있다. [4] 그리고 전국적으로 1년에 약 1,604명의 학생들이 철학과에 입학하고 있다.

철학과의 숫자나 철학과 졸업생의 숫자만큼 철학 전문가의 숫자도 그 사이에 증가되었다. 대학의 철학 교수를 비롯해서 철학

음을 알 수 있다. 참조, 박영식, 같은 논문, p.117.

3) 전문대학에서 강의했던 철학자들은 대부분 일본 유학을 통해서 철학교육을 받았던 사람들이었다. 이미 '철학'이라는 용어가 일본에서 조어되었다는 것만 보아도 그 당시의 상황을 짐작할 만하다. '철학'이란 용어는 일본의 유학자 니시 아마네(西周)에 의해서 조어(造語)된 것이다. 西周와 津田은 1862년에 네덜란드 라이덴(Leyden) 대학에서 2년간 유학생활을 보내고 돌아와서 일본에 서양 학문, 즉 난학(蘭學, 네덜란드학)을 전파시킨 최초의 유학생이었다. 니시아마네는 유학에서 돌아와 서양의 'Philosophy'를 '피로소피아' 또는 '서양의 유학'이라고 부르다가 그의 책 《百學連環》(Encyclopaedia)에서 周의 茂叔의 문헌에 나오는 '聖希天 賢希聖 士希賢'이란 문구에서 "선비는 지혜를 구한다"란 말 사희현(士希賢)을 선택하였다. '지혜를 구한다'는 말과 '지혜를 사랑한다'는 말이 의미상으로 유사하다고 보아 'Philosophy'를 희철-학(「希賢學)으로 조어하였다. 그러나 '賢'이란 단어의 뜻을 강조하여 '哲'로 바꾸어 '希哲-學'이 되었다가 '希'자가 탈락되고 '哲學'으로 정착된 것이 1872년이었다. 니시아마네는 1850년경에 네덜란드와의 무역을 주도해 온 '통신사'란 기관에서 통역관으로 근무하였다. 이 '통신사'가 개항 이후에 '蠻書譯所'로 바뀌고 이것이 '개성소'라는 이름을 얻게 되었다가, 1880년 이후에 개성학교로 바뀌어서 나중에 동경대학 그리고 동경제국대학으로 개명되었다.

4) 1950년에 13개의 철학과가 추가되었고, 1960년대에 5개(여기에는 성균관대의 동양철학과, 한국철학과가 포함된다), 1970년대에 6개, 1980년대에 17개가 증설되었고, 1990년대에도 2개의 대학에 철학과가 증설되었다.

에 관심을 가진 학회의 회원 수가 얼마나 늘어났는가를 알면 그 현상을 잘 살펴볼 수 있다. 1981년, 철학연구회의 회원 주소록에는 217명의 회원이었던 것이 1987년에는 262명이었으며, 1994년 가을호에 실린 철학연구회 회원은 모두 498명이었다. 약 10여 년 사이에 회원 수가 두 배로 증가한 것이다.

대학에서 철학교육이 존재하는 이유는 우선 철학 전문가의 양성과 대학의 다양한 전공 공부를 위한 학문적 기초 소양 및 철학적 교양을 함양시키는 것이다. 실제로 철학과를 졸업한 학생들 중 약 9퍼센트 정도가 철학 연구를 계속하는 직업을 갖겠다고 할 뿐, 나머지는 철학적 훈련 위에 가능한 인문·사회 계열의 직업 전선에 뛰어들고 있다.[5] 그러나 이들이 철학을 집중적인 학문 탐구의 대상이라고 생각하는 것만은 분명하다. 1995년의 《설문조사》에서는 철학을 집중적 학문 탐구로 생각하느냐는 질문에 "그렇다"고 대답한 사람이 37.6퍼센트이고 "그렇지 않다" 또는 "모르겠다"고 대답한 사람이 62.3퍼센트였다. 그렇다면 우리는 전공 철학의 교육의 목표를 어디에 두어야 할 것이며 교육의 대상을 어디에다 두어야 할 것인가를 다시 묻게 된다.

마찬가지로, 교양 철학교육이 대학교육에 어느 정도 기여하고 있는가를 묻게 되는데, 교양 철학을 수강하고 있는 학생들의 대답은 우리가 기대하고 있었던 것과는 전혀 다른 결과를 보여 주고 있다. 비철학 전공자들에게 철학 개론 또는 교양 철학이 어느 정도 흥미를 불러일으켰는가를 묻는 질문에서 "매우 흥미가 있었다"(20.3%)와 "다소 흥미가 있었다"(53.6%), "대체로 흥미가 있

---

5) 설문조사에 의하면, "전공에 맞는 직업을 가지려 한다"(9.0%), "전공과 상관없이 마음에 드는 직업을 가지려 한다"(40.0%), "지금 전공 분야를 바꾸어서 더 공부하려 한다"(19.0%), "직업을 갖거나 진학할 생각이다"(25.1%)에 관심을 보이고 있다. 실제로 철학 이외의 전공자들은 "전공에 맞는 직업을 갖겠느냐"는 질문에 30.6%가 "그렇다"고 대답하고 "전공을 바꾸어서 더 공부하려 한다"가 12.3%이다. 이것은 철학 전공을 끝낸 후의 철학 전공자들이 학문에 대한 열정을 갖게 되었다는 것을 방증하는 것이다.

었다"(21.3%)라고 대답하여 약 95.2퍼센트가 흥미를 느낀 것으로 되어 있지만, 철학 개론 또는 교양 철학 과목이 전공 과목에 도움이 되는 정도에 대한 질문에서는 "매우 큰 도움이 되고 있다"(8.5%)와 "다소 도움이 되고 있다"(39.3%)에 비해 약 52.2 퍼센트가 "별로 큰 도움이 되지 않았다"고 대답하고 있었다. 교양으로서의 철학이 대학에서의 전공 공부를 위한 기초에는 큰 도움이 되지 않는다고 볼 수 있으며, 따라서 학생들은 철학에서 무엇을 기대하고 있는가를 다시 검토해야 할 것이다. 그리고 이러한 결과는 또한 우리가 설정했던 교양 철학의 목표가 제대로 실현되었는지를 반성하게 만든다. 실제로 학생들이 교양 철학을 수강한 다음의 태도는 아주 다르다. 그런 의미에서, 우리는 대학의 교양 철학이 원래 의도했던 목표를 달성했는가를 의심하게 된다.

철학교육의 역사 50년만에 우리는 이제, 철학이 이 시대와 이 사회에 어떤 기여를 하고 있는가, 대학에서 전공으로서의 철학과 교양으로서의 철학이 어떤 의미를 가지고 있는가를 반성하고 그 과제를 검토해야 할 때에 이른 것이다. 대학의 철학교육에 관한 연구는 그동안 몇 차례 실시된 바 있다. 질문서를 토대로 경험적인 자료를 분석한 것은 1984년에 한국정신문화연구원에서 《한국 대학 철학교육의 현황 조사연구》를 실시하였고, [6] 1990년, 대학교육협의회에서 위탁한 연구 《철학과 교육 프로그램 개발연구》는 1984년에 정신문화연구원의 질문서와 각 대학의 교육과정을 수집하여 심층적으로 분석한 바 있다. [7] 본 연구에서는 한국정신문화

---

6) 한국정신문화연구원, 한국 대학 철학교육의 현황 조사연구, 1984. 12. 여기에 참여한 분은 금장태, 남기영, 윤병식, 백석호 교수이며 전국 대학과 대학원생 800여 표집집단을 통해서 얻은 설문을 토대로 철학교육의 현황을 연구하였다. 이 설문은 교양과 전공을 구별하지 않은 85개의 문항으로 구성되어 있다. 이하 《현황조사》로 약기함.

7) 한국대학교육협의회, 철학과 교육프로그램 개발연구, 1990. 이 연구는 심재룡, 김광수, 이기상, 이삼열 교수가 연구위원으로 참여하였고, 곽광제, 김태길, 박순영, 이명현, 이초식, 정인재 교수가 자문위원으로 참여하였다. 이하

연구원의 질문서와 대학교육협의회의 질문서를 종합·보완하여 《철학교육의 개선을 위한 설문조사》라는 이름으로 질문서를 돌렸다. 그리고 설문의 결과를 선행연구의 결과와 비교하면서 이 논문을 작성하였다. [8]

2. 대학 철학교육에 대한 반성

1) 철학교육의 목표

한국 대학의 철학교육의 목표가 무엇인가에 대한 명확한 규정은 없다. 대체로 각 대학의 학칙에 규정되어 있는 교육의 목적에서 도출된 내용을 근간으로 삼고 있다. "……학술의 심오한 이론과 광범 정치한 응용방법을 교수·연구하며, 국가와 인류사회 발전에 공헌할 지도적 인격을 도야함을 목적으로 한다"[9]고 하는 기본 정신에서 시작한다. 암묵적으로 각 대학에 소속된 학과들은 학과의 전공 영역에 관한 전문성을 심화하는 데 있다고 생각할 것이다. 그러므로 어느 대학도 별도의 교양 철학교육이나 전공 철학교육의 목표를 구분하여 제시하지 않고 있는 실정이다. [10]

《개발연구》로 약기함.

8) '철학교육의 개선을 위한 설문조사'는 철학과가 설치되어 있는 전국의 15개 대학(서울, 지방)에 약 1,400부의 질문서를 '교양과목'과 '전공과목'으로 나누어 4월 28일부터 배부하였다. 그 중에서 1995년 5월 13일 현재 약 1,000부가 수거된 상태에서 결과를 분석하였다. 이하 《설문조사》로 약기함.

9) 연세대학교 학칙 제1조.

10) 철학과의 교육프로그램 개발에 대한 연구에도 교양과 전공을 포괄하는 전체적인 철학교육의 목표가 나와 있지 않다. 다만 철학 전문가 교육, 철학적 생활인 교육, 철학 부전공자의 교육, 교양 철학교육으로 방향을 구분하고 있을 따름이다. 철학교육의 목표로 제시되어 있는 "논리적·비판적·합리적·과학적·주체적 사고능력의 함양", "전체적·포괄적·조감적 지식체계의 확립", "올바른 가치관의 정립", "철학적 창조력, 응용력의 계발"이라고 하여 네 가

우리가 일반적으로 알고 있는 철학교육의 목표는 고등학교 철학 교재를 위한 교사용 지도서에 나타나는 정도의 내용인데, [11] 교육부의 교육과정의 제6차 개정안에 의하면, 고등학교 철학교육의 목표는 "삶의 의미를 알기, 사람답게 사는 길 찾기, 사물과 현상을 똑바로 인식할 수 있는 비판능력 기르기, 세계를 전체적으로 이해할 수 있는 안목 가지기 등 바람직하고 합리적으로 살아가는 데 필요한 여러 문제들을 사색하고 탐구하게 함으로써 학생들에게 올바른 가치관을 정립하게 한다"라고 되어 있다. [12] 이런 차원의 교육목표는 대학교의 교양과목의 목표와 거의 일치하고 있다. [13] 실제로 우리가 철학교육의 목표로 일반적으로 합의하고 있는 것도 여기에 준하고 있다.

1990년의 《개발연구》에 나와 있는 철학교육의 목표는, 비록 교양과 전공간의 구분이 실시되어 있지 않지만 대체적으로 우리가 수용할 수 있는 철학에 대한 정의(定義)를 전공 철학교육의

지를 제시하고 있으나 이것이 철학 전공의 목표에만 해당되는 것인지, 아니면 교양 철학에도 해당되는 것인지의 구분이 명확하지 않다. 한국대학교육협의회, 같은 책, p.52 이하와 57 이하.

11) 교사용 지침서에서는 철학교육의 목표가 전혀 나와 있지 않다. 다만 "왜 철학을 하는가"라는 단원에서 철학 연구의 목적에서 간단하게 개괄되어 있다. 거기에는 철학교육의 목표로서 첫째로 사고능력의 함양, 둘째로 비판능력의 함양, 셋째로 삶의 의미 추구, 넷째로 참된 인간이 되려고 함으로 규정하고 있다. 교과용 지도서, 대한교과서 주식회사 1988, p.19.

12) 제6차 교육과정 개정안은 1996년 3월 1일부터 실시하기로 되어 있다. 이것은 교육부의 고시 제 1992-19호로 되어 있으며 1992년 10월 30일에 별책으로 출판된 것이다. 교육부, 고등학교 교육과정(1), p.526.

13) 연세대학교의 교양과목에서의 교육목표는 "지(知), 정(情), 의(意)를 균형있게 갖춘 주체적 인격의 형성-적성, 능력, 흥미의 개발과 자아 이해의 증진——남과 더불어 함께 사는 태도와 기능의 개발——우리 나라와 다른 나라의 역사와 문화에 대한 올바른 이해——논리적인 사고능력과 가치 판단 및 비판 정신의 함양——기초 학문 분야의 개념적 틀에 대한 이해——전문 분야의 학습과 연구를 위한 도구적 기능의 개발이라고 명시되어 있다. 연세대학교 요람, 1995, p.207.

144

목표로 인정할 수 있다. 거기에는 '논리적·비판적·합리적·과학적·주체적 사고능력의 함양', '전체적·포괄적·조감적 지식체계의 확립', '올바른 가치관의 정립', '철학적 창조력, 응용력의 계발'이라는 네 가지 목표를 제시한다.

만약 위의 목표 설정이 철학 전공과 관련된 목표라면 분명히 '철학적 창조력, 응용력의 계발'이란 항목 때문에 전공목표가 교양목표에서 구별될 것이다. 전공 철학교육의 목표를 달성하기 위해서 위의 마지막 항목, 즉 '철학적 창조력, 응용력의 계발'에 대해서 어떤 대책을 강구하였으며 또한 어떤 교수방법을 개발하였는가라는 질문에서 목표 달성의 결과가 판정될 것이다. 흔히 우리는 철학에 대한 풍부한 지식과 철학적 능력을 가지고 있는 학자라면 학생들에게 철학교육의 목표를 확인함이 없이도 훌륭하게 철학교육을 실시할 수 있을 것이라는 환상에 빠지게 된다. 그러나 우리는 철학 전공과 교양의 구분 없는 목표를 설정하였던 것처럼 철학 전공자에 대한 어떤 대안도 특별히 갖지 못하고 있었다는 비난을 면치 못할 것이다.

교양 철학에서는 이번에 실시한 《설문조사》에서 교육의 목표로 설정한 것이 어느 정도 적중하고 있는지를 검토해 보았다. 이 질문서는 《개발연구》에서 제시된 목표 외에 '올바른 사회·역사관의 정립능력', '인류의 지혜를 이해하고 이를 창조적으로 수용하는 능력'을 첨가하였다. 1984년의 정신문화연구원에서 작성한 질문서는 이 문항을 세분화시키지 않았기에 1995년의 연구와 비교할 수는 없지만,[14] 《설문조사》에서는 논리적 사고능력과 비판적 사고능력의 함양에 매우 유용했다는 대답은 적고 다소 유용했다고 대답하는 빈도가 높다. 마찬가지로, 올바른 가치관과 인류의 지혜 인식에서도 다소 유용했거나 별로 유용하지 않았다고 대답

---

14) 1984년의 질문조사에서는 대체로 학생들이 '근본적인 진리 탐구'(34.2%), '논리적 사고능력의 향상'(23.3%), '가치 판단능력의 배양'(16.0%)의 순서로 교양 철학의 가치를 두고 있다. 한국정신문화연구원, 같은 책, p.22.

한다. 교양 철학의 경우, 우리가 얼마나 목표를 의식하고 교양 철학을 강의하고 있었는지는 다음의 교양 철학에 대한 수강생들의 평가에서 분명히 나타나게 될 것이다.

2) 철학교육의 교과과정

철학교육을 위한 교과과정은 지금까지 거의 고정된 틀에서 벗어나지 못했다. 다시 말하면, 대학 요람에 정해진 교과과정은 사회의 변화, 수강자들의 관심의 변화를 전혀 고려하지 않은 채 획일성에 머물러 있었다. 서양 철학과 동양 철학의 균형적인 강의 개설도 실현되지 않고 있을 뿐만 아니라, 사회 변화와 관심의 변화에 상응하는 새로운 강의의 개발도 답보 상태에 있다. 매학기 매년 같은 제목의 강의가 되풀이되고 심지어 같은 내용의 강의가 반복되고 있는 상황에서, 학생들에게 진지한 연구의 분위기를 진작시키는 것은 요원한 과제가 아닐 수 없다. 《개발연구》에서 나타난 현행 철학과 교과과정에 대한 학생들의 불만족도는 평균 61.28퍼센트에 달하고 있다. 교과과정에 대한 불만은 곧장 교수진에 대한 불만족으로 연결된다. 《개발연구》에서는 지금의 교수진에 대한 불만족도가 59.2퍼센트에 달하고 있다. 《설문조사》에서는 학과의 교과과정에 대해서 "매우 만족한다"(2.4%), "대체로 만족한다"(49.3%), "대체로 만족스럽지 못하다"(44.5%), "전혀 만족스럽지 못하다"(6.5%)라고 답했다. 약 51퍼센트가 교과과정에 만족하지 못하고 있다. 이것은 10년 전보다 비교적 나아진 모습이다.

그러나 만족하지 못하는 이유를 들라는 문항에서는 학생들은 "학기당 개설과목이 다양하지 못하다"(35.1%), "교과과정에 개설된 과목이 다양하지 못하다"(33.5%)에 답하고 있었다. 그리고 전공 필수과목이 불필요하게 지정되어 있다고 답한 사람이 14.7퍼센트였다. 교과과정이 자주 수정될 수 없는 우리의 형편에서는 제한된 강의 개설의 학점(전공 45학점) 때문에 더욱 다양한 강의를 개설하지 못하는 제한점이 있다. 이 문제는 타결해서 극복해야 할 과제이다.

전공과목 강의 중 어떤 분야에 흥미를 갖느냐는 질문에 대해서 학생들은 "서양 현대 철학사, 실존철학에 매우 흥미 있다"고 말하고 "역사철학, 사회철학에 대해서 다소 흥미 있다"고 말하며, 다소 흥미 없는 분야로서는 분석철학과 논리학을 들고 있다. 이와 상관관계를 가진 문항으로 철학의 분야 중에서 특별히 관심을 갖는 영역을 나열하도록 했는데, 거기서 실존철학(8.6%), 논리학(8.3%), 사회철학(8.3%), 예술철학(7.8%) 등을 들고 있다.

《개발연구》에 의하면, 표집된 7개 대학 중에서 실존철학이 강의되고 있는 철학과는 3개 학과이며, 예술철학이 강의되고 있는 대학은 2개 대학뿐이었다. 사회철학은 모든 철학과에서 강의되고 있었다. 학생들의 사회철학에 대한 관심은 그 질문서가 배포되었던 1980년대 말의 현상을 그대로 반영하고 있는 것 같다. 그 와중에서도 예술철학에 기울여진 관심은 진정한 관심이라고 말할 수 있겠다.

철학과의 교과과정은 불가피하게 전임교수의 숫자와 관심 영역에 의존하고 있음은 당연한 일이다. 예를 들면, 졸업논문을 지도할 전공교수가 있느냐는 질문에서 "한 분이 있다"고 대답한 경우가 53.8퍼센트이며, "두 분 이상"이라고 대답한 것이 29.5퍼센트이다. 그리고 "한 분도 없다"고 대답한 것이 16.7퍼센트이다. 이 결과를 보면, 철학과에는 각 전공별로 교수인력이 대체로 골고루 갖추어져 있다고 보여지지만, 교과과정에 불만을 가졌던 학생들이 졸업논문에서는 주어진 여건에 맞추어서 논문을 쓰고 졸업하게 되는 사정을 반영하고 있다.

철학과 교수진이 고르게 확보되어 있다고 생각하느냐는 질문에는 "매우 그렇다"(4.4%), "대체로 그렇다"(46.2%)고 대답한다. 그러나 "대체로 그렇지 못하다"(38.9%)와 "매우 그렇지 못하다"(10.2%)를 합치면, 약 49.1%가 교수진이 전공별, 교과과정별로 골고루 분포되어 있지 못하다고 보았다. 이것은 《개발연구》에서 조사된 결과였던 59퍼센트보다는 훨씬 나아진 상황이다.

3) 철학교육의 교제와 전공 서적

철학 연구 잡지는 12종이 있는데, 우리 나라 최초의 것으로 1933년에 철학연구회가 3집을 내고 1935년 폐간되었고, 그 다음은 1955년에 창간된 한국철학회의 《철학》이 오랜 간행기간을 갖고 있다. [15] 학회 연구지 외 대학의 철학 연구 잡지가 약 15종 있으며, 철학 전문의 무크지가 《시대와 철학》, 《철학과현실》 등 3종 있다.

1946년부터 1990년까지 출판된 철학 관련 서적은 모두 4,087종이다. 그 중에서 서양 철학이 1,283종, 동양 철학이 960종, 윤리학은 99종, 논리학이 74종, 형이상학이 78종, 철학 총류가 105종, 기타 197종이었다. 철학 전문에 비하여 교양과 일반 철학 서적의 출판 비율이 아주 높다. 철학 일반 서적의 경우, 번역서가 저서에 비해 60퍼센트로 많은 비중을 차지하고 있다. 철학 이론서는 번역서가 30퍼센트이며, 교양 서적의 경우에는 번역서가 72퍼센트로 그 비율이 가장 높다. [16]

철학 일반에 관한 서적이 두드러지게 많이 출판되었던 시기를 보면 1962년에 29권, 1975년에 56권 그리고 1983년에 80권과 1987년에 86권이 최고의 숫자를 기록하고 있다. 그리고 나서

---

15) 1991년 현재 철학 연구 잡지 중에서 가장 많은 호수를 기록한 잡지는 대한철학회의 《철학 연구》가 47집이며, 《철학》지가 34집이다. 주상희, 한국 철학 서적 출판에 대한 실태 분석-해방 이후부터 1990년까지, 중앙대학교 신문방송대학원 석사학위 논문 1991. 12월, p.46.

16) 주상희, 같은 책, p.51 이하.

1980년대에는 계속 41권에서 66권 사이로 출판되고 있다. 그러나 특기할 만한 사항은 철학이론서 370권 중에서 258권이 학회나 대학 교재 편찬위원회의 공동 집필의 형식으로 나왔는데, 이들 대부분이 서양 철학에 관한 저술이라는 점이다. 이를 좀더 상세하게 분류하면 다음과 같다. [17]

동양철학	960
중국철학	374
경학	284
한국 철학	280
인도 철학	22
서양 철학	1,283
서양 고대	117
서양 중세	78
서양 근대	320
서양 현대	768
서양 현대 일반	90
실존철학	327
사회철학	224
분석철학	65
현상학·해석학	46
실용주의	16

철학교육의 성패는 철학 서적에 달려 있다고 보아도 좋을 것이다. 우리 철학계의 현실은 아직도 번역이 진행중인 단계이며, 대부분의 고전들이 전혀 번역되어 있지 못한 상황이다. 외국어의 장벽을 넘어서 철학에 입문하려면 이중적인 부담이 되지 않을 수 없다는 점을 고려하더라도, 일본의 경우, 이미 고전적인 전집들이 두 번 세 번의 새 번역을 시도하고 있는 데 비하면, 우리는

---

17) 주상희, 같은 책, pp.50~74.

아직 단 한 번의 한국판 번역을 시도하지 못한 고전 저작들이 허다하다. 번역에 문제가 없는 것도 아니지만, 그래도 번역은 전공 연구에 한 걸음 다가가게 하는 사다리의 역할을 하고 있다. 그리고 저작의 형식으로 입문적으로 또는 전문적으로 소개한 서적들이 희소한 형편이라 철학교육의 소기의 목표를 달성하게 될는지 의심스럽다.

철학과 학생들에게 강의 교재뿐만 아니라 일체의 철학 서적에 대한 질문을 제기했다. 《현황조사》에서는 읽은 철학 서적의 이해도에서 "이해가 잘 된다"(1.9%), "대체로 그렇다"(38.4%), "대체로 이해가 잘 되지 않는다"와 전혀 "이해가 되지 않는가"가 59.5퍼센트이다. 이것은 철학 서적의 난이성을 표현한 것이다. 《설문조사》에서는 "이해가 잘 된다"(3.5%), "대체로 그렇다" (42.7%)는 46.2퍼센트인데, "대체로 잘 이해가 되지 않는다"와 "전혀 이해가 되지 않는다"가 52.8퍼센트이다. 10년 전의 《현황조사》보다는 좀 나아진 것이지만 아직도 그 수준에 머물고 있다. 《현황조사》에서 철학 서적이 난해한 이유를 묻는 문항에서 대부분이 "내용이 많고 복잡해서"(23.7%), "내용 수준이 너무 높아서"(5.3%)라고 하는데, "철학에 기초 지식이 없어서"가 가장 많은(52.6%) 비중을 차지하고 있다. 《설문조사》에서는 "철학에 기초 지식이 없어서"(18.4)보다 "자신이 공부하지 않아서"(23.0%)와 "저자가 난해하게 서술해서"(34.3%)가 가장 높다. 결국 철학 서적의 문제는, 이미 통계에도 나와 있듯이, 70퍼센트 이상이 번역서이기 때문이다. 이것은 일반 강의에서도 마찬가지의 현상으로 나타난다.

"……또 사상 자체의 관념성 때문인지는 몰라도 설명이 외국어 번역하듯 문장 자체의 뜻 해석에 그치고, 비판이 사상 자체에 관한 것이기보다는 문장의 모순을 잡아 내는 데 가까운 듯하다. 그런 관념적 설명에 그치지 말고 현실에 연결시킬 고리를 만들어 주거나, 공동 토론의 기회는 갖지 못하더라도 생각해 볼 만한 문제를 던져 주었더라면 더 의미 있는 수업이 될 수 있었을 텐데……."[18]

번역서의 한계는 우리의 어법과 우리의 문제상황이 전혀 고려될 수 없다는 것이며, 역자의 의견이 첨가될 수 있거나 의역으로 원문의 정신을 새롭게 구성할 수 없기에 생긴다. 철학 관련 서적 총 4,807종의 저서와 번역의 비율은 30대 70이라고 한다. 번역서의 비율은 서양 철학이 84퍼센트, 기타 77퍼센트, 동양 철학이 72퍼센트, 철학 일반이 60퍼센트, 형이상학이 59퍼센트, 철학 총류가 56퍼센트에 달하고 있다.[19] 이런 상황에서 우리의 문제와 우리의 관심에서 철학함이 가능한가를 묻게 된다.

4) 철학교육의 교수방법

교양 철학에서 어떤 방식으로 강의가 진행되고 있는가에 대한 질문에서 《현황조사》는 대체로 강의에만 의존하고 있다고 대답했다. 즉, 강의식이 72.3퍼센트, 한 시간당 평균 5분 미만의 질의 응답 또는 토의시간을 할애하는 강의가 18.7퍼센트, 한 시간당 평균 5분 이상의 질의 응답 또는 토의시간을 주는 강의가 9.0퍼센트라고 답하고 있다. 《설문조사》에서는 전적으로 강의만 했다가 49.7퍼센트, 평균 5분 미만의 질의 응답 또는 토의시간이 있었다가 20.7퍼센트, 평균 5분 이상의 질의 응답 또는 토의 시간이 있었다가 23.3퍼센트로서 10년 전에 비해 교수방법이 퍽 달라졌음을 알 수 있다. 강의식은 우리 문화의 전통에서는 훈도와 훈육이라는 의미에서 가장 오랜 전통을 가진 교육방법이다. 강의식은 고등학교까지는 그 많은 기억자료를 암기해야 하기 때문에 효

---

18) 연세대학교 총학생회, 같은 책, p.120(경영학과 93 지승민의 수강소감).
19) 주상희, 같은 책, p.83 이하.

과적일 수도 있긴 했지만, 지식의 창조적인 수용을 위한 대학의 교수방법으로는 적절하지 못하다. 실제로 학생들은 강의식 방법을 통해서 배울 수 있는 것은 독서를 통해서도 똑같이 얻을 수 있다고 한다.

학자들이 보고한 강의식 방법에서 얻은 지식의 지속시간을 살펴보면 다음과 같다. [20]

	강의 직후	3일 후	7일 후	14일 후	8주 후
-존(H.E. Jones)	62%	50%	37%	30%	23%
-그린(E.B. Greene)	40%	—	20%	—	—

실제로 학생들이 원하는 바람직한 강의방식은 전적으로 질의 응답과 토론의 방식이다. 《현황조사》에서는 강의식만을 원하는 학생은 5.3퍼센트, 5분 미만의 질의 응답 또는 토의방식을 원하는 학생은 5.7퍼센트, 5분 내지 10분 정도의 질의 응답 또는 토의방식을 원하는 학생은 42.7퍼센트, 10분 이상의 질의 응답 또는 토의방식을 원하는 학생은 46.3퍼센트였다. 결국 토론식 수업을 89퍼센트의 학생들이 원하고 있다는 결론이다. '설문조사'에서는 전적으로 강의를 원하는 학생이 6.7퍼센트, 5분 미만의 질의 응답 또는 토의가 10.0퍼센트, 5~10분 정도의 질의 응답 또는 토의가 30.3퍼센트, 10분 이상의 질의 응답 또는 토의가 46.3퍼센트에 달하고 있다. 질의 응답과 토의식 방식을 원하는 학생은 여전히 10년 전과 같은 수준인 86.3퍼센트를 차지하고 있다.

"……철학이라는 것이 본질적으로 주입식 강의에서 벗어나야 하는 것임에도 불구하고, 300명 가까이에 이르는 수강인원 때문에 강사님은 설명하고 학생들은 듣고 적는 기존의 고등학

---

20) T.W. 바이넘·S. 라이스버그 편(황경식 역), 철학, 무엇을 어떻게 가르칠 것인가, 1991, 서광사, p.151.

교 식의 교육한계를 벗어나지 못했다. 또한 강사님도 많은 인원 때문에 함께 참여하는 수업을 포기함으로써, 거의 한 학기 동안 침체된 수업 분위기를 면치 못했다. 이 점에 있어서는 교육환경의 문제점도 크지만, 그렇다고 해서 좀더 학생들의 수업 참여를 유도하지 않은 강사님의 태도도 결코 간과할 수 없다. …… 단순히 오래 전부터 전해 오는 철학적 지식을 습득하기 위한 수업이고 그 강의 내용이 5, 6년 전과 다름 없는 것이라면, 그것은 마지 못해 들어야 하는 진부한 교양과목일 수밖에 없다. 현재적 안목으로 새롭게 변화하는 강의를 진행한다면, 학생들의 수업 참여도 더욱 높아질 것이고……."[21]

그러나 이와는 대조적으로 대단위 강의에서 교수방법을 개선하려는 노력으로 수강생들로부터 아주 긍정적인 평가를 받은 교양 강의도 있다.

"실상, 처음 이 수업을 선택하게 된 것도 현실에서 직접 부딪치고 겪게 되는 윤리를 다룸으로 인해 딱딱하고 지루할 것 같은 철학을 조금은 실용적이고 쉽게 접할 수 있으리라 믿었기 때문이었다. 그런 내 생각과 어긋나지 않게도, 수업은 교재를 중심으로 교수님의 쉬운 설명으로 진행되어 군데군데 어려운 철학 용어들과 이해되지 않는 구문들을 별 무리 없이 해결해 나갔다. 그러나 쉽게만 생각했던 윤리 문제들이라 해도 깊은 사고를 요구하는 철학을 다루는 시점에서, 짧은 강의 시간 속에서 교수님의 일방적인 풀이진행식 방식만으로는 역부족이었다. …… 반면, 다른 철학 수업과는 달리 시청각 수업을 종합관에서 따로 가져 교수님께서 직접 녹화해 놓으신 비디오(여성의 신체에 대한 자유와 권리를 낙태수술의 합법화를 통해 찾으려

---

21) 연세대학교 총학생회, 교양백서, 1993년 1학기, p.124(경영학과 93 윤재원의 수강소감).

는 내용)를 보며 간접경험을 했다. "[22]

비록 위의 수강소감은 교양 철학에 관한 느낌이었지만, 전공 철학에서도 마찬가지였다. 학생들이 원하는 교육방식에 대한《설문조사》는 강의제목에 해당하는 적절한 방식을 묻는 형식으로 이루어졌다. 철학 전공자들은 논리학(66.6%), 철학 개론(58.0%), 동양 철학사(52.0%) 등은 강의식으로 진행하기를 원했지만, 실존철학(80.6%), 종교철학(78.9%), 현대 서구 철학(75.4%), 비교철학(74.3%), 인식론(71.9%)의 분야는 주로 질의 응답식, 분임토의식, 세미나식의 강의방식을 원하고 있다.

철학 전공자를 위한 목표 설정에서《개발연구》는 "철학적 창조력, 응용력의 계발"이라는 목표를 내세우고 있다. 실제로 이 목표는 철학 연구에서 가장 요청되는 능력이다. 그러나 이런 능력을 기르기 위해서 우리가 어떤 교수방법을 모색해 왔으며 거기에 대한 깊은 연구를 시도해 보았느냐를 자성할 단계에 와 있다. 강의식 방법은 가장 무난하고 문제가 없는 방법이긴 하지만, 그렇게 되면 철학적 상상력과 창의력은 어떻게 얻어지는 것인가? 강의식 교수방법은 가장 무료하고 무관심하여 학생들에게 어떤 자극이나 자각을 주지 못하는 방법이다. 그런 방법으로 우리가 철학교육의 목표를 달성하겠다고 생각한다면, 우리의 교육행위는 그 목표와는 전혀 다른 방향으로 가고 말 것이며, 앞으로 계열화로 인해 다가올 학문 영역간의 경쟁적 관계와 교양 철학 자체의 존폐에 커다란 위험을 자초하고 말 것이다.

5) 교육환경의 문제

교육환경에 속하는 문제들은 일단 강의실과 도서관, 철학과 독

---

22) 연세대학교 총학생회, 같은 책, p.140(교육학과 93 이영진의 수강소감).

자의 연구실 또는 독서실의 확보라고 말할 수 있다. 먼저 철학 도서에 대한《설문조사》를 살펴보자. 학교 도서관의 철학 서적이 연구에 도움이 되느냐는 질문에 "매우 도움이 되고 있다"와 "다소 도움이 되고 있다"에 대한 답이 56.1퍼센트이고, "별로 도움이 되지 않는다"와 "전혀 도움이 되지 않는다"가 43.9퍼센트이다. 다소라도 도움이 되지 않는 이유에 대해서 "장서 수가 부족하다"(23.9%), "전 분야에 걸쳐 장서가 고루 갖추어져 있지 않다"(40.4%), "최신자료가 없다"(28.6%) 등의 답변이 있다. 현재 철학 관련 도서의 구입과 도서 구입비의 지급은 너무 미약한 상태이며, 외국 잡지와 국내 철학 잡지를 정기적으로 구독하지 않는 대학이 대부분이다.

강의실의 적정 인원에 대해서는 20명 이하(36.3%), 20명에서 40명(41.1%), 40명에서 60명(16.1%)으로 답했다. 이것은 교양과목의 강의식 적정 인원인데, 실제로 이렇게 강의가 실시될 수는 없는 형편이다. 이런 상황 아래에서의 철학교육은 개선될 여지가 없는 아주 불리한 조건을 동반하고 있다고 말해야 할 것이다. 실제로 전공 강의에서는 40명 전후의 학생들이 참여하고 있는 경우가 대부분이므로 별 문제가 없다고 하지만, 교양 철학의 중요성을 생각한다면 시급히 해결되어야 할 과제이다.

철학과 자체를 위한 합동연구실이나 도서관 또는 독서실은 문헌 참고와 정보 교류를 위해서 필수적임에도 불구하고 그런 시설을 갖춘 학교는 거의 없다. 특히 철학 전문의 잡지를 보기 위해서 중앙도서관에서 자료를 찾는 번거로움은 철학 발전을 위한 장애가 될 것이다. 외국 대학의 철학과를 비교할 필요도 없이 국내의 몇 대학에서 합동연구실과 학과 도서실을 갖추고 있는 사례에 비추어 보면, 그러한 사실은 당연한 것이다. 그러나 전국의 대학 철학과가 이런 수준에 이르기에는 많은 시간이 요구될 것이다.

철학의 환경과 관련된 문제로서 우리가 전혀 도외시할 수 없는 것은 철학 교수들에게 주어진 사회적인 업무, 즉 철학 교수이기 때문에 특히 부과되는 업무와 학교에서의 잡무라고 할 것이다. 한국 대학의 철학 교수가 감당해야 하는 일들은 철학 연구라는 본질적인 과제 외에 너무나 많은 양이다. 이런 문제는 철학 외적인 환경인 것처럼 보이지만, 실제로는 직접 학생들에게 전파되는 방해적 요건이다.

6) 철학에 대한 사회의 인지도

철학에 대한 우리 사회의 근본적인 태도가 문제이다. 철학을 통해서 얻을 수 있는 다양한 능력은 철학을 전문직으로 택하는 것 외에는 어떤 보상도 받지 못하고 있으며, 취업에서도 철학과 출신은 자리잡기 힘들다는 고정관념이 지배하고 있다. 이런 편견과 선입견은 철학과에 입학하는 과정에서, 철학을 공부하는 과정에서, 철학과를 졸업하고 사회에 진출하는 과정에서 이런저런 모습으로 등장하고 있다.

철학과에 입학하는 학생들이 철학과를 선택하게 된 가장 중요한 이유로 들고 있는 것은 "학문적으로 해 볼 만한 가치가 있어서"(45.3%), "적성에 맞을 것 같아서"(22.0%)로 비교적 철학에 대한 관심 때문에 입학했다고 할 수 있다. 타전공의 학생들은 《설문조사》에서 "적성에 맞을 것 같아서"(33.0%), "학문적으로 해 볼 만하므로"(20.0%) 입학했다고 말한다. 철학 전공이든 타전공이든 간에 약 16~17퍼센트가 성적에 맞게 입학할 수 있었으므로라고 대답했다. 10년 전의 《현황조사》에서도 이와 유사한 수준의 대답이 나왔다. 거기서는 "학문적으로 해 볼 만한 가치가 있어서"(50.0%), "적성에 맞을 것 같아서"(31.8%)라고 말하고, 타전공의 학생들은 "학문적으로 해 볼 만하므로"(20.0%), "적성에 맞을 것 같아서"(37.5%)라고 말했다.

학과를 선택할 때 누가 반대하였느냐는 질문에 《현황조사》는 부모 형제(64.4%)라고 대답하고, 비철학과 학생들도 64.5퍼센트가 부모 형제의 반대가 있었다고 한다. 학과를 선택하는 데 결정적으로 작용했던 사람은 누구냐는 질문에 철학과는 85.7퍼센트가 본인이라고 답하고, 비철학 전공자도 부모가 권장했다는 약간의 대답(9.6%) 외에는 본인의 결정(75.9%)이었다고 답한다. 그러나 《설문조사》에서는 철학과 선택에 다른 사람의 권유(28.6%)가 있었으며, 47.6퍼센트의 반대(《현황조사》에서는 64.4%)도 있었다고 말함으로써 10년 전보다 철학 공부에 대한 사회적 인지도가 높아졌음을 알 수 있다. 반대한 경우에 《현황조사》는 "취직의 전망이 나빠서"(86.7%)라고 답하였는데, 《설문조사》에서는 "아직 취직전망이 나빠서"(86.1%)라고 대답했다. 취직전망에 관한 한 10년 전이나 지금이나 마찬가지이다.

만약 전과의 기회가 주어진다면 전과하겠느냐는 질문에 《현황조사》에서는 "전과하겠다"고 답한 사람은 하나도 없고, 다만 "전과를 고려하겠다"(50.0%)와 "전과하지 않겠다"(50.0%)가 반반으로 나뉘어졌다. 비철학 전공자는 "전과하겠다"고 결정적으로 말한 사람과 "전과를 고려하겠다"고 한 사람이 모두 76.3퍼센트였고, "전과하지 않겠다"고 대답한 사람이 23.7퍼센트였다. 그러나 《현황조사》에서는 철학 전공의 경우 "전과하겠다"(16.9%)와 "전과를 고려하겠다"(30.1%)가 모두 47.0퍼센트였고, "결단코 전과하지 않겠다"고 말한 사람이 53.0퍼센트이다. 이것은 10년 전에 비해서 달라진 것이 없다. 비철학 전공자의 경우는 "전과를 하겠다"와 "전과를 고려하겠다"고 대답한 사람이 77.7퍼센트이며, "전과하지 않겠다"고 말한 사람은 10년 전과 마찬가지로 24.4퍼센트였다. 그리고 졸업 후의 계획을 묻는 문항에서는 철학 전공자의 9.0퍼센트가 "전공에 맞는 직업을 갖겠다"고 했고, 타 전공의 경우 30.6퍼센트가 "전공에 맞는 직업을 갖겠다"고 말했다.

《설문조사》에서 철학 전공과 비전공 모두에게 한국 사회에서 철학자의 역할에 대한 만족은 어떠한가를 물었다. 매우 만족하는 경우는 하나도 없다. "대체로 만족한다"(3.5%), "대체로 만족하지 못한다"(50.6%), "전혀 만족하지 못한다"(18.7%) 등으로 대답했다. 그러면서도 한국 사회에서 철학자의 역할이 증대되어야 한다고 생각하느냐는 질문에는 "그렇다"(30.1%), "대체로 그렇다"(49.3%)라고 답하여 전체에서 79.4퍼센트가 역할을 기대하고 있었다. 만약 자신이 회사의 인사를 담당하는 책임자라면 철학을 전공한 사람을 채용할 것이냐는 질문에는 "그렇다"(18.6%), "대체로 그럴 것이다"(33.9%)라고 답하고, "그렇지 않을 것이다"가 24.8퍼센트이다. 만약 채용하지 않을 경우에 그 이유는 무엇인가에 대해서 41.1퍼센트가 "철학과 졸업생은 이상에 너무 집착할 것 같아서"라고 답하고, "현실에 어두울 것 같아서"(23.8%), "원칙을 너무 고집할 것 같아서"(12.1%)로 답했다.

7) 교양 철학의 문제—눈높이 철학

교양 철학교육이 대학교육에 어느 정도 기여하고 있는가를 묻게 되는데, 교양 철학을 수강하고 있는 철학 비전공자의 대답은 철학에서 의도하고 있었던 것과는 전혀 다른 결과를 보여 주고 있다. 철학 전공자는 교양 철학이 "학문의 발전에 매우 기여하며"(61.4%), "예술·문학의 발전에 매우 기여하고"(53.3%), "사회 안정을 위한 이념의 발전에 매우 기여한다"(26.6%)고 말하고 철학 비전공자들은 "예술·문학의 발전에 매우 기여하며"(53.3%), "학문의 발전에 매우 기여하며"(48.6%), "사회 안정과 사회 개혁에 매우 도움이 된다"는 것에는 같은 수준(27.2%~31.1%)으로 응답하였다. 그러나 학생들이 교양 철학을 수강한 다음의 태도는 이와 대조적이다. 즉, 교양 철학교육에서 원래 의도했던 목표에 도달하였는가를 의심하게 한다.

(1) 강의의 난해성
1984년의 《현황조사》에 의하면, 강의의 난이도에 대한 응답은 다음과 같다. "매우 어려웠다"(2.5%), "다소 어려웠다"(30.1%), "보통이었다"(46.0%), "다소 쉬웠다"(17.4%), "매우 쉬웠다"(4.6%).[23] "어려웠다"가 32.6퍼센트인 데 비하여 1995년의 《설문조사》에 의하면 "매우 어려웠다"(7.0%), "다소 어려웠다"(32.2%), "보통이었다"(39.7%), "다소 쉬웠다"(18.0%), "매우 쉬웠다"(3.1%) 등이 각각의 비율로 나타났다. "어려웠다"가 37.2퍼센트로 오히려 증가하였다. 그리고 "다소 쉬웠다"와 "매우 쉬웠다"가 《현황조사》에는 22퍼센트였으나, 1995년에는 21.1퍼센트로 현저하게 나아지지 않고 있다. 갈수록 강의가 쉬워지지 않고 점점 어려워진다는 것은 무엇을 의미하는 것일까? 학생들의 관심이 철학에서 멀어지고 있다는 것일까? 아니면 교수들의 자질에 관한 문제일까?[24]

철학 강의가 어려웠던 이유로는 《현황조사》에서는 "강의내용이 많고 복잡해서"가 27.9퍼센트, "강의 수준이 너무 높아서"가 8.1퍼센트, "철학은 원래 어려운 학문이라서"가 8.1퍼센트, "철학에 대한 기초 지식이 없어서"가 32.6퍼센트였으며, "자신이 공부하지 않아서"가 17.4퍼센트였다. 《설문조사》에 의하면, 강의내용이 많고 복잡해서가 23.0퍼센트, "강의 수준이 너무 높아서"가 6.1퍼센트, "철학은 원래 어려운 학문이라서"가 38.7퍼센트, "철학에 대한 기초 지식이 없어서"가 6.5퍼센트이며, "자신이 공부하지 않아서"가 15.4퍼센트였다. 철학 강의가 어려웠던 이유 중에서 강의내용이 복잡해서, 강의 수준이 너무 높아서, 철학은 원래 어려운 학문이라서라는 답을 모두 합치면, 《현황조사》에서는 약 44퍼센트였지만 《설문조사》에서는 67.8퍼센트로 상승하고 있다. 강의의 난이도는 학생들의 문제가 아니다. 이것은 전적으로

---

23) 한국정신문화연구원, 같은 책, p.79.

24) 1984년 《현황조사》에서는 교양과목 교수 98명 중에서 박사학위 소지자가 34명, 박사과정 수료가 21명, 석사 39명, 학사 4명이라고 보고되고 있는데, 현재 교양과목의 교수들은 거의 강사에 의존하고 있는 실정이다.

교수자의 능력과 열성에 관한 문제라고 생각된다.

"……강의 진행에 있어서는, 내가 이미 이과적(理科的) 사고에 익숙해서 그런지는 모르겠지만, 전체적인 수업 진행이 상당히 느리다고 느꼈다. 또 솔직히 강사가 수업 준비를 충실히 해오지 않는다는 느낌을 지울 수가 없었다. 전체적인 학생들의 분위기도 상당히 좋지 않았다. 조는 학생, 떠드는 학생들, 심지어 출석 체크가 끝남과 동시에 자리를 박차고 나가는 학생들 ……교양 필수이기 때문에 마지 못해 학점만 채우자는 모습이 역력하였다. 과연 이런 것이 학생들의 문제일까, 강사의 문제일까? 아니면 모두의 문제일까?"[25]

(2) 강의 교재의 부적절성

교양 철학에 사용된 강의의 교재도 이해력의 수준을 가늠하고 있다. 교재 사용 여부에 대한 질문에서 《설문조사》에서는 "교재를 사용했다"가 58.6퍼센트였으며, "사용하지 않았다"가 41.4퍼센트였다. 사용했던 교재의 저자 또는 출판사를 기억하고 있는지의 여부를 묻는 질문에서는 61.5퍼센트가 "기억나지 않는다"고 말하고 있었으며, 교재의 난이도에 대한 질문에서 61.8퍼센트가 "매우 어려웠다" 또는 "다소 어려웠다"고 대답했다. 10년 전의 《현황조사》에서는 "매우 어려웠다"와 "다소 어려웠다"가 51.4퍼센트였음에 비하면, 교재가 더욱 난해해지고 있다는 사실이 설명되지 않는다. 《현황조사》에서는 교재 사용이 80.6퍼센트였고, 사용 교재를 기억하는가의 여부에서 43.0퍼센트의 학생이 기억하지 못하고 있었다. 10년 전의 교양 철학에서는 교재를 비교적 많이 사용하였다는 것을 증명한다.

그러나 한국의 "기성학자들이 제각기 철학 개론서를 썼지만 내

---

25) 연세대학교 총학생회, 같은 책, p.128(물리학과 93 최우석의 수강소감).

용이 비슷하고 독창적인 것이 없다. 해방 후 1981년까지 출판된 철학 개론서는 50종인데, 출판종수가 많은 것은 계몽주의 단계의 한 예이고, 긍정적인 의미에서 보면 철학교육의 의지가 나타난 것이라고 할 수 있다. 이러한 기초적인 철학교육이 없었더라면 오늘의 학문 수준에 이르지 못했을 것"이라고, 조요한 교수는 말한다.[26]

교재가 어려웠던 이유로 《현황조사》는 "내용이 많고 복잡해서" (24.0%)와 "내용의 수준이 너무 높아서"(9.3%), "철학에 기초가 없어서"(45.1%) 등으로 응답되었으며, "철학은 원래 어려운 학문이라서"(4.4%)도 소수 있었다. 그러나 《설문조사》에서는 "내용이 많고 복잡해서"(19.6%)와 "내용의 수준이 너무 높아서" (7.9%), "철학에 기초가 없어서"(29.9%) 외에, "저자가 너무 난해하게 책을 써서"(22.9%) 교재를 이해하기가 힘들었다는 대답이 있었다. 이것은 아마 교재들이 번역서와 같이 우리 어법과 말의 흐름에 맞지 않았기 때문일지도 모르겠다. 일단 강의 교재와 관련된 문제는 철학 서적에 관한 부분에서 다시 검토하고자 한다.

(3) 수강자의 관심 외면

학생들은 철학 강의가 현실적인 문제, 지금 내가 전공하고 있는 학과의 기초적인 소양을 함양하는 데 도움이 되는 자극, 자신이 해결하려고 하는 모든 문제의 원칙적인 방향 설정 등에 도움이 되길 기대하고 있다. 그러나 교양 철학에서는 이런 개별 학생들의 관심을 고려할 수 없게 되어 있다.

"……막상 강의에 임하나, 항상 제기되는 문제이지만 수 백명의 수강인원이 문제되었다. 관심을 가지고 신청했던 학생들

---

26) 조요한, 한국의 학파와 학풍 : 철학, 한국의 학파의 학풍, 우석 1987, p.29.

까지도 익명성에 묻혀 의욕 없이 수업에 참여하게 되었다. 강의는 교수님의 논문들과 학술잡지에 기고한 여러 글들을 제본한 책이 교과서가 되어 일방적인 교수님의 해설로 이루어져 갔다. 학생들을 유도하는 별다른 문제 제기나 시각적 방법, 토론 등은 전혀 이루어지지 않고, 교수님의 강의 역시 교재를 읽어 내려가는 이상의 수준을 넘지 못했다. 강의 내용의 중심도 중국에 집중되어 있고, 시대 순을 따라 학자들 별로 개략적인 소개 정도로만 일관되었다. 인도나 우리 나라의 철학에 관해서는 언급이 전혀 이루어지지 않았다.

학생들 역시 수업에 참여하려는 자발적인 노력은 보이지 않았고, 질문 하나 없는 수업이 계속되다가 단 한 건의 과제물도 부여되지 않아 그야말로 '편하고 널럴한 수업'의 조건을 갖춘 강의가 되어 버렸다. 물론 이 과목은 교양수업의 하나이고 게다가 필수이므로 학생들의 선택적 요소보다 강제의 개념이 더 작용할 수 있다. ……생각할 수 있는 주제와 동기 부여, 그것들을 자유롭게 토론할 수 있는 시간이 마련되어야 한다고 생각한다."[27]

"……학문은 왜 현실과 괴리되어야만 하나? 철학과 윤리라는 타이틀만 정해 놓으면 모든 것이 설명되는가? 나는 철학 강의가 학문의 역사적 사실만을 시험에 맞추어 가르치기보다는, 더 나아가서, 삶과 연관시켜 생각해 보는 시점이 되었으면 한다. 희망과 좌절, 기쁨과 슬픔, 패배와 성공이 상존하는 우리의 삶을 스스로 열어 갈 수 있도록 바람직한 방향을 세우는 데 초석이 되었으면 한다. 진정한 사람됨, 행복, 삶에 대해 생각하고 선택할 수 있도록……철학 교양수업이 지루하고 딱딱한 이론적 시간이 아니라 넉넉한 마음으로 철학의 숲을 조망할 수 있

27) 연세대학교 총학생회, 교양백서, 1993, p.107(사회사업학과 92 이근영의
   수강소감).

도록, 철학사의 잡다한 이야기를 빼고 큰 줄기를 알기 쉽게 배우고 우리 삶에 적용하는 것이 필요하다고 생각한다. "[28]

《설문조사》에서 "평소에 생각했던 철학과 철학 개론 또는 교양 철학을 통해서 배운 철학은 같았는가"라는 질문은 자신의 기대에 미치는 철학 강의였는가를 묻는 질문이었다. "매우 그렇다"(2.0%), "대체로 그렇다"(33.3%)의 답에 비하여 "그렇지 않다"와 "모르겠다"가 63.4퍼센트이다. 철학 강의를 통해서 자신이 해결하려고 했던 많은 문제와 관심들의 욕구가 전혀 해갈되지 않았다는 말이다. 그리고 강의가 지나치게 순수이론에만 치우쳤는데(75.1%) 좀더 실천철학에 치중했으면 하는 기대가 64.6퍼센트에 달하고 있다. 그리고 지나치게 서양 철학 일변도(68.5%)였다고 대답하며 동양과 서양을 똑같은 비중으로 다루어 주기를 바라는 학생이 50.3퍼센트나 된다.

실제로 학생들은 철학 개론 또는 교양 철학 과목을 통해서 스스로 자각하는 철학적 소양이 증진되었다고 보느냐는 질문에 "매우 그렇다"(4.2%), "대체로 그렇다"(42.1%)고 답한다. 그리고 "그렇지 않다"와 "전혀 그렇지 않다"가 51.6퍼센트에 달하고 있다. 철학은 무엇 때문에 대학의 교양과목으로 개설되어 있는가? 학생들의 관심과 그들의 학문적인 이익에 철학 강의는 무엇을 기여하고 있는가를 반문케 한다.

(4) 교양 철학의 문제점
여기서 구체적으로 다룰 수는 없지만, 위에서 정리한 것 외에 교양 철학에서 자주 발생하는 문제는 철학이 필수과목이라는 부담, 강의 제목과 내용의 불일치, 강의 제목에서 얻은 기대와 강의내용과의 불일치, 수강자의 관심 소재를 모르는 강사의 일방적

---

28) 연세대학교 총학생회, 같은 책, p.133(아동학과 93 김정은의 수강소감).

인 주입——동기 부여의 부재, 난해한 지식의 열거——, 난해한 관념적인 유희——현학적인 용어의 나열, 강의에서 단순한 철학사의 나열과 철학자의 열거, 서양 철학에 대한 한국이라는 토양에서의 철학함에 대한 반성의 부재, 현대 사회의 변화, 우리의 문제에 대한 일체의 관심과의 연결 부재, 현실과의 연결고리의 문제——현재적인 관점에서 고전 철학사상과의 대화 부재 등이 검토되어야 할 것이다.

한편, 교수들의 입장에서는 자신의 교양 강의와 전공 강의에서 언제나 염두에 두고 있어야 할 것은 수업교재가 충분히 활용되었는가, 교재가 강의내용에 적절하였는가, 과제물은 강의내용과 관련하여 적절하게 배당하였는가, 교수의 설명은 강의내용 이해에 도움이 되도록 노력했는가, 학생들의 질문에 교수의 답변이 만족스럽도록 노력하였는가, 수업중 학생들의 참여를 유도하려고 노력했는가, 나 스스로가 강의 준비에 성실하였는가, 수업내용은 강의주제(수업목표)에 맞게 이루어졌는가, 강의내용과 속도는 학생들이 이해하는 데 적절하였는가 등의 문제가 늘 제기되어야 할 것이다.

3. 철학교육의 과제

1) 철학교육의 목표 설정

우리 나라 대학의 철학교육은 개괄식의 나열보다는 좀더 구체적인 서술에서 그 분명한 목표가 드러나야 한다. 그것이 교양과목이든 전공과목이든 간에 철학교육의 목표는 통일적인 체계를 갖추고 있어야 하며, 교양과 전공의 구분에서 생길 수 있는 차이는 강의목표에서 확정되어야 한다. 지금까지 우리는 명확한 철학교육의 목표를 설정하지 못했다는 것과 이 목표를 달성하기 위한 개별 강의의 기본적인 방향이 정해지지 않았다는 것을 반성하고, 앞으로 이 문제를 집중적으로 연구해야 할 것이다.

이 논문에서는 다만 참고자료에 해당하는 몇 가지 사례를 나열하는 정도에서 그치려고 한다. 우리 나라의 대학보다도 더 오랜 기간에 걸쳐 철학교육을 실시했던 독일의 경우를 참작해 보기로 한다. 여기에 제시된 철학교육의 목표는 비록 고등학교의 철학교육의 목표이긴 하지만 많은 참조가 될 것이다. 독일 고등학교의 철학교육의 목표는 대학 입학자격고사(Abitur)의 철학과목 필답시험에서 요구하는 것과 전적으로 일치하고 있다. 거기서는 철학교육의 목표를 다음과 같이 정하고 있다.

① 학생들은 철학 강의에서 자기에게 주어진 철학 텍스트를 내용적으로 분류할 수 있고 이를 이해할 수 있도록 설명할 수 있어야 한다.
② 학생들은 텍스트에 나타나는 개념(Begriff)과 용어(Termini)를 논리적인 엄밀성을 갖고 전체 구성에서 검증할 수 있어야 한다.
③ 학생들은 텍스트의 서술에 적용된 철학적 방법(또는 방법들)을 확정지을 수 있어야 한다.
④ 학생들은 가능하다면 작자의 진술이 갖고 있는 역사적·문제사적인 위치를 확정할 수 있어야 한다.
⑤ 학생들은 자기 스스로의 힘으로 근거지은 태도 표명을 구성할 수 있어야 한다.

이보다 좀더 구체적으로 함부르크(Hamburg)주에서의 철학교육의 목표(1976년에 제정)는 다음과 같다. 원래는 약 30개의 부분으로 나열되어 있으나 그 중에서 몇 가지의 예만 들어서 설명하려고 한다. [29] 이것을 함부르크주의 철학교육의 일반 교육목표와 관련해서 본다면 의미 있는 부분을 발견하게 될 것이다. [30]

① 질문을 일관되게 그리고 집요하게 추적하는 능력과 준비자세
② 논리적인 논증방식을 통찰하는 능력
③ 자기 자신의 경험들에 철학적 문제 설정을 연결시킬 수 있는 능력과 준비자세
④ 제도, 질서, 신념들에 대해서 질문할 수 있는 능력
⑤ 고전 철학적인 텍스트를 현재의 문제로 파악하고 해결할 수 있는 통찰력
⑥ 텍스트를 철학적 문제 영역으로 정돈할 수 있는 능력
⑦ 사고·상상력의 전개능력과 문제를 놀이 삼아 해결할 수 있는 능력
⑧ 자신을 난이한 문제로 끌어들이는 능력
⑨ 문제에 대해 방법적으로 구분하고 체계적으로 연결되는 질문을 제기할 수 있는 능력
⑩ 고립적으로 제기된 비판이 이미 왜곡을 가능케 하는 것을 인지하는 능력
⑪ 철학의 기본적인 문제들에 대한 지식

이와 비교할 수 있는 것은 1982년에 제정된 노드라인-베스트팔

---

29) Jürgen Hengelbrock, "Der Philosophieunterricht in Hamburg—Erfahrung mit einem 'offenen' Lehrplan", in; *Association Internationale des Professeurs de Philosophie*, Bulletin 6. April 1984, p.23.

30) 함부르크주의 일반 교육의 목표는 다음과 같다. ① 학생들로 하여금 가치를 선택하고 거기에 합당하게 행동하도록, 자립적으로 스스로 자신의 방향을 정립토록 한다. ② 업적을 쌓는 능력을 기르고 변화된 세계 속에서 스스로 계속 배우려는 자세를 기른다. ③ 정치적·사회적인 책임을 받아들일 수 있는 준비자세, 자유민주주의적인 기본 질서에 근거해서 사회의 형성에 참여하도록 한다. ④ 갈등을 인식하고 갈등 상황을 사실에 적합하게 대결할 수 있는 능력. ⑤ 정의, 연대성(단결), 관용이라는 기본 원칙에 따라서 다른 사람들과의 관계를 형성할 수 있는 능력을 기른다. Association Internationale des Professeurs de Philosophie, ibid., p.23.

렌주의 철학교육의 목표라고 할 수 있을 것이다. 이 교육목표를 위한 지침은 결코 탁상 위에서 만들어진 것이 아니고, 방법적으로 그리고 내용적으로 이 주에 속한 모든 학교에서 가능하게 필수적이어야 한다는 원칙 아래 여러 번의 실무자회의에서 나온 다양한 질문들을 토대로 해서 만들어진 것이다. 개편된 지침은 아주 포괄적이어서 실제 수업의 모든 차원을 다 다루었다. 학습목표, 학과 서술, 중요 영역과 주제, 중핵 문제(즉, 의무적인 내용), 방법적인 텍스트 연습의 진행, 강의내용, 예시적 수업계획과 독일 연방 전체에 걸쳐 통일적으로 규정되어 있는 대입시험(Abitur) 철학과목의 규정 등이 새롭게 다듬어졌다. 거기다가 시험문제, 평가, 구두시험의 실시와 평가의 수행원칙 등이 포함되어 있다. 그러나 여기서는 간단히 몇 가지의 문제만 서술하려고 한다. 과목내용 서술은 일단 철학적인 경향의 다양성과 그들 간의 논쟁들에도 불구하고 철학이 그 역사에 있어서 무엇을 의미하며, 학교에서의 그 과목의 자명성에 대해서 납득할 만한 규정을 가져야 한다. 그 규정이란 다음과 같다.[31]

① 철학은 우리들의 현실에 대한 가정과 새로운 삶과 행위방향의 일반적인 토대를 방법으로 질문하도록 한다.
② 철학은 우리 현실의 가정에 대한 타당성 요구나 삶과 행위방향의 타당성 또는 정치적 질서의 정당성에 대해서 비판적으로 검토하도록 한다.
③ 철학은 어떻게 되어 있어야 하는 것에 대해서 질문한다. 즉, 철학은 대안적인 현실에 대한 가정과 목적 표상을 개발한다.

독일의 철학교육의 목표가 갖는 구체성은 강의에서, 연구에서 실현될 수 있는 여러 가지 대안을 포함하고 있다. 우리 나라의

---

31) Association Internationale des Professeurs de Philosophie, Bulletin 6, April 1984, p.18.

철학교육에도 시사하는 바가 크다. 그리고 우리 철학회에서 주관하여 한국 대학 철학교육의 목표를 설정하는 작업을 한시라도 늦추지 않아야 할 것이며, 각 교과의 목표와 그 내용의 범위나 과제를 제안하는 작업을 추진해야 할 것이다.

2) 교과과정에서의 자율 확보

현재 각 대학의 학과에서 실시하고 있는 교과과정의 개설과 폐지의 권한을 교무처가 갖고 있는 대학이 많다. 비록 학과가 그 권한을 가지고 있다고 하더라도 개설학점의 제한 때문에 다양한 강의를 개설할 기회가 없다. 만약 학과에서 자유롭게 강의를 개설하고 폐지할 수 있는 권한을 갖게 된다면, 매 학기마다 변화된 사회의 문제나 그때그때 등장하는 철학적인 주제와 관심에 따라 새로운 강의가 개설될 수 있을 것이다. 예를 들면, 국내의 어느 대학에서는 교수들에게 1996년 1학기부터 대학 요람의 수강 강의 코드번호와는 상관없이 특이한 관심의 강의제목을 자유롭게 내놓도록 하였다. 교양과정, 학부과정, 대학원 과정으로 나뉘어서 제시된 설강 예정과목의 제목은 너무나 다양했다. 그리고 구체적인 생활과 관련된 철학적 문제이기도 하고 그 분야에서 가장 현실적인 문제를 다루는 강의이기도 했다. 아직 교무처와는 합의가 완전히 이루어진 것이 아니지만, 이것이 실현된다면 철학과 인접 학문, 철학과 현실의 관심 주제와의 연결은 용이하게 이루어지리라 생각된다.

3) 철학 서적과 번역에 대한 새로운 기획

이미 앞에서 우리가 보았듯이, 학생들이 접하고 있는 철학 서적의 70퍼센트가 번역서라고 하지만, 우리 나라의 현 상황은 학생들이 읽어야 할 고전에 관련된 책들이 거의 번역되어 있지 않다. 플라톤, 아리스토텔레스, 오거스틴, 토마스 아퀴나스, 라이프니츠, 칸트, 셸링, 헤겔, 맑스, 프로이트, 니체, 후설, 딜타이, 하이데거, 야스퍼스, 비트겐슈타인 등의 전집은 언제나 어려운 원어의 장벽 너머에 있다. 이제 '○○에 대한 소개'의 단계를 면하려면 집중적으로 번역과 해석서(kommentar)를 만들어 내는 작업에 착수해야 한다. 이것은 학생들을 위한 일일 뿐만 아니라 한국의 문화를 세계 문화와 융합시킬 수 있는 계기가 될 것이며, 세분화되어 가는 철학의 전문 분야에서도 타 전문 분야를 들여다 볼 수 있는 기회를 열어 주는 일이다.

번역이 가진 한계는 그것이 우리의 언어 습관과 정서에 적절하게 옮겨지지 않는다는 점이다. 만약 우리가 계속 번역에만 매달려 있다면, 우리가 우리 말로 철학을 할 수 있는 기회를 포기하는 일이 된다. 현재 학생들이 갖는 철학 교재와 철학 서적에 대한 불만은 번역하듯 쓰여진 서적의 난해성에 대한 것이다. 이 문제를 극복하기 위한 집단적인 대책이 필요할지도 모른다.

4) 창조적 교수방법의 개발

철학적 진리를 누가 소유하고 그것을 나누어 주는 것으로 오해하게 되면 일방적인 강의식 방법을 취할 수밖에 없다. 누가 진리를 소유하는가? 누가 진리를 독점하고 있는가? 우리는 철학의 교수방법에서 가장 오랫동안 그리고 가장 널리 알려진 방법으로 소크라테스의 산파법을 들고 있다. 산파법은 진리의 독점에 정면으로 대립하는 방법이다. 다시 말하면, 학생들도 진리를 터득할 터전과 능력을 갖추고 있는 것이며, 이미 그들도 진리의 일부를 소유하고 있다는 것이다. 그래서 철학교육의 방법은 언제나 이런 원칙에서 시작되어야 한다.

교수자는 학습자와 대등한 위치에서 그들을 인도하고 돕는 입장에 서 있으며, 나(ich)의 관심만을 이야기하는 것이 아니라 너

(du)를 거쳐서(per- '통하여'라는 뜻) 진행되는 것이 교육이다. 너(du)를 거친(per) 교수방법(per-du의 방법)은 정당하지만, 너를 거치지 않은 교수방법은 소멸(per-due-프랑스어의 뻬르뒤는 길을 잃음을 뜻한다)을 의미한다.

웨스트(D. West)는 〈철학교육을 위한 새로운 교육방식〉이란 논문에서 다음과 같이 말한다.

"……철학이 하나의 활동이고, 철학을 가르치는 것이 능력과 통찰을 길러 주며 또 그로부터 교사 역시 배우는 것인 한, 토론방법이 최선인 것 같다. 강의 역시 때로는 가치 있는 것일 수 있다. 왜냐하면, 토론에 도움이 되는 어떤 이론들을 빨리 이해할 수 있는 방법으로 강의가 이용될 수도 있기 때문이다. 또한 강의는 교사가 특정 시간에 하나의 수업에서 요구되는 것들을 고려하여 그 내용을 짤 수 있다는 점에서 책보다 나은 점이 있다. 그러나 강의가 철학을 가르치는 데 있어서 기본적인 방법이 될 수는 없다. 이 점은 어떤 특정한 강좌에서 더욱 잘 맞아떨어지는 주장일 수도 있지만, 일반적으로 모든 철학 강좌에 적용된다."[32]

웨스트는 이런 전제 아래 창의적인 철학교육의 방법을 제시하고 있다. 그것은 정해진 교재에만 매달리는 것이 아니고 교수자의 주관적인 관심에 매달리는 것도 아닌 방식이다. 이런 방식에서 새로운 교수방법으로 소위 탐구식 강의가 있다. 주어진 주제에 대해 학생들 스스로가 참여하여 필요한 자료를 조사하고 읽어 오고 교수와 함께 꾸려 가는 것으로, 교수-학습자간의 관계가 원활해지는 활기찬 강의가 될 수 있을 것이다.

가장 좋은 교수방법으로 확정된 것은 없다. 그러나 각 강의에

---

32) T.W. 바이넘·S. 라이스버그 편(황경식 역), 같은 책. p.153 이하.

상황과 문제에 따라서 최선의 의도로 임하는 중에 창의적인 방법이 새롭게 탄생할 수 있다.

4. 결 — 새로운 철학교육을 위한 시너지

오늘 대학의 철학교육은 무엇을 지향하고 있으며, 그 목표는 어디에 있으며, 그 곳을 향해 가는 길의 어느 정도에 도달했는 가? 대학의 철학과는 학과 전시장의 장식물인가? 아니면 경쟁력을 가진 상품인가? 지금까지 우리 철학과는 성적에 알맞게 대학에 입학하는 학생들을 위한 최소한의 선택을 보장해 주는 학과로 전락했는가? 대학에 들어온 학생들에게 "철학은 원래 이해하기 어려운 학문이고", "철학은 원래 추상적인 학문이기 때문에 현실 문제와 분리되어 있게 마련이다"라는 방패를 바람막이로 내세우고 그 뒤에서 유유자적했던 철학자들은 아직도 그러한 독선과 독단을 행사해도 좋은가? 다른 사람을 볼 수는 있지만 자신을 보지 못하게 하는 폐쇄회로처럼 철학은 그의 일방성을 언제까지 붙들고 있을 것인가?

이제 철학교육을 점검해 보는 계기를 마련해야 할 것 같다. 우리가 철학과 졸업생들에게 기대하는 바는 무엇인가? 그리고 철학과에 들어온 학생들이나 교양 철학 강의를 선택하는 학생들에게 우리는 무엇을 줄 수 있는가? 우리 모두가 인지하고 있는 문제를 어떤 방식으로 해결해야 할 것인지를 위해 지혜를 모아야 한다. 그 지혜는 혼자의 힘에서 솟아나지 않는다. 철학교육을 위한 시너지(Synergy)는 어느 곳에서나 어떤 형식으로나 결집 가능하다. 비록 서로가 공간적으로 떨어져 있는 곳에서도 뜻은 전달되기 때문이다. 이것이 해방 50년을 맞고 서양 철학의 수용 60년을 맞는 우리 자신을 향한 반성의 목소리이다.

해방 50년, 서양 철학의 현황과 과제

김 남 두

(서울대)

아래의 자료는 서울대학교 철학사상연구소가 수행하고 있는 다년도 공동 연구 '서양 철학의 유입과 그 영향' 가운데 제1차 연도 연구결과의 일부이다. 1915년부터 1992년까지 저술 학위 논문, 논문 등 6,042편의 자료가 수집, 분류되고 부분적으로 평가되었다. 자료의 가치가 있는 만큼 전체를 제시하고 필요한 부분에 대해 언급하기로 한다.

1. 자료의 수집과 분류

1) 자료의 수집

1.1 자료(서양 철학 논저목록)는 다음과 같이 수집, 입력하였다.

국회도서관에서 매년 발간하는 《수서목록》(受書目錄), 《대한민국 박사 및 석사학위논문 총목록》, 《정기간행물 기사색인》을 기본으로 하고, 국립중앙도서관에서 매년 발간하는《대한민국 출판물 총목록》및 학술원 발간의《학술총감》(學術總覽) 11집 (철학1, 1976),《학술총감》37집 (철학2, 1987)을 참고하여 자료를 입력한 뒤, 출판사들의 자체 도서목록 및 각종 학술지를 직접 조사하여 입력자료를 수정, 보완하였다. 각종 학술지는 학술기관지, 각 대학 철학과·철학 관련 연구소 발간지, 각 대학의 논문집 등이 있다.

① 학회 기관지
　《철학》1930년대 철학연구회
　《신흥》일제 시대 경성대학 졸업생들의 학술지
　《철학》한국철학회
　《철학 연구》철학연구회
　《철학 연구》대한철학회 (과거 한국칸트학회, 한국철학연구회)
　《철학 논총》영남철학회
　《동서 철학》동서철학회
　《동서 철학 연구》동서철학연구회
　《범한 철학》범한철학회
　《서양 고전학 연구》한국서양고전학회
　《시대와 철학》한국철학사상연구회
　《철학과 현실》철학과현실사 등
② 각 대학 철학과, 철학 관련 연구소 발간지
　《철학 논구》서울대
　《철학사상》,《동국사상》동국대
　《사색》숭실대
　《슬기와 참》,《철학세계》부산대
　《외대 철학》외국어대
　《철학 논고》성균관대
　《철학 논집》경남대

《철학 논집》서강대
《철학 연구》고려대
《철학 탐구》중앙대
《철학회지》영남대
《철학회지》중앙대
《현대 사상 연구》효성여대
③ 각 대학의 논문집들

1.2 위 수집과정의 세 번째 단계(직접 확인작업)는 매우 부실한 실정이다. 출판사 도서목록도 제대로 확인하지 못했으며, 각 대학의 논문집도 제대로 확인하지 못하였다. 차후 정확한 자료의 확보, 보완이 필요하다.

2) 자료의 종류

2.1 자료(서양 철학 논저목록)는 전체적으로 책, 학위 논문, 일반 논문의 세 부분으로 구분하였다.
① 책은 전문 연구서, 번역서, 개론서, 일반 교양서를 다 포함한다.
② 학위 논문은 국내 석·박사 및 외국 학위 일부를 포함한다.
③ (일반)논문은 위 수집과정 세 번째의 ①,②,③에 실린 논문들이다.

2.2 앞으로 책을 여러 범주로 다시 나누어 재분류할 필요가 있다. 이를 위해 책의 내용을 직접 확인하는 작업이 필요하다. 그리고 외국 학위는 극히 일부만 수록되어 있으므로, 교육부 등의 협조를 얻어 외국 학위 전체 목록을 입수하여야 할 것이다.

3) 자료의 분류

3.1 전체 자료는 이중으로 분류되었다.
① 철학사 분류(유명 철학자 및 철학 사조, 시기별 분류)
② 주제별 종류
구체적인 분류 내역은 통계처리 제 1 부 참조.

3.2 위 자료 종류의 2.1 ②, ③의 논문들은 제목 및 필자만 보고 분류하였으므로, 잘못 분류된 사례가 적지 않을 것으로 짐작된다. 앞으로 각종 학술지를 직접 조사하여 논문들의 내용을 정확하게 파악한 뒤 재분류하여야 할 것이다.

3.3 한 편의 자료가 둘 이상의 주제 혹은 철학자를 다룰 때에 양쪽에 다 포함되도록 중복 분류하였다. 따라서 통계처리의 합계는 총 자료 편수보다 많아진다.

4) 자료의 통계처리

4.1 전체 자료는 크게 세 분야로 통계처리되었다.
① 전체 자료의 종류별, 분류별 분포 상황
② 연대별 연구동향
③ 종류별 연구동향

4.2 연대별 연구동향
연대는 다음과 같이 일곱 시기로 구분하였다.
　① 1915~1929
　② 1930~1944
　③ 1945~1949

④ 1950~1959
⑤ 1960~1969
⑥ 1970~1979
⑦ 1980~1992

위와 같은 연대 구분은 다음 사항을 고려한 것이다.
① 출간연도가 확인된 자료 중 가장 오래된 것은 1915년의 간행물이다.
② 일제 시대는 1930년대에 가장 연구가 활발하였으므로 30년을 기준으로 전·후 구분하였다.
③ 해방 후부터 한국전쟁까지는 짧지만 독특한 시기이므로 별도 구분이 필요하다.
④ 50년대 이후는 10년 단위로 시기 구분하는 것이 무난하다.
⑤ 자료 조사는 상한 연도를 1992년으로 잡았다. '90년대 이후는 기간이 짧으므로 '80년대에 병합처리하였다.

각 연대의 연구동향을 파악하기 위하여 전체 자료, 책, 학위논문의 종류별로 가장 많이 다루어진 철학자를 상위 20위까지 조사하였다. 철학사 분류는 사조별, 시기별로 여덟 부분으로 대분류한 후, 각 분류항을 24항목의 소항목으로 소분류하여 조사하였다. 각 소항목을 부록 2.1과 같이 다시 철학자별로 분류하여 통계처리하였다. 주제별로 일곱 부분으로 대분류하여 조사하였다.

사조별, 시기별 8분류는 다음과 같다(대분류).
① 고대
② 중세
③ 근대(19세기 이전)
④ 독일 관념론
⑤ 19세기
⑥ 현대 유럽

⑦ 영·미 철학

⑧ 맑스주의

사조별·시기별 24분류는 다음과 같다(소분류).

① 소크라테스 이전

② 소크라테스, 플라톤, 아리스토텔레스

③ 고대 후기, 기타 고대 일반

④ 중세

⑤ 근대(19세기 이전) 대륙

⑥ 근대(19세기 이전) 영국

⑦ 계몽주의, 기타 근대(19세기 이전) 일반

⑧ 독일 관념론(칸트, 헤겔 포함)

⑨ 쇼펜하워, 키에르케고르, 니체

⑩ 19세기 독일(⑧,⑨ 제외)

⑪ 공리주의, 기타 19세기 일반

⑫ 현상학, 후설

⑬ 실존주의(야스퍼스, 사르트르, 마르셀 포함)

⑭ 하이데거, 해석학(가다머, 아펠 포함)

⑮ 현대 독일(⑫,⑬,⑭ 제외, 셸러, 카시러, 하르트만 포함)

⑯ 실용주의, 기타 미국·철학 일반

⑰ 프레게, 러셀, 무어, 비트겐슈타인

⑱ 분석철학(영·미 윤리학 포함)

⑲ 구조주의, 후기 구조주의

⑳ 현대 프랑스(19세기 제외)

㉑ 비판이론(프랑크푸르트학파)

㉒ 맑스주의, 기타 사회주의

㉓ 기타 현대 철학 일반

㉔ 기타 미분류 자료 : 철학사로는 분류할 수 없는 자료 및 내
  용 미확인으로 분류하지 못한 자료이다(주제별로는 분류가

이루어졌다).

* 철학자 분류는 부록 2.1을 참고.

주제별 일곱 분류는 다음과 같다.

① 총류 : 사전, 철학 개론, 서양 철학사, 기타 주제별로 분류되지 않는 자료

② 존재에 관한 연구 : 형이상학, 존재론

③ 인식에 관한 연구 : 인식론, 과학론, 과학철학

④ 방법에 관한 연구 : 언어철학, 논리학, 방법론

⑤ 윤리에 관한 연구 : 윤리학

⑥ 사회에 관한 연구 : 사회철학, 역사철학

⑦ 인간·문화에 관한 연구 : 인간론, 심리철학, 예술·종교철학 등

위와 같은 주제 분류는 다음 사항을 고려한 것이다.

① ②부터 ⑦의 주제로 분류하지 않은 자료들은 총류에 포함시켰다.

② 위와 같은 분류방법은 학계에서 공인된 것은 아니지만 기존의 분과 학문 중 서로 관련이 많다고 생각되는 분야들을 하나의 주제에 포함시킨 것이다.

③ 때에 따라서는 하나의 자료에 두 개의 주제를 부여하였다.

4.3 종류별 연구동향

전체 자료를 이루는 세 종류 가운데 책 부분은 아직 출판사별 분석의 필요성이 덜하고 세부 분류(전문 연구 서적 / 일반 교양 서적)도 되어 있지 않아 제외하였다. 학위 부분은 각 대학별로, 논문 부분은 대표적인 잡지 몇 가지를 비교하여 대체적인 연구동향을 살펴보았다.

철학사 분류는 철학자 개인 분류와 사조, 시기 분류를 결합하

여 다음 열네 부분으로 대분류하였다(가능한 한 서양 철학의 '전공별' 구분 관습을 존중하였다).

① 고대
② 중세
③ 근대(19세기 이전)
④ 칸트
⑤ 헤겔
⑥ 19세기
⑦ 하이데거
⑧ 실존주의
⑨ 현대 독일
⑩ 실용주의, 미국 철학
⑪ 분석철학
⑫ 현대 프랑스
⑬ 맑스주의
⑭ 기타 미분류

주제별 대분류는 위의 4.2에서 말한 주제별 7분류와 같다.

① 총류
② 존재
③ 인식
④ 방법
⑤ 윤리
⑥ 사회
⑦ 인간·문화

  학위 부분은 석사학위 이상을 수여하는 모든 대학을 대상으로 하였으나, 논문 부분은 모든 학술지를 분석할 만큼 자료 수집 내용이 충실하지 못하므로 대표적이고, 연륜이 오래되면서, 자료 수집이 잘 되어 있는 다섯 가지만 대상으로 하였다(앞으로 대폭 분석대상을 늘여야 할 것이다).

① 해방 이전의 《철학》지
② 해방 이후에는 한국철학회의 《철학》 외에 철학연구회의 《철학 연구》, 대한철학회의 《철학 연구》를 분석하였다(대한철학회는 한국칸트학회, 한국철학연구회 등 명칭을 바꾸어 왔으나 기관지명은 같은 이름을 사용하였다).
③ 대학 철학과는 대표적으로 서울대 《철학 논구》만 분석하였다. 다른 대학의 학과 발간지는 아직 전체 내용을 확인하지 못하였기 때문이다.

2. 통계처리

1) 전체 상황

1.1. 종류별 편수

1915년부터 1992년까지의 자료 총수는 6,042편이다. 이 가운데 철학학술지, 각 대학 논문집 등에 실린 일반 논문이 3,256편으로 과반수(54%)를 차지하고 있다.

도표 1. 종류별 편수

책	1,380
학위 논문 일반 논문	1,406 3,256
전체 자료	6,042

1.2 철학사 분류(대분류)

현대 유럽 철학이 철학사 대분류의 항목 중에서 가장 많은 편수를 보이고 있다. 독일 관념론의 편수(963편)가 상당히 많고, 중세 철학의 편수(68편)가 매우 적은 것이 특징이다.
　　철학사 대분류에 따른 각 철학자별 편수는 다음과 같다.

도표 2. 철학사 분류

분　류	책	학위	논문	계
고　　대	97	118	269	484
중　　세	14	27	27	68
근대(19세기 이전)	70	63	132	265
독일 관념론	126	331	506	963
19세기	114	84	139	337
현대 유럽	205	325	654	1,184
영·미철학	121	272	531	924
맑스주의	115	107	269	491
총　　계	862	1,327	2527	4,716

　＊총계에서 도표 1의 총계와 차이가 나는 것은 앞서 언급한 대로 철학사 및 철학사조 별로 분류가 되지 않는 자료가 상당수 있기 때문이다.

　1.2.1. 고 대
　484편의 저술이 발표되었는데, 그 중 70퍼센트인 339편이 플라톤과 아리스토텔레스 철학에 집중되어 있다. 철학사적 위치로 보아 이 두 철학자에 대한 연구가 많다는 것은 당연하지만, 상대적으로 다른 부분에 대한 연구가 적다는 점이 우리 나라 서양 고대 철학 연구가 편중되어 있다는 것을 보여 준다.
　플라톤에 관한 논저가 221편으로 아리스토텔레스보다 100편 가량 많은 것은 문학작품으로의 가치를 가진 플라톤의 저술을 번역한 책들이 약 40여 편 가량 포함되어 있다는 점을 감안하더라도, 우리 고대 철학계가 아리스토텔레스보다 플라톤에 관해 더 많은 연구를 하고 있다고 보아야 할 것이다. 플라톤에 대한 논문은 그의 독특한 저술방식 탓인지 주로 특정 저술에서 문제가 되는 것들을 해석하는 것들이 많았다. 플라톤 철학에 대해서는 박홍규(5편)를 비롯해서 박종현(10편), 이창대(12편), 양문흠(10편), 기종석(5편), 남경희(5편), 이정호(6편) 등이 여러 논문을 발표하였다.

도표 2-1. 철학사 분류(고대)

분 류	책	학위	논문	전체
밀레토스학파	0	1	0	1
헤라클레이토스	0	2	7	9
파르메니데스 엘레아	0	7	3	10
제논	0	0	5	5
데모크리토스 원자론	0	2	3	5
고대 초기	0	1	6	7
소피스트	2	7	10	19
소 계	2	20	34	56
소크라테스	13	3	12	28
플라톤	47	64	111	222
아리스토텔레스	15	25	77	117
소 계	75	92	200	367
스토아	14	0	6	20
에피쿠로스	0	1	1	2
플로티누스	0	3	3	6
고대 후기	0	0	3	3
고대 일반	6	2	22	30
소 계	20	6	35	61
총 계	97	118	269	484

아리스토텔레스 연구는 형이상학, 윤리학, 논리학 등 그의 사상체계 전반에 대해 여러 논저가 발표되었다(총 117편). 대표적인 아리스토텔레스 연구자로는 조요한(10편)을 들 수 있고 박전규, 김완수 등 3편 이상의 논문을 쓴 연구자가 7명 있다.

1.2.2. 중 세

우리 서양 철학계에서 가장 취약한 분야가 바로 중세 철학이다. 논문과 저술을 모두 합하여 지금까지 총 68편이 발표되었을 뿐이다. 이는 서구에서 중세 철학이 차지하는 상대적 위치와 비교할 때에 매우 뒤떨어져 있는 것이다. 그나마 발표된 저술 가운데 아우구스티누스에 대한 것이 13편, 아퀴나스에 대한 것이 37편을 차지하고 있다. 그 외에는 스콜라 철학에 대한 논문이 4편, 안셀무스의 신존재 증명에 대한 논문 2편이 있으나, 이를 제외하면 다른 중세의 철학자에 대한 논문은 거의 없고 번역서나 개론서만 몇 개 남는다. 아우구스티누스 연구자로는 장욱, 박일민, 정의채, 성염 등이 있고, 아퀴나스 연구자로는 박영도가 돋보인다.

도표 2-2. 철학사 분류(중세)

분 류	책	학위	논문	전 체
아우구스티누스	3	5	5	13
아퀴나스	4	21	12	37
중세 일반	7	1	10	18
총 계	14	27	27	68

1.2.3. 근대(19세기 이전)

철학자별로 보면 데카르트와 관련된 자료들이 많고(45), 흄(34), 파스칼(34), 스피노자(22), 로크(20), 홉스(15), 라이프니쯔(10), 버클리(7)가 그 뒤를 달리고 있다. 파스칼의 경우는 연구 논문보다는 책(18)이 많은 것이 특징이다.

도표 2-3. 철학사 분류(근대, 19세기 이전)

분 류	책	학위	논문	전체
몽테뉴	5	0	2	7
데카르트	15	8	22	45
파스칼	18	3	13	34
스피노자	3	6	13	22
라이프니츠	2	5	3	10
소 계	43	22	53	118
홉스	1	3	11	15
로크	1	9	10	20
버클리	1	2	4	7
흄	2	18	14	34
소 계	5	32	39	76
루소	14	3	12	29
계몽주의	0	1	4	5
근대 일반	8	5	24	37
소 계	22	9	40	71
총 계	70	63	132	265

1.2.4. 독일 관념론

칸트는 헤겔을 비롯한 독일 관념론자들과의 연관성 때문에 1.2.3의 근대(19세기 이전)에 넣지 않고 편의상 독일 관념론으로 분류하였다. 칸트 관련 저술이 526편으로 철학자 분류 중 가장 많은 편수를 기록하고 있다. 헤겔도 409편으로 많은 편수를 보여 주고 있다. 이에 비해 다른 독일 관념론자들에 대한 자료는 매우 적은 편이다. 헤겔에 대한 저술을 비교적 많이 낸 학자로는 김계숙(14편), 임석진(14편), 한동원(13편), 하일민(10편), 이석윤(9편), 최성묵(11편), 이강조(8편), 전두하(9편), 최재근(7편), 조관홍(6편), 박인성(5편) 한홍식(7편)이 있다.

도표 2-4. 철학사 분류(독일 관념론)

분 류	책	학위	논문	전체
칸트	57	173	296	526
헤겔	65	151	193	409
피히테	2	1	2	5
셸링	1	5	9	15
독일 관념론 일반	1	1	6	8
총 계	126	331	506	963

1.2.5. 19세기

쇼펜하워, 키에르케고르, 니체 관련 저술이 250편으로 아주 많다. 특히 이들에 관련된 자료는 단행본이 상대적으로 많은 것이 특징이다. 각 철학자 관련 저술 편수 순위를 볼 때, 니체는 7위, 키에르케고르는 11위를 기록하고 있다. 키에르케고르에는 강학철(6편), 임춘갑(11편), 표재명(8명), 쇼펜하워에는 박범수(5편), 니체에는 박문택(10편), 정동호(8편) 등이 여러 저술을 내놓고 있다.

도표 2-5. 철학사 분류(19세기)

분 류	책	학위	논문	전체
슈라이어마흐	0	1	1	2
포이에르바흐	5	4	13	22
딜타이	1	11	8	20
신칸트학파	8	0	3	5

소　계	8	16	25	49
벤담	1	2	3	6
밀	6	4	6	16
공리주의	1	0	4	5
19세기 일반	0	5	6	11
소　계	8	11	19	38
쇼펜하워	12	4	7	23
키에르케고르	35	22	30	87
니체	51	31	58	140
소　계	98	57	95	250
총　계	114	84	139	337

1.2.6. 현대 유럽

하이데거가 238편을 기록하고 있는데, 상대적으로 단행본 수는 적다(19편). 현상학으로 분류할 수 있는 저술 수는 228편(후설, 현상학 일반, 퐁티를 합한 수)인데, 여기서 후설이 154편으로 거의 대부분을 차지하고 있다.

실존주의 철학 관련 저술이 22편으로 역시 많은 편수를 기록하고 있는 점도 특기할 만하다. '실존주의'는 쇼펜하워에 관한 논문이 최초의 관련 문헌(1939, 기범(基梵), '쇼펜하워 연구일단')으로 나타났다. '40년대부터는 사르트르, 하이데거, 야스퍼스 관련 실존철학이 본격적으로 논의되고 있다. 참고로 1959년 이전 : 37, '60~'69 : 32, '70~'79 : 75, '80년 이후 : 132편으로 논저의 분포도를 보이고 있다. 야스퍼스 연구가로는 김병우(4편), 이상철(7편), 이인건(8편), 김복기(7편), 베르그송 연구가로는 김진성(12편), 최우원(6편), 송영진(6편), 오르테가 연구가로는 정영도(7편), 푸코 연구가로는 이광래(6편) 등이 주목할 만하다.

도표 2-6. 철학사 분류(현대 유럽)

분 류	책	학위	논문	전체
실존주의 철학	22	6	52	80
야스퍼스	18	30	45	93
사르트르	13	8	24	45
마르셀	5	1	1	7
소 계	58	45	122	225
현상학	12	8	39	59
후설	9	54	91	154
하이데거	19	95	124	238
철학적 인간학	10	13	26	49
셸러	2	7	16	25
겔렌	0	1	3	4
카시러	5	6	4	15
하르트만	10	25	32	67
해석학	7	16	53	76
가다머	0	7	11	18
아펠	0	0	3	3
잔드퀼러	0	0	3	1
현대 독일	2	0	8	10
소 계	76	232	411	719
베르그송	10	16	26	52
샤르댕	9	0	0	9
메를로 퐁티	2	6	7	15
레비나스	0	0	3	3
바슐라르	1	1	3	5
리꾀르	0	1	3	4
구조주의	2	1	9	12
푸코	2	2	8	12
후기 구조주의	3	0	16	19
데리다	2	0	4	6

리오타르	2	0	1	6
프랑스 철학 일반	8	5	9	22
소　계	41	32	89	162
우나무노	3	0	0	3
오르테가	3	2	7	12
현대 일반	24	14	25	63
소　계	8	11	19	38
총　계	205	325	654	1184

1.2.7. 영·미 철학

영·미 철학에서는 비트겐슈타인, 듀이, 러셀의 철학에 대한 연구물이 많은 부분을 차지하고 있다. 그러나 최근에는 그 주제가 이들을 벗어나 다양화해 가고 있는 추세이다.

그러나 분석철학에서 비트겐슈타인이 차지하는 비중은 여전히 높다. 철학별 분류에서 비트겐슈타인은 96개의 도수로서 열 번째를 기록하고 있다. 영·미 철학 연구의 현황은 도표 2-7과 같다 (영·미 철학 관련 저술들에 대한 더 자세한 분석은 주제별 분류 중 '언어, 논리 방법' 그리고 '윤리' 항목을 참조할 것).

특정 철학자에 대해 비교적 많은 저술을 내놓은 학자로는 화이트헤드에 안형관(6편), 듀이에 조성술(5편), 곽철규(7편), 권선영(6편), 러셀에 김춘태(5편), 무어에 장현오(6편)이 있다. 그리고 박철주는 실용주의에 대한 저술을 11편 내놓고 있다.

도표 2-7. 철학사 분류(영·미 철학)

분　류	책	학위	논문	전체
실용주의	0	4	18	22
퍼스	1	2	5	8
제임스	4	2	10	16

듀이	8	35	39	82
화이트헤드	5	12	23	40
미국 철학	8	13	20	41
소 계	26	68	115	209
프레게	0	5	9	14
러셀	24	17	20	61
무어	1	3	15	19
비트겐슈타인	10	28	58	96
논리실증주의	5	5	18	28
카르납	1	1	4	6
모리스	0	1	3	4
헴펠	0	1	2	3
일상언어학파	0	4	5	9
라일	0	2	1	3
소 계	41	67	135	243
콰인	1	4	9	14
크립키	1	5	4	10
퍼트남	1	0	8	9
데이비슨	1	4	8	13
로티	0	1	6	7
괴델	0	1	5	6
타르스키	0	0	2	2
포퍼	4	16	21	41
라카토스	0	1	2	5
쿤	0	2	5	7
파이어아벤트	0	1	1	2
소 계	8	35	70	113
메타윤리학	3	9	21	33
헤어	1	8	6	15
사회윤리학	2	2	7	11
롤즈	3	10	23	36

노직	0	4	2	6
분석철학 일반	37	69	152	258
소 계	46	102	211	359
총 계	121	272	531	924

1.2.8. 맑스주의

맑스주의 연구의 현황은 도표 2-8과 같다(맑스주의 관련 저술들에 대한 분석은 주제별 분류 중 '사회·역사' 항목을 참조할 것).

도표 2-8. 철학사 분류(맑스주의)

분 류	책	학위	논문	전체
맑스	25	46	104	175
엥겔스	4	1	1	6
레닌	8	4	6	18
소련 맑스주의	10	0	7	17
스탈린	0	1	2	3
동유럽 맑스주의	1	0	0	1
로자 룩셈부르크	0	0	2	2
블로흐	2	3	3	8
루카치	3	10	7	20
아담 샤프	1	0	2	3
서유럽 맑스주의	0	2	2	4
그람시	0	2	1	3
소 계	54	69	137	260
알뛰세	0	2	10	12
프랑크푸르트학파	2	1	11	14
아도르노	0	3	2	5
마르쿠제	9	8	7	24
프롬	13	2	1	16

하버마스	2	12	22	36
맑스주의 일반	34	7	57	98
사회주의 일반	1	3	22	26
소 계	61	38	132	231
총 계	115	107	269	491

1.3. 주제별 분류
주제별로 편수를 분석한 결과는 다음과 같다.

도표 3. 철학사 분류(대분류)

분 류	책	학위	논문	전체
총 류	793	305	866	1964
형이상학 존재론	123	355	584	1062
인식과학	76	224	421	721
언어 논리 방법	149	232	557	938
윤 리	96	127	421	644
사회·역사	115	144	373	632
인간과 문화	70	155	280	505
총 계	1422	1542	3502	6466

＊ 총계가 '도표 1. 종류별 편수'의 총계보다 더 많은 것은 '일러 두기'에서 지적한대로 한 자료에 두 개의 주제를 부여한 경우도 있기 때문이다.

1.3.1. 총류
총 1,964개의 목록을 가지고 있다. 이 중 책은 793권, 학위논문은 305편, 일반 논문은 866편이다. 몇 개의 소주제어를 중심으로 특기할 만한 내용을 보면 다음과 같다.

총 68편(7/10/51)이 '비교철학'이 관련되는 논저들이다. 비교철학에 관한 국내 최초의 책은 조선문화연구사에서 1949년에 출판한 한치진 저 《동서 문화 철학》이라 할 수 있다. 또한 비교철학과 관련해 가장 많은 논저 수를 기록한 사람은 최홍순으로 8편이다. 최홍순은 비교철학으로 박사학위(비교철학 논고, 성균관대, 1991년)를 받았는데, 이는 비교철학 관련 국내 박사 논문으로는 최초로 보인다. 한편, 비교철학적 연구대상으로 자주 등장하는 주요 철학자로는 플라톤, 아리스토텔레스, 니체, 헤겔, 공자,. 맹자, 주자, 율곡, 퇴계 등을 꼽을 수 있다.

'철학 개론'이라는 명칭을 갖고 있거나 내용상 이에 준하는 '철학 개론서'는 총 180권에 달한다. 지금까지 밝혀진 것으로 볼 때, 우리 나라 최초의 철학 개론서는 1936년에 출판되었다. 한치진 저, 《최신 철학 개론》(1936년, 부활사 출판부)이 최초의 철학 개론서로 나타났다. 1940년대에는 5종의 철학 개론서가 새로 출판되었다. [1] 1950년대에도 9종이 새로 선보인 것을 비롯, 이후 철학 개론서가 꾸준히 출판되었다. 특히 1958년에는 최초의 공식적인 대학교재용으로 서울대 교재출판 저 《철학》(1958년, 대동당)이 출판되었다.

한편, 1963년 최초의 철학사전이 학원사에서 나온 이후 지금까지 총 9종(수정판 포함)이 출판되었다. [2]

---

1) 1946년, 김준섭, 철학 요론, 웅변구락부.
　　1946년, 김준섭, 철학 개론, 세계서림.
　　1947년, 김용배, 철학 신강, 금룡도서.
　　1948년, 안호상, 철학 개론, 박문서관.
　　1948년, 전무학, 통속 철학 강설, 정의사.
2) 9종의 철학 사전을 전부 열거하면 다음과 같다.
　　학원사, 철학 대사전, 학원사, 1963.
　　민중서관편집국, 철학 소사전, 민중서관, 1967.
　　학원사 편, 철학 대사전, 학원사, 1970.
　　최민홍·박유봉 편, 현대 철학 사전, 휘문출판사, 1974.
　　세계철학 대사전, 성균서관, 1977.
　　소병훈, 철학 사전, 이삭, 1984.
　　편집부, 철학 소사전, 종로서적, 1989.

도표 3-1. 주제별 분류(총류)

분 류	책	학위	논문	전체
철학사전	9	0	0	9
철학 개론	178	1	1	180
철학사	105	1	20	126
비교철학	7	10	51	68
철학교육론	5	0	18	23
철학 일반	165	11	204	380
철학자 연구	76	4	36	116
철학 사조 연구	248	278	536	1,062
계	793	305	866	1,964

1.3.2. 형이상학, 존재론

형이상학의 범주에 드는 저술은 단행본이 123편, 학위 논문이 355편, 일반 논문이 584편으로 총 1,062편에 달한다. 특정 주제로는 독일 관념론이 347편, 하이데거 존재론이 218편이 발표되었으며, 특이하게도 시간론이 74편 발표되었다. 현대 형이상학으로 구분된 것이 123편, 변증법적 유물론의 범주에 98편, 그 외 형이상학 일반에 속하는 것이 182편(이 중 상당수는 칸트의 형이상학이다)이 기록되었을 뿐, 개별과 보편, 결정론, 목적론, 신(神)론, 영혼론, 우주론 등 형이상학의 주요 개념을 범주화한 항목에는 5편 이하의 논문만이 기록되고 있다.

하이데거에 대해서는 서해길(7편), 안상진(10편), 최양부(7편), 정명오(6편), 박문정(9편), 김기태(5편), 이상백(5편), 이영춘(12편), 이왕주(5편), 김병우(6편), 백종철(5편), 소광희(10편), 이기상(6편), 하르트만에 대해서는 유기상(5편), 조

한국철학사상연구회, 철학 대사전, 동녘, 1989.
한국철학사상연구회, 철학 소사전, 동녘, 1990.

욱연(5편), 하기락(5편)이 있다. 시간론에 대해서는 김규영의 저서와 논문이 독보적이다.

도표 3-2. 주제별 분류(형이상학, 존재론)

분 류	책	학위	논문	전체
형이상학 일반	22	44	116	182
개별과 보편	0	0	4	4
결정론	1	1	1	3
목적론	0	0	3	3
신 론	0	2	2	4
시간론	15	25	34	74
영혼론	0	0	1	1
우주론	0	0	5	5
독일 관념론	43	129	175	347
하이데거 존재론	10	91	117	218
현대 형이상학	17	43	63	123
변증법적 유물론	15	20	63	98
계	123	355	584	1,062

1.3.3. 인식 · 과학

'인식 · 과학' 항목은 총 721개의 편수를 기록하고 있다. 이 중 단행본은 76개, 학위 논문은 224개, 일반 논문은 421개이다. 이 항목에서는 '칸트 인식론'이 277편으로 가장 많은 편수를 기록하고 있어, 칸트 연구가 우리 학계에서 차지하는 비중을 확인할 수 있다.

이와 상대적으로, 인식론에서 빈약한 부분은 철학사에서 중요한 한 장을 차지하고 있는 부분인 영국 경험론과 대륙 합리론에 대한 연구성과이다. 영국 경험론은 총 56개의 도수를 차지하고 있는데, 철학자별로 보면 흄(34), 로크(20), 버클리(7) 순으로 나타나고 있다. 더구나 그 내용도 지속적인 연구로 보기 힘들 정도로 단발적인 연구로 그치고 있다. 이는 특히 철학사에서 흄이 칸트에 끼친 영향 그리고 현대 영·미 철학에서 차지하는 위치를 생각해 볼 때 아쉬운 현상이라 아니할 수 없다.

이런 현상은 대륙 합리론이라 해서 더 낫지가 않다. 오히려 대륙 합리론(46)은 영국 경험론(56)보다 그 결과물이 적다. 여기서도 철학자별로 보면 데카르트(45)에 편중되어 있고, 스피노자(22), 라이프니쯔(10)는 그 뒤를 달리고 있다. 한편, 합리론과 경험론에 대한 전문적인 연구는 최명관이 데카르트에 대한 저술 8편을 기록하고 있을 뿐 집중적인 연구자가 많지 않다.

칸트 철학에 대한 연구물들은 전체 철학자별 분류에서 칸트가 가장 많은 항목 수를 기록한 데에서도 알 수 있듯이, 칸트 인식론에 관한 연구도 많은 수를 자랑한다. 그리고 그 주제도 어느 한 부분에 치중되지 않고 골고루 나타남을 알 수 있다. 그리고 하순애(6편), 하영석(15편), 한단석(21편), 최일운(11편), 최재희(16편), 김위성, 박선목(12편), 백종현(6편), 문성학(5편), 서배식(6편), 손승길(7편), 송경호(6편), 임혁재(6편), 정진(7편), 강영안(5편), 김위성(7편), 김종문(6편) 등 칸트에 관한 연구물을 다량 내놓은 학자들도 찾을 수 있다. 특히 칸트 윤리학에서는 김낙구(9편)가 여러 저술을 내놓았다.

과학철학 부분은 꽤 많은 연구물을 내놓고 있다(148). 그리고 그 주제도 논리실증주의류의 과학철학에서 포퍼, 쿤, 설명, 방법론, 귀납 등 다양하다. 그러나 아직은 이론의 소개에 그치고 있음이 사실이다. 이 분야에서는 정병훈, 신중섭, 이초식 등이 여러 저술을 내놓고 있다. 영·미권의 인식론 연구물이 주로 분류되는 현대 인식론은 아직까지는 그 성과물이 미약하다.

도표 3-3. 주제별 분류(인식 · 과학)

분 류	책	학위	논문	전체
인식론 일반	10	31	56	97
경험론	5	22	29	56
합리론	11	12	23	46
회의론	0	0	5	5
과학론	1	0	9	10
관념론	8	16	16	40
도구주의 실재론	0	1	7	8
진리론	2	6	17	25
칸트 인식론	25	93	159	277
현대 인식론	0	1	8	9
과학철학	14	42	92	148
계	76	224	421	721

1.3.4. 언어, 논리, 방법

여기서 재미있는 분야는 논리학이다. 이 부분에는 총 70개의 도수가 있으나, 그 중 순수한 연구성과는 10편도 채 되지 못하며, 나머지는 대부분 논리학 교재이다. 이는 윤리학 부분과 비슷한 현상인데, 그 대부분이 내용이 비슷비슷한 고전 논리학 교과서라는 사실에서 국내의 논리학 수준이 무척 열악함을 알 수 있다. 논리학 분야에는 이종권, 여훈근, 이권원 등이 여러 저술을 내놓고 있다.

한편, 분석철학 분야에는 엄정식, 조승옥, 이명헌, 김광수, 김영정, 이영철, 김여수, 김준섭, 이좌용, 서정선, 소흥렬, 정대현, 박영식 등의 저술이 눈에 많이 띈다.

현상학으로 분류할 수 있는 도수는 총 260편으로 우리 서양 철학에서는 주목할 만한 연구를 내놓은 분야라 할 수 있다. 여기서 후설이 차지하는 양이 154편인데, 메를로 퐁티가 15편임을 생각해 보면, 현상학 논문의 대부분이 후설 또는 후설과 관련된 현상학 논문임을 짐작할 수 있다. 이런 발전에는 윤명로(10편), 한전숙(16편), 신귀현(12편), 이길우(5편), 조광제(6편) 등의 업적이 크게 작용했음에 틀림없다.

또한 이 분야에서 특기할 만한 부분은 해석학으로서, 이 부분도 88개의 도수로서 높은 비중을 차지한다. 방법론의 항목도 42개를 기록하여 어느 정도 높은 관심을 기록하고 있다. 강돈구(5편), 박순영(6편) 등이 이 분야에서 관심을 높이고 있다.

도표 3-4. 주제별 분류(인식·과학)

분 류	책	학위	논문	전체
분석철학 일반	21	39	106	166
논리철학	3	16	48	67
논리학	55	1	14	70
수리철학	6	9	22	37
언어철학	6	61	81	148
방법론 일반	5	6	31	42
해석학	7	21	60	88
현상학	25	69	166	260
구조주의	5	3	12	20
변증법적 유물론	16	7	17	40
계	149	232	557	938

1.3.5. 윤리

윤리는 총 644개의 항목으로서 단행본이 96개, 학위 논문이 127개, 일반 논문이 421개를 기록하고 있다. 이 가운데 단행본은 상당수가 《윤리학》이나 그와 비슷한 이름의 교재가 차지함은 특기할 만한 일이다. 윤리학에서는 가치론, 공리주의, 메타윤리학, 사회윤리, 실천윤리, 정의론, 자유(의지)론의 일곱 항목으로 나누어 보았지만, 여기에 포함시킬 수 없어서 일반적인 윤리학 항목으로 분류한 연구물이 절반 정도를 차지했다. 윤리학 교재와 개론서들이 대부분 여기에 해당되고, 또 칸트의 윤리학이 상당부분을 차지하고 있다. 특히 '70년대까지의 윤리학 연구물들은 교재, 개론서, 칸트 윤리학이 대부분을 차지한다고 해도 지나친 말이 아니다. 그와 하르트만, 듀이, 스피노자의 윤리학에 대한 연구가 '70년대까지의 윤리학 연구에서 단골 소재가 되고 있다.

윤리학에서 항목으로 분류하려고 했던 가치론, 공리주의, 메타윤리학, 사회윤리, 실천윤리, 정의론, 자유(의지)론의 여섯 항목은 대부분 '80년대 이후의 연구물들이 차지한다. 여기서 특기할 만한 사실은 메타윤리학(47)과 정의론(63)에 대한 연구는 어느 정도 많은데, 그에 비해 공리주의(20)와 사회윤리(20), 실천윤리(26) 부분은 상대적으로 적다는 점이다. 메타윤리학 부분에서는 무어, 헤어에 관한 논문이 많고, 정의론은 상당수가 롤즈에 관한 논문들이다. 공리주의에 관한 연구물들은 벤담, 밀, 현대공리주의 등 골고루 걸쳐 있으나 그 편수가 20개로서 미약한 편이다. 한편, '80년 후반부터 관심을 끌기 시작한 실천윤리 부분은 의료윤리, 환경윤리 등 관심을 넓혀 가고 있으나 아직은 초기단계라고 할 수 있다.

윤리학에 대한 연구는 김태길, 황경식, 김기순, 김상은, 김상배, 김영철 등의 저술이 많은 편수를 보이고 있고, 특히 김영진, 이석재 등은 메타윤리학에서 여러 저술을 내놓고 있다.

도표 3-5. 주제별 분류(윤리)

분 류	책	학위	논문	전체
윤리학 일반	69	52	201	322
가치론	4	12	48	64
공리주의	2	6	12	20
메타윤리학	1	14	32	47

사회윤리	2	2	16	20
실천윤리	3	1	22	26
정의론	7	13	43	63
자유(의지)론	8	27	47	82
계	96	127	421	644

1.3.6. 사회·역사

사회철학은 전체 632편이며, 이 중 책은 115권, 학위 논문은 144편, 일반 논문은 373편이다. 전체 632편 중 '80년대 이후의 논저가 465편으로 전체 사회철학 논저의 74퍼센트를 차지하고 있다는 사실은 시사하는 바가 크다(전체 평균 64%). 또한 사회철학에 속하는 소주제어 중 맑스주의(140), 역사유물론(31), 서구 맑스주의(23) 등 맑스주의 계열에 관한 논저가 194개를 차지하여, 전체 사회철학 논저 중 31퍼센트를 차지하고 있다는 점도 주목할 만하다.[3] 이 분야에서는 차인석, 이삼열, 이병창, 설헌영, 김재현, 문현병 등이 활발하게 저술을 내놓고 있다.

도표 3-6. 주제별 분류(사회·역사)

분 류	책	학위	논문	전체
사회철학 일반	20	12	86	118
법철학	0	1	5	6
역사철학	13	27	40	80
국가론	1	8	15	24

---

[3] 참고로, 해방 이전 우리 철학계의 사회·역사에 관련된 연구 동향을 살펴보자. 해방 이전 주로 논의된 사회철학적 주제들은 '맑스, 변증법적 유물론, 헤겔철학과 맑스주의의 연관성, 생시몽과 오웬 등의 공상적 사회주의' 등으로 좌파 철학이 크게 유행했음을 알 수 있다. 해방 이전에 이러한 좌파 철학적 주제의 논문이 자주 실린 잡지는 《개벽》, 《비판》, 《신흥》 등이다. 맑스와 관련된 글은 1920년에 발표된 논문이 최초이다(우영생, "맑스와 유물사관의 일독(一瞥)", 1920, 개벽 ; 류형기, "근대 사회주의자 칼 맑스", 1920, 서울).

분류			
맑스주의	24	40	76	140
비판이론	23	19	27	69
사회계약설	3	1	9	13
사회주의	0	2	11	13
소유론	0	4	9	13
소외론	5	6	18	29
시민사회론	0	1	1	2
서구 맑스주의	4	6	13	23
역사유물론	9	4	18	31
이데올로기론	3	4	12	19
자유론	4	1	2	7
자유주의	0	1	3	4
정치철학	6	7	28	41
계	115	144	373	632

1.3.7. 인간과 문화

총 143편의 논저가 '인간론'에 관한 글이다. 이중 셸러, 플레스너 관련 '철학적 인간학'이 86편을 차지하고 있는 점이 특기할 만하다. 심리철학(55)은 아직 그 성과가 미비한 편이지만, 특히 심리철학의 경우 '80년대 후반에 연구물이 집중적으로 나오고 있는 점을 볼 때, 국내 학계의 동향이 적어도 그 경향에서만은 미국 철학계의 동향과 함께하고 있다는 것을 알 수 있다. 한편, 종교철학, 예술철학, 교육철학 등의 항목의 편수는 철학계 내에 한정된 자료들에 국한된 편수이다. 따라서 종교학, 미학, 교육학계에서 발표된 저술들은 보완할 필요가 있다.

도표 3-7. 주제별 분류(인간과 문화)

분 류	책	학위	논문	전체
인간론	29	33	81	143
심리철학	4	14	37	55

기술론	1	0	7	8
문명론	4	5	9	18
종교철학	21	31	63	115
예술철학	4	62	57	123
교육철학	7	10	26	43
계	70	155	280	505

2) 연대별 연구동향

2.0. 종류별 편수

'80년대 이후 발표된 저술의 수가 3,817편으로 전체 6,036편의 64퍼센트를, '70년대 이후까지 합하면 84퍼센트를 차지한다. 우리 나라 철학계의 활동이 '70년대 이후에 급속히 성장했음을 알 수 있다. 참고로 박사학위 논문의 경우는 전체 183편 중 '70년대 이후가 거의 대부분을 차지하고 있다.

그리고 '70년대 이후에 논문 수의 증가율이 단행본의 증가율보다 월등히 높아지고 있다는 점도 특기할 만한 사항이다.

도표 4. 연대 — 종류별 편수

분 류	1915-29	1930-44	1945-49	1950-59	1960-69	1970-79	1980-92	계
책	0	3	63	103	145	305	755	1,374
학위 논문	2	1	5	29	161	231	977	1,406
(박사)	2	1	0	0	6	27	147	183
일반 논문	59	105	12	108	181	706	2,085	3,256
전체 자료	61	109	80	240	487	1,242	3817	6,036[4]

---

4) 도표 1과 총계에서 약간의 오차가 생긴 것은 입력시의 착오로 생각된다.

도표 4-1. 철학자 개인별(전체 자료 / 상위 20위)

분 류	1915-29	1930-44	1945-49	1950-59	1960-69	1970-79	1980-92	계
칸트	4	2	2	12	53	105	348	526
헤겔	1	7	2	13	30	70	286	409
하이데거	0	2	1	6	39	61	129	238
플라톤	0	1	3	2	15	53	148	222
맑스	3	1	1	1	3	11	155	175
후설	1	0	0	1	1	33	118	154
니체	3	0	1	5	17	30	84	140
아리스토텔레스	0	1	0	1	9	28	78	117
비트겐슈타인	0	0	0	0	3	12	81	96
야스퍼스	0	0	1	3	9	26	54	96
키에르케고르	0	0	0	3	10	34	40	87
듀이	0	0	1	4	7	23	47	82
하르트만	0	0	0	6	12	9	40	67
러셀	1	0	1	4	5	20	30	61
베르그송	1	1	1	1	0	8	40	52
데카르트	0	0	0	0	0	18	27	45
사르트르	0	0	2	4	4	7	28	45
포퍼	0	0	0	0	0	5	36	41
하이트헤드	0	0	0	5	3	9	23	40
아퀴나스	0	1	0	0	2	4	30	37

도표 4-1-1. 철학자 개인별(책 / 상위 20위)

분 류	1915-29	1930-44	1945-49	1950-59	1960-69	1970-79	1980-92	계
헤겔	0	0	2	4	3	14	42	65
칸트	0	0	0	2	8	22	25	57
니체	0	0	0	2	5	15	29	57
플라톤	0	0	2	1	3	16	25	47
키에르케고르	0	0	0	3	4	16	12	47
맑스	0	0	0	0	0	0	25	25
러셀	0	0	1	1	1	9	12	24

하이데거	0	0	0	0	2	7	10	19
파스칼	0	0	0	0	1	8	9	18
야스퍼스	0	0	0	2	1	7	8	18
데카르트	0	0	0	0	0	7	8	15
사르트르	0	0	0	2	2	3	6	13
소크라테스	0	0	0	0	1	4	8	13
프롬	0	0	0	0	0	10	3	13
베르그송	0	0	1	0	0	3	6	10
하르트만	0	0	0	2	1	1	6	10
비트겐슈타인	0	0	0	0	0	0	10	10
아리스토텔레스	0	0	0	0	1	4	10	15
루소	0	0	0	1	0	9	4	14
쇼펜하워	0	0	0	0	3	5	4	12

도표 4-1-2. 철학자 개인별(학위 / 상위 20위)

분 류	1915-29	1930-44	1945-49	1950-59	1960-69	1970-79	1980-92	계
칸트	0	0	2	4	23	26	118	173
헤겔	0	0	0	1	14	15	121	151
하이데거	0	0	0	4	20	17	54	124
플라톤	0	0	1	1	8	8	46	64
후설	0	0	0	0	0	9	45	54
맑스	0	0	0	0	1	2	43	46
니체	0	0	1	2	9	3	16	31
듀이	0	0	0	3	5	11	16	31
야스퍼스	0	0	0	1	5	5	19	30
비트겐슈타인	0	0	0	0	1	1	26	28
아리스토텔레스	0	0	0	1	4	7	13	25
하르트만	0	0	0	1	4	7	13	25
키에르케고르	0	0	0	0	4	8	10	22
아퀴나스	0	0	0	0	4	8	10	22
흄	0	0	0	0	0	4	10	17
러셀	0	0	0	1	2	4	14	18

베르그송	0	0	0	0	0	3	13	16
포퍼	0	0	0	0	0	0	16	16
하이트헤드	0	0	0	1	1	4	6	12
하버마스	0	0	0	0	0	0	2	12

도표 4-1-3. 철학자 개인별(일반 논문 / 상위 20위)

분 류	1915-29	1930-44	1945-49	1950-59	1960-69	1970-79	1980-92	계
칸트	4	2	0	6	22	57	205	296
헤겔	1	7	0	8	13	41	123	193
하이데거	0	2	1	2	17	37	65	124
플라톤	0	1	0	0	4	29	65	124
맑스	3	1	1	1	2	9	87	104
후설	1	0	0	1	1	23	65	91
아리스토텔레스	0	1	0	0	4	17	55	77
니체	3	0	0	1	3	12	39	58
비트겐슈타인	0	0	0	0	2	11	45	58
야스퍼스	0	0	1	0	3	14	27	45
듀이	0	0	1	0	1	11	26	39
하르트만	0	0	0	3	6	6	17	32
키에르케고르	0	0	0	0	2	10	18	30
베르그송	1	1	0	1	0	2	21	26
사르트르	0	0	2	2	0	3	17	24
화이트헤드	0	0	0	4	2	2	15	23
롤즈	0	0	0	0	0	2	21	23
하버마스	0	0	0	0	0	1	21	21
데카르트	0	0	0	0	0	9	13	22
포퍼	0	0	0	0	0	4	17	21

2.2. 철학사 분류(사조·시대별 분류)

철학사·철학 사조별로 전체 자료 편수, 자료 중의 책·학위 논문·일반 논문의 시대별 분포는 각각 도표 4-2, 4-2-1,

4-2-2, 4-2-3과 같다.

도표 4-2. 철학자 분류(전체 자료)

분 류	1915-29	1930-44	1945-49	1950-59	1960-69	1970-79	1980-92	계
고대 초기	0	1	3	1	4	7	45	58
소·플·아*	0	2	3	2	24	82	233	346
고대 후기	0	0	0	2	4	9	46	61
중세	0	1	0	3	3	14	47	68
근대 대륙	0	3	0	0	7	48	56	114
근대 영국	0	0	0	0	3	19	54	76
계몽주의	2	1	0	4	5	19	40	71
독일 관념론**	2	10	4	25	85	176	654	959
쇼·키·니***	3	1	1	8	31	72	131	247
19세기 독일	2	1	0	3	2	8	33	68
공리주의	1	2	0	1	3	11	20	38
현상학	1	0	0	1	1	46	164	213
실존주의	0	1	4	34	24	54	108	225
하이데거 해석학	0	2	1	6	39	67	198	313
현대 독일	0	2	1	7	17	36	105	168
실용주의	0	1	1	21	18	54	111	206
프러무비	1	0	1	6	9	40	130	187
분석철학	0	1	0	11	27	82	399	520
(후기)구조주의	0	0	0	0	0	3	44	47
현대 프랑스	1	1	1	1	2	20	83	109
비판이론	0	0	0	0	1	19	75	95
맑스주의	13	17	16	5	10	24	294	379
기타 현대	4	5	1	12	15	16	10	63
미분류	28	58	47	89	159	336	869	1,586
계	61	110	81	242	493	1,262	3,949	6,217

* 소크라테스, 플라톤, 아리스토텔레스
** 칸트, 헤겔 포함.
*** 쇼펜하워, 키에르케고르, 니체

도표 4-2-1. 철학자 분류(책)

분 류	1915-29	1930-44	1945-49	1950-59	1960-69	1970-79	1980-92	계
고대 초기	0	0	0	0	0	0	2	2
소·플·아*	0	0	2	1	4	21	38	66
고대 후기	0	0	0	0	1	2	17	20
중세	0	0	0	2	1	2	9	14
근대 대륙	0	0	0	0	3	18	20	41
근대 영국	0	0	0	0	0	3	2	5
계몽주의	0	0	0	2	0	11	9	22
독일 관념론**	0	0	2	6	11	37	69	125
쇼·키·니***	0	0	0	5	12	35	44	96
19세기 독일	0	0	0	2	0	1	5	27
공리주의	0	0	0	0	1	5	2	8
현상학	0	0	0	0	0	2	19	21
실존주의	0	0	0	9	6	16	27	58
하이데거 해석학	0	0	0	0	2	8	16	26
현대 독일	0	0	1	2	4	3	19	29
실용주의	0	0	0	5	4	6	10	25
프러무비	0	0	1	2	1	9	22	35
분석철학	0	0	0	0	3	6	50	59
(후기)구조주의	0	0	0	0	0	0	10	10
현대 프랑스	0	0	1	0	0	11	17	29
비판이론	0	0	0	0	1	14	11	26
맑스주의	0	0	14	0	1	2	63	80
기타 현대	0	0	0	7	10	5	2	24
미분류	0	3	42	60	83	89	298	575
계	0	3	6	103	148	306	781	347

* 소크라테스, 플라톤, 아리스토텔레스
** 칸트, 헤겔 포함.
*** 쇼펜하워, 키에르케고르, 니체

도표 4-2-2. 철학자 분류(학위)

분 류	1915-29	1930-44	1945-49	1950-59	1960-69	1970-79	1980-92	계
고대 초기	0	0	0	1	2	3	15	21
소·플·아*	0	0	1	1	12	16	59	89
고대 후기	0	0	1	1	12	16	59	89
중세	0	0	0	0	2	7	18	27
근대 대륙	0	0	0	0	0	5	16	21
근대 영국	0	0	0	0	1	7	24	32
계몽주의	0	0	0	1	3	4	1	9
독일 관념론**	0	0	2	5	38	41	245	331
쇼·키·니***	0	0	1	2	14	12	27	56
19세기 독일	0	0	0	0	2	2	12	35
공리주의	1	0	0	0	1	1	8	11
현상학	0	0	0	0	0	13	49	62
실존주의	0	0	0	2	9	8	26	45
하이데거 해석학	0	0	0	4	20	17	69	110
현대 독일	0	0	0	1	5	7	37	50
실용주의	0	0	0	5	9	15	39	68
프러무비	0	0	0	1	4	5	40	50
분석철학	0	0	0	1	9	13	126	149
(후기)구조주의	0	0	0	0	0	1	2	3
현대 프랑스	0	0	0	0	1	4	24	29
비판이론	0	0	0	0	0	2	24	26
맑스주의	0	0	0	0	2	3	73	78
기타 현대	0	0	0	0	3	5	6	14
미분류	1	1	1	5	25	45	59	137
계	2	1	5	29	162	237	1,004	1,440

* 소크라테스, 플라톤, 아리스토텔레스
** 칸트, 헤겔 포함.
*** 쇼펜하워, 키에르케고르, 니체

도표 4-2-3. 철학자 분류(일반 논문)

분 류	1915-29	1930-44	1945-49	1950-59	1960-69	1970-79	1980-92	계
고대 초기	0	1	0	0	2	4	28	35
소·플·아*	0	2	0	0	8	45	136	191
고대 후기	0	0	0	2	3	6	24	35
중세	0	1	0	1	0	5	20	27
근대 대륙	0	3	0	0	4	25	20	52
근대 영국	0	0	0	0	2	9	28	39
계몽주의	2	1	0	1	2	4	30	40
독일 관념론**	5	10	0	14	36	98	340	503
쇼·키·니***	3	1	0	1	5	25	60	95
19세기 독일	2	1	0	1	0	5	16	44
공리주의	0	2	0	1	1	5	10	19
현상학	1	0	0	1	1	31	96	130
실존주의	0	1	4	23	9	30	55	122
하이데거 해석학	0	2	1	2	17	42	113	177
현대 독일	0	2	0	4	8	26	49	89
실용주의	0	1	1	11	5	33	62	113
프러무비	1	0	0	3	4	26	68	102
분석철학	0	1	0	10	15	63	223	312
(후기)구조주의	0	0	0	0	0	2	32	34
현대 프랑스	1	1	0	1	1	5	42	51
비판이론	0	0	0	0	0	3	40	51
맑스주의	13	17	2	5	7	19	158	221
기타 현대	4	5	1	5	2	6	2	25
미분류	27	54	4	24	51	202	512	874
계	59	106	13	110	183	719	2,164	3,354

* 소크라테스, 플라톤, 아리스토텔레스
** 칸트, 헤겔 포함.
*** 쇼펜하워, 키에르케고르, 니체

2.3. 주제별 대분류

주제별로 전체 자료 편수, 자료 중의 책·학위 논문·일반 논문의 시대별 분포는 각각 도표 4-3, 4-3-1, 4-3-2, 4-3-3과 같다.

도표 4-3. 주제별(전체 자료)

분 류	1915-29	1930-44	1945-49	1950-59	1960-69	1970-79	1980-92	계
총 류	24	40	40	132	189	418	1,090	1,933
형이상학 존재	7	32	9	31	112	208	633	1,032
인식과학	4	11	6	16	64	142	471	174
언어 방법	1	9	15	18	41	158	683	925
윤 리	4	2	7	26	39	167	381	626
사회·역사	15	7	5	10	21	90	465	613
인간·문화	5	8	2	12	40	109	325	501
계	60	109	84	245	506	1,292	4,048	6,344

도표 4-3-1. 주제별(책)

분 류	1915-29	1930-44	1945-49	1950-59	1960-69	1970-79	1980-92	계
총 류	0	1	30	73	101	174	396	755
형이상학 존재	0	1	8	6	6	27	72	120
인식과학	0	0	2	2	10	20	42	76
언어 방법	0	1	15	10	9	18	95	148
윤 리	0	0	5	11	9	23	47	95
사회·역사	0	0	4	0	2	31	75	112
인간·문화	0	0	1	0	10	19	40	70
계	0	3	65	102	147	312	767	1,396

도표 4-3-2. 주제별(학위)

분 류	1915-29	1930-44	1945-49	1950-59	1960-69	1970-79	1980-92	계
총 류	0	0	2	11	45	70	1750	303

형이상학 존재	0	0	0	9	50	53	234	346
인식과학	1	1	3	4	27	26	160	222
언어 방법	0	0	0	1	11	29	188	229
윤 리	0	0	1	2	11	27	84	125
사회·역사	0	0	0	0	11	16	109	136
인간·문화	0	0	0	5	18	28	103	154
계	4	1	0	32	173	249	1,053	1,515

도표 4-3-3. 주제별(일반 논문)

분 류	1915-29	1930-44	1945-49	1950-59	1960-69	1970-79	1980-92	계
총 류	24	39	8	48	43	174	519	855
형이상학 존재	7	31	1	16	56	128	327	566
인식과학	3	10	1	10	27	96	269	416
언어 방법	1	8	0	7	21	111	400	548
윤 리	4	2	1	13	19	117	250	406
사회·역사	15	7	1	10	8	43	281	365
인간·문화	5	8	1	7	12	62	182	277
계	59	105	13	111	186	731	2,228	3,433

3) 종류별 연구동향

여기서는 모든 자료를 각 대학별과 잡지별로 나누어 분포를 조사해 보았다.

3.1. 대학별 학위동향

모든 자료를 대학별로 '일러 두기'에서 말한 철학사 14분류, 주제별 분류에 따라 분포를 조사해 보았다.

3.1.1. 철학사 14분류

각 대학별 학위동향을 철학사 14분류를 적용해 지역별(서울·

중부 / 충정 · 호남 / 영남)로 나누어 보았다.

3.1.1.1. 학위 전체

도표 5-1-1. 대학별 학위 논문 — 철학사 14분류(학위 전체 / 서울, 중부 지역)

분류	고대	중대	근대	칸트	헤겔	19 세기	하이 데거	실존 주의	현대 독일	현대 미국	분석 철학	현대 프랑스	맑스 주의	기타	계
강원대	0	0	0	0	0	0	0	0	1	0	0	0	2	0	3
건국대	4	6	3	13	7	10	1	1	2	2	4	1	1	2	57
고려대	4	0	2	9	14	13	8	5	5	5	28	3	10	16	122
동국대	4	1	4	10	6	3	2	3	6	4	4	1	10	8	66
서강대	0	2	1	3	0	1	0	1	1	0	14	4	2	3	32
서울대	35	1	5	19	40	21	24	7	32	7	47	11	24	42	315
성균관대	10	0	1	5	4	1	1	0	13	4	8	3	3	5	58
숭실대*	5	1	1	5	4	1	1	0	5	2	5	1	5	3	38
연세대	10	7	13	9	8	5	10	0	6	7	11	2	2	17	107
성신여대	0	0	1	0	0	0	0	1	0	0	0	0	1	0	3
외국어대	2	1	1	2	3	1	4	0	4	0	5	1	0	2	26
이화여대	5	0	3	3	3	0	3	2	2	1	19	1	6	9	57
인하대	0	0	0	2	1	0	0	0	0	0	5	0	0	0	8
정문연	0	0	0	0	1	0	0	0	0	0	0	0	13	0	14
중앙대	5	0	2	8	3	5	3	2	3	2	3	0	0	1	37
한양대	0	0	1	1	0	0	1	0	1	0	1	0	1	1	7
홍익대	6	1	2	6	0	2	0	0	1	8	0	2	5	0	33
계	90	20	40	95	93	63	58	22	82	42	154	30	85	109	983

* 숭실대에는 숭전대 학위도 포함되어 있음(이하 같음).
** 정문연 : 정신문화연구원(이하 같음).

도표 5-1-2. 대학별 학위 논문 — 철학사 14분류(학위 전체 / 충청, 호남 지역)

분 류	고대	중대	근대	칸트	헤겔	19세기	하이데거	실존주의	현대독일	현대미국	분석철학	현 대 프랑스	맑스주의	기타	계
원광대	1	1	0	1	1	1	1	0	2	0	1	0	0	4	13
전남대	1	0	0	4	7	7	7	0	3	1	1	0	1	1	33
전북대	0	0	2	13	3	3	2	1	1	2	12	2	0	11	52
충남대	1	1	3	4	7	2	7	0	5	3	0	1	0	3	36
계	3	1	5	22	18	13	17	1	11	6	14	3	1	19	134

도표 5-1-3. 대학별 학위 논문 — 철학사 14분류(학위 전체 / 영남 지역)

분 류	고대	중대	근대	칸트	헤겔	19세기	하이데거	실존주의	현대독일	현대미국	분석철학	현 대 프랑스	맑스주의	기타	계
경북대	8	1	10	30	9	2	14	4	8	2	3	1	2	6	101
계명대	1	1	1	3	3	1	2	2	10	0	4	0	3	2	33
동아대	2	1	1	9	10	6	0	6	1	4	1	0	0	1	42
부산대	1	1	0	6	12	1	3	5	4	4	8	1	6	6	58
영남대*	3	1	2	7	3	2	0	3	9	8	13	2	3	3	59
효성여대	0	0	1	0	1	0	0	0	2	0	0	1	0	0	5
계	15	6	15	55	38	12	19	20	34	18	29	5	14	18	298

* 영남대에는 대구대 학위도 포함되어 있음(이하 같음).

3.1.1.2. 박사학위

도표 5-2-1. 대학별 학위 논문 — 철학사 14분류(박사학위 / 서울, 중부 지역)

분 류	고대	중대	근대	칸트	헤겔	19세기	하이데거	실존주의	현대독일	현대미국	분석철학	현 대 프랑스	맑스주의	기타	계
강원대	0	0	0	0	0	0	0	0	1	0	0	0	0	0	0

분류	고대	중대	근대	칸트	헤겔	19세기	하이데거	실존주의	현대독일	현대미국	분석철학	현대프랑스	맑스주의	기타	계
건국대	0	0	0	0	0	2	0	1	1	0	1	0	0	1	6
고려대	0	0	0	2	4	2	1	0	0	0	2	1	0	4	16
동국대	0	0	1	2	3	0	1	1	3	1	0	0	1	1	14
서강대	0	0	0	0	0	0	0	0	0	0	0	0	0	0	0
서울대	2	0	1	2	2	1	3	1	30	7	0	2	2	6	30
성균관대	1	0	0	0	0	0	0	0	0	0	0	0	0	1	5
숭실대	1	0	0	0	0	0	0	0	0	0	2	0	0	1	4
연세대	0	0	1	0	0	1	1	0	1	1	2	0	0	1	8
성신여대	0	0	0	0	0	0	0	0	0	0	0	0	0	0	0
외국어대	0	0	0	0	0	0	0	0	0	0	0	0	0	0	0
이화여대	0	0	0	0	0	0	0	0	0	0	0	0	0	0	0
인하대	0	0	0	0	0	0	0	0	0	0	0	0	0	0	0
정문연	0	0	0	0	1	0	0	0	0	0	0	0	0	0	0
중앙대	0	0	0	0	0	0	0	0	0	0	0	0	0	0	0
한양대	0	0	0	0	0	0	0	0	0	0	0	0	0	0	0
홍익대	0	0	0	0	0	0	0	0	0	0	0	0	0	0	0
계	4	0	3	6	10	6	6	3	8	5	14	1	3	15	84

도표 5-2-2. 대학별 학위 논문 — 철학사 14분류(박사학위 / 충청, 호남 지역)

분류	고대	중대	근대	칸트	헤겔	19세기	하이데거	실존주의	현대독일	현대미국	분석철학	현대프랑스	맑스주의	기타	계
원광대	0	0	0	0	0	0	0	0	0	0	0	0	0	1	1
전남대	0	0	0	0	0	0	1	0	0	0	0	0	0	0	1
전북대	0	0	0	8	0	2	0	0	0	1	3	1	0	2	17
충남대	0	0	0	3	1	0	2	0	4	3	0	0	0	2	14
계	0	0	0	11	1	2	3	0	0	4	3	1	0	5	33

도표 5-2-3. 대학별 학위 논문 — 철학사 14분류(박사학위 / 영남 지역)

분류	고대	중대	근대	칸트	헤겔	19세기	하이데거	실존주의	현대독일	현대미국	분석철학	현대프랑스	맑스주의	기타	계
경북대	1	0	0	6	1	1	3	0	1	0	0	0	0	2	15
계명대	0	0	0	2	0	0	2	0	4	0	2	0	0	1	11
동아대	0	0	0	3	0	0	0	2	0	1	0	0	0	0	6
부산대	0	0	0	0	3	0	1	1	2	1	1	0	2	2	13
영남대	1	0	0	1	1	1	0	1	1	3	4	1	1	0	15
효성여대	0	0	0	0	0	0	0	0	0	0	0	0	0	0	0
계	2	0	0	12	5	2	6	4	8	5	7	1	3	5	60

3.1.1.3. 석사학위

도표 5-3-1. 대학별 학위 논문 — 철학사 14분류(석사학위 / 서울, 중부 지역)

분류	고대	중대	근대	칸트	헤겔	19세기	하이데거	실존주의	현대독일	현대미국	분석철학	현대프랑스	맑스주의	기타	계
강원대	0	0	0	0	0	0	0	0	1	0	0	0	2	0	3
건국대	4	6	3	13	7	8	1	0	1	2	3	1	1	1	51
고려대	4	0	2	7	10	11	7	5	5	5	26	2	10	12	106
동국대	4	1	3	8	3	3	1	2	3	3	4	1	9	7	52
서강대	0	2	1	3	0	1	0	1	1	0	14	4	2	3	32
서울대	33	1	4	17	38	20	21	6	29	7	40	11	22	36	285
성균관대	9	0	1	5	4	1	1	0	13	1	8	3	3	4	53
숭실대	4	1	1	5	3	1	1	0	5	2	3	1	5	2	34
연세대	10	7	12	9	8	4	9	0	5	6	9	2	2	16	99
성신여대	0	0	1	0	0	0	0	1	0	0	0	0	1	0	3
외국어대	2	1	1	2	3	1	4	0	4	0	5	1	0	2	26
이화여대	5	0	3	3	3	0	3	2	2	1	19	1	6	9	57

인하대	0	0	0	2	1	0	0	0	0	0	5	0	0	0	8
정문연	0	0	0	0	1	0	0	0	0	0	0	0	13	0	14
중앙대	5	0	2	6	3	4	3	2	3	2	3	0	0	1	34
한양대	0	0	1	1	0	0	1	0	1	0	1	0	1	1	7
홍익대	6	1	2	6	0	2	0	0	1	8	0	2	5	0	33
계	86	20	37	87	84	56	52	19	74	37	140	29	82	94	897

도표 5-3-2. 대학별 학위 논문 — 철학사 14분류(석사학위 / 충청, 호남 지역)

분 류	고대	중대	근대	칸트	헤겔	19세기	하이데거	실존주의	현대독일	현대미국	분석철학	현 대 프랑스	맑스주의	기타	계
원광대	1	1	0	1	1	1	1	0	2	0	1	0	0	3	12
전남대	1	0	0	4	7	7	6	0	3	1	1	0	1	1	32
전북대	0	0	2	5	3	1	2	1	1	1	9	1	0	9	35
충남대	1	0	3	1	6	2	5	0	2	0	0	1	0	1	22
계	3	1	5	11	17	11	14	1	8	2	11	2	1	14	101

도표 5-3-3. 대학별 학위 논문 — 철학사 14분류(석사학위 / 영남 지역)

분 류	고대	중대	근대	칸트	헤겔	19세기	하이데거	실존주의	현대독일	현대미국	분석철학	현 대 프랑스	맑스주의	기타	계
경북대	7	2	10	24	8	1	11	4	7	2	3	1	2	4	86
계명대	1	1	1	1	3	1	0	2	6	0	2	0	3	1	22
동아대	2	1	1	6	10	6	0	4	1	3	1	0	0	1	36
부산대	1	1	0	6	9	1	2	4	2	3	7	1	4	4	45
영남대	2	1	2	6	2	1	0	2	8	5	9	1	2	3	44
효성여대	0	0	1	0	1	0	0	0	2	0	0	1	0	0	5
계	13	6	15	43	33	10	13	16	26	13	22	4	11	13	238

3.1.2. 주제별 분류

각 대학별 학위동향을 주제별 분류를 적용해 지역별(서울·중부/충청·호남/영남)로 나누어 보았다.

3.1.2.1. 학위 전체

도표 6-1-1. 대학별 학위 논문 — 주제별 분류(학위 전체 / 서울, 중부 지역)

분 류	총류	존재	인식	언어	윤리	사회	문화	계
강원대	0	0	0	1	0	1	0	2
건국대	23	14	9	3	4	2	8	63
고려대	25	33	21	25	11	13	7	124
동국대	14	14	13	6	5	10	8	70
서강대	6	3	4	11	2	3	4	33
서울대	55	84	41	66	19	33	40	338
성균관대	18	6	8	17	2	4	7	62
숭실대	6	7	4	9	1	8	2	37
연세대	22	31	20	14	10	5	8	110
성신여대	1	0	0	0	0	2	0	3
외국어대	6	13	4	4	0	0	2	29
이화여대	11	9	8	11	5	8	4	56
인하대	0	1	1	4	3	0	0	9
정문연	0	1	0	0	0	13	1	15
중앙대	15	12	2	4	1	0	5	39
한양대	1	1	1	2	0	2	0	7
홍익대	7	1	2	0	0	1	16	27
계	210	219	138	177	63	105	112	1,024

도표 6-1-2. 대학별 학위 논문 — 주제별 분류(학위 전체 / 서울, 중부 지역)

분 류	총류	존재	인식	언어	윤리	사회	문화	계
원광대	3	2	1	1	3	1	2	13
전남대	9	17	4	3	1	2	2	38
전북대	5	6	17	11	11	3	4	57
충남대	6	17	3	3	4	3	4	40
계	23	42	25	18	19	9	12	148

도표 6-1-3. 대학별 학위 논문 — 주제별 분류(학위 전체 / 영남 지역)

분 류	총류	존재	인식	언어	윤리	사회	문화	계
경북대	17	35	29	6	11	4	5	107
계명대	5	7	4	4	4	3	6	33
동아대	19	9	5	1	8	1	5	48
부산대	12	17	9	7	5	6	7	63
영남대	12	11	7	13	14	4	4	65
효성여대	0	3	1	0	1	0	1	6
계	65	82	55	31	43	18	28	322

도표 6-2-1. 대학별 학위 논문 — 주제별 분류(박사학위 / 서울, 중부 지역)

분 류	총류	존재	인식	언어	윤리	사회	문화	계
강원대	0	0	0	0	0	0	0	0
건국대	1	2	0	1	1	1	2	8
고려대	3	5	2	3	3	0	0	16
동국대	3	4	4	3	0	1	2	17
서강대	0	0	0	0	0	0	0	0
서울대	3	7	4	6	2	6	3	31
성균관대	5	0	0	0	1	0	0	4
숭실대	1	0	0	2	1	0	0	4

연세대	1	2	1	3	1	0	0	8
성신여대	0	0	0	0	0	0	0	0
외국어대	0	0	0	0	0	0	0	0
이화여대	0	0	0	0	0	0	0	0
인하대	0	0	0	0	0	0	0	0
정문연	0	1	0	0	0	0	0	1
중앙대	2	1	1	0	0	0	0	4
한양대	0	0	0	0	0	0	0	0
홍익대	0	0	0	0	0	0	0	0
계	19	22	12	18	9	8	8	96

도표 6-2-2. 대학별 학위 논문 — 주제별 분류(박사학위 / 충청, 호남 지역)

분 류	총류	존재	인식	언어	윤리	사회	문화	계
원광대	0	0	0	0	1	0	0	1
전남대	0	1	0	0	0	0	0	1
전북대	2	2	7	2	6	2	1	22
충남대	2	6	2	2	4	0	2	18
계	4	9	9	4	11	2	3	42

도표 6-2-3. 대학별 학위 논문 — 주제별 분류(박사학위 / 영남 지역)

분 류	총류	존재	인식	언어	윤리	사회	문화	계
경북대	1	5	5	0	3	1	0	15
계명대	1	3	1	1	3	0	1	10
동아대	3	0	1	0	3	0	0	7
부산대	2	4	2	2	1	1	2	14
영남대	3	4	2	4	3	1	0	17
효성여대	0	0	0	0	0	0	0	0
계	10	16	11	7	13	3	3	63

3.1.2.3. 석사학위

도표 6-3-1. 대학별 학위 논문 — 주제별 분류(석사학위 / 서울, 중부
지역)

분 류	총류	존재	인식	언어	윤리	사회	문화	계
강원대	0	0	0	1	0	1	0	2
건국대	22	12	9	2	3	1	6	55
고려대	22	17	19	22	8	13	7	108
동국대	11	10	9	3	5	9	6	53
서강대	6	3	4	11	2	3	4	33
서울대	52	77	37	60	17	27	37	307
성균관대	13	6	8	17	1	4	6	55
숭실대	5	7	4	7	0	6	2	33
연세대	21	29	19	11	9	5	8	102
성신여대	1	0	0	0	0	2	0	3
외국어대	6	13	4	4	0	0	2	29
이화여대	11	9	8	11	5	8	4	56
인하대	0	1	1	4	3	0	0	9
정문연	0	0	0	0	0	13	1	14
중앙대	13	11	1	4	1	0	5	35
한양대	1	1	1	2	0	2	0	7
홍익대	7	1	2	0	0	1	16	27
계	181	197	126	159	54	97	104	928

도표 6-3-2. 대학별 학위 논문 — 주제별 분류(석사학위 / 충청, 호남
지역)

분 류	총류	존재	인식	언어	윤리	사회	문화	계
원광대	3	2	1	1	2	1	2	12
전남대	9	16	4	3	1	2	2	37
전북대	3	4	10	9	5	1	3	35
충남대	4	11	1	1	0	3	2	22
계	19	33	16	14	8	7	9	106

분 류	총류	존재	인식	언어	윤리	사회	문화	계
경북대	16	30	24	6	8	3	5	15
계명대	4	4	3	3	1	3	5	10
동아대	16	9	4	1	5	1	5	7
부산대	10	13	7	5	4	5	· 5	14
영남대	9	7	5	9	11	3	4	17
효성여대	0	3	1	0	1	0	1	0
계	10	16	11	7	13	3	3	63

3.2. 잡지별 게재 논문 동향

모든 자료를 잡지별로 '일러 두기'에서 말한 철학사 14분류, 주제별 분류에 따라 분포를 조사해 보았다.

도표 7-1-1. 잡지별 — 철학사 14분류

분 류	고대	중대	근대	칸트	헤겔	19세기	하이데거	실존주의	현대독일	현대미국	분석철학	현대프랑스	맑스주의	기타	계
철학*	1	0	0	0	0	0	0	1	0	0	0	0	0	18	20
철학	16	3	6	17	13	5	3	2	17	3	67	8	9	77	246
철학 연구**	20	1	4	13	10	11	10	5	17	0	25	6	16	68	206
철학 연구***	8	0	9	71	16	9	20	5	29	10	26	4	13	54	274
철학 논구	9	0	4	10	5	3	11	4	12	1	38	3	9	18	127
계	54	4	23	111	44	28	44	17	75	14	156	21	47	235	873

* 1930년대 철학연구회의 기관지
** 철학연구회 《철학 연구》
*** 한국칸트학회 《철학 연구》, 한국철학연구회 《철학 연구》, 대한철학회 《철학 연구》를 합친 것임.

도표 7-1-2. 잡지별 — 주제별 분류

분 류	총류	존재	인식	언어	윤리	사회	문화	계
철학*	9	4	4	1	1	0	2	21
철학	50	30	23	69	30	23	28	253
철학 연구**	37	43	22	48	12	23	17	202
철학 연구***	40	64	54	37	44	16	20	275
철학 논구	17	30	17	33	13	14	9	133
계	153	171	120	188	100	76	76	884

＊ 1930년대 철학연구회의 기관지

＊＊ 철학연구회 《철학 연구》

＊＊＊ 한국칸트학회 《철학 연구》, 한국철학연구회 《철학 연구》, 대한철학회 《철학 연구》를 합친 것임

해방 50년, 동양 철학 연구의 과제

허 남 진
(서울대)

1. 머리말

"오늘날에 있어서 철학은 만학의 여왕도 아니고 영구불변의 진리를 추구하는 학문도 아니다. 근대 이래 철학은 개별 과학에 방향과 지평을 제시하여 주는 '기초학'이며, 명증성의 의미에서나 논리적 타당성의 의미에 있어서나 '보편학'이다. "[1]

이 구절은 만학의 왕인 철학을 공부하여 영구불변의 진리를 찾고자 온 철학과 학생이 처음 대하게 되는 학과 안내의 초두에 나오는 말이다. 굳이 이 말이 아니라도 광복 이후 50년간이 철학의 시대가 아니었음은 아무래도 부정할 수 없다. 더구나 동양 철학은 근대화의 과정에서 차츰 그 입지를 잃어 가고 있는 판이니 더 말할 것도 없겠다. 그래서 그런지 철학과에 들어와서 가장 많이 들은 말이면서도 아직도 실감나지 않는 말은 '철학을 한다'는 말이다. 우리 시대에 철학을 한다고 자신 있게 말할 수 있는 사람이 과연 몇 명이나 될까 의심스러운 판에, 동양이라는 수식어까지 붙여 '이 시대에서 (동양)철학을 하기'는 정말 어려울 것이라

---

[1] 서울대학교 교과목 개요, p. 87.

는 것은 불문가지이다. 광복 이후 50년간 한국의 소위 동양 철학 자들은 '이 시대에서 (동양)철학을 하기'라는 지극히 어려운 과제를 안고 끊임 없이 그 가능성을 모색해 왔다. 도대체 동양이라는 특수성과 철학이라는 보편성이 결합된 동양 철학이라는 말이 가능한지, 가능하다면 어디서 그 가능성이 실현될 수 있는지를 찾는 과정이 곧 광복 이후 50년간의 동양 철학 연구과정이었다. 그 과정을 아주 소략하게 나누면 다음의 세 단계로 나누어 볼 수 있겠다.

1) 동양의 전통 사상에서 서양 철학과 일치되는 면을 찾던 단계 ; 거의 '70년대 초까지가 여기에 해당된다고 볼 수 있는데, 민족적 자존심을 고양한다는 측면에서 우리에게도 이렇게 정치하고 논리적인 철학이 있었고 우리에게도 플라톤이나 아리스토텔레스, 칸트같은 위대한 철학자가 있었다는 주장이 주류를 이룬다. 전통 철학을 연구하면서 존재론, 인식론, 윤리학같은 서양 철학의 틀을 원용하고 서양 철학의 개념으로 동양 철학의 여러 개념을 해석하고자 했다.

2) 동양 철학의 독자적인 방법론과 틀을 모색하는 시기 ; '70년대 중반부터 시도되어 아직까지도 해당된다고 할 수 있는데, 1)의 동양 철학 연구가 한계에 부닥치면서 시작되었다고 할 수 있다. 서양 철학으로 동양 철학을 해석하고 동양 철학에서 서양 철학의 요소를 찾아 내는 작업은 동양 철학을 체계화하고 기존의 동양 철학 연구에서 간과되었던 전통 철학의 여러 면을 찾아 내는 성과를 거두었지만, 동시에 서양 철학으로 해석할 수 없는 면이 동양 철학에 내재한다는 것도 알게 되었다. 거기다가 서양 철학을 기준으로 놓고 동양 철학을 연구하면, 동양 철학을 철학으로서 굳이 연구해야만 되는 당위성을 찾기 어려웠을 뿐 아니라 서양 철학에 대한 열등감만 더 커진다는 것도 깨닫게 되었다. 이러한 반성을 부채질한 한 요소는 동양 철학을 철학이 아닌 무당 푸닥거리로 폄하해서 본 분석철학 일각의 시각에도 있었다고 생

각한다. 이러한 방법론적 반성은 '79년 2월의 한국정신문화연구원 주최의 학술대회와 10월의 한국철학회 추계 학술발표회에서 한국 철학의 모색과 동양 철학 방법론이 종합적으로 다루어짐을 계기로 해서 더욱 활성화된다.

3) 총론에서 각론으로 ; 1960, 70년대에 배출된 연구자들이 본격적으로 활동하는 '80년대 이후는 연구 분야가 세분화되고 확대되는 각론의 시기이다. '70년대의 총론과 방법론 연구에 바탕하여 그것을 구체적인 연구에 적용시켜 보기도 하고 새로운 분야를 개발해서 연구를 확대하기도 하는 등 질과 양의 면에서 모두 비약적으로 발전하고 있다. 비록 일각에서이기는 하지만, 이러한 각론의 연구는 동양 철학을 하기 이전에 전통 사상의 정체를 정확히 알기 위한 연구가 먼저 선행되어야 한다는 자각에서 출발하고 있기 때문에 단순한 역사의 연구로 머물지만은 않으리라고 확신한다.

광복 이후 50년간의 동양 철학 연구를 회고하고 앞으로의 과제와 전망을 제시하기 위해서는 동양 철학 발전의 계기가 된 중요한 논문과 저술, 학술회의에 대한 보다 상세한 검토가 있어야겠다. 그렇지만 이제 갓 연구를 시작한 필자가 수행하기에는 너무 넓고 어려운 작업이고, 또 내용에 대한 검토는 1993년 한국 철학의 춘계학술회의에서 유학과 불교로 나누어 다룬 바 있으므로, 이번 발표에서는 순수히 자료의 측면에서 통계적으로 접근하여 광복 이후 50년간의 동양 철학 연구를 개관하고자 한다. [2]

2) 자료의 수집과 통계 처리방법은 송상용 교수가 철학연구회 회장을 맡으면서 기획하고 이훈 교수가 실무를 맡아 수행한《한국 철학 100년사》를 위한 기초 자료 수집과 데이타베이스화 작업에서 힘입은 바가 컸다(1993년 이후에는 서울대 철학사상연구소가 이 작업을 이어서 계속하고 있음). 송상용, 이훈 선생님께 감사드린다. 정리된 자료목록이 아직 불완전하여 계속 보충하고 있는 중이고, 자료의 분류와 선정도 필자가 자의적으로 한 것이라 여러 가지 오류가 계속 발견되고 있다. 연구과정중에 발표하는 이 논문은 조언을 듣고 수정하기 위한 미완성의 초고에 불과한 것이므로 절대 인용하는 일이 없기 바란다.

통계를 위한 자료목록을 위하여 국회도서관에서 매년 발간하는 《수서목록》(收書目錄), 《대한민국 박사 및 석사학위 논문 총목록》, 《정기간행물 기사색인》을 기본으로 하고, 국립중앙도서관에서 매년 발간하는 《대한민국 출판물 총목록》및 학술원 발간의 《학술총감》11집 (철학1, 1976), 《학술총감》37집 (철학2, 1987)을 참고했다. 아울러 각종 학술지를 직접 조사하였는데, 각종 학술지는 학회 기관지로서 《철학》(한국철학회) 《철학 연구》(철학연구회), 《동양 철학 연구》(동양철학회), 《철학 연구》(대한철학회 ; 과거 한국칸트학회, 한국철학연구회), 《철학 논총》(영남철학회), 《동서 철학》(동서철학회), 《동서 철학 연구》(동서철학연구회), 《범한 철학》(범한철학회), 《시대와 철학》(한국철학사상연구회), 《철학과 현실》(철학과현실사) 등과 각 대학 철학과·철학 관련 연구소 발간지로서 《철학 논구》(서울대), 《철학사상》, 《동국 사상》(동국대), 《사색》(숭실대), 《슬기와 참》, 《철학세계》(부산대), 《외대 철학》(외국어대), 《동방학지》(연세대), 《대동문화 연구》(성균관대 대동문화연구소), 《철학 논고》(성균관대), 《철학 논집》(경남대), 《철학 논집》(서강대), 《철학 연구》(고려대), 《철학 탐구》(중앙대), 《철학회지》(영남대), 《철학회지》(중앙대), 《현대 사상 연구》(효성여대), 《동양학》(단국대) 등이다. 각 대학의 논문집과 역사학 계열의 잡지들은 아직 다 수집하지 못하였다. 우선 《한국 유학 관계 논저목록》(안병걸, 민족문화 8집)과 《실학 관계 문헌목록》(지두환, 태동고전연구 3집)을 참조하였다. 불교 관계 문헌목록은 동국대 도서관의 《불교 자료목록》을 참조하였다.

2. 전체 자료의 개관

자료는 전체적으로 책 (역서), 학위 논문, 일반 논문의 세 부분으로 나뉘어진다. 철학의 범위에 포함되는지 여부와 학술지 가치가 있는지 여부와 분류는 앞으로의 작업을 위하여 필자가 자의적으로 판단하여 시험적으로 대충 해 보았다. 앞으로 좀더 조직적이고 세밀한 검토를 필요로 한다. 전체 자료의 수는 다음과 같다.

도표 1. 전체 자료

책 (번역)	725 (348)
학위 논문	1,013
일반 논문	2,937
전체 자료	4,675

논문 2편 이하 발표자	1,284
논문 3편 이상 발표자	354
전체 연구자	1,638

앞으로 작업이 진행되면 자료는 훨씬 더 불어나리라 생각되는데, 현재 확인된 4,675건의 자료 수도 서양 철학의 자료 수 6,042건에 비교해 보아도 결코 적은 수가 아니다. 이렇게 많은 논문이 발표되었는데도 불구하고 동양 철학의 연구가 서양 철학에 비해 상대적으로 부진하다고 느껴지는 이유는 무엇인가. 한국에서 이렇게 많이 연구되었는데, 새로 논문을 작성하는 사람은 항상 일본과 중국의 논문만 인용하는 이유는 무엇인가. 너무 다양한 발표 지면을 가지다 보니 논문의 소재를 확인하지 못해서일까. 아니면 내용의 수준이 시원치 않아서일까. 혹시 분포나 연구주제에 문제가 있는 것이 아닐까. 자료의 통계적 처리로는 마지막 의문에나 답할 수 있을 것 같다.

3. 자료의 철학사적 분류

도표 2. 철학사 분류

분류		책	학위	논문	계	비고
중국	선 진	161	235	362	764	유교 경전 번역서 포함
	한 당	33	26	46	105	
	송 명	27	54	242	323	
	청 이후	13	20	44	77	
	계	234	335	694	1,263	
한국	통일신라이전	46	38	227	311	
	고 려	27	29	162	218	
	조선 전기	44	79	560	683	
	조선 후기	34	86	384	504	
	개화기 이후	19	22	96	137	
	계	19	22	96	1,853	
기타	일 본	1	·	20	21	주로 퇴계와 관련
	인 도	63	43	262	368	불경 번역 제외

* 주제를 가지고 쓴 논저는 철학사로 분류가 되지 않는 경우가 있어 전체 논문의 편수와는 다소 차이가 있음.

예상한 바이기는 하지만, 위 도표를 보면, 논문과 저술이 중국의 선진 시기와 한국 조선 시기에 집중되어 있음을 알 수 있다. 한대의 유학이나 청대의 유학이 선진의 1/7, 1/10밖에 안된다는 것은 그 시기가 지닌 철학사적 중요성에 비추어 볼 때에 너무 간과되고 있는 것 같다. 단순히 어떤 시대에만 집중되어 있는 것이 아니라 특별한 개인의 연구에 연구역량이 집중되고 있는지 여부를 보기 위해 연구대상이 되는 중국과 한국의 철학자 상위 10인을 선정해 살펴보자.

도표 3. 철학자 분류(중국, 한국 각 상위 10인)

분 류		책	학위	논문	계	비고
중국	공 자	9	42	135	186	번역 제외
	노 자	3	25	84	112	
	맹 자	2	25	67	94	
	장 자	4	25	76	105	
	순 자	0	17	367	53	
	길 장		3	14	17	
	법 장		1	16	17	
	주 희	5	22	75	102	
	왕양명	6	18	55	79	
	왕부지			19	19	
	소 계	29	178	577	784	
한국	원 효	10	13	121	144	
	의 천	1		11	12	
	지 눌	1	7	54	57	
	서경덕	1	6	33	40	
	이퇴계	16	18	322	356	
	이율곡	10	37	96	143	
	이 익	1		27	28	
	정약용	8	29	219	256	
	최한기		11	17	28	
	한용운	3		54	57	
	소 계	51	121	954	1126	
총 계		80	299	1531	1910	

위의 도표로 보면, 한국과 중국의 상위 10인에 대한 연구가 전체 연구의 반에 육박하고 있음을 알 수 있다. 특히 주목되는 부분은 한국 철학사에서 퇴계와 정약용이 차지하는 비중이다. 퇴계

와 율곡이 한국 성리학에서 차지하는 비중이 엇비슷한데다 퇴계, 율곡 이후의 조선 성리학을 주도한 것이 율곡학파임을 감안한다면, 퇴계 사상에 대한 논문 수가 율곡 사상을 연구한 논문 수의 두 배 이상이 될 이유가 없다. 이는 전적으로 퇴계학보의 영향 때문이라 생각되는데, 최근 급격히 늘고 있는 소위 문중학회가 장차 한국 철학 연구에 어떤 영향을 미칠까에 대해서 약간의 암시를 주고 있다고 생각한다.

4. 주제별 분류

도표 4. 철학사 분류

분 류	책(번역)	학위	논문	계
총 류	53(13)	42	180	275
유 가	307(186)	518	1,936	2,761
불 교	274(104)	326	947	1,547
도가, 제자백가	56(37)	105	280	441
기 타	35(17)	65	113	213
계	725(348)	1,056	3,456	5,237

도표 5. 주제별 분류 2-1. 유가(유파)

분 류	책	학위	논문	계	비고
선진 유학	35	129	273	437	경전 번역 제외
경학, 고증학	3	31	92	126	
성리학	6	48	194	246	
양명학	2	40	119	161	
한국 성리학	47	139	685	871	
한국 실학	23	70	306	399	
한국 양명학	4	19	56	79	
계	120	476	1725	2321	

도표 6. 주제별 분류 2-2. 유가(주제)

분 류	책	학위	논문	계
총 론	40	42	211	293
천, 태극, 도	2	55	101	158
이 기	0	48	92	140
심 성	3	107	244	·354
예, 수양론	0	26	69	95
인 식	0	18	70	88
윤 리	10	24	57	91
사회사상	4	27	146	177

도표 7. 주제별 분류 3-1. 불교(유파)

분 류	책	학위	논문	계
한국 불교	75	72	385	532
초기 불교	27	34	42	103
소승불교	7	5	20	32
대승불교	11	29	26	66
중관, 삼론	9	21	43	73
유식, 여래장	9	23	56	88
화 엄	18	21	86	125
천 태	11	7	31	49
정토종, 기타	21	13	56	90
선	130	24	122	276
인도 철학 일반	14	43	56	113

도표 8. 주제별 분류 3-2. 불교(주제)

분 류	책	학위	논문	계
불교 개론, 교리일반	185	39	83	307
연기, 업	5	8	48	61
각	2	7	35	44
열 반	1	4	12	17
수행, 윤리	8	9	71	88
인명, 논리	4	5	28	37

불성, 여래장	0	36	21	57
심, 식	9	14	75	97
공	3	17	63	83
공	3	17	63	83
사회사상	1	7	34	42

이상의 도표에서 전통 학문의 일반적인 분류에 따라 먼저 유(儒), 불(佛), 도(道)로 나누어 대부분을 점하고 있는 유교와 불교의 유파와 주제어를 가지고 분류해 보았다. 유학 연구의 경우, 선진 유학과 한국 성리학에 대한 연구가 압도적으로 많았고, 단일 주제로는 심성론이 제일 많았다. 한국과 중국 유학 공히 보다 실증적인 경학 연구가 경시되고 있다. 불교의 경우에는 불교가 아직 살아 있는 종교이니만큼 교리서가 제일 많음이 당연하다 하겠다. 얼핏 보아 연구가 부족한 부분은 유학의 경우 예론과 인식론 분야, 불교의 경우에는 우주론과 사회사상의 분야가 눈에 띈다.

5. 연대별 분류

도표 2. 철학사 분류

분류	연구주제	1945-59	1960-69	1970-79	1980-89	1990-92	계
총론	동양 철학 일반	0	2	2	9	2	15
	한국 철학 일반	0	2	5	11	2	20
	중국 철학 일반	0	0	0	5	2	7
	소 계	0	4	7	25	6	42
	유학 일반	1	3	5	18	8	35
	한국 유학 일반	1	0	2	4	0	7
	선진 유학	6	22	20	62	19	129

유학	경학, 고증학	0	1	2	23	5	31
	성리학	0	2	5	30	11	48
	양명학	0	0	2	29	9	40
	한국 성리학	2	10	22	77	28	139
	한국 양명학	0	0	1	16	2	19
	실 학	0	2	10	44	14	70
	소 계	10	40	69	303	96	518
불교	불교 일반	1	6	6	24	2	따
	초기 불교	1	4	3	22	4	34
	소승불교	0	1	1	2	1	34
	대승불교	0	2	6	19	2	29
	중 관	0	4	3	12	2	21
	유 식	1	2	2	12	6	23
	화 엄	1	1	2	14	2	21
	천 태	0	1	2	11	2	24
	선	0	2	9	11	2	24
	중국 불교	0	1	1	6	0	8
	한국 불교	1	4	22	37	8	72
	인도 사상,기타	0	2	6	28	7	43
	소 계	5	30	63	189	39	326
제자백가, 기타	제자백가	0	1	1	17	11	30
	노장, 도가	1	6	2	46	10	65
	도교	0	0	0	2	4	6
	한국 도 교	0	0	0	3	1	4
	동학, 원불교	0	3	5	8	6	22
	소 계	1	3	5	8	6	22
총 계		16	84	147	593	173	1,013

도표 9. 연대별 연구동향 1 (일반 논문)

분류	연구주제	1945-59	1960-69	1970-79	1980-89	1990-92	계
총론	동양 철학 일반	9	9	19	30	11	78
	한국 철학 일반	2	4	15	27	9	57
	중국 철학 일반	2	3	6	23	11	45
	소 계	13	16	40	80	31	180
유학	유학 일반	8	12	28	76	3	127
	한국 유학 일반	4	16	21	34	9	84
	선진 유학	9	36	38	159	41	273
	경학, 고증학	2	6	18	45	21	92
	성리학	2	16	19	122	37	194
	양명학	2	9	17	75	18	119
	한국 성리학	4	20	284	246	135	685
	한국 양명학	1	7	19	23	7	56
	실 학	9	25	61	144	67	306
	소 계	41	147	505	924	338	1,955
불교	불교 일반	10	12	16	36	9	83
	초기 불교	3	7	8	18	6	42
	소승불교	0	2	5	10	3	20
	대승불교	4	0	5	13	4	26
	중 관	4	5	7	19	8	26
	유 식	4	4	13	26	9	56
	화 엄	3	8	24	33	18	86
	천 태	0	3	8	13	7	31
	선	3	10	34	52	23	122
	중국 불교	0	7	10	19	7	53
	한국 불교	13	35	95	168	74	385
	인도 사상, 기타	5	16	26	47	19	113
	소 계	49	109	251	454	187	1,050

제자 백가, 기타	제자백가	4	6	13	23	11	57
	노장, 도가	5	10	42	65	27	149
	도 교	0	0	4	11	4	19
	한국 도교	2	3	2	8	2	17
	동학, 원불교	4	6	8	15	5	38
소 계		15	28	69	122	49	283
총 계		118	300	865	1,580	605	3,468

6. 맺음말

이상의 통계자료에서 볼 수 있었던 것은 우선 부진한 것으로만
알려졌던 동양 철학 연구가 사실은 대단히 활발했고, 선진 유학,
한국 성리학 등에 논문이 집중되어 있기는 하지만 거의 전 분야
에 걸쳐 어느 정도는 활성화되고 있다는 점이다. 그 내용을 보
면, 다양한 방법론의 적용과 연구분야의 확대가 광범위하게 이루
어지고 있다. 분명히 동양 철학계의 일각에서는 이러한 긍정적인
면이 두드러지게 나타나고 있음에도 불구하고, 아직도 연구자들
——특히 동양 철학을 전공하지 않은 연구자들——이 "참고할
논문이 별로 없다, 그 논문이 그 논문이다, 무슨 소리를 하는지
알 수 없다. 1960,70년대 논문보다 별로 나아 보이지 않는다"고
서로가 서로에게 불평하는 이유는 무엇일까. '80년대 동양 철학
연구성과와 연구가가 폭발적으로 늘어났는데도 기존의 연구경향
에서 벗어나지 못하는 이유는 무엇인가. 우선 1970,80년대에 새
로이 배출된 연구자들이 대부분 지도교수가 연구한 분야를 연구
주제로 선택한다는 다소 제도적인 관행을 이유로 들 수 있겠다.
보다 근본적인 이유로 들 수 있는 것은, 조선 성리학의 전통 때
문인지는 몰라도 연구자들이 성급하게 동양 '철학'을 하려고 하지
'동양' 철학을 꼼꼼하게 연구하려고 하지 않는 풍조가 은연중에

있다는 사실이다. 세계는 이미 동양 철학만 공부해서는 '철학'을 한다고 말할 수 없게 변해 버렸다. 동양 '철학'을 하는 자신들끼리만 통하고 문외한에게는 인정받지 못하는 동양 '철학'은 우리 시대의 철학이 아니다. 동양 철학 연구를 살아 있는 동양 '철학'으로 연결하는 작업은 동양 철학자의 몫이 아니라 철학자의 몫이다. 이 시대를 살면서 이 시대의 '철학'을 하는 사람이 동양 철학이 현대 사상에 주는 영감을 받아 동양 철학이 현대 사회에 주는 메시지를 전할 수 있을 때, 동양 '철학'은 살아 있는 철학으로 성립할 수 있을 것이다. 그러면 현재의 '동양' 철학자 혹은 동양 철학 연구자는 뭐하는 사람인가. 이 시대의 철학자——사실은 이 시대를 같이 살아가는 모든 사람——들에게 동양 철학의 내용을 정확하고 쉽게 전하는 것이 그들에게 주어진 일차적인 과제가 아닐까. 오늘날의 동양 철학이 처한 위치는 현대의 한의학과 여러 모로 비슷하다. 그 실제적인 가치는 한의학만큼 인정받지 못하고 있지만, 한 가지 위안이 되는 것은 서양 의학과 한의학이 적대적인 관계에 있는 반면, 현재 한국의 철학을 주도하고 있는 서양 철학자들이 동양 철학에 대해 대단히 호의적이고——필자 혼자만의 착각인지는 모르겠지만——동양 철학의 중요성을 절감하고 있다는 사실이다.

제 3 부   해방 50년의 한국 철학 : 전망

문화보편주의의 새로운 모습

김 여 수
(서울대)

1. 문화적 파편화

21세기를 눈앞에 둔 세기 말, 인류 사회는 경제적 세계화와 문화적 파편화라는 상반된 격류 속에 또 하나의 위대한 문명적 전환기를 맞이하고 있다. 냉전의 종식은 경제관계에 있어서의 국경 철폐라는 세계화의 가속화를 가져오고 있고, 환경, 인구, 자원 관리 등 오늘날 인류가 당면하고 있는 문제들을 볼 때, 세계화의 당위성 또한 그 어느 때보다 크다. 그러나 이러한 당위성과 세계를 하나의 지구촌으로 만들어 주고 있는 통신 혁명의 위력에도 불구하고, 오늘날 인류 사회의 정치·문화는 급속한 파편화의 길로 치닫고 있다. 냉전의 종식은 하나의 세계의 실현 대신, 오히려 애초에는 서양 유일체제의 압도적 위력 속에서 그리고는 냉전 구도 속에서 숨죽여 오던 문화, 종교, 인종간의 해묵은 반목과 분쟁들을 다시 역사의 전면으로 부각시키고 있다. 구소련과 유고 내에서의 민족 분열, 세계 도처에서의 외국인 배척 운동, 심지어는 인종 정화운동 등 헤아릴 수 없을 정도의 많은 파편화 현상의 단면들이 세계 도처에서 드러나고 있다.

세계화 명제의 절실한 당위성에도 불구하고, 오늘날 인류 사회의 정치·문화가 파편화의 길로 치닫고 있는 가장 큰 원인은 바로 지난 1세기 동안 서양 세계가 제시해 왔던 가치와 관념, 제도와 규칙, 생산과 소비의 방식 등으로 구성된 문화 종합의 붕괴에 있다. 그리고 그것을 대체하여, 한때 그것이 향유했던 설득력과 흡인력을 갖는 문화 종합이 존재하지 않을 뿐 아니라, 새로운 문화 종합이 가시화되고 있지 않다는 사실에 있다. 과학기술을 토대로 한 산업혁명을 바탕으로 하여 서양 세계는 정치적 민주주의와 사회정의 그리고 경제적 풍요를 축적할 수 있었으며, 이 문화의 물질적·정신적 설득력은 그 어느 경쟁 문화권의 그것과도 견줄 수 없는 막강한 것이었다. 바로 이 때문에 여러 국가와 사회들은 그들의 관습적 진리와 가치 그리고 생활양식을 포기하고 근대화 또는 서양화의 대열에 기꺼이 끼여들었던 것이다.

2. 서양 문화 종합의 퇴조

이제 저물어 가는 세기가 동틀 무렵, 세계는 이미 하나가 되어 있었다. 세계는 유럽의 몇몇 나라와 유럽 문화의 연장으로서의 미국으로 구성된 서양 제국에 의해 지배되고 있었다. 여타의 세계는 보다 앞서 서양화를 표방하고 나선 일본이나 러시아와 같은 '명예' 서양 나라들을 제외하면, 서양 제국의 식민지 아니면 보호령 또는 사실상의 속국에 불과했다. 이들은 거의 모두가 산업화를 통한 서양화만이 그들에게 보다 밝은 미래를 보장해 줄 수 있는 유일한 선택이라고 인식하고 있었을 뿐 아니라, 서양화의 척도에 따라 그 나라의 문명과 미래, 발전과 퇴행을 가늠하고자 했다. 모든 문화와 사회들은 각각의 상대적 위치에 따라 진보의 단계가 확실하게 구분되는 단주로 경주에 참여하는 것으로 보는 문화보편주의가 자연스럽게 자리잡게 되었으며, 여기에 기독교적 소명의식이 결합되어 '개화 선교'를 표방하는 문화제국주의가 역사의 대세를 이루게 되었다.

그러나 오늘날 문화보편주의는 도처에서 공격의 대상이 되고 있다. 한때 '보편적' 가치로 받아들여져 오던 개인주의, 자유주의, 인권, 자유, 평등 등 여러 관념과 제도들은 서양의 문화제국주의의 산물로 비난과 조소의 대상이 되고 있다. 이러한 상황 속에서 많은 사람들이 지금까지 서양 문화의 압도적 위세 속에서 잊혀지고 억압되어 왔던 전통적 문화가치, 유대감, 신앙의 형식, 즉 보다 원초적 차원의 과거 지향적·특수주의적 문화 전통에서 새로운 활력을 찾고자 하는 것은, 관점에 따라서는 매우 자연스러운 현상이라고도 할 수 있겠다. 이러한 인식의 변화는 서양 산업문명의 융기와 발전의 바탕을 이루면서 원동력이 되어 왔던 일련의 가치와 관점들이 이제 한때 자명했던 적실성과 타당성을 잃어 가고 있다는 사실의 표출이라고 할 수 있다. 오늘날 경제주의 모형에 내재하는 확장주의적 동력은, 그것에 토대하여 구축된 문명을 파멸로 이끌 수 있는 힘으로 작용하고 있다는 인식이 보편화되고 있는 시점이다. 경제적 풍요와 함께 민주주의와 사회정의를 추구했던 선진 서양 사회들은, 그들의 빛나는 성취에도 불구하고, 오늘날 정체와 쇠퇴의 징후들을 드러내고 있다.

3. 한국과 서양

우리는 19세기 후반의 궁핍하고도 당혹스러운 상황으로부터 20세기 말까지 1세기에 걸친 민족 자존의 회복과 절대 빈곤으로부터의 해방을 위한 처절한 투쟁과정에서 서양으로부터 많은 교훈과 영감을 구하고자 했다. 특히 1960년대 이후 본격화되기 시작한 경제 발전과정에서 서양보다, 정확히 말해서, 미국에 의해서 보강되고 변질된 세계 질서에 철저하게 함입되면서 엄청난 속도의 경제 발전을 이룩하게 된다. 30여 년의 결코 길지 않은 기간에, 우리는 세계에서 가장 가난한 나라의 위치에서 이제 20세기 중에 이른바 후진국에서 선진국의 문턱까지 진출한 거의 유일한 나라가 되었다. 이러한 급속한 변화가 가능했던 가장 중요한 이유는 우리의 마음 속에 문화적 백지 상태가 자리하고 있었다는 점일 것이다. 우리의 마음 속에서 유교문화를 바탕으로 하는 전통 문화는 조선 왕조의 명예롭지 않은 몰락, 주권 상실과 불가피하게 연결되어 있었으며, 우리 민족의 역사적 삶의 터전인 아시아 대륙은 냉전체제와 함께 탄생한 한국의 우리에게는 직접체험의 영역에서 사라져 버린 극기의 땅이 되었다. 이러한 상황 속에서 우리에게 상대적 풍요와 새로운 자신감을 가져다 준 산업사회의 규범과 제도는 적극적으로, 때로는 무분별하게 수용되고 내면화되고 있었다.

절대 빈곤의 퇴치를 위한 국가 발전의 목표는 명백했다. 그러나 그것을 넘어선 우리의 삶의 모습은 어떠한가? 그것은 분열과 회의로 가득 차 있다. '개인 소득 1만 달러 시대', '선진 대열 진입' 등의 실현을 앞에 두고 한때 찬란했던 구호들이 이제 한때 자명했던 설득력과 호소력을 잃어 가고 있다. 그리고 그 자리를 대신할 수 있는 어떤 다른 상징도 나타나고 있지 않다. '국제화'나 '세계화'가 그 자리를 차지할 수 없다는 것은 명백하다. 왜냐하면, 그것은 수단이지 목표가 될 수 없기 때문이다. 또 국제화나 세계화는 그것이 함축하는 무한 경쟁 때문에 개인과 개인간의 국가와 국가간의 불평등의 상황을 보다 악화시키게 될 것이기 때문이다. 우리의 목표가 10년 또는 20년 후에 스웨덴이나 일본, 미국이나 스위스같은 사회를 이 땅에 실현시킨다는 것이 될 수 없다. 그것은 이미 시대적 적실성을 상실한 모방에 불과할 것이기 때문이다. 우리가 제시해야 할 미래상은, 문명이 다시 한 번 그 본래적인 목표, 즉 인간의 생존을 보장하고 삶을 가치 있는 것으로 만들려는 목표에 봉사하고 기여할 수 있는 것이어야 한다.

우리는 탈냉전 시대에 유일하게 남아 있는 냉전의 섬이다. 그러나 민족 분단의 역사는 서서히 그 대단원을 향해 움직이고 있고, 그 형태가 어떤 것이든 우리가 다시 하나 된 민족으로 21세기를 맞이할 수 있으리라는 전망은 그 어느 때보다도 높은 설득력을 갖는다. 민족과 국토의 통일이 갖추어졌을 때, 우리는 영국이나 프랑스 또 독일과 엇비슷한 규모의 민족국가로서 역사에 새롭게 등장하게 될 것이다. 물론 역사와 운명에 의해서 규정된 이러한 조건들은 우리 국가와 민족의 생존과 번영을 위한 필요조건들이다. 그러나 그것만으로 영국이나 또는 프랑스가 한때 세계사적 주역의 위치에서 세계 질서 형성을 주도했듯이, 새로운 세계 질서 형성에 주도적 역할을 보장해 주는 충분조건이 확보되는 것인가? 아니, 그것만으로 우리의 생존 자체가 보장될 수 있는 것인가? 우리가 세계에서 가장 크고 힘센 나라들에 둘러싸여 있다는 사실을 상기할 때, 이러한 물음의 절박성은 자명하다. 우리가 주변의 큰 나라들과 개방적으로 그리고 자주적으로 상호 작용하면서 세계 질서 형성에 기여할 수 있는 토대는 무엇인가? 그것을 과거의 문화 전통이나 지리적 조건 또는 현재의 경제적 득실의 차원에서 찾고자 했을 때, 그것은 쉽게 불행했던 과거의 되풀이로 이어질 수 있다. 산타야나(Santayana)의 말대로, 역사의 교훈을 배우지 못한 자는 그것을 반복하도록 단죄되어 있다. 우리 자신의 정체성을 확보하고 동시에 세계사적 역할을 보장받을 수 있는 길은 자연이나 운명에 의해서 규정되는 원초적이고 과거 지향적인 토대 이상의 것을 요구한다. 그것은 보다 미래 지향적이고 문화적인 토대를 요구한다. 우리 자신을 포함한 사람들의 일상생활에서 생동적으로 작용하고 있는 관념과 가치, 믿음과 태도, 관습과 행동양식, 제도와 규칙들을 미래의 삶의 조건에 비추어 새롭게 조명하고, 수정하고, 확장해 나가는 일에 우리가 앞장서야 한다.

4. 문화 종합의 과제

나는 이러한 정체성 추구를 위하여 필수적인 작업을 문화 종합의 과제라고 불러 왔다. 지난 수 백 년 동안 서양 사람들에 의해서 형성된 세계 질서의 바탕이 되었고 이제는 노후화한 문화 종합을 지구화 시대에 적실한, 새로운 세계 질서의 바탕이 될 수 있는 새로운 문화 종합으로 바꿔 놓는 일에 우리가 앞장서자는 것이다. 문화 종합의 작업은, 그것이 성공적일 때에 한 공동체의 성원에게 세계 인식의 공통적 기반을 제공해 주고, 개개인의 행위뿐만 아니라 사회 전체의 목표를 설정해 주는 기반이 되며, 도덕성의 기준을 제공해 준다. 이들 관념과 가치 그리고 실천이 하나의 역동적이고 정합적인 체계로 응집되었을 때, 그 사회는 참으로 창의적이고 독창적인 문화 종합을 이루게 되는 것이다. 우리 사회가 이러한 문화 종합에 바탕하고 있을 때, 모든 구성원들은 그 사회에 몸과 마음을 의탁하고, 신명나게 일하며, 보람 있는 삶을 이룩해 나갈 수 있을 것이다. 그것은 동시에 가까운 그리고 먼 곳에 있는 이웃 나라들에게 하나의 모범과 모형을 제공함으로써 그들과의 생산적이고 평화적인 상호 작용의 바탕이 될 수도 있을 것이다.

서로 다른 시대의 문화와 민족들은 때로는 고립된 상태에서, 때로는 서로 협력하면서 또 때로는 분쟁 속에서 이러한 문화 종합을 추구해 왔다. 토인비(Toinbee)가 분류하는 21개의 '문명'의 정체성도 사실은 각각에 고유한 문화 종합에 토대하고 있는 것이다. 그것은 각각의 사회들이 직면하고 있는 절실한 삶의 문제들이 적절하게 대응할 수 있는 방식과 도구, 관념과 가치들을 제공한다. 활력 있는 문화와 민족들은 각각 자신이 처해 있는 자연적 조건들 그리고 그 조건들에 대한 이해와 지식의 한계 안에서 생존과 번영 또 나름의 인간다운 삶의 실현을 위해서 관념과 가치, 제도와 실천들의 가장 유효적절한 종합을 탐색한다. 이러한 최적의 문화 종합은 한편으로는 관념과 가치, 다른 한편으로는 끊임 없이 변화하는 환경간의 상호 작용 과정 속에서 구현되는 반성적 평형을 반영한다.

철학은 이러한 관념들과 가치들을 비판하고 종합해 낸다. 본성상 철학은 논변과 정당화 그리고 무엇보다도 종합을 추구하는 성향을 가지고 있기 때문이다. 그 이름에 걸맞는 것으로서의 철학은 모든 관념과 가치 그리고 태도 등을 반성적 평형 속으로 끌어들임으로써 효과적으로 설득력 있는 종합을 창출하는 데 기여하여야 한다. 동서고금을 막론하고 모든 중요한 철학들은 이론언어 또는 추상언어로 표현된 문화 종합이었다. 종합이라는 과업에 대한 철학의 기여는 때로는 잊혀진 과거의 소리에 귀기울임으로써, 때로는 현재의 산재한 여러 생각들을 정합적 전체로 만듦으로써 이루어지며, 더 중요하게는 아직 분명치 않은 생각들을 정교화함으로써 수행한다.

5. 새로운 문화보편주의

문화 종합의 수정을 위한 추동력 또한 다양하다. 한 문화가 처해 있는 자연환경의 급격한 변화가 그것을 요구하기도 하며 또는 문화 스스로의 비판적 반성을 통해서나 또는 다른 문화와의 대면에서 자신의 개념적·실천적 전제들의 부적절함을 자각함으로써 그리 되기도 한다. 또 제국주의적 침투에 의해 절멸되기도 한다. 어떤 문화는 그 발전과정에서 자신의 방향감각을 잃어버리기도 한다. 또 자신보다 개념적으로 더욱 풍부한 다른 문화를 만났을 때, 그 문화는 자신의 부적합성을 인정하고 새로운 문화에 충성을 바치는 경우도 있다. 이러한 충성의 전이가 반드시 제국주의적 침투에 기인하는 것만은 아니며, 변화의 필요성에 대한 합리적 인정의 결과로서 나타나기도 한다.

결국 각 문화는 주어진 환경 안에서 자신의 존속과 번영을 가장 훌륭하게 보장해 주는 관념, 가치, 관행 등으로 구성되는 최적의 문화 종합의 창출을 위해 노력한다. 어떤 문화는 자신의 문화 종합이 다른 모든 문화보다 우월하다고 주장할 수도 있다. 그 근거는 물론 자신의 문화가 선행했던 문화나 경쟁 문화들의 한계를 극복했을 뿐 아니라 그것의 약점을 보완하고 강점을 수용했다는 것일 터이다. 하나의 문화적 종합이 내부에서뿐만 아니라 외부에서 보더라도 최적점에 도달한 것으로 평가될 수 있다. 다시 말해서, 한편으로는 관념과 가치들 그리고 다른 한편으로는 완강한 환경 사이의 상호 작용의 과정에 일종의 반성적 평형 상태가 이루어졌다고 평가될 수도 있다. 그러한 문화 종합은 다른 문화에 평가기준으로 여겨질 수도 있으며 다른 문화 종합을 혹평하고 평가하는 잣대가 되기도 한다. 그럴 경우, 문화 종합은 스스로 보편성을 주장할 수도 있을 것이다. 이러한 문화 종합을 토대로 한 공동체는 각 사회의 현실적 삶에 뿌리박고 있으면서도 핏줄이나 지리의 우연성, 역사나 언어의 특수성을 뛰어 넘을 수 있고 이념의 공동체가 될 수도 있다. 문화보편주의란 그 이상도 그 이하도 아니다.

따라서 문화 종합의 야망이 보편주의적이라 할지라도, 그것의 언어와 정신은 오류를 인정할 줄 아는 것이어야 한다. 세계에 대한 우리의 지식은 명백한 한계를 갖는 인간의 관점에서 제시된 것이며, 그 지식은 우연적이고 비특권적이고 편향된 수단을 통해 획득된 것이기 때문이다. 철학적 종합의 어떠한 최적성 주장도 단지 특정한 시간, 공간 안에서밖에는 타당할 수 없다는 것은 바로 이런 이유 때문이다. 모든 민족과 모든 시대에 걸쳐 타당한 종합이란 사실상 인간의 한계를 벗어나는 일이다. 그러나 실재에 대한 우리의 접근이 우연적이고 편향된 것이라면, 다른 문화들은 실재의 또 다른 측면에 접근할 수 있을 것이다. 그들은 그들 자신의 필요와 관심에 적합한 인지형식을 통하여 나름대로의 세계 상을 구축한다. 그렇다면 다른 문화들은 우리 문화 종합에 대한 대안적 종합을 형성하는 데 필요한 별도의 정보를 소유할 수도 있다. 문화 종합의 복수성 및 다원성은 인간적 유한성의 귀결이다. 어떤 문화 종합의 가치는 주어진 환경 속에서 그 문화의 존속과 번영을 얼마만큼 담보해 내는가, 그 정도의 함수이다. 그이상의 어떠한 절대적 평가도 불가능하다.

6. 규제 이념으로서의 문화 종합

나의 제안은 앞서 밝힌 바, 잠정적 보편성을 주장할 수 있는 최적의 문화 종합의 가능성을 칸트(Kant)적 의미에서의 규제 이념으로 보자는 것이다. 그것은 다양한 문화의 지적 노력에 견인차의 역할을 하면서 환경의 제약 및 인간적 요구에 적합한 관념, 가치, 관행의 체계를 창출하는 데 기여할 것이다. 세계에 대한 우리의 지식이 증가함에 따라 그리고 다른 문화와의 증대된 접촉에 의해 우리의 지평이 확장됨에 따라, 최적의 문화 종합에 대한 우리의 구상도 수정과 확장의 진화적 과정을 겪게 될 것이다.

이러한 견해를 지지해 주는 것은 무엇인가? 우선 인간의 자연사를 통해 볼 때, 모든 인간에게 공통적인 종특수적·원초적 사실들이 존재한다는 것이다. 그리고 완강한 외부 세계가 인간의 삶에 부과하는 기본적 제약들이 모든 문화와 시대에 걸쳐 본질적으로 동일하다는 사실이다. 또한 서로 다른 문화들의 물리적 생활환경이 점차 동질화되고 있다는 사실도 중요하다. 그러나 이러한 '보편적인 것들'은 최적의 문화 종합을 창출하기 위해 필요한 여러 요소들 중 아주 작은 부분일 뿐이다. 문화 종합의 창출작업은 고고학자의 작업과 다소간 유사하다. 고고학자는 매우 불충분한 고고학적 자료들을 가지고 고대의 알려지지 않은 문명에 대한 그림을 제공하고자 한다. 새로운 자료가 발견됨에 따라 그 이전의 그림을 적절하게 변화시켜 해당 문화에 대한 '참'인 그림에 점차 가까이 다가가는 고고학자와도 같이, 세계에 대한 우리의 지식과 그 세계 속에서의 가장 풍요로운 삶에 대한 우리의 구상 또한 균열, 수정, 확장의 과정을 지속적으로 겪을 수밖에 없다. 인간의 유한성에 대한 자각은 우리로 하여금 문화 종합을 추구하게 하고, 진화적 과정이 직선적인 과정이 될 수 없다는 것을 명백히 한다. 보다 적절한 이미지는 아마도 나선, 그것은 불규칙적 나선일 것이다.

7. 과제들

우리의 생존과 번영을 위해서 구상해 내지 않으면 안될 문화 종합의 모습은 어떤 것이 되어야 하나? 이 물음이야말로 이 시대를 사는 우리 모두, 특히 철학하는 우리 모두에게 개별적으로 그리고 집단적으로 주어진 과제가 아닐 수 없다. 이 물음에 대한 설득력과 정합성을 겸비한 대답은 어디에도 존재하지 않는다. 그러나 그러한 문화 종합을 구성하게 될 핵심적 요소들의 몇 가지는 분명하게 확인될 수 있다. 그 첫째가 사회 정의의 문제이다. 여기서 핵심이 되는 것은 평등주의와 능력주의 사이의 적절한 균형을 찾는 일이 될 것이다. 또 하나의 과제는 더불어 사는 공동체의 과제이다. 개인과 공동체의 권리, 경쟁과 협력의 변증법에서 적절한 평형점을 찾아 내는 과제이다. 능력주의와 평등주의 사이의 균형, 개인과 공동체의 요구 사이의 균형을 찾는 과제는 소유의 형태와 밀접하게 연관된다. 개인의 소유와 공동체의 소유를 매개할 수 있는 소유의 형태는 어떤 것이 될 것인가? 문화 종합을 위한 또 하나의 핵심 과제는 경제 발전과 환경 보존과의 관계에 관한 것이다. 환경주의적 인식은 오늘날 보편화되어 있다. 그러나 이러한 인식이 생산시설의 재편성, 생활공간의 재구성 그리고 소비생활의 재편에 어떻게 생산적으로 실천될 수 있을까 하는 어려운 과제가 남아 있다. 그리고 환경주의적 의식의 전환이 소비생활의 재편을 수반한다면, 그것은 필연적으로 삶의 의미에 대한 새로운 문제를 제기한다. 왜냐하면, 지금까지의 양적만족의 삶에서 그것을 대체할 수 있는 새로운 가치와 목표의 제시가 필요하기 때문이다. 여러 상이한 차원에서의 만족감과 성취감을 균형 있게 조절하고 조화시킬 수 있는 새로운 시각과 방법론이 요구되고 있다.

끝으로, 우리는 우리 자신을 향해서 이런 물음을 던질 수 있다. 세기 말의 세계 변화 속에서 문화 종합의 힘겨운 과제를 자임할 수 있는 능력이 우리에게 있는가? 있다면, 의지는 있는가? 이런 물음은 어쩌면 사치스러운 것일 수도 있기 때문이다. 왜냐하면, 문화 종합의 과제는 우리의 생존과 번영을 확보하기 위한 필수조건이기 때문이다. 남들이 수 백 년의 기간을 거치면서 이루어 온 농경사회에서 산업사회로 그리고 산업사회에서 정보사회로의 이행과정을, 우리는 지난 50년간 비교적 성공적으로 단축시켜 왔다. 그래서 많은 나라에 '모델'이 되어 왔다. 이제 역사의 뒷전으로 밀려나와 있지만, 해방 이후 북한의 사회혁명도 한때는 다른 나라들에 '모델'의 가능성을 보여 주었던 문화 종합의 시도로 평가될 수도 있다. 18세기 조선조의 조선중화론을 토대로 한 도덕국가의 건설 시도도 새로이 평가되어야 할 문화 종합의 성공한 사례이다. 우리 사회는 지금 중대한 갈림길에 서 있다. 바야흐로 가속화되기 시작한 민족 중흥의 동력이 좌절되어 일장춘몽으로 끝나지 않기 위해서는, 그 무엇보다도 창의성과 독창성에 바탕한 문화 종합이 요청되는 시점이다.

고고학으로 함몰하는 철학사 그리고 남은 과제[1]

박 동 환
(연세대)

1.

고고학이 탐구하는 원시의 유물들을 보면, 세계 어디에서나 서로 비슷한 용도의 단순한 공구를 만들어 사용했던 것을 알 수 있다. 자연환경에 관계하는 비슷한 양식으로서의 원시 공구들은 인류의 원시적 세계 인식에 공통점이 있음을 나타낸다. 이 공통점은 아마도 인류의 생존을 위한 물리적 조건의 공통점에서 나왔을 것이다.

그럼에도 인류는 지난 수 천 년 사이에 다른 지역에서 각기 판이한 문화권을 형성하며 서로 이해하기도, 비교하기도 어려운 단절의 경지에 이르고 말았다. 현대인은 그 각기의 개인차를 자유라는 이름 아래 더욱 개발하여 보편의 진실인 것처럼 주장하고 있다. 더하여, 각자의 철학적 선택에서 오는 차이는 적대적·배타적 관계로 빠지기까지 한다. 그러니까 문화와 철학체계들 사이의 통화 불능 및 배타관계 아래에 흐르는 원시적 통일성에 대한 탐구의 기반으로 수 십만 년 된 원시 공구, 원시 세계관으로서의

1) 이 글은 교육부의 국비 해외 파견(1993~1994) 연구보고 "중국적 사유의 불변계통(동북아시아 세계관의 자리매김을 위하여)"의 결론(추가) 부분임.

샤머니즘과 고복(古卜), 기구(祈求)의 형식, 수 만 년을 거쳐 온 사유형식의 흔적으로서의 고대 어법(古代語法)같은 것을 분석할 필요가 있다.

그렇다면 온갖 유파(流派)에 시달리며 지엽적 다양성에 빠지기 시작하는 문자 기록의 고전 시대를 인류의 철학적 사유의 시작이라고 말할 수 없다. 문자 이전의 시대에 수없이 거듭해 온 생존 양식 및 도구의 혁명과 개량 끝에, 드디어 지구 위의 지배자로 등장할 수 있었던 원시 인류에게 세련된 논리적 사유가 없었다고 말할 것인가?

문명 이후의 인류는 그가 계발한 심성과 문자체계에 갇혀 그 자신의 영원한 원시성을 망각한다. 문자의 조작과 논리적 규칙의 인식이 아직 이루어지지 않았을 때, 인류는 그의 자연환경에 어떻게 관계하였는가? 원시의 샤먼과 복관(卜官)도 오늘의 과학자들처럼 삶의 환경에 일어난 자연의 이변에 의문을 던지고 응답을 얻었을 것이다. 그들은 생사(生死)를 가름하는 조건들을 쥐고 있는 어떤 주재자와의 대화에 있어 문자나 지식의 체계를 매개로 쓰기 전에 무엇으로 하였을까? 그런 무문자(無文字) 시대에 자연 또는 타자(他者)와의 대화에 있어 최초에 등장한 매개자로서 동일자의 확인, 모순 배제와 같은 단순하고도 원시적인 그러나 생명의 영원한 본능과도 같은 그런 규칙을 들 수 있다.
그러니 논리학의 기본 규칙이라는 것은 문명과 역사 이전에 있어 왔던 생명과 물질의 운동이 어길 수 없는 가장 원시적 질서에 바탕을 두고 있다.

그렇다면 논리적 조작의 규칙이라는 것이 반드시 문자나 기호 체계가 발전한 뒤에 이루어진 것이라고 말할 수 없다. 그리고 문화적으로 발달한 사유작용이라는 것이 논리적으로 타당한 조작을 수행함에 필수적인 것도 아니다. 논리적 조작의 타당성 여부라는 것이 생물 일반의 원시적 생존과 사멸을 좌우하는 단계에서[2] 이미 수 십억 년 동안 냉혹한 기준으로 작용해 온 것이 틀림없다.

논리학이란 무엇인가? 그것은 자연사에 등장한 원시 인류가 그의 생존전략으로서 개척한 두 갈래의 방향으로 나타난다. 하나는 모순-적대적인 것은 배제하거나 통제하기 위하여 모순을 현실적으로 불가능한 관계로 여기고 동일률에 의해 관념의 대상 또는 기호를 조작하는 전략이다. 여기서 적대적 모순 배제의 기능성을 '증명'하는 연역 추리가 전개된다.

하나는 모순-적대적 관계를 현실적인 불가피(不可避)로 받아들여 동일률이 파기되는 과정에 의해 관념대상이나 기호의 묶음들을 조작하는 전략이다. 자기 관념의 동일성이 파기되는 전회(轉回)의 계기로서 감각과 실험, 때로는 이른바 정신분열, 때로는 재난(catastrophe)과 같은 관계 현상이 있다. 여기서 관념과 대상, 기지(旣知)의 전제와 미지의 정합체(整合體) 사이의 외면할 수 없는 충돌 또는 반전(反轉)의 관계가 이루어진다. '증명'의 논리는 반전의 모순을 피하기 위해 미지와의 '반구'(反求)관계를 외면하지만, '반구'의 논리는 '증명'의 연역과정을 그 '반구'의 과정 속에 은닉하여 수행한다. 그러므로 '증명'의 논리는 언제든 대면해야 하는 모순 반전의 장벽 앞에서 '반구'의 논리에 함몰될 수밖에 없다.

---

2) 바이러스들이 얼마나 영리한지 의사 뺨칠 정도라고 한다. 새로 개발된 페니실린에도 면역성을 얻은 새로운 다음 세대가 번식한다. 바이러스도 반성·반구(反省反求)의 작용을 갖추었다고 보지 않을 이유가 없다. "The Microbes strike back: Newly emerging viruses, drug-resistent bacteria……are making a mockery of the notion that humans can win the battle against infectious disease", in *TIME*, Sept. 12, 1994, p.3.

철학이라는 것이 인류가 지닐 수 있는 세계관에 대하여 불변의 바탕을 찾는 것이라면, 어찌 철학적 탐구의 과거를 2,500년에 국한시킬 수 있겠는가? 그리스 민족이든 한족(漢族)이든 적어도 그들의 역사 이전 수 천 년을 거슬러 올라가야만, 그 이후 지리멸렬하게 갈라진 관념체계의 허구들을 벗어나 인류가 변함 없이 부딪쳐 온 생존의 기본 조건에 대하여, 그것이 굴복할 수밖에 없는 타자와의 대결이거나 모순에 대한 어떤 해법(解法)이거나 간에, 공유하는 바탕에 이를 수 있지 않겠는가? 인류의 가장 오래된 사상은 철학사의 서로 다른 갈래가 파생하기 이전으로 올라감으로써 발견될 것이다. 석기 시대에 인류의 생존이 마주쳤던 불안과 모순을 상고 반성하며 인류에게 가능한 불멸의 세계관과 논리를 모색할 수 있다.

2.

코페르니쿠스의 혁명 이후에, 지구는 더이상 우주의 중심이 아니다. 인류가 중심이 되어 이루어 놓은 듯한 5,000년의 문명과 역사는 수 십억 년에 걸쳐 일어난 자연사(自然史)에 한 짧은 에피소드로 기억될 날이 올 것이다. 아직도 철학자들은 그들이 세계를 이해함에 있어 주체인 것처럼 생각한다. 인간은 모두 우주의 알 수 없는 어떤 주인이 펼치는 파노라마에 초대된 객(客)일 뿐인데.

며칠을 사는 나비에게 그가 걸터앉은 100년 된 나무는 죽어 있는 것이나 다름 없다. 100살을 사는 사람에게 불변의 거점(據点)인 45억 년의 지구는 살아 있는 것이 아니다. 그럼에도 이 모든 것은 '시간' 위에 서 있는 생명의 유한성을 공유하고 있다. 나비도, 인간도, 100년의 나무도, 45억 년의 지구도 각기 그 자신의 출현과 생명의 근원을 찾아가면 모두 하나의 구도(構圖) 가운데에서 배당받은 '시간'의 것들이다.

그것들은 우리에게 잡히지 않는 어떤 구도를 중심으로 펼쳐진 사례이며 부분일 뿐이다. 세상에 펼쳐진 모든 사례들은 우주라는 정합적 구도와 '반구'의 관계를 이룬다.[3] 철학자도 과학자도 그 모든 사례 또는 사건의 진로를 좌우하는 알 수 없는 중심의 구도를 향하여 신호를 던지며 신호를 받는다.

나무와 아메바같은 생물에는 심상(心像)이라는 것이 없을까? 심상이란 인간의 마음에만 떠오르는 현상인가? 생물이 그 생존의 활동 가운데에서 일으키는 반응현상의 주관적 측면을 심상으로 이해할 수 있다. 그 주관적 측면이 인류 밖의 생물, 나무나 아메바에게는 존재하지 않을 것이라고 단정할 만한 근거와 권리가 인간에게는 없다.

물성(物性)을 현저하게 이탈한 심성이라는 것이 어떻게 출현하였을까? 심성의 활동이 '물성'의 어떤 한계를 보충하고 있는 것인가? 특히 인간의 생존이 그의 관념 조작능력에 의존하는 것처럼, 아니면 물성이 지닌 어떤 가능태를 실현하고 있는 것인가? 영양과 감각의 삶을 넘어선 아리스토텔레스의 명상이 그런 것처럼, 심성은 물성의 효율적 자기 보존방식으로서 나타난 것일 수 있다. 아니면, 심성이 물성의 실현한계를 넘어서 물성 자체를 거부하는, 그리하여 때로는 물성 자체의 소멸을 지향하고 있는 것인지도 모른다. 심성의 기교(技巧)가 극치로 달려가는 지금의 인류에게 다가오는 위기감, 속수무책에 부딪쳐 보면 그런 느낌이 든다. 그리고 예리한 정신이 자기 신체와 노자(老子)의 장려하는 덕(德)에 끼치는 영향을 고려하면, 더 그런 느낌이 든다. 세상에 태어나 있는 모든 것이 '향하여' 달리고 있는 마지막은 자체 소멸

---

3) 정합체와 반구관계를 이루는 모든 사례들을 귀납일반화의 대상도, 미지(未知)를 연역해 내도록 출발점이 되는 기지(既知)의 전제도 아니다.

에 있지 않은가?

사람이 그 의식에 반성능력을 갖추었더라도 자발적으로 반성하는 것은 아니다. 사람은 스스로 반성하는 일이 없다. 객관의 사태로부터 닥쳐 온 어떤 충격에 의해 비로소 반성을 시작한다. 그는 객관의 사태로부터 오는 자극이 없다면 반성하지 않을 것이다. 그는 피할 수 없는 충격 또는 좌절에 자극되어 긴 반성절차에 들어간다. 의식현상 자체가 객관의 사태로부터 오는 자극에 대한 반응으로서 일어나는 것일 게다.

공자는 '구제기'(求諸己)라는 반성철자는 객관의 사태 전개, 이를 테면 은(殷)의 멸망이나 주 왕실(周王室)의 쇠퇴(衰退) 또는 춘추 시대의 혼란 때문에 야기된 주관(主觀)의 운동이라고 한다. 그럼에도 '구제기'는 객관으로부터의 충격을 다만 고립된 심리적 주관으로 내면화하고 있는 것은 아니다. 그것을 고립된 내면으로 수렴한다면, 서구의 개인주의에서처럼 객관의 사태에 대한 관념화 또는 자기화(自己化)를 초래할 것이다. 그러한 내면화 또는 고립된 주관에 의한 반성은 아마도 객관세계의 극복 또는 부정을 위한 주관의 일시적 후퇴일 수밖에 없다. 그리스 고전 시대의 시인과 철인들이 그리고 그 후 서구의 철인들이 그런 전략을 구사한다.

은·주 교체기(殷周交替期)의 주공(周公)이나 그 후의 공자를 비롯한 고대 중국 철인들의 반성은 객관세계로부터 요구된 자기조절행위로서 일어나며, 그런 반성행위 위에 객관세계에 대한 기구와 실천이 행해지는 것이다. 왜냐하면, 아마 그들은 객관의 세계를 자기의식의 지평으로 동일화하는 것은 상제(上帝)에 대한 또는 물극필반(物極必反)하는 사리(事理)에 대한 무리한 월권으로 생각했기 때문일 것이다. 그들은 주·객(主客) 또는 천·인(天人) 관계가 동일한 지평으로 수렴되는 관념작용을 피하여 '반'

(反) 또는 반환(反還) 또는 '반구'라는 상반상성(相反相成)의 관계로서 객관에 대한 주관의, '천'에 대한 '인'의 또는 타자에 대한 자기의 반성계기를 마련했다고 볼 수 있다.

　노동의 과정이 어떤 생산 또는 창조의 행위로 이어지려면, 객체로서의 자연에 대한 인간의 요구와 계획을 세우기 전에, 오히려 객체인 자연으로부터 인간에게 요구되는 것에 대한 허심탄회한 받아들임이 앞서야 한다. 자연으로부터 행위자에게 요구된 자기 계획의 반성 없이 자연으로부터 어떤 의도된 결과를 이끌어낼 수 없기 때문이다. 객체로서의 자연과 자연에 대처하는 행위자 사이에는 '반구'의 관계가 있다. 잘 반성되지 않은 행위에 대하여 의도에 역행하는 자연의 반응이 닥쳐올 수 있고, 잘 반성된 행위에 대하여 순조로운 보상을 얻을 수 있다.

　노동이란 자연에 대한 일방적 가공 또는 창조행위라고 볼 수 없다. 노동이란 결코 행위자의 요구와 계획을 객체인 자연에 강제하는 것이 아니다. 행위자 자신이 지향하는 대상으로서의 자연으로부터 자기의 의도와 행위를 돌이켜보면, 조정하는 반성행위를 거쳐서 비로소 기대하는 결과를 실현시키는 과정, 이것이 노동이다. 반응하는 자연과 대처하는 행위자 또는 반응하는 행위자와 대응하는 자연 사이에 이루어지는 '반구'의 관계는 노동이라는 생산활동을 가능하게 할 뿐 아니라, 공자가 구상했던 천하의 질서라는 것 또한 '천·인' 사이의, 나아가 타자와 나 사이의 '반구' 관계로서 이루어질 수 있는 것이다.

　인류는 자연의 연약한 존재로 태어난 다음 주변자로서의 생존양식을 개발해 왔다. 처음 인류는 자연의 조건에 기생(寄生)하며, 다만 적응하는 데 모든 지혜를 동원했을 것이다. 살아 남기만 하면 다행이었던 것이다. 그러한 생존조건에 안정을 얻자마자, 그들은 생존을 영구히 보장받고 그의 영토를 확장하는 데 힘을 기울였다. 주변자의 자리로부터 자기가 중심이 되는 세계로 나가는 길에서, 가장 혁명적인 발상을 한 것은 그리스 고전 시대의 철인들이라고 볼 수 있다. 옛날 그리스의 철인들은 자기가 중심이 되는, 그래서 자기동일성이 보장받는 세계를 구축하는 가장 효율적인 도구를 개발한 사람들이다. 운동과 정지, 형상과 실체 같은 존재의 기본 범주들과 증명의 논리학이 바로 그런 도구였다.

그러나 옛날로부터 중국인들은 자기동일성, 특히 개별자의 동일성을 해체하는 집체정합(集體整合)의 관계라는 완벽하고도 안정된 도덕 및 우주의 체계를 구축했다. 그럼에도 그들은 아직 정합관계로 짜인 집체조차도 쉼 없이 주변화되어 가는, 그리하여 보다 큰 구도의 불안정한 부분에 지나지 않는다는 객관의 인식을 거부한다.

인간은 자신의 불확실한 운명을 좌우하는 자에 대하여 도전한다. 옛날 그리스의 철인과 법률가와 시인들이 각자의 선택을 정당화하고 실현하려는 그런 도전의 역사를 대변한다. 옛날 은·주 시대의 통치자와 복관에게서도 그와 같이 극복하는 운명의 탐구가 이루어졌고, 대를 이어 《역》(易)과 《논어》(論語)와 《도덕경》(道德經)과 같은 철학적 해법이 나타난 것이다. 그럼에도 그들의 도전과 해법은 인류로 하여금 그 운명을 좌우하는 자와 같은 자리에 앉을 수 있도록 인도하지 못하였다. 인류는 아직 그의 운명을 좌우하는 자의 주변을 방황하며 있다. 그 동안의 모든 해법이 주변자의 자리로 추락하는 것이었을 뿐이라는 자각, 이것은 남아 있는 철학적 해법의 출발점일 수 있다.

3.

철학사 가운데에서 역대의 철인들은 누적되는 복잡성을 해소하지 못하였다. 그들은 비교와 종합, 취사선택의 방법으로서 더욱 거대한 '공배수'의 체계를 만들어 왔기 때문이다.

이 철학과 저 철학을 끊임 없이 이동하며 찾으려는 것은 무엇인가? 그들 각자의 개성을 대변하는 체계 사이에 공유하는 어떤 관점도 없다. 각기 지향하는 삶을 주체적으로 실현하기 위한 다양한 해법으로서의 다른 세계관들 사이에는 공통점이 없다. 서로 공유할 수 없는 차이들을 제거하면, 무엇이 남겠는가?

왜 많은 것을 관찰하고 경험해야 하는가? 많은 것을 얻기 위해서가 아니라 버리기 위해서이다. 이 버리는 과정에 대하여 기왕의 논리학자는 할 말이 없다.

일의 분화와 전문화를 방법의 발전이라고 말할 수 있는가? 옛날엔 돌도끼로 하던 일을, 지금은 칼과 망치와 톱 그리고 수 천가지로 개발된 첨단 공구로 한다. 일의 과정은 실제에 보다 밀착하고, 결과는 정확하다. 그러나 돌도끼로 하던 수많은 작업에 따랐을 반복과 차질이 인간에게 심어 준 회통(會通)의 깊이를 재연할 수가 없다.

감각은 언제나 이런저런 사건과 사례 가운데에서 다가온다. 감각은 잠시의 사례에서 어떤 인상을 던지며 어디론지 사라져 간다. 감각이 암시하는 것은 무엇인가? 감각은 중심의 이동을 지시한다. 감각은 개념과 사유가 자리잡은 각자의 중심을 흔들며 허물어 낸다. 노자의 청도일손(聽道日損, 도덕경, 48)은 감각의 이런 작용으로 암시되었을지도 모른다. 이런 감각의 길을 따를 수 있는 자는 아마도 노자가 의미한 "상무십이백성심위시"(常無心以百姓心爲心, 도덕경, 49)의 성인(聖人)이 될지도 모른다. 감각은 인위(人爲)나 자의(恣意)에 따라 집합하기를 거부한다. 감각은 알 수 없는 머나먼 중심을 떠도는 주변자로 나타나는 것이다.

감각은 개념으로 요약되거나 보편화되기를 기다리는 소박한 사실이 아니다. 감각은 어떤 보편의 개념으로 집합하기를 거부하며 하나하나의 사건 또는 사례의 독특함을 결정한다. 감각은 먼 중심자로부터 온 고독한 전달자이다. 감각은 암시적이다. 그러나 감각은 기시의 중심을 이탈하고 미지의 중심을 향하여 흩어져 간다. 머나먼 중심을 향하여 흩어져 가는 감각 또는 인상을 좇아 그의 길을 추적할 수 있는 것은 마음이다. 이런 마음은 개념적이 아니라 감각적이다. 미지의 중심을 향하여 떠도는 감각의 궤도를 추적하는 마음에, 아니면 감각의 인상을 실은 사건과 사례들이 타고 가는 잡히지 않는 궤도의 중심을 추적하는 마음에 회통의 길이 있다.

감각의 정보처럼 존재하는 모든 것들이 부딪쳐야 할 운명의 길을 계시하는 것은 없다. 감각은 생각처럼 자기의 길을 고집하지 않는다. 생각은 감각에 암시된 것을 외면하고 허구의 존재에 집착한다. 감각은 존재하는 것들의 피할 수 없는 운명에 대하여 무엇을 암시하는가? 잠시 머물다가 흩어져 갈 차가움과 뜨거움이, 즐거움과 아픔이 모든 존재하는 것들을 향해서 다가온다.

감각은 현실에 실현되는 어떤 것에도 복종하지 않는다. 그러므로 참으로 보편의 진실을 추구하는 자는 감각에 다가오는 것으로 잡는다. 감각이 거듭해도 쌓이는 바가 없는 가운데에서 깨쳐야 하기 때문이다. 감각으로 회통하는 자에게 존재의 진실에 접근하는 기회가 온다.

서양 철학에 대해서도, 동양 철학에 대해서도 한국 사람은 다만 관망하고 모방하는 그러나 만들지 못하는 제3자이다. 오늘 벌어지는 현대 철학자들 사이의 논쟁은 한국 사람에게는 구경거리에 지나지 않는다. 그 논쟁에서 어느 한편에 끼여들 만한 자기로부터의 이유나 동기를 찾을 수 없다. 서양 철학에서도 동양 철학에서도 그것이 참으로 보편의 진리를 갖고 있다는 믿음을 얻을 수 없기 때문이다. 그것이 한국 사람에게도 호소할 만한 보편의 진리가 되려면 그 대부분이 깨어져 버려야 할 만큼, 그것을 만들어 낸 민족의 특수한 말과 기질에서 나온 것에 지나지 않기 때문이다.

문화적 자연주의

소 흥 렬
(이화여대)

　자연과 문화는 대립적인 것으로 생각된다. 문화적인 것은 자연
그대로가 아닌 인위적이고 인공적인 것을 뜻하며, 문화적 현상과
자연적 현상은 분명하게 구별될 수 있다. 특히 우리 인간의 문화
세계에서만 찾아볼 수 있는 종교, 철학 그리고 과학을 문화현상
의 기본으로 볼 때, 인간이 이 땅에 나타나기 이전부터 있었던
자연세계와 그 이후에 만들어지기 시작한 문화세계는 엄격하게
구별될 수 있다. 따라서 '문화적 자연주의'라는 표현은, 얼핏 보
면 자가당착적인 의미를 가질 수 있다.
　문화적 자연주의는 종교, 예술, 철학 및 과학을 중심으로 하는
문화의 영역이 존재론적으로 초자연적 또는 초월적 세계를 함축
하지 않는다는 주장을 한다. 말하자면, 반초월주의적·초자연적
또는 초월적 세계를 함축하지 않는다는 주장을 한다. 말하자면,
반초월주의적 존재론을 뜻하는 것이다. 그러면서 다른 한편으로
는 종교, 예술, 철학 및 과학에서 창조되는 문화의 세계는 자연
의 세계로 환원하여 설명할 수 없는 특수한 차원의 실재 세계를
이루고 있다는 것을 주장한다. 그러니까 반환원주의적 실재론을

주장하는 것이다.

이러한 존재론을 바탕으로 하여 철학에서의 인식론, 방법론 그리고 가치론을 세우는 데 있어서, 다시 종교, 예술, 철학 및 과학으로 대표되는 인간 특유의 문화현상이 그 중심 내용으로 다루어져야 한다는 의미에서 '문화적 자연주의'라고 한 것이다. 그러한 문화현상도 자연현상에 의존하는 연속성을 가지고 있으므로 '자연주의'가 되는 것이며, 그러면서도 문화현상으로서의 특수 차원을 이루는 불연속성을 나타내므로 '문화적' 자연주의가 되는 것이다.

1. 동력과 정보로서의 세계 : 자연주의적 존재론

이 세상에 있는 것은 개체들이고, 이 세상에서 일어나는 것은 사건들이다. 개체는 질료와 형상의 측면을 가지고 있다. 그러나 개체가 개체로서 실재하기 위해서는 동력인이 필요하며, 개체의 형상은 기능을 수반한다. 따라서 한 개체가 개체로 실재하려면, 아리스토텔레스가 말한 것처럼 동력인, 질료인, 형상인 그리고 목적인(기능인)이 있어야 한다.

한편, 사건이 일어나기 위해서는 동력의 작용과 정보의 작용이 필요하다. 동력으로서의 힘, 흔히 말하는 물리적 힘이 있어야 하며, 그 힘이 어떻게 적용될 수 있는지를 결정하는 정보의 힘이 있어야 한다. 동력으로 작용하는 힘은 어떤 성질의 것이며, 어떤 질료에 적용이 될 수 있으며, 어떤 형태적·구조적 변화를 가져오며, 어떤 기능을 하게 하는 사건인가를 말해 주는 것은 모두 정보에 해당한다. 하나의 사건이 일어나는 데에도 동력인, 질료인, 형상인 그리고 기능인이 필요하다. 단지 그것을 동력으로서의 힘과 정보로서의 힘으로 나누어 생각할 수 있다는 것이다.

개체와 정보의 관계를 생각해 보면, 개체는 그것이 실재하는 데 필요한 네 가지 원인을 정보로 보유하고 있을 뿐 아니라, 다른 개체와의 상호 작용에서 어떤 측면의 어떤 반응과 기능을 할 수 있느냐에 대한 정보를 제공하기도 한다. 개체를 실재하게 하는 원인에 관한 정보와 개체가 수행할 수 있는 기능에 관한 정보로 나누어 생각할 수 있다.

또 한편, 개체를 동력(에너지)과의 관계에서 보면, 그것은 에너지가 저장되어 있는 특수 상태라고 할 수 있다. 개체는, 따라서 언제나 필요하고 충분한 조건만 갖추어지면 에너지(동력)로 바뀔 수 있는 것이다. 이러한 개체들의 세계는, 작은 것들이 모여서 큰 것을 형성하고, 그 큰 것들이 모여서 더 큰 것을 형성하는 방식으로 중층적인 구조를 이루고 있다. 대체적으로 말하자면, 소립자들이 모여서 원자가 되고, 원자들이 모여서 분자들이 되고, 분자들이 모여서 물체들이 되고, 물체들이 모여서 지구와 같은 별이 되고, 별들이 모여서 태양계와 같은 것이 되고, 그것들은 다시 은하계를 만들고, 나아가서는 별들의 세계라고 할 물질적 우주를 형성하고 있다.

이러한 개체들의 중층적 구조를 우리 인간의 세계를 중심으로 보면, 분자들이 모여서 물체가 되는 방향 대신 생명을 가진 세포가 되고, 세포들이 모여서 몸의 부분(기관)들이 되고, 그 부분들이 전체 몸을 형성하고, 몸의 기능 중에서 특히 두뇌의 기능이 바탕이 되어 개체적인 마음의 기능이 나타나고, 그것은 다시 개체적인 영혼 또는 정신의 기능까지 가능하게 하는 중층성을 나타내고 있다.

또 하나의 중층적 구조는, 개인들이 모여서 가족을 이루고, 가족들이 모여서 사회를 이루고, 사회들이 모여서 국가를 이루고, 국가들이 모여서 인류 사회를 이루는 방향으로 나아가고 있다. 그런데 어느 차원의 사회든 하나의 유기적 사회로 기능하기 위해서는 인간의 마음, 정신 또는 영혼의 기능을 필수조건으로 하기 때문에, 소립자의 차원에서부터 정신이나 영혼의 기능에 이르는 중층적 구조와 개인에서 시작하여 인류 사회에 이르는 증층적 구조는 서로 밀접하게 관련되어 있는 하나의 유기적 구조로 이해될 수 있다. 그리고 아마 이러한 복합적 중층 구조는 물리적 세계라고 한 별들의 세계, 즉 물리적 우주의 세계 전체와도 관련시켜서 이해되어야만 할 것이다. 하지만 이것은 아직 우리의 이해능력이 미치지 못하는 과제이므로, 지금으로서는 소립자의 세계로부터 정신이나 영혼의 기능에까지 이르는 중층 구조만을 중심으로 우리의 세계를 이해하고자 할 수밖에 없다.

다시 개체와 정보의 관례로 관심을 돌려 볼 때, 개체는 그것이 실재하도록 하는 네 가지 원인에 대한 정보를 보유하고 있을 뿐만 아니라, 다른 개체와의 상호 작용에서 필요한 네 가지 원인에 대한 정보도 제공한다고 했다. 그러한 개체들이 중층적 세계를 이루고 있으므로, 개체의 차원에 따라서 그것에 관련된 정보도 다를 수밖에 없는 것이다. 말하자면, 정보의 세계는 그것대로 하나의 중층적 구조를 나타내게 된다는 것이다. 대체적으로 말하자면, 에너지(동력)의 특수 상태로서 소립자, 원자, 분자 그리고 물체가 형성되는 데 필요한 정보는 '물리정보'라고 할 수 있다. 그러나 분자들이 모여서 세포를 만들고 생명체(몸)를 형성하는 데 필요한 정보는 '유전정보'이다. 생명체는 감각(지각)기능을 하므로 '감각정보'를 필요로 한다. 그리고 두뇌의 기능 중에서 마음의 기능이 가능하게 되는 데에는 '언어정보'가 필요하다고 생각되며, 마음의 기능보다 한 차원 높은 기능이라 할 '정신의 기능'이나 '영혼의 기능'에는 '직관정보'가 필요하다고 할 수 있다.

이와 같은 개체세계의 중층 구조나 정보세계의 중층 구조를 상호 작용하는 관계로 파악하면, 개체의 차원과 정보의 차원이 서로 삼각관계를 이루면서 상승적으로 또는 하강적으로 차원 이동을 하게 되는 것을 볼 수 있다. 이처럼 삼각 구조의 중층성을 이루고 있는 개체와 정보로서의 세계 구조에서 가장 아래 쪽에 위치하는 것은 에너지(동력)와 물리정보이다. 그리고 최상위 쪽에 위치하는 것은 영혼(정신)과 직관정보이다(그림 참조).

그런데 기독교의 하나님을 '말씀'(Logos)이라고 하고 '순수정
신'이라고 한다면, 이는 자연세계 또는 물질적 세계이면서 정보
의 세계인 이 우주를 초월하여 존재하는 하나님이어야 한다. 그

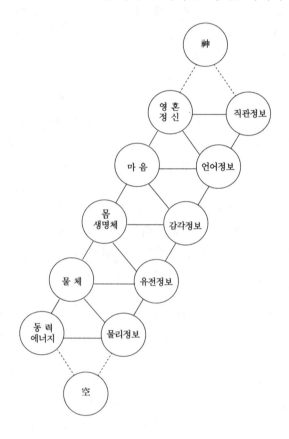

러나 우리는 우리의 정신적 기능과 직관적 실재성을 바탕으로 하
여 그런 하나님의 존재를 개념화할 수는 있지만, 그러한 존재의
초월성은 관념적으로 이해할 수밖에 없다. 초월적 하나님의 존재
는 자연주의의 범위를 벗어나는 것이다.

불교의 '공'(空)은 에너지(동력)가 어떠한 물리적 정보도 갖지

266

않으면서 일체의 정보기능을 배제한 상태에 있음을 뜻한다고 할수 있다. 말하자면, 순수한 에너지의 상태로서 어떠한 개체적 현상도 나타나지 않는 세계를 뜻한다. 그러나 모든 물리적 정보가 배제되는 순수에너지만의 상태라는 것은 관념적으로만 가능한 것이지 자연의 세계로서 가능한 것은 아니다. 물리적 정보가 어디로 어떻게 사라져 버릴 수 있느냐를 설명할 수 있어야 하는데, 이것은 '있는 것'이 '없는 것'으로 바뀔 수 있다는 존재론적 모순을 내포하는 문제이다.

'하느님'과 '공'을 초월주의나 관념론으로 이해하지 않고 자연주의적으로 이해하고자 한다면 '우주의 마음'이 된다. 한편으로는, 에너지의 상태 변화가 개체적 기능을 하는 측면과, 다른 한편으로는 그런 변화를 위한 정보적 기능을 하는 측면을 다 함께 가지고 있는 것이 우주의 마음이어야 한다. 삼각 구조의 중층성과 관련시켜 본다면, 최상위의 정신적 기능과 직관정보가 최하위의 동력(에너지)기능과 물리정보와 연결되면서 전체 구조가 하나의 원형을 만드는 연속구조를 생각해 볼 수 있다. '하느님'은 그러한 원형구조를 지탱하게 해 주는 구심력(동력과 정보의 측면을 다 함께 가진)으로 생각할 수 있고, '공'은 그러한 원형구조의 내부 공간을 상징하는 것으로 이해할 수 있다. 그것은 텅 빈 공간으로 나타나지만, 동력으로서의 힘과 정보로서의 힘이 작용하여 중층적 세계를 가능하게 하는 힘의 장으로 볼 수 있다. 이러한 의미의 '하느님'과 '공'은 우주의 마음을 뜻한다. 반초월주의이고 반환원주의인 자연주의의 존재론에서 개념화할 수 있는 우주의 마음이 된다.

2. 지식과 믿음으로서의 인식 : 자연주의적 인식론

지식은 마음이 이용하는 정보이다. 마음은 몸의 기능과 특히 두뇌의 기능에 의존하기 때문에 감각정보를 이용할 수 있다. 그러나 마음이 이용하는 정보로서 가장 중요한 것은 언어정보이다. 언어정보를 처리하는 기능이 마음의 주된 기능이라고 할 수 있다. 이러한 마음은 정신적 기능을 하게 하면서 직관정보를 처리할 수도 있다. 감각정보로 주어지지 않는 유전정보나 물리정보는 과학적 탐구를 통하여 간접적으로 파악하는 방법을 취하고 있다. 즉, 수학언어를 사용하는 과학적 탐구의 방법은 물리정보나 유전정보를 과학적 가설이나 모형으로 표현해 준다. 최근의 컴퓨터를 이용하는 방법은 그러한 탐구의 결과를 컴퓨터 모의(simulation)의 방법으로 보여 준다. 직접적으로는 볼 수 없는 미시세계나 거시세계의 감각정보를 컴퓨터 화면을 통하여 받아들일 수 있게 해 주는 것이다.

마음의 정신적 기능으로 얻게 되는 직관정보는 마음의 기본 언어인 자연언어 또는 일상언어로 표현된다. 그러나 종교, 예술 및 철학에서 창조적 힘이 되는 직관정보는 일상언어만으로 충분히 표현될 수 없다. 종교언어, 예술언어, 철학언어가 일상언어와는 다른 특수 언어로 발전하는 것은 그러한 필요성 때문이다. 마찬가지로, 과학적 탐구에서 필요한 직관정보는 수학언어와 전산언어의 발전을 가져온다.

이처럼 마음은 모든 정보를 언어정보로 표현하여 처리하고자 하며, 정보세계 자체의 중층성과 다양성 때문에 자연언어를 비롯한 여러 가지 전문 언어를 발전시켜 가고 있다. 언어의 세계가 다양화되고 확장되어 가는 것은, 마음의 세계가 그만큼 커져 가는 것이라고 할 수 있다. 하지만 마음이 처리하는 정보가 모두 언어정보로 바뀌는 것은 아니다. 비언어적 정보를 그대로 쓰는 경우도 많다. 모든 감각정보나 직관정보가 충분히 언어정보화될 수는 없다.

모든 정보를 언어정보화하고자 하는 데에는 두 가지 마음의 기능이 작용하는 것 같다. 첫째는, 마음의 정보 교환 또는 정보 소통기능이 언어화를 필요로 하기 때문이다. 언어화는 주관적인 감각정보나 직관정보를 객관화하여 공공의 정보 소통 도구로 만들어 준다. 둘째는, 지식의 조건 또는 기준이 객관화된 정보를 필요로 하기 때문일 것이다. 정보 처리의 기능을 하는 마음은 다양한 정보를 처리할 수 있지만, 지식으로서의 정보는 그것을 사용하는 마음이 참 정보로 믿을 수 있는 것이어야 한다. 그뿐만 아니라, 지식으로서의 정보는 객관적으로도 참 정보여야 하고, 그것을 참 정보로 믿는 마음은 객관적으로 그 믿음을 정당화할 수 있어야 한다. 지식은 진리의 조건과 믿음의 조건 그리고 정당화의 조건을 갖춘 정보여야 하는 것이다.

언어화된 정보는 우선 언어의 객관성 때문에 객관적 진리의 조건과 객관적 정당화의 조건을 만족시킬 수 있는 속성을 갖게 된다. 그러나 진리의 기준과 정당화의 기준을 어떻게 보느냐에 따라서 지식의 조건이 성립할 수도 있고 그렇지 못할 수도 있다. 종래의 인식론은 정당화의 기준을 너무 엄격하게 세웠기 때문에, 지식의 범위가 지나치게 제한되는 결과를 가져왔다. 정당화를 연역논리적 정당화로만 생각한 것이 문제가 되었다. 하나의 언어정보를 그것과 동일한 차원에 있는 다른 언어정보로부터 연역논리적으로 이끌어 내고 말 것이다. 연역논리적 순환의 오류를 배제할 수가 없다.

한편, 하나의 언어정보를 수직적 관계로 정당화하고자 한다면, 직관정보에 근거하여 하향적으로 정당화하거나 감각정보에 근거하여 상향적으로 정당화하게 된다. 그런데 정보의 중층성은 차원 간의 불연속성과 연속성의 관계가 양면적으로 작용한다는 뜻이므로, 연역논리적으로 볼 때에는 비약의 오류가 불가피하다. 직관정보에 근거한 하향적 정당화든 감각정보에 근거한 상향적 정당화든 연역논리적으로는 비약을 허용하지 않을 수 없다.

또한 정보의 중층성은 진리의 기준을 적용하는 데에도 문제를 제기하게 한다. 한 정보가 객관적으로 참인 정보가 되려면 대응적으로 참이거나, 정합적으로 참이거나, 실용적으로 참이어야 한다. 그러나 이러한 진리의 기준들은 정보의 차원에 따라서 다른 의미를 갖게 된다. 먼저 대응적 진리의 관계를 보자. 물리정보는 동력으로서의 에너지 상태나 물체로서의 에너지 상태를 이루고 있는 원인들이나 물리-화학적 변화를 일으키는 원인들을 말하므로, 그 자체가 그 실재 세계의 한 측면을 이루고 있다. 따라서 다른 무엇과 대응적 한계를 가질 수 없는 것이다.

유전정보는 생명체가 생겨나서 성장해 가는 과정과 대응해야 하는 것이므로 대응관계로 파악하기가 어려울 수 있다. 컴퓨터 프로그램과 그 프로그램에 따른 작동과정이 화면에 나타나는 것을 대응관계라고 하는 데에는 문제가 있다. 프로그램을 저장하고 있는 프로그램 언어에서는 그것이 실현되어 나타나는 형태를 볼 수 없다. 프로그램대로 실현되는 것이긴 하지만 프로그램과 대응되는 실현이라고 할 수는 없다.

감각정보는 대상과의 대응관계를 나타낸다고 한다. 대응적 진리의 기준을 가장 필요로 하는 관계라고 할 수 있다. 왜냐하면, 개인의 지각능력에 따라서 대상으로부터의 감각정보가 다르게 나타날 수 있기 때문이다. 따라서 감각정보의 정확성을 확인해 보는 방법은 대응관계에 의한 확인이 될 수 있는 것이다.

언어정보가 무엇과 대응적이냐는 것은 문제가 된다. 언어를 대상의 그림으로 생각하는 것은 여러 가지 문제를 제기한다. 마찬가지로, 직관정보가 무엇과 대응되느냐는 것도 문제가 된다. 종교인의 직관정보, 예술가의 직관정보 또는 철학자의 직관정보는 무엇과 대응하는 것일까? 오히려 우주의 마음을 추상화, 일반화 또는 상징화하여 나타내 주는 것이라고 해야 하지 않을까?

정합적 진리와 실용적 진리에 대해서도, 어떤 차원의 정보를 말하느냐에 따라서 정합성의 기준이나 실용성의 기준이 다른 의미를 갖게 된다. 그뿐만 아니라, 대응성과 정합성과 실용성의 기준만으로는 진리 여부를 파악할 수 없는 특수 정보가 있다. 개개의 사건으로 봐서는 무질서하기 때문에 어떤 진리도 말할 수 없을 것 같지만, 오랜 시간 동안 많은 사건들이 일어나는 것을 관찰하면 어떤 질서를 나타내는 그런 종류의 정보가 있다. 혼돈 속의 질서를 나타내는 현싱이다. 이상한 끌개(strange attractor)가 작용하는 현상이나 분지(fractal)현상이 그런 것이다. 역사적 과정을 거쳐서만 드러나는 질서이다. 역사적으로만 확인될 수 있는 정보이다. 이런 것은 역사적 진리라고 해야 할 것이며, 대응적 진리, 정합적 진리 및 실용적 진리로서의 정보와는 다른 새로운 종류의 참 정보로 받아들여야 할 것이다.

역사적 진리를 진리의 종류로 받아들일 때, 객관적 진리의 기준은 다시 약화될 수밖에 없다. 정보의 중층성만이 아니라 정보의 역사성도 그 정보를 객관적으로 확인하는 작업에 한계성을 부여한다. 종교적 진리, 예술적 진리, 철학적 진리는 대체로 그런 역사성을 갖는 정보를 말한다. 이러한 진리는 지식의 조건으로서 참 정보라는 의미의 진리와는 다른 것이다. 지식으로서의 참 정보를 확인하는 것과 역사적 진리를 추구하는 것은 다른 관심의 문제이다.

지식으로서의 정보는 도구적 가치를 갖는 것이지만, 역사적 진리로서의 정보는 본질적 가치를 갖는다. 종교와 예술과 철학 그리고 과학에서 그런 본질적 가치의 진리가 추구되는 것은 그렇게 하도록 하는 당위성 때문이다. 그것은 우리 인간의 가치 지향성이라고 할 수도 있고 호기심이라고 할 수도 있다. 흔히 종교적으로는 이것을 "진리를 알지니, 진리가 너희를 자유롭게 하리라"라는 말로 표현한다. 진리를 아는 것 자체가 목적적 가치이며, 그것이 가져오는 결과가 자유를 얻게 하는 것이라는 뜻이다. 자유를 위한 도구로서, 수단으로서의 진리를 말하는 것이 아니다.

종교, 예술, 철학 및 과학에서의 진리 추구는 마음의 인식능력을 중요시한다. 마음의 능력이 개선되고 향상되어야 한다는 것이다. 그리고 진리를 받아들이는 믿음을 중요시한다. 지식으로서의 정보를 믿는 것과 역사적 진리로서의 정보를 믿는 것은 다르다. 종교적 믿음, 예술적 믿음, 철학적 믿음 그리고 과학적 믿음이 새로운 차원의 믿음으로 문제시된다. 지식의 조건과는 다른 믿음의 조건을 문제시할 수 있다.

종교, 예술, 철학 및 과학에서의 진리 추구를 가능하게 하는 인간의 인식능력, 지향성 그리고 믿음에 이르게 하는 마음을 관심 문제로 하는 것이 자연주의적 인식론이다. 그것은 지식의 조건에 대한 관심을 포함하지만, 과학적 지식의 문제로 모든 인식의 문제를 축소하고 환원하는, 소위 '자연화된 인식론'(naturalized epistemology)을 거부하는 '인간화된 인식론'을 뜻한다.

3. 자연언어의 논리와 철학의 방법 : 자연주의적 방법론

과학의 언어는 수학이다. 모든 현상을 계수화 또는 정량화하는 언어이다. 철학의 언어는 자연언어인 일상언어이다. 일상언어에도 정량화하는 서술방법이 있고 수학적 논리를 적용하는 계산의 방법이 있지만 과학언어에서처럼 그것을 필수화하지는 않는다. 실험과 관찰에 근거해야 하는 과학적 탐구에서는 모든 자료가 정량화될 것을 필요조건으로 하기 때문에, 일상언어는 과학언어로서 적합하지 않다.

과학에서의 계수화 조건은 과학의 발전단계를 수학언어의 발전과정에 의존하게 한다. 수학언어로 표현하기에 용이한 정보가 먼저 과학적 탐구의 대상이 된 것이다. 정보의 중층 구조상으로 볼 때, 물리정보가 수학언어화를 가장 용이하게 했으며, 다음은 유전정보가 수학언어화를 가능하게 했다. 감각정보와 언어정보의 계수화는 인공지능인 컴퓨터가 등장함으로써 전산언어화를 통하여 시도되고 있다. 자연언어의 정보를 컴퓨터의 기계언어로 옮겨 주는 데에는 아직도 많은 문제점들이 가로막고 있다. 더욱이 직관정보를 계수화할 수 있는 방법은 아직 논의조차 되고 있지 않다. 이것은 과학적 방법의 한계성을 뜻하는 것으로 속단할 수도 있으나, 인공언어인 전산언어가 어떻게 발전하느냐에 따라서 그 가능성이나 불가능성이 새롭게 논의될 수 있을 것이다.

물리정보가 계수화를 용이하게 하는 것은 물리현상의 구조적 안정성과 반복적이고 규칙적인 속성 때문이다. 기계적 질서라고 할 만큼 질서정연한 현상을 나타내기 때문인 것이다. 그러나 이것은, 물리정보가 모두 그런 질서를 드러낸다는 뜻이 아니다. 예컨대, 물이 소용돌이치는 것도 물리현상이지만 그것을 무질서한 혼돈현상으로 보기가 쉽다. 구름의 모양이 끊임 없이 변하는 것도 그런 혼돈현상이다. 이들은 최근의 물리학이 카오스(chaos) 이론으로 설명해 주는 '질서 있는 혼돈'의 현상이다. 선형적 방정식으로는 표현될 수 없으므로 비선형적 방정식을 필요로 하는 현상이다. 따라서 개별 사건의 차원에서는 예측이 불가능하지만, 전체 사건들의 경향이나 흐름에 대해서는 예측할 수 있는 성질을 나타낸다.

카오스 이론의 등장은 수학언어라 할 수 있는 정보의 영역을 그만큼 확장시켜 주었다. 또한 비선형적 방정식은 연역논리적 계산으로 풀 수는 없지만 컴퓨터 프로그램을 통한 모의를 가능하게 한다. 카오스적 질서는 비연역적 질서라는 뜻이다. 연역논리적으로 볼 때에는 비약이 일어나는 현상이다.

물리정보의 차원에 적용되는 카오스 이론 또는 카오스 수학은 유전정보는 물론 감각정보와 언어정보의 카오스적 질서를 비선형적 수학언어로 표현해 줄 수 있을 것이다. 다만, 여기에도 그런 차원의 정보를 계수화해야 한다는 조건이 따르게 되어 있으며, 이 계수화의 조건이 갖는 한계성이 무엇인가에 대한 문제가 남아 있다.

한편, 자연언어의 정보를 다루는 철학은 과학에서의 수학이 제공하는 엄밀성을 논리에서 찾는다. 논리의 힘이 곧 철학의 힘이라고 할 수 있다. 그것은 논리적 필연성의 힘을 뜻하는 것이며, 논리적 필연성의 전형은 연역논리에서 찾을 수 있다. 특히 수학적 논리라고 하는 기호논리가 철학의 도구로 개발된 이후에는, 연역논리만이 유일한 논리라고 생각하는 경향도 생겼다. 이러한 연역주의 또는 논리주의적 경향에서는 철학의 언어도 연역논리적 엄밀성을 지키게 할 수 있는 기호화된 언어로 바뀌어야 한다는 주장이 나오기도 했다. 이상적인 논리언어가 될 인공언어로 철학의 자연언어를 대치해야 한다는 주장이다.

철학에서의 이러한 연역주의 또는 논리주의는 과학에서의 수학적 엄밀성을 위해 선형적 방정식으로 표현할 수 있는 정보로 그 대상을 제한하자는 것과 같다. 방법론적 엄밀성이 탐구대상을 부당하게 제한하는 결과가 되고 마는 것이다. 바람직한 것은 일상언어의 정보를 제한하지 않으면서 논리적 엄밀성을 가능한 한 유지하게 하는 방법론이다. 비선형적 방정식이 수학적 엄밀성을 어느 정도 약화시킬 수밖에 없으나, 카오스 패러다임의 도입으로 과학의 방법론을 강화할 수 있게 된 것과 같다.

자연언어인 일상언어는 중층적이고 다양한 정보를 언어화한 것이므로, 연역논리가 적용될 수 없는 경우에는 다양한 비연역논리의 유형을 자유롭게 적용하고 있다. 오히려 연역논리를 적용하는 경우가 예외적이라고 할 수 있다. 일상언어적인 사유가 창조적이고, 탄력적이며, 개방적일 수 있는 것은 그러한 비연역논리의 적용 때문이라고 생각된다. 마음의 정보 처리능력이 창조능력까지 포함할 수 있는 가능성을 말한다. 따라서 바람직한 철학의 방법론을 위해서는 일상언어적 사유에서 이미 사용되고 있는 다양한 비연역논리의 유형들을 정리하고 개발하여 도구화해야 할 것이다. 반연역주의적인 자연주의적 방법론을 위하여 자연언어 속의 비연역논리를 유형화하는 일이 필요하다.

여기서는 우선 다섯 가지 비연역논리의 유형을 기본적인 것으로 설정하여 아래와 같이 각각의 특성을 규정해 본다.

① 유비논리

구조적으로 비슷한 것은 비슷한 기능을 한다. 따라서 구조적 유사성을 비탕으로 하여 기능적 유사성을 짐작할 수도 있고, 기능적 유사성을 바탕으로 하여 구조적 유사성을 짐작할 수도 있다. 유비논리는 이와 같은 구조와 기능의 관계에 근거한 설명과 예측 또는 발견과 발명을 할 수 있게 하는 논리이다.

② 변증논리

발생, 성장, 진보는 새로운 단계나 차원으로의 질적 변화를 뜻한다. 갈등이나 모순을 내포하고 있는 기존의 상태가 지양적으로 발전하는 것을 뜻하며, 이러한 역사적 변화를 설명하고, 예측하고, 지향할 수 있게 하는 것이 변증논리이다.

③ 실천논리

식물보다는 동물이, 동물보다는 인간이 더 자유롭다는 뜻은 하나의 구체적 목표를 위한 수단의 선택이 더 다양하다는 것이다. 새로운 방법을 고안해 낼 수 있는 능력이나 새로운 행동목표를 선택하는 인간의 능력이 더 많은 자유를 허용한다는 뜻이다. 이러한 목표와 수단의 선택에 적용되는 논리가 실천논리이다.

④ 귀추논리

일반화된 원리에 의거하여 구체적 행위를 결정한다든지, 추상적이고 포괄적인 이념에 근거하여 구체적이고 개별적인 사실을 설명하게 하는 것이 귀추논리이다. 중층적 구조를 이루고 있는 개체의 세계나 정보의 세계를 하향적으로 설명하기 위하여 상위 차원의 어떤 실재를 가정해 보는 것은 귀추법적 가정이다.

⑤ 귀납논리

기계적으로 반복되는 현상이나 전체적으로 분포된 현상에 대하여 일반화하는 귀납논리는 통계적 결과를 말하는 것 이상의 의미가 없다. 낮은 빈도나 부분적 분포를 나타내면서도 일반화하여 설명하고 예측할 수 있게 하는 그런 현상에 적용되는 귀납논리는 특별한 의미를 갖는다. 오랜 체험을 통해서만 얻을 수 있는 지혜의 논리라고 할 수 있는 것이 귀납논리로서 의미가 있는 것이다.

비연역논리의 유형이 이들 다섯 가지로 제한될 수는 없다. 일상언어의 논리는 더 다양하고 풍부하다. 철학의 방법론은 이러한 자연언어의 논리를 제한하지 않으면서 논리적 설득력을 과시할 수 있어야 한다. 철학은 과학언어나 종교언어 또는 예술언어로 된 내용을 일상언어로 표현하면서 논리적인 설득력을 제공할 수 있어야 한다. 그렇게 함으로써 문화적 창조를 위한 철학적 비판을 가할 수도 있으며 철학적 이념을 제시할 수도 있다.

4. 문화적 지향성과 본질적 가치 : 자연주의적 가치론

종교적 수도, 예술적 창작, 철학적 사색 혹은 과학적 탐구에 대한 인간의 집념과 열정은 그 자체로서 순수함을 지니고 있다. 순수냐 참여냐를 구별하는 의미의 '순수성'이 아니라, 다른 어떤 목적을 위한 수단이 아닌 창조를 위한 창조를 추구한다는 뜻에서의 '순수성'을 말한다. 인간에게 창조능력이 주어졌기 때문에, 그 능력을 최대한 발휘해 보고자 하는 의도 외에 다른 욕망은 없다는 뜻이다. 인간에게 주어진 창조에의 당위성을 순수하게 받아들인다는 뜻이다. 종교, 철학 및 과학에서의 이러한 창조를 문화적 창조라고 한다면, 그것에 전념하게 하는 힘은 문화적 지향성이라고 할 수 있다.

문화적 지향성은 적어도 이 지구상에서는 우리 인간에게만 특이하게 나타나는 것이며, 이것은 마음의 창조능력을 전제하고 있다. 어떻게 우리의 마음은 이러한 창조능력을 갖게 되었을까?

그것은 아마 모든 정보를 언어정보화하면서 언어적 표상으로 된 가상현실(virtual reality)을 만들 수 있는 능력이 진화했기 때문이었을 것이다. 컴퓨터를 통하여 만들어지는 가상현실처럼, 마음 자체에서 만들어지는 가상현실이 창조성을 갖게 되고 창조적 작품으로 표현되게 되었을 것이다.

우리 인간의 언어와 다른 동물의 언어가 질적인 차이를 보이는 점도 언어적 가상현실을 만들 수 있게 하는 것과 그렇지 못한 것의 차이에서 오는 것 같다. 이러한 언어정보의 차이는 곧 그것을 처리하는 마음의 능력의 차이를 의미하게 되었을 것이다. 인간의 행동이나 말을 흉내내는 동물도 그런 행동이나 말을 하게 하는 인간의 마음을 흉내내지는 못한다. 흉내낸다는 것은 마음의 기능을 모의한다는 뜻인데, 다른 어떤 동물에게도 인간의 마음을 모의할 수 있는 능력은 없는 것 같다. 그러나 컴퓨터를 통한 가상현실은 그것을 프로그램으로 만들어 낸 사람의 마음을 모의하는 것이다. 컴퓨터를 '인공지능'이나 '인공마음'이라고 하는 것은, 그것이 우리의 마음을 모의할 수 있기 때문이다. 하지만 컴퓨터의 모의능력은 마음의 창조능력과 같은 것이 아니다.

컴퓨터를 통해서 표현되는 가상현실은 인간의 마음이 만드는 것이다. 특히 어떤 내용의 가상현실을 만들 것인가, 어떤 메시지, 어떤 기분(mood)의 가상현실을 만들 것인가는 직관적으로 결정되는 것인데, 이것은 인간의 마음에만 주어진 특수 능력이라고 생각된다. 영감을 얻고, 계시를 받고, 통찰을 할 수 있는 능력은 마음의 정신적 기능이다. 그런 정신기능을 통해서 전달되는 내용(메시지)은 직관정보이다. 그러므로 가상현실이 창조적 내용을 갖게 되는 것은 가상현실을 만들 수 있는 정신의 기능 때문이라고 해야 한다. 그런데 다른 동물은 물론 인간의 마음을 모의할 수 있는 컴퓨터에는 이런 정신기능이 없다. 그렇다면 인간 고유의 이 정신기능과 직관정보의 의미는 무엇인가? 왜 그런 차원의 세계가 실재하게 되었을까?

정신기능과 직관정보가 인간의 창조성을 가능하게 한다면, 그것은 곧 문화적 지향성의 바탕이 된다. 그런데 그러한 정신기능과 직관정보가 자연의 진화 역사에서 나타난 중층 구조의 최상위 차원으로 실재한다는 것은, 그것도 자연적 지향성의 산물임을 말해 준다. 이렇게 볼 때, 문화적 지향성과 자연적 지향성간의 연속성이 드러나게 되며, 마음의 창조능력도 자연의 창조능력이 만들어 낸 이차적 창조능력으로 이해할 수 있다. 그렇다면 결국 마음이 창조하고자 하는 것 또는 문화적 지향성이 추구하게 하는 것은 근본적으로 자연적 지향성이 드러내고자 하는 가치일 수밖에 없다. 그것은 자연적 가치이며, 본성적 가치이고, 목적적 가치이며, 본질적 가치여야 한다.

종교, 예술, 철학 및 과학이 추구하는 본질적 가치는 서로 다른 것처럼 보이지만, 그것들은 모두 보편적 가치로서의 진리를 추구한다. 우주의 마음을 헤아리고자 하는 노력이다. 그것은 다양화나 다원화를 통하여 드러나게 하는 보편적 진리이다. 유한한 동력과 제한된 자료를 근간으로 하여 무한하고 무제한적인 형상과 기능을 창조해 내는 것이 자연의 방법이다. 그러나 형상과 기능의 다양화와 다원화는 무질서한 남발이나 혼돈을 뜻하지 않는다. 혼돈 속에서 질서를 드러내 주고, 다원화 속에 보편화를 드러내 주는 것이 자연의 지향성이다. 그리고 그런 보편성을 또한 역사적으로 드러나게 한다. 별의 역사, 인류의 역사, 문화의 역사가 다양하고 혼돈스럽지만, 그 모든 역사가 제각기 이상한 끌개의 지배를 받으면서 궁극적으로는 우주의 마음을 드러내는 진리의 역사로 귀결하리라는 것이다.

이를 테면 기독교의 하나님은 성부, 성자, 성신의 삼위일체로 이해해야 하는데, 이 삼위일체의 하나님 중에서 성부는 우주의 마음이라고 할 수 있다. 그리고 성자 예수는 우주의 마음이 언어정보, 즉 말씀으로 표현될 수 있도록 몸을 입고 이 세상에 태어난 분이다. 따라서 우리 인간에게는 예수를 믿는 마음이 그 말씀을 듣고 이해할 수 있게 해 주는 것이다. 그리고 성신은 우주의 마음이 직관정보로 전달되게 하는 정신기능이라고 할 수 있다.

불교에서는 우주의 마음이 공(空)과 법(法)으로 이해된다. 붓다는 우주의 마음이 언어정보로 표현되게 해 준 분이다. 그러므로 우리 인간은 불심(佛心)을 가짐으로써 붓다가 표현해 준 그 언어정보를 듣고 이해할 수 있는 것이다. 그리고 오(悟)는 우주의 마음이 직관정보로 전달되게 하는 정신기능이라고 할 수 있다.

도가(道家)의 도(道)는 우주의 마음이다. 명(名)은 언어정보로 표현된 우주의 마음이다. 그리고 덕(德)은 직관정보로 전달되는 우주의 마음이다.

직관정보는 포괄성과 역사성을 특징으로 한다. 우리의 세계를 포괄적으로 보면서 또한 역사적으로 보게 하는 것이다. 포괄적 진리와 역사적 진리가 주어진다는 점에서 직관정보는 우주의 마음을 드러내 준다는 생각이 들게 한다.

정신기능은 동력성과 시대성이라는 특성을 가지고 있다. 정신적 힘이 역사를 움직이고 세상을 바꾸어 놓는다. 그뿐만 아니라, 그러한 정신은 시대마다 사회마다 그 역사를 이끌어 가는 시대정신으로 나타난다. 시대정신으로 나타나는 정신기능은 우주의 마음을 대행하는 실천적 정신이다.

정신기능과 직관정보의 의미를 이렇게 이해할 때, 이것은 반도구주의적인 본질주의 가치관을 뜻하며, 반상대주의적인 보편주의 가치관을 뜻한다. 그리고 반문화주의적인 실천철학적 가치관을 뜻한다. 이러한 가치관은 종교, 예술, 철학 및 과학의 창조작업에서 표현되는 직관정보의 내용(메시지)을 파악하여 그 시대의 시대정신으로 해석하고 그것을 실천적 정신인 이념으로 제시할 것을 요청한다. 실천적 당위성을 함축하는 가치관이다. 또 이러한 가치관은 종교, 예술, 철학 및 과학에서의 문화적 지향성을 그 중심 내용으로 하므로, 철학적으로 말하자면 문화철학이 된다. 그러나 실천과 무관한 문화지상주의를 내세우는 문화주의적 철학을 말하는 것이 아니다. 실천철학으로서의 역사철학과 사회철학을 계승하는 문화철학을 뜻하는 것이다. 그리고 문화적 자연주의는 바로 이러한 문화철학의 토대가 된다.

참고 문헌

1. "인공지능과 지식의 본질", 백낙청 외 공동연구, 현대의 학문체계, 1994~1995 발표.
2. "마음, 정보 그리고 설계", 1995 HCI 학술대회 발표, 1995.
3. "컴퓨터와 예술의 논리", '미술과 철학'으로 이화여대 미술대학동창 녹미회 학술세미나 발표.
4. "인공지능의 도전", 철학연구 제34집, 1994 봄.
5. "인공지능과 자연지능", 과학사상 제8호, 1994 봄.
6. "불표의 존재론과 역사관", 기산학보 제3호, 1994.
7. "기호, 예술 그리고 가상현실", 공간, 1993. 6.
8. "종교적 진리의 철학적 비판", 1993 이화여대 인문대 교수학술제 발표.
9. "문화의 피라미드와 공간적 사고", 1993 인지과학세미나 발표.
10. "문화의 기능, 전이 그리고 창조", 건축 제37권 제3호, 1993.
11. "문화적 대행자로서의 컴퓨터", 1993 HCI 학술대회 발표.
12. "정의적 컴퓨터", 컴퓨터와 통신, 1993. 3.
13. "연결주의와 원자주의", 1992 제4회 한글 및 한국어 정보처리 학술대회 발표.
14. 자연주의적 유신론 : 우주의 마음, 사람의 마음, 컴퓨터의 마음, 서광사, 1992.

인성 계발의 유학적 사유

윤 사 순

(고려대)

1. 모색의 과정

철학에 대한 견해는 다양할 수 있겠지만, 논자는 매우 일반적인 견해에 동조한다. 다시 말해, 생활에서 야기되는 문제와 연관된 의무를 근본적으로 해결하려는 학문이 곧 철학이라고, 논자는 생각한다.

이러한 견해에서 논자는 유교철학, 특히 한국의 유학을 철학의 출발 궤도 내지 모형으로 택하였다. 공자에게서 '수기안인'(修己安人)으로 요약·명시된 유학의 성향이야말로 생활 속의 문제 해결을 추구하는 '인본(人本) 기조의 실제적 성향'을 잘 드러낸 것이다.

이런 까닭에, 유학계에서는 시대에 따른 변모의 내용과 관계없이 스스로 실학(實學)을 자칭하여 왔다. 실학으로 성격지어진 학문의 형성이 역사적으로 이어 오는 유학의 전통이다. 실제적 정신의 추구는 오늘의 철학함에서도 계승되어야 한다고, 논자는 생각한다. 그런 점에서, 논자는 신실학(新實學)이라는 용어를 감히 구사해 보고 있다.

그렇지만 유학에 의탁한 논자의 철학은 아직 그 형성을 위한 모색의 과정중에 있는 것에 불과한다. 그 모색은 마치 미로를 헤매듯 아직은 모호·미진·불완전한 것이다. 그럼에도 발표를 하는 것은 동학들의 많은 질정과 교시의 도움을 받고 싶은 심정 때문이다.

2. 이·기설적(理氣說的) 사유방법

'수기안인'의 문제의식을 구체적으로 이해하여 보자. '수기'(修己)는 '나'(自我)에 대한 의문에 기초하여 자신을 인간다운 인간으로 성취하려는 '자아의 인간화' 성취노력이다. '안인'(安人)은 바른 행위 및 원활한 대인관계를 통해 '질서 있는 안락한 사회'를 성취하려는 것이다. 유학이 공자 이래 윤리와 정치사상 위주로 발달하여 온 역사적 사실이 이 점을 입증한다. 위에서 유학의 성향을 인본 기조의 실제성 추구로 판단한 것도 이런 문제의식의 이해와 역사적 사실에 근거한 것이다.

인간 문제에 있어 유학에서는 자아와 타인을 막론하고 인간이 생명체임을 의심하지 않는다. 인간의 그 생명은 물론 생활의 터전이기도 한 우주·자연(만물)을 형성하는 재료로써 이루어진다고 생각한다. 그 재료가 생명력과 같은 '힘의 원천'이며 우주·자연의 '원질'(元質)인 '기'(氣)라는 것이다. '기'를 재료로 해서 현상계의 모든 현존과 생성(변화)이 이루어진다는 것이다. '기'는 인간과 자연의 공통적 '질재'(質材)인 셈이다. 따라서 자아의 인간화와 안락한 사회의 성취 문제는 '기'에 대한 파악을 선행조건으로 하고서야 가능하다. '기' 및 '기'세계의 파악이 지니는 중요성을 이런 점에서 인정케 된다. 원초 유학 이래 인간 문제의 탐구를 우주(天地)와의 관계에서 행하여 온 것(三才思想)도 '기'세계의 중요시인 셈이다.

유학(周易)에서는 원래 '기'로 이루어진 세계(현상계)를 감각되어진다는 뜻(形下)에서 드러난(顯) 기(器)라고 하였다. 반면, 기(器) 배후의 감각을 초월한 숨은(隱) 원인 및 원리를 도(道)라고 하였다. 이 사고는 '기'의 생성(변화)의 원인은 물론 그것을 설명할 수 있는 용어가 '도'임을 의미한다. 그러나 유학이 성리학으로 변이되면서 도보다는 이(理)를 더 많이 사용하게 되었다. 원래 모든 조리·법칙·원리의 뜻을 도보다도 더 직접적으로 의미하는 용어가 '이'였기 때문이다. 이리하여 성리학의 발달과 함께 인간, 자연 등에 대한 철학적 사유에 '기'와 '이'의 대응적 용어 구사(이·기설)가 활발하게 되었다.

일부의 성리학자들(陳安卿·李退溪)은 '이'의 의미를 오늘의 시각에서 보아도 매우 다채롭다고 할 정도로 조명하였다. 논자는 일찍이 성리학자들의 이 부분부터 관심을 쏟게 되었다. 인간의 행위와 '기' 생성(변화)의 원인(所以然)을 설명하는 원리로서, '이'를 지안경(陳安卿) 이퇴계(李退溪) 등은 '능연(能然), 필연(必然), 당연(當然), 자연(自然)"의 의미(성향)를 겸유한 것이라고 하였다. 성리학자들의 설명에 의하면, '능연'(能然)이란 이(理)가 사(事)에 앞서 있는 경우의 것이고, '당연'(當然)은 '사'의 견지에서(就하여) 직접적으로 말하게 되는 것이고, '필연'(必然)은 마음대로 그만둘 수 없는(莫不得己) 성향이며, '자연'(自然)은 '사'와 '이'를 다(통틀어) 적용하여 직접적으로 말하게 되는 것이다. 이 설명은 '능연'이란 드러난(己然) '사'에 앞서 상정될 수 있는 '이'의 가능성을 의미하고, '당연'은 특히 인간 행위와 관련시킬 때에 말하게 되는 '이'의 규범성이고, '필연'이란 '이'가 지닌 법칙상의 비인위적 연관성(관계)이고, '자연'은 '이'의 비인위적·비주관적 객관성이라고 해석할 수 있다.

그러나 이 정도의 해석은 대체적인 해석에 지나지 않는다. 논자로서 좀더 면밀히 고찰하면, 이보다 더 상세하고 복잡한 해석이 가능하다고 생각한다. 우선 '필연'이라는 용어가 인간의 마음대로 그만둘 수 없는 성향임을 대체적으로 고려한다면, 그것은

'이'가 지닌 법칙성의 비인위적 연관(관계)성이라고 하겠다. 그렇지만 성리학자들은 이 용어를 일종의 명분의 영역에 명학(名學)의 형식으로 적용하여 구사하기도 하고, 다른 한편, 불변적 역리(易理)라는 표현으로 대상세계에 적용·구사한다. 이 사실은, '이'의 필인성이 논리 내지 수학과 같은 개념세계에 적용시켜 사용할 수 있는 동시에 대상적 자연계에 적용시켜 사용할 수 있음을, 성리학자들이 깨달아 사유하였음을 의미한다.

다음, '자연'이라는 용어 문제이다. 이를 논자가 "'이'의 비인위적·비주관적 객관성'이라고 해석한 것은, 다만 자연이라는 단어의 관례적 용법에 따른 해석일 뿐이다. 퇴계 등은 자연의 설명을 원래 "'사'와 '이'에 다 적용하여 말한다"고 하였다. 논자는 이 설명을 다음과 같이 이해한다. 자연이란 감각 가능한 대상세계 전체(우주)를 의미하는 경우와 그 감각대상의 세계 아닌, 오히려 그 대상세계의 성향을 설명하는 의미의 것으로 분할된다. 여기서는 '이'의 성향으로서의 자연이므로, 전자의 대상세계 자체가 아닌 후자(대상적 자연의 성향)에 해당된다. 그런데 후자에서의 의미 역시 단순하지 않다. 논자가 보기에 '자연'의 성향의 의미는 '저절로 그러함'과 동시에 '스스로 그러함'이다. '저절로 그러함'은 일종의 원인과 결과의 계열과 같은 필연 관계의 상태이다. 그렇지만 '스스로 그러함'이란 이유와 귀결의 관계에서 보는(자유의지와 같은 것을 전제한) 자율의 상태이다. 따라서 양자에 이법(理法)을 적용한다면 전자는 물리(物理), 후자는 사리(事理)에 해당시킬 수 있다. 이것은 바로 '이'를 까닭(所理然)이라고만 하더라도 원인뿐 아니라 이유까지 의미하여, 물리의 자연과 동시에 사리의 당연(所當然)까지 다 의미하게 되는 용례와 같다고 하겠다(그때에도 엄밀하게는 자연(필연)과 당연을 대비하지만).

그러므로 과거의 '이기론'으로 이루어진 철학은 이상과 같은 '이'와 '기'의 복잡한 의미들을 잘 분별하면서 이해하여야 한다. 논자는 조선 성리학과 후기 실학과의 구분에서도, 그들의 '이·

기' 의미의 용법을 이같은 내용으로 고찰하여 상당한 성과를 거두고 있다. 예를 들면, 양 측에서 '기'를 어떤 면으로 어떻게 얼마나 중요시하였는지, '이' 개념을 구사할 때에는 그 '이'의 합리성 중 자연적・논리적 합리성 및 도덕성 정당성들 중 어느 것에 더 비중을 두었는지 가려 내는 것을 고찰한 것이, 성리학과 실학에 대한 하나의 분별법이 됨을 발견하였다.

3. 자연(필연)과 당연의 일치시

인간 자신을 스스로 자아(自我)라고 생각케 하는 것은 심(心)의 기능 때문이다. '심'은 물론 유학에서도 근대 이래로 두뇌의 활동으로 일어나는 의식이라고 생각한다. 감각에 기초한 의념(意念)・욕망(慾望)・정감(情感)・의지(意志)・사고 등이 의식작용의 구체적 내용이지만, 유학에서는 성리학 이래로 '심'으로서의 의식을 '지각'(서구 철학의 지각이 아님)이라는 용어로 대표하였다. 지각이 '기'로 해서 이루어지는 '심'의 영명(靈明)한 측면이라는 것이다. 생사의 갈림, 생명체로서의 높낮은 차원의 기준이 모두 '심'의 지각의 영명 여부에 달렸다. 따라서 '심'의 기능으로 해서 있게 되는 자아란 결국 이 '지각의 묶음'이고, 그런 점에서, 지각으로서의 '심'이 자아의 '주체'인 셈이다. 그런 까닭에, 유학에서는 '심'을 '일신(一身)을 주재하는 것'으로 간주한다.

영명한 지각은 물론 지식을 가능케 하고 증대시킨다. 그런 점에서, '심'은 영(靈)하면서 허(虛)하다는 것이다. 그러나 유학에서는 지식을 가능케 하는 지각만을 '심'이라고 하지 않는다. 욕망・의념・정감의 측면도 간과하지 않는다. 인간간에 서로의 존재를 인지하게 되는 것은 물론 지각작용 때문이다. 그러나 의(意)・욕(欲)・정(情)의 작용 여하가 인간간의 행위에서 그 관계를 원활히 하는 기능임을 간취하고서, 유학에서는 오히려 지각보다 이것을 더 중요시한다. 즉, 의·욕·정의 조절·관리가 지각 이상으로 직접적으로 의롭고, 선하고, 정당한 행위를 하게 함으로써 사회 차원의 인간다운 인간으로 인정받게 된다는 점에서, 수양 등의 '심' 공부에서는 지각 측면보다 '이' 측면을 더 중요시한다. 논자가 보기에 지행겸전(知行兼全)을 이상시하는 유학이지만, 실제로는 지(知)보다도 행(行)을 더 중요시하는 데에서, 유학에서는 머리(두뇌)보다 가슴(심장)에 가까운 인상을 풍기는 '심'의 용어로 지식의 문제까지 해결하고자 한다.

지각이든 정감이든 의식작용으로 일어나는 '심'의 활동 자체는 뇌활동이라는 점에서 '기'로 설명될 부분이지만, 그 '심' 활동의 원인 및 일정한 법칙(원리)이나 성향은 '이'로 설명될 부분이다. 그런 까닭에, 정주성리학에서는 '심' 역시 "이'와 '기'의 합'이라고 한다. 그리고 그 '이'가 다름 아닌 인간의 성(性)이라고, 즉 성즉리(性卽理)라고 한다. 성리학에서 파악한 '성'은 그러므로 '심'의 근원적 특성인 셈이다. '성'을 '심'의 '체'로 인정하지만, 그것을 '이'라고 하지는 않는다. '이'는 흔히 물리 일반의 의미가 강한데 그런 '이'가 '심' 밖에 있지 않다고, 그들은 생각하기 때문이다. 그들은 '성'은 물론 '이' 역시 '심'을 떠나서 따로 있지 않다고 생각하여 심즉리(心卽理)를 주장한다.

어떻게 이해하건 간에 '심'은 그 지각과 정감의 작용으로 해서 인간으로 하여금 자연과도 관계를 맺도록 해 주지만, 특히 타인과 교섭하는 통로가 되어 준다. 앞서 말했듯이, 개인의 인격 형성은 물론 인간간의 원활한 관계도 서로 '심'의 조절·관리에 크게 좌우된다. 질서 있는 사회의 성취 여부가 '심'의 관리에 기초한 윤리(道德)의 수립 여하에 달린 것이다. 그러므로 '심'에 대한 파악은 곧 윤리의 문제와 직결되어 중요시되게 마련이다. 이런 맥락에서, 성리학의 심성(心性)·이기(理氣)의 사상은 논자의 주목을 끄는 것이었다.

논자는 앞 장에서 이미 '까닭'을 캐는 사고가 필연적 인과 계열과 자연적 연관 계통의 사고에 다 연결됨을 밝혔고, '자연'의 의미 또한 필연의 양상과 자율의 양상을 다 포함함을 밝혔다. 그러나 윤리적 사고와 직결되는 당연과 대비되면, 예를 들어, '소이연 소당연'(所以然所當然)과 같이 대비되면, 이것들은 생리적 자원 내지 물리적 자원과 같은 필연의 의미만 함유한다. 따라서 유교의 윤리적 사고의 가장 큰 특징은 당연과 필연(자연)의 관계에 대한 사고이다. 전통적으로 유학에서는 선(善)·의(義)에 해당되는 '당연'한 행위는 곧 '자연'(非人爲)한 것이라 생각한다. 다시 말해, 효(孝) 등의 당연한 '사'(행위)는 그렇게 될 수 있는 '능연'이 그렇게 될 수밖에 없는 '필연'의 과정으로 행해진다는 것이다. 그러므로 유학의 사고는 여전히 당연을 필연(自然)과 '일치시'하는 것이다.

이런 사고는 유학 서적에서 얼마든지 발견된다.《중용》(中庸)에서, "하늘이(태어날 때부터) 부여한 것(天命)을 '성'이라 하고, '성'을 좇아 행할 때에 생기는 것(率性)을 '도'라 한다"는 언구나, "나의 '성'을 다 실현하면 물(物)의 '성'을 실현할 수 있고 ……마침내 천지의 화육(化育)을 도울(贊) 수 있다"는 언구가 그 좋은 예증이다. 퇴계는 성리학자답게 이 점을 더욱 분명히 하였다. 그는 "본연성(所當然)을 '소이연'과 함께 하나의 '이'로 간주"하면서, 이른바 본연성(本然性)인 인·의·예·지(仁義禮智)의 드러난 정(心)인 (맹자의) 사단(四端)을 이 증거로('성즉리'이므로) 삼았다. '사단'의 발로가 "억지로 되는 것이 아님"(非人力强爲), 즉 자연발로라는 뜻에서 그렇다고, 그는 주장한다. 당연을 필연(自然)과 일치시하는 사고로 해서, 퇴계같은 학자는 인간의 윤리행위뿐 아니라 수레(車)나 배(舟)같은 사물의 운행에까지 당연을 적용한다. 수레가 육로로 달림이나 배가 수로로 감 등이 수레나 배의 당연이라는 것이다.

논자의 소견으로도, 이 사고에는 다음과 같은 반론의 난제들이 있다. 인성은 인·의(仁義)과 같은 본연성 외에 식욕, 번식욕 등의 이른바 기질의 '성'이 있다. 이런 욕구의 성이 발로할 때의 결과는 순자(荀子)의 지적대로 악의 결과를 초래하는데, 악의 경우는 자연적 발로(필연)이기는 하지만, 사물의 경우, 수레나 배가 항상 육로와 수로로만 다닌다고 할 수 없다. 고장은 물론, 태풍과 같은 조건으로 얼마든지 엉뚱한 곳으로 가는 일이 생긴다. 엉뚱한 곳으로 가는 일이 곧 이것들의 당연과 배치될 때인데, 이를 어떻게 설명할 것이냐가 또한 난제이다.

퇴계 등의 이론에 대한 논자의 호의적 사고로는, 우선 전자의 반론에 아래와 같은 부연적 이해가 가능하다. 퇴계는 물론 식·색(食色)같은 욕구(人欲)인 기질의 '성'을 인정하고, 그것으로 해서 간혹 악의 현상이 야기됨도 인정한다. 그런 점에서는, 그의 필연과 당연의 일치시에 한계가 있다고 하겠다. 그러나 그는 기질성의 욕구나 그로 인한 악을 인간이 극복할 수 있다고 생각한다. 그에 의하면, 인간의 의식은 긴장(필유사언, 必有事焉) 통일(主一)하는 경건할 정도의 진지한 마음가짐인 경(敬)의 상태에 들면, 스스로 당연의 이칙(理則, 천리, 天理)이 무엇인지 알게 된다고 한다. 알 뿐 아니라, 그 당연('선'·'의')을 실행하여 악을 극복하게 된다는 것이다. 이것으로 보면, 그는 인간에게 있어서의 당연은 자율적인 노력으로써 실현된다는 뜻으로, 필연(자연)과 서로 일치된다고 생각한 것으로 추측된다.

다음 사물의 경우, 배가 수로로 떠 갈 수 있도록 만들어진 것이 그 배의 필연(所以然)인 셈이고, 수로로 가야 하는 것이 그 당연이라면, 실제로 수로로 떠 가는 배의 현상은, 양자의 조건이 충족된 만큼 양자가 일치된 것에 해당한다. 그렇다면 고장난 경우는 필연의 조건조차 갖추어지지 않았으므로 고쳐야 논의의 대상이 된다. 고쳤다고 할 때, 문제는 폭풍 등으로 인해 그것이 육지에 뒹굴어 올랐을 현상에 대한 것이다. 퇴계는 이에 대하여 당연의 '이'가 '기'보다 약한 때문이 아니라 외적 조건인 '세'(勢) 때문이라고 생각한다. 이리하여 사물에서의 필연과 당연의 일치 문제는 외적 조건과 연관된 끝에, 마침내 우주 전체의 범위에서 생각해야 하게 된다. 즉, 우주 전체에서 '세'의 조건이 일어나지 않는, 조화롭게 생성되는 조건이라야 이 사고가 설득력을 갖는다. 여기서 우주(自然)에 대한 유기체관이 요청된다.

마침 퇴계는 우주(天地)의 특성(덕)이 '생'(生)이고, 그런 까닭에 "변화란 끝없는 생성"(生生之謂易)이라는 《주역》의 사상을 받아들인다. 우주에 대한 유기체관을 그 역시 견지한 셈이다. 뿐만 아니라, 태극(太極)이 우주 생성의 근원적 원리이면서 동시에 지호지선(至好至善)의 표준(表德)이라는 설을 계승한다. 우주란 '이'의 측면으로는 그런 태극의 한 체계(理一分殊)라는 사고에도, 그는 동조한다. 그러므로 그의 우주관이 일종의 유기체관이었음을 짐작할 수 있다. 따라서 우주 전체는 '세'의 현상 없이 조화롭게 생성·변화한다는 것이, 그의 사고라 할 수 있다. 필연(所以然)과 당연의 일치시는 이렇게 하여 그의 우주관에까지 적용되는 것이라 하겠다.

이상은 실상 퇴계설에 의탁한 사고이지만, 필연과 당연의 일치시를 우주 차원에서까지 합리화하더라도 난제는 계속 남는다. 배나 수레는 인간이 용도에 따라 만든 것이므로, 그 용도(목적)의 당연성을 알고 있다. 그러나 우주는 인간이 만든 것이 아닐 뿐 아니라 인간조차 우주 속에서 생겨났다가 그리로 돌아가는 장소이므로, 그 목적적인 용도는 알 수 없다. 즉, 태극이 지닌 우주의 생성·변화의 궁극적 목적과 연관된 당연을 알 수 없다. 따라서 우주 차원에까지 확대하여 당연과 필연(자연)을 일치시하는 것이 매우 곤란함을 깨닫게 된다.

4. 인성의 새로운 이해

우주를 인간의 뜻으로 만든 것이 아니라고 해서 그 우주의 특기와 관련된 당연성마저 완전히 알 수 없다고 단언할 수 있을까? 그것을 짐작할 수 있는 간접적인 통로마저 찾아질 수 없을까? 나(個我) 자신이 우주·자연과 같은 '원질'의 '기'로 해서 이루어졌다면, 비록 우주를 내(인간)가 만들지 않았더라도, 나의 인성 파악에서 우주·만물 공유의 특성을 파악할 수 있지 않나 생각한다. 그리하여 논자는, 인간이 잠재적으로 지닌 '능연'의 인간성에 다시 주의를 돌리게 되었다.

논자는 우선 조선 성리학의 대표적 유산인 사단칠정론(四端七情論)과 인물성동이론변(人物性同異論辨)을 살폈다. 조선 시대(16세기)의 대표적인 성리학자들이 열과 성을 바쳐 연찬한 《천명도설》(天命圖說) 등도 탐구하여 보았다. 그 결과는 과거 성리학자들의 '인간다운 인간'이 되려는 노력이 우리의 상상을 초월한다는 것, 그리고 인성과 물성이 감성적 욕구의 측면인 기질의 '성'에서는 앞에 기술한대로 서로 같고, 이성적(지성의) 측면인 본연의 '성'에서나 차이가 난다는 것이다. 그런 만큼 당연의 문제는 고정적이고 도식적인 '이'의 사고 틀에서 결코 단선적인 '필연'과 관련시켜 생각할 것이 아니라, 인간의 자연적 '능연'인 인간성에서부터 다시 살펴야겠다고 생각하였다. 인간의 자연적 '능연'인 '성'이 곧 '선' 측면으로 행동할 수도, '악' 측면으로 행동할 수도 있기 때문이다. 다만 자연적인 인성을 살피더라도, 기왕이면 '선'의 측면으로 지향하는 본연성에 고찰의 초점을 맞추기로 하였다.

논지가 중복되지만, 성리학자들이 '선'으로 발현되는 인간의 잠재능력이라고 믿는 본성이 곧 인·의·예·지·신(信)이다. 이것은 나아가 오륜(五倫;親·義·別·序·信의 도리)으로 구현되기 때문이다. 오륜의 부자(父子), 군신(君臣), 부부(夫婦), 장유(長幼), 붕우(朋友)관계야말로 인간관계를 원활히 질서짓는 사회관계임을 인정한다면, 이것은 민주 시대인 현대에도 경시해서는 안되며 오히려 중요시해야 할 것이다. 다만 오륜의 실천을 민주적 시각으로 해석해서 이용하는 슬기가 필요할 뿐이다. 아무튼 성리학자들은 인간의 본성과 본성의 실현인 '오륜'의 윤리를 다름 아닌 인간다운 인간이 되도록 하는 것, 즉 만물 속에서 인간을 영장(靈長)으로 평가하게 하는 인간의 특징으로 생각하였다. 그들은 오륜이 인간을 목석(木石)이나 금수(禽獸)와 다르게 하는 가장 큰 요소라고 생각하였다. 그러므로 그들 역시 오늘날의 우리와 마찬가지로, 우주 자연 속에서 만물과 관계하는 인간이 어떻게 하면 그 만물과도 다른 인간화를 실현할 수 있는가 하는 문제의식에서 본성과 오륜 등을 탐색·역설하였던 것이다.

인간 본성의 탐구를 원천적으로 재탐구하는 것이 더욱 긴요하다고 생각한 논자는 본성 중에서도 (맹자 등이) 가장 인간을 인간답게 하는 본성(전덕전성, 全德全性)이라고 한 공자의 '인'에 대한 탐구부터 시작하였다. 다 아는대로, 두 사람(二人)을 뜻하는 상형문자인 '인'을 공자는 '사람을 사랑하는 것'(愛人)이라고 이해하였다. 사람 사이에는 느끼고 사람 사이를 연결시킬 수 있는 그 무엇의 상징인 '인'자의 해석을 '사람을 사랑하는 것'이라 하였던 것이다. 그리고 그는 '인'의 실현방법을 서(恕)로 설명하였다. 즉 "내가 하기 싫은 것은 남에게 시키지 말고"(己所不欲, 勿施於人), "내가 하고 싶은 것이면 남에게도 하게 해 주라"(己欲立而立人, 己欲達而達人)는 '서'의 태도가 '인'을 실현하는 길이라는 것이다. '인'의 인존정신(人尊精神), 특히 그 실현방법인 '서'가 지닌 함의가 매우 중요하다고, 논자는 생각한다.

내 마음을 미루어 남을 대한다는 것은 사실 사랑을 바탕으로 한 '남에 대한 배려', 특히 '호의적 배려'이다. 이런 호의적 배려는 실상(암암리에) 남과 나의 공존생존을 전제한 염치와 겸양으로 이어진다. 염치와 겸양이 예(禮)의 단초임은 맹자가 "사양지심(辭讓之心)을 예의 단서"라고 한 것으로도 분명하다. 따라서 '서'가 윤리의 원천적 마음가짐이며, 이런 점에서, '인'이 여전히 윤리의 기초라고, 논자는 생각한다. 그리하여 논자는 '서'의 뜻에 기초하여, '인'을 '더불어 함께 살려는 마음씨'이며 '예의 원초적 원리'라고 해석한다. 그러면서 이러한 '인'의 확대 구현이 절실히 요청됨을 역설코자 한다. 뿐만 아니라, 내 마음을 미루어 남을 대할 때에는 어버이에 대한 사랑이 으뜸이라는 사고에서, '효'를 '인' 실현의 출발로 생각하는 것에도 동의한다. 그렇지만 '효' 역시 이제는 보은의 뜻에서 인류 전체의 범위로 확대 구현되어야겠다고 생각한다. 현대 사회는 종족을 초월한 수혈과 장기 이식 및 양부모 맺기가 세계 일가(一家)의 양상으로 일상화되어 가는 인류 가족화 추세에 있기 때문이다.

'인'의 설명에서 공자(孔子)가 '극기복례'(克己復禮)를 말했듯이, 남에 대한 배려·염치에서는 그것이 자발·자의적일수록 이기심 극복이 잠재한다. 호의적 배려일수록 사욕 극복의 타인 존중 의식이 점증한다. 그렇기 때문에 '서'의 태도에 깃든 인간간의 공존공생과 통하는 공동성 의식이라고 이해한다. 따라서 자발적인 '서'에서 우리는 자율성격의 자유와 함께 평등의 의식을 찾을 수 있고 증진시킬 수 있지 않나 한다. 이러한 이해가 용납된다면, '인'의 인존적 성향에서 양립 불가능의 것으로 대립되는 자유와 평등의 이념 대립도 지양할 수 있지 않을까, 그리하여 인존·인본 정신에 입각한 우리 나름의 제3의 이데올로기 수립의 길을 열 수 있지 않을까 하는 것이, 논자의 견해이기도 하다. 우리의 통일 역시 이러한 사고의 기초 위에서 이루어져야 할 것이다.

돌이켜 보면, '인'에 대한 해석은 성리학자들에게서 크게 변이되었다. 성리학자들은 공자의 '인'에 대한 사회(윤리) 차원의 해석(愛人)을 계승하면서도, 다른 한편, 우주·자연과의 관련에서 그것을 해석하였다. 정명도(程明道)의 '생의'(生意)와 주회암(朱晦庵)의 '생물지성'(生物之性(理), 만물을 살아가게 하는 성)이라는 것이 그것이다. 《주역》에서는 우주 자연(天地)의 특성(德)을 '생'이라 하였는데, 인간이 그 우주·자연의 소산(子)인 만큼, 인간의 대표적 본성 역시 (애인, 愛人은 물론 더 나아가) '생'의 특성을 지녔다고 해야 한다는 판단에서 이들은 이런 해석을 내렸다. 이들에 의하면, '인'은 '생의'이고 '생물지성'인 까닭에, 이것은 인간으로 하여금 "만물과 일체로 되게"하는 본성이다. 이른바 천인합일(天人合一)을 가능케 하는 본성이라는 뜻이다. '애인'의 정신을 바탕으로 '서'에 의한 예·윤리를 실현함으로써, 인간은 영장의 지위를 차지할 뿐 아니라, 스스로 '천일합일'의 경지에 오름으로써 또한 영장의 지위를 확보한다는 사고가 여기에 내함되어 있다. '인'을 중심으로 한 이런 사유의 보완으로 해서, 유학의 흐름은 성리학의 발흥을 계기로 역사상 가장 큰 변이를 가져왔다고 하게 된다.

인간의 인간다움, 특히 그 영장성은 '애인'과 생물(生物)에 그칠까? 유학 경전에서는 "만물을 산(産)하는 것이 성(聖)이다"라 하고, "성인(聖人)이 작(作)함에 만물이 (그것을) 목도한다"고 하였다. 공자 역시 "공인(工人)이 그 일을 잘 하고 싶으면 반드시 먼저 기구(器具)를 쓸모 있게 매만져야(利) 한다"고 하였다. 맹자에 이르면, 이러한 것은 더 많이 언급된다. '산작'(産作)이란 '생'(生)보다 더 적극적인 것인데, 사물과의 관계에서는 '산작'이라는 용어도 사용해 온 것이 유학이다. 이는 인간만이 지닌 이른바 '산작'능력을 유학에서 일찍이 알고 있었던 증거라 할 수 있다. '산작'이야말로 만물 중 인간의 가장 뛰어난 능력이다. 그런 의미에서, 이것 역시 인간의 영장성의 하나에 드는 것으로 생각해도 틀리지 않는다. 그러므로 이상과 같은 것들을 근거로, 논자는 인간성 중 대표적 인간성인 '인'의 해석에 '산작지성'(産作之性)을 덧붙여야 한다고 생각한다. 이 대목에서, 논자는 정하곡(鄭霞谷), 왕양명(王陽明) 이상으로 '생리'(生理)를 많이 말하고, 이퇴계가 '양리'(養理)를 말한 것을 상기한다. 그런 용어는 바로 '인'의 '애인(恕)성', '생물지성' 및 '산작지성'에 의하여, 아직 드러나지 않는 '능연'으로서의 윤리·도덕성, 본래적 자연성 및 '산작성'(産作性)을 발현 또는 증진시키려는 뜻으로 말한 것이라고, 논자는 이해한다. 그것들은 바로 '성즉리'의 전제 위에서 나온 '인성 계발'의 발언일 것이다.

5. 인성 계발의 여지

이상과 같이 술회하고 보면, 논자의 현재까지의 철학적 모색의 내용은, 요컨대, '인'을 비롯한 인간 본성에 대한 공자 이래의 유학자들의 견해를 일단 계승하면서, 나아가, 오늘과 내일의 인간 생활에 맞는 이해를 첨가하는 사고가 필요하다는 것이다. 그리하여 자아 확립을 비롯하여 인관관계 및 자연과의 관계 등에서 심성의 계발에 의한 '관계의 철학'을 수립하여 보려는 것이다.

이 중 특히 '인'에 대한 논자 나름의 새로운 이해·해석은 물론 도구 제작인의 인간관을 원용한 것에 지나지 않는다. 이에 신산업화 시대를 이끌 철학의 필요성을 감안하면서 이루어진 모색임을 부인할 수 없다. 이는 애당초 철학을 생활상의 문제에 대한 근본적 해결을 모색하는 것으로 생각한 논자의 철학관의 귀결인 셈이다.

'인'의 이해에 산물(産物) 내지 '산작'의 '성'임을 더 참가하는 논자의 도구제작인관 원용에는 다만 신산업화 추종의 사고만이 잠재한 것이 아니다. 그 신산업화의 추세를 벗어날 수 없는 것도 하나의 이유이지만, 도구의 제작·사용은 역사 이래 동서남북의 구별 없는 인류 공통의 영작적 특징이라는 판단이 작용하였다. 그렇지만 다른 한편, 논자는 그보다는 오히려 그 신산업화의 부작용에의 대처를 더 중요시하기 때문이다. 기계·기술 문명 자체가 인성의 대표적 능력의 소산이라면, 그 능력을 사실대로 정확히 파악해야 그 부작용에 대한 대처도 용이할 것이다.

'인'의 실현을 핵심으로 한 오륜이 이제는 민주적으로 해석되어야 함을 앞서 언급하였지만, 이렇게 '인'을 산물지성(産物之性) 내지 산작지성(産作之性)으로 해석하면, 나머지 의·예·지·성

등에도 새로운 해석을 첨가해야 함은 물론이다. 이것들이야말로 '산작'으로 해서 파생되는 부수 문제(폐단)들을 해소하는 시각으로 재해석되어야 할 것이다. 예를 들면, '의'는 '용물지선'(用物之宜), '예'는 '화인지서'(和人之序), '지'는 '통세지능'(通世之能), '신'은 '실인지방'(實仁之方)같은 이해가 그것이다. 인·의·예·지 등에 대한 새로운 이해와 새로 이해된 방향으로 인성을 계발하는 작업 역시 '인'의 새로운 이해와 그 계발 못지 않게 중요하다고 보아야 할 것이다.

현대는 분명 인조 혈액·인공 장기의 제작을 통해 물아불이(物我不二)를 체득하게 하고 컴퓨터·로보트 등 인공지능기의 제작에 이르러서는 기물(器物)의 인간화가 이루어지고 있는 형편이다. 이런 상황은 자칫 잘못하다가는 인간의 자기 상실 및 인간의 기물화의 폐단까지 낳을 가능성을 배제할 수 없다. 논자의 본의는 바로 이 인간 상실 내지 인간 기물화를 방지하려는 데 있다. 인간관계인 사회의 차원뿐 아니라 물체와의 관계인 우주(자연)의 차원에서까지 인간다움이라는 인간화를 강조한 것도 이 때문이다.

이러한 의도는 논자가 '창조'라는 용어를 사용치 않고 '산작'을 사용하는 데에서도 드러난다. 인지의 창안에 의한 산출·제조 역시 창조에 해당할 수 있다. 그러나 우주 범위에서의 창조는 조물주·창조주의 작업이다. 인간이 할 수 있는 것을 논자는 그렇게까지 보지 않는다. 이미 존재하는 우주(자연)에서의 제조·생산의 범위를 벗어날 수 없다고 생각한다. 이런 까닭에, 논자는 인간이 의사 창조인 '산작'의 능력을 발휘하더라도 그 책임의식을 견지해야 하며, 궁극적으로는 우주·자연과 조화를 이루어야 한다고 믿는다.

여기서 혹자는 '인'에 대한 선인들, 특히 정주(程朱)의 해석적 생의(生意)·생물지성(生物之性) 등을 계승할 뿐 아니라, 그들 인설(仁說)의 배후 사상인 우주(天地) 유기체관 및 태극설(太極

說)까지 계승하고 있음을 보면서, 논자의 그러한 신념이 어디에 근거한 것인지를 반문할 것이다. 그 근거는 바로 논자의 생명관과 생명체관에 있다. 즉, 생명이 비록 근원적으로는 원질구조의 시간·공간적 변화라고 하더라도, 단순한 기계적 시·공의 변화가 아니라 진화와 같은 형식의 변화라는 것, 그리고 유전자(DNA)가 세포마다 들어 있으면서 그것들이 결국 전체적인 인체를 이룬다는 것이 곧 '정주'의 태극설(統體一太極(통체일태극)), 물물명유일태극(物物各有一太極) 및 이일분수(理一分殊)의 이론을 계승하는 신념의 근거이다.

우주·자연과 조화를 이루어야 하는 인간은 창조주와 같은 착각과 오판에 빠져서는 안되고, 자신과 자연의 관리에 겸허·경건한 태도로 충실해야 할 것이다. 경천애인(敬天愛人)의 자세가 여전히 필요하다는 것이, 논자의 생각이다. 주어진 자신과 자연의 관리를 겸허·경건한 태도로 책임감 있게 충실히 하는 방법으로는, '인존'(人尊)·'인도'(人道) 정신의 시각에서 '인성' 계발을 바르게 하는 '인성학적 지혜' 이외의 다른 것을, 논자로서는 아직 찾지 못하였다. 책임의식 없이 가치 중립을 표방하면서 끝없이 객관세계만을 탐구하거나 객관세계 탐구의 지능만을 계발하는 태도가 초래하는 폐단의 방지가 현대에는 무엇보다도 절실히 요청되는 과제라 생각하기 때문이다. 그러나 논자의 이상과 같은 모색은 아직 예비적 설계의 단계를 벗어나지 못한 것임을 자인한다. 보충·보완의 여지가 많은 것이, 논자의 모색이다.

나의 불교철학—위도(爲道)와 위학(爲學)의 중도(中道)를 찾아서

심 재 룡
(서울대)

강단 철학자가 '나'의 철학을 운운하기 쑥스럽다. 철학자의 개인적 학문의 자유를 논하기 전에, 대학의 교단조직과 행정체제는 물론 크게 일체 교육제도의 구속력을 헤쳐 나가기조차 버겁기 때문이다. 따라서 한국 대학 강단에서 직업으로서 철학활동을 하는 불교철학 교수의 학문적 반성을 촉구하는 이번 철학연구회의 시도에 응하면서, 나는 다음 세 가지 문제는 다루어야 하리라고 생각한다.

1.

우선 제도에 구속된 철학적 활동이 과연 철학 본래의 사명인 지적 독립성의 확보에 충실할까 하는 자책이 있다. 나 스스로를 채찍질하고 경계하는 것이 자책이다 함에도 불구하고, 나의 활동을 규제하는 교육과 연구의 제도가 공적인 의사의 결집이므로, 공개적 반성이 가능하다고 생각한다. 사실 철학함이란 백면서생의 외로운 사색이 아니다. 모든 인간이 행하는 여러 가지 사회활동의 하나이다. 철학의 사회적 기능을 함축한 이 발언은 나의 철학관이기도 하다. 철학과 사회적 책임 그리고 개인의 지적 독립성 사이에 어떤 함수관계가 있을까? 이런 물음을 던진다. 비록 그 해답을 구하지는 못해도 늘 고민하는 것이 철학함을 철학함이게, 즉 늘 활동적·생동적이게 하는 철학의 원천적 힘이라고 생각한다. 철학이 늙은이의 뱃가죽처럼 축 늘어지지 않고 여전히 온갖 학문 분야를 만들어 내는 팽팽한 긴장감, 그리고 거기서 샘솟듯 솟아나는 원동력은 바로 이 물음의 지속성, 보편성 그리고 불확실성에 있다고 생각한다. 똑같은 물음을 어느 때에건 아무나 물을 수 있다. 정답을 발견하거나 주장하기보다, 즉 제대로 대답하기보다 제대로 묻는 것을 중히 여기는 데 철학의 창조성이 있다.

다음으로, 흔히 종교라 분류하는 불교를 철학적으로 탐구하는 것이 과연 어느 만큼 철학적일지, 아니면 종교적일지 이런 의구심에 답해야 한다. 제도적 구속에 대한 철학자의 학문적·지적 독립성을 얼마나 성실하게 지킬 수 있는가라는 나 자신에 대한 자책과 종교인들의 종교적 심성에 대비되는 비판적 철학활동의 옹호라는 이중적 고민을 토로하지 않을 수 없다. 처음의 자책이 제도에 관련되기에 공적인 성격의 논의에 속한다면, 두 번째의 의구심은 개인의 신심과 철학적 탐구를 분리하느냐 합치하느냐에 관련된 사적인 문제에 접촉하고 있다고 생각한다. 물론 사적인 문제도 공적인 학술회의에서 논하자니 자연히 공적인 성격을 띠게 마련이다.

종교적 입지에서 불교철학을 이상하게 쳐다보는 사람들, 소위 골수 불교신자들 말고서도 철학을 하는 사람들까지도 올바른 물음을 중시하는 철학의 정신에서 "불교철학이 과연 철학이냐", 이렇게 단적으로 묻는 사람이 많다. 그 물음에 "아니다"라고 주장하는 사람이 더러 있다. 아마도 전제를 깔지 않고 묻는 것이 철학함의 본령이라는 '전제'를 확신하는 데에서 "불교적 개념을 미리 깔아 놓고 시작하는 것이 과연 철학인가"라고 묻는 모양이다. 물론 그렇게 물을 수 있다. 나는 불교철학도 철학이라고 대답하기 이전에 그 물음의 원천적 근거를 되묻고자 한다. 그리고 철학함의 본질이라는 저 전제 없는 물음조차 어떤 전제가 아닌가 되묻고 싶다. 철학함의 우·열 등급을 시도하고 어떤 우·열 순위를 매김하고 싶어하는 사람들의 단결을 이 기회를 통하여 깨뜨리고 싶다.

아무튼 불교철학은 불교와 철학 양쪽에서 공격을 받고 있다. 되돌려 이야기하면, 불교철학은 불교와 철학의 중간에 서서 비판적 거리를 견지하며 깨끗하고 철저한 신앙의 고백과 끝없는 흑암 회의 사이에 있는 그 회색의 공간을 마음껏 누비고 있다고나 할까?

마지막으로, 이 회색의 공간에서 불교철학을 하는 사람이 짚고 넘어가야 할 문제 하나만을 집중적으로 다루고자 한다. 논의의 성격이 공적이고 공개적이기 때문에, 불교 철학자라는 명색을 달고 있는 한 꼭 짚고 넘어가야 할 문제이다. 즉, 정작 불교철학자의 고민은, 불교가 해방, 해탈, 자유, 어떤 이름으로 부르든 간에 인격의 만남과 인격의 바뀜을 목표로 하는 철학이기 때문에, 행도(行道)의 전제로서 실천을 매개로 하지 않으면 "남의 보배를 헤아리는 어리석음뿐"일 것이라는 비난 섞인 질책을 비판으로 감수해야 한다는 사실에 있다. 과연 그 비판의 옳고 그름을 따지기 전에, 나는 이론과 실천을 나누는 그 구분의 정당성을 인정하고 있다. 나아가, 이론보다는 실천의 우위를 인정하고 있다. 이른바 칸트 나름의 실천이성의 우위라는 주장은 아주 나중에 전문적 철학 서적을 읽으면서 배운 것이지만, 이런 생각의 단초는 아마도 감수성이 예민하던 어릴 적에 읽은 《파우스트》의 영향에 있든가 또는 슈바이처의 생애를 모방하려던 어릴 적의 흔적 때문이라 생각한다. 그 흔적을 지우려고 비트겐슈타인의 초기 저작을 통해 철학하기를 그만두려던 치기만만하던 시절이 이제 새삼 그리운 것은 무슨 연유일까? 철학을 언어유희로 돌리고 싶은 충동이 어디엔가 내 마음 속 깊은 곳에 숨어 있는 때문일까? 불교를 철학으로 대하건 종교로 신앙하건 부처의 가르침인 불교의 경우, 부처를 '앎'이 중요하기보다 부처가 '됨'이 더 중요하다는 사실을 십분 인지하고 있다. 불교는 내가 보기에 '앎의 철학'(informative philosophy)이 아니라 자유로운 사람됨, 곧 '탈바꿈의 철학' (transformative philosophy)이기 때문이다. 일상적 무명의 껍질을 벗고 번뇌의 알을 깨뜨리는 실천을 아울러 구비한 이론적 탐구야말로 불교철학의 본래적 활동이라고 생각한다. 수행 없이 한갓 지적인 사변을 논하는 형이상학적 논변은 불교-말 그대로 부처님의 가르침이라고 말할 수 없다. 실존철학을 비롯한 서구의 여러 철학 사조 가운데에도 다행히 생명을 찬양하고 새 사람됨을 주장하는 사례가, 비록 큰 주류는 아니지만, 간혹 눈에 띄기 때문에, 불교철학이라는 명칭으로 나의 철학을 옹호하는 작업은 일단 가능하리라 싶다. 그래서 어설픈 불교철학적 변증을 내 나름대로 시도해 본다.

이론과 실천을 접목하는 불교철학의 어려움을 극복하고, 어떻게 소위 변증법적 승화를 거쳐 나의 인격적 탈바꿈을 가능케 할지, 아직도 나는 자신이 없다. 불교철학을 짜임새 있게 전개·탐색하기가 힘에 부치다는 학문적 고민과 번뇌에 구속된 보통 사람의 탈을 벗고 깨달은 사람 되기를 희구하는 인격적 고민을 함께하는, 소위 '동양 철학자들', 저 도학자들만의 독특한 어려움의 한 가닥을 털어놓아 함께 고민하고자 한다.

2.

대학 강단이라는 틀 속에서 인간의 탈 전체를 바꾸는 불교철학을 강의해 온 지 어언 16년의 세월이 흘렀다. 대학이라는 학문의 전당에 입문한 햇수로 따지면, 피교육자로서 불교철학을 수강한 것까지 30년이 넘는 세월에 불교를 실천 신행으로서가 아니라 학문의 대상으로서 다루었다. 장사를 했어도 망하거나 흥하거나 도가 텄을 법한데, 여전히 강의실 앞에 다가서기만 하면 가슴이 두근거리는 못난 어린애 심정이 되는 것은 어쩐 이유인지 나 자신도 알 수가 없다. 어쩌다가 불교철학이라는 이상한 학문의 굴레에 얽매이게 되었는지 모르겠다. 여러 가지 우연한 계기가 합성되어, 이제는 어쩔 수 없이 끌려가듯 철학을 해서 밥을 먹는 직업적 불교철학 교수가 되었나? 나를 철학하게 하는 것은 철학교수의 직업적 성실성과 대사회적, 적어도 불교철학도들에 대한 책임 때문인가?

강단 철학자들은 교단이라는 제도적 제약에 얽매여 대략 몇 가지의 형식적・특수적 관행에 사로잡혀 있다고 본다. 예컨대, 연구업적을 운위하는 경영인 행정가들의 편의주의에 편승하여, 매년 적어도 200자 원고지로 100매 이상의 논문을 발표하는 등의 준 자격심사에 응하는 데 길들여져 있고, 일주당 몇 시간의 강의 책임 시간을 꼭 메운다는 관행의 노예가 되어 있다. 이런 버릇은 간혹 소설을 쓰는 동료 철학 교수를 매도하는 이상한 풍토를 낳고, 반드시 강단에서만 철학을 해야 한다는 강박관념을 벗어나려는 일체의 행위를 비철학적・비학문적 행위라고 생각하게 하는 등, 일일이 나열할 수 없는 여러 가지 제도적 증후군을 양산하고 있다. 나도 별 수 없이 그 제도에 순응하여 이제껏 논문을 쓰고, 강의를 하고, 가끔 철학 결핍증이라는 강박관념에 사로잡힌 소수의 사람들에게 강단 이외의 장소에서 때로는 짤막한 단상으로,

때로는 늘어진 강연이라는 형식을 통해 대사회적 봉사와 책임의 일단을 메운다. 적어도 앞·뒤 조리에 닿는 이야기를 전개하려고 노력하고, 현실에 적합한 발언을 통하여 등에의 역할에 충실하려고 애쓰고, 되도록 설익은 주장을 나열하거나 목소리만 높이려는 어릿광대짓은 아니하려고 발버둥친다. 아무리 강단 철학자라도 학생은 물론 일반 사회인들에게 적어도 주장의 합리성, 사태와의 적합 여부를 가리는 현실성 내지 건전성 그리고 논리적 타당성에 유의할 것이 요청된다. 나의 불교철학도 철학 일반의 범주를 벗어나지 않기 때문에 철학과 사회의 관계를 논하지 않을 수 없다. 특히 불교는 살아 있는 한국의 종교 전통 가운데 큰 비중을 차지하기 때문에, 매사 말 한마디와 글 한쪽에도 신경을 쓰지 않을 수 없다. 그러나 앞서도 지적하였듯이, 아직도 무슨 철학을 빙자하여 설익은 비문(非文)을 철면피하게 남발하는 작태가 있기에 나의 깜냥도 잊은 채 잠깐 흥분하였다면, 독자의 용서를 빈다. 철학의 지적 독립성과 제도적 구속 내지 대사회적 책임 사이의 함수관계에 대한 나의 견해는 부족한대로 이만 그친다. 반드시 내가 아니더라도, 철학자라면 누구나 한 번쯤 언제건 생각할 문제를 짚고 넘어 갈 뿐이다.

종교와 철학을 무쪽 가르듯 가르고, 종교의 편에 서서 철학을 박해 내지 폄시하는 버릇은 서양 기독교 사회에서 더욱 기승을 부리는 것 같다. 그러나 요즘, 특히 한국의 경직된 기독교 개신교 근본주의자들이 꼭 500년 전의 주자주의 유일 무오성을 주장해 버릇하던 그 유아독존적 기질을 닮았는가, 일체의 비판을 거부하고 종교인이라면 마땅히 지녀야 할 관용성마저 결여한 채 일체의 타종교와 여타 사상을 겁박하는 이상한 풍토를 조성하고 있다. 일종의 종교재판으로 철학자를 불태워 죽이는 전통은 동·서양을 막론하고 정통과 이단을 갈라 버릇하는 데에서 비롯한다. 그러나 철학에는 이단이 없다. 다만 어느 사회의 용인 여부에 정통과 이단이 갈릴 뿐이다. 철학적 주장의 진위는 대다수가 받아들인다는 사회적 통념과는 다르다. 단 한 사람이라도 진리를 고수하는 사회야말로 살아 움직이는 사회이다. 한 개인의 독창적 창의가 다수의 횡포로 압살되는 사회야말로 미래가 없는 사회이다. 나는 불교철학자로서 20세기 후반 새삼스레 논의의 꽃을 피운 한국 선불교의 돈점 논쟁에 사회적 책임과 더불어 철학자의 성실성을 걸고 간여하지 않을 수 없다. 그 진위를 가리는 판관의 역할을 수행하지 않을 수 없다. 대부분의 경우, 밥을 벌지 못한다는 경제제일주의의 풍토에서 철학자는 무능한 이라고 괄시받는 사회에, 이런 논쟁이 살아 있다는 것은 신나는 일이다. 돈이 벌리지 않더라도 주장의 진위를 가리고 사태와의 적합성을 따져서 그 주장의 건전·불건전 여부를 가리는 것은, 그 종교적 관행에 빠져서 앞뒤를 돌보지 않는 맹신자들의 눈과 귀를 열어 주는 일이기 때문이다. "와서 보라", 진리의 직접성·현실성을 강조한 부처님의 경고는 어디 두고, 케케묵은 중국 조사들의 글줄을 자기 마음대로 취사선택해서 한 가지 주장으로 몰고 가는 것은 비철학적 관행이다.

소위 종교적 심성을 지니지 못했으므로 불교철학을 할 수 없다, 따라서 불교철학자는 반드시 꼭 불교를 믿는 불자여야 한다는 주장은, 모든 종교철학자들이 들어 버릇한 비철학적 편견이기에 더불어 논의할 상대가 아니다. 종교인의 믿음과 철학자의 비판이 상충한다는 편견은, 무조건적인 맹신자의 무비판적 발설이 아니고서야 어디 보통 사회에서 용인될 수 있는 발언인가? 어느 종교의 편에 서서 일체의 여타 행위를 비난 내지 박해하는 유상무상의 종교재판같은 발언이 판치는 한, 이 나라의 비철학적 풍토는 쉽사리 사라지기 어려울 것이다. 특히 어느 종단의 종립 학교나 종교 법인체의 독단성이, 한갓 편견에만 그치지 않고 생사람을 이단 재판이라는 형식으로 파문 또는 출교(出敎)시키고 있는 행태에는 아연하지 않을 수 없다.

비철학적 문제로 아까운 지면을 할애하느니, 서둘러 다른 동료 철학자들의 불교철학에 대한 소위 철학적 비판에 답함으로써 나의 불교철학적 관견의 일단을 피력하는 것을 끝맺고자 한다. 불교철학이 불교라는 총체적 문화를 그 저변에 전제로 깔고 있다는 비판은 타당하다. 그러나 그렇기 때문에 불교철학은 철학이 아니라는 주장은 받아들일 수 없다. 토마스 아퀴나스나 오거스틴의 철학을 기독교철학이라 해서 철학자의 반열로부터 제거하면, 서양 철학의 전통은 얼마나 빈약할 것인가? 인도의 용수와 세친, 중국의 혜능과 법장, 한국의 원효와 지눌을 저들이 불교철학을 했다고 해서 철학의 반열에서 제외한다면, 불교철학뿐만 아니라 동양 철학의 대부분은, 대학 교수들이 서양의 최근 강단 철학을 수입하기 이전에는 모두 유교, 도교 또는 불교의 전제를 깔고 논의한 점에서 모두 철학이 아니라고 해야 할 판이다. 철학함은, 묻는 이가 어떤 전제를 깔고 있느냐 아니냐의 여부를 떠나서 그 논의의 심도가 어느 정도 깊이에 있는가, 즉 그 철학적 주장의 근거에까지 파고들었는가에 따라서 철학적인가 아닌가를 판가름해야 할 것이다.

예컨대, 내가 불교철학 가운데에서 소위 전공 분야라 하는 선불교의 두 가지 이론 또는 주장을 자세히 살펴보자. 하나는 직접 체험에 대한 이론이요, 다른 하나는 그 체험을 어떤 개념으로 매개하여 짜여진 주의주장에 대한 이론이다.

결론을 앞질러 말하면, 모든 체험은 개념 형성 이전에 순수한 '그것'으로 존재한다. 우리는 거기에 '진여'(眞如) 또는 '불성'(佛性) 따위의 개념을 설정하여 이러쿵저러쿵 멀쩡한 생사람을 잡는 식의 형이상학적 논변으로 세월을 보낸다. 개념의 매개를 거치지 않은 순수체험이라는 말도 사실 어폐가 있다. 억지로 '순수'라는 이름을 붙이는 것이다. 그런데 이 순수체험은 또 반드시 깨침을 필요로 하지 않는다. 보통 사람의 보통 체험이다. 개념의 유희를 하는 소위 철학자들은 일종의 개념적 틀에 빠져 헤어나오지 못하는 병 속의 파리같은 존재이다. 병이 없다면, 즉 개념의 틀만 없다면, 깨침이라는 것도 불필요한 것이다. 개념적 가구를 설정하여 어떤 주의주장을 펴고 이에 기대어서 본디는 있지도 않은 그 개념의 틀로부터 벗어나라고 하는 철학적 작업은 과연 이런 생각의 구조에서 어떤 역할을 하는 것일까? 철학자는 철학-병자와 함께 생각해서, 종국에는 그 개념의 짜임인 주의주장이 하나의 작업가설같은 방편임을 알게 할 터이다. 사성제(西聖諦), 업보(業報), 연기법(緣起法), 공(空), 선정(禪定), 돈오돈수(頓悟頓修) 따위의 작업가설을 무슨 보편천하의 진리인 양 물고 늘어지는 데에서, 소위 불교-철학-병이 생긴다고 믿는다. 병을 제거하는 것이 부처님께서 설법한 유일한 목적이었다면, 그 말씀을 되씹고 곱씹어 따지는 불교철학자는 병을 찾아 고쳐 주는 일, 곧 처방에 능해야 한다. 그런 만병통치약이, 불법은 작업가설 방편설이란 설 아닌 설이다.

일찍이 원효대사는 그의 《기신론소》에서 다음과 같은 말로 불교를 공부하는 두 가지 길이 있음을 구분하셨다.

"여래께서 설하신 경전의 깊은 뜻을 풀어 보이신다. 그리하여 학자로 하여금 잠시라도 이 작은 책을 열면 삼장의 뜻을 두루 찾아볼 수 있기를 원하시고, 도를 닦는 수행자로 하여금 제발 영영(헛된) 현상을 좇지 말고, 부디 궁극엔 한 마음의 근원으로 돌아가기를 원하신다"(贊述如來深經奧義. 欲使爲學者 暫開一軸 徧探三藏之旨. 爲道者 永息萬境 遂還一心之原).

소위 철학을 한다는 나는 위학자인가, 위도자인가? 삼장의 뜻을 두루 꿰뚫는 위학자도 못되고, 일심으로 돌아가는 위도자도 못된다. 그 사이에서 남의 말귀나 이해하려는 한심한 존재이다.

그 사이를 중도라 하면 혹시 무슨 위로가 될까? 나는 위도와 위학 사이에서 일심의 그림자를 뒤좇는 영원한 방랑객인가?

자본과 내재적 자주성

이 규 성
(이화여대)

1. 체제와 진실

"현존하는 것을 기술하는 것은, 그것이 장차 존재할 것일지라
도, 현존하지 않는 것을 기술하는 것보다 훨씬 쉽다. 절망적인
인간의 눈으로 오늘날 우리가 보는 것은 결코 진리가 아니다. 진
리는 우리가……이어야만 할 것, 내일 일어나려고 하는 것이다.
우리의 경이로운 내일이 작가가 오늘날에 묘사해야 할 것이다"
(솔제니친, 암병동, 1968).

이 말 속에는 명목상의 기존 사회주의는 더이상 역사의 대안이
나 모델이 아니며, 그것을 극복해야 한다는 의미가 담겨져 있다.
또한 그것은, 미래의 진실이란 현재의 역사가 끝난 다음에 오는
추상적인 대안이거나 공상이 아니라 현재의 과정 속에서 작동하
는 것임을 보여 주려 한다.

그러나 역사의 아이러니는 그 말을 현재의 세계 자본주의 체제
에도 적용할 수 있게 하고 있다. 세계화의 구호 속에서 우리가
경험당하는 것은 결코 진실이 아니다. 자기 자신만의 증식을 목
적으로 함에서 생존하는 자본의 맹목성, 이 맹목성의 신당에서
예배드리는 합리적 이성, 갈수록 커지는 소득의 격차와 돈에 의

한 신분화, 종교를 내세운 인종주의와 이에 따른 민족간의 도살 등은 자본주의 자체의 폭력성과 암흑을 감지하게 한다.

그러한 현상들이 역사가 발전하기 위한 진통이 아니라 삶의 핵심을 좌우하는 문제라면, 이것은 명목상의 기존 사회주의 몰락에 대해 세계 자본주의를 근본적 혹은 차선의 대안으로서 간주하는 것을 유보하게 한다. 근 250년의 역사를 가진 자본주의는 국제적 규모로 출발하여 자신을 세계사의 주인공으로 연출시켰지만, 대표적으로 1, 2차 대전이 보여 주듯이, 그 재난의 규모와 질 또한 세계적인 것이었다.

그러므로 '해방 50주년을 맞이하여 모색과 전망'이라는 제목 아래 해방을 재음미하는 이 시점에서, 자본의 흐름이 가지는 성격과 그것이 삶에 대해 가지는 의미를 규명하는 것은 중요한 의의를 지닌다. 그러나 자본은 자신의 경제적 기능만으로 작동한 적은 없으며, 언제나 그 정치적 기능, 즉 국가와의 관계 아래 발휘하는 기능에 의해 자신을 구현해 왔다. 따라서 자본과 삶의 의미에 대한 논의는 국가의 정치·경제적 기능에 대한 이해를 수반해야 한다. 국가주의와 경제주의는 동반관계에 있으면서도, 초국가화된 경제는 자국에 대해 때에 따라서는 음모를 꾸미거나 협박할 수도 있는 여건을 가지게 되었다.

이와 함께 현재에도 작동하면서 미래에 일어나야 할 진실을 전망하기 위해서는 자본주의의 대안으로서 20세기 초에 제시된 적이 있었던 사회주의 역사이론에 대한 반성이 요구된다. 그 이론은 사회민주주의를 지향한다고 했음에도, 민주주의와 사회주의를 대립시킴으로써 사회를 국가화하는 전체주의적 성격을 불가피하게 가지게 되었다. 이 점은 흔히 역사적 정황상 어쩔 수 없었다는 식으로 정당화되어 왔는데, 그렇다면 기존 사회주의 체제는 자본주의의 중심부에 의해 위협받아 이에 대한 반동으로 형성된 특정 종류의 주변부적 체제가 될 것이다. 그러므로 그것은 자본주의의 진정한 미래로서는 자격을 상실한다.

이런 맥락에서, 정통론으로 알려진 기존 사회주의 이론이 가지는 허약성은 어디에 있는지가 해명되어야, 인간 이성의 허약성 가운데 하나인 국가주의적 그리고 관료적 사고의 운명을 이해할 수 있을 것이다. 한편, 생산수단 및 소득의 분배방식 등의 차이에도 불구하고, 기존 사회주의 체제와 현대 자본주의 체제는 공통점이 몇 가지 있다. 이것은 바로 경제주의와 국가의 결합, 인간과 과학을 생산력의 기본 요인으로 간주하는 것, 관료주의 등이다. 이러한 공통점들은 자본주의 사회에서 점차 강화되어 가고 있다. 이런 의미에서, 정통 사회주의 이론과 체제에 대한 반성은 현대 사회의 앞날에도 새로운 성격의 반란의 가능성이 있을 수 있음을 헤아리게 한다.

이상과 같은 논의의 맥락에서, 이 글은 그 체제와 연관하여 사회주의 정통론을 비판적으로 유보하고, 세계 자본주의 체제하에서의 자본과 국가의 작용기제를 인간의 정신적 위기와 관련하여 서술해 나가는 가운데, 현재에서 비판적으로 작동할 수 있는 진실로서의 역사적 지평을 열어 보고자 한다. 새로운 지평은 21세기 세계화가 아니라 20세기의 주요한 역사적 경험을 역류하여 재음미하는 데에서 증류되는 어떤 진실이 될 것이다.

2. 경제주의와 윤리적 물음

서구 시민 사회는 구체제로부터의 정치 해방을 통해 자본주의적 사회체제를 확산시켜 왔다. 시민 사회의 정치 해방은 국민국가의 형성과 함께 이전에는 들어 보지 못했던 두 가지 권위주의를 발전시켰다. 하나는 공동체에 앞선 개인에 대한 주권 승인이 가지는 경제적 내용으로부터 오는 것이며, 또 하나는 시민에 앞선 국가 주권의 승인으로부터 오는 것이다. 전자는 사유재산의 권위주의를 위한 문을, 후자는 국가 관료제의 권위주의를 위한 문을 열었다.

그러나 이 두 가지는 두 가지 모순에 의해 도전받는 것이었다. 하나는 사적 소유(자본)와 임금노동 사이의 모순에 의한 것이고, 또 하나는 정치적 엘리트에게 위임된 권력과 모든 사람의 평등한 정치적 능력에 대한 형식적 승인 사이의 모순에 의한 것이다. 이런 의미에서, 급진이론은 경제 영역으로서의 사회의 해방과 정치 영역으로서의 국가의 극복, 즉 정치 해방을 지향하지 않을 수 없는 조건에 놓이게 된다. 이러한 방향정위는 사적 소유에 의한 이익이 행복의 척도이기를 중단한 사회를 지향하는 한편, 사적 영역인 사회로부터 추상화된 공적 영역으로서의 국가가 가지는 강제적 성격을 불식하고 그것을 사회화하는 성격을 지닌다. 진정한 민주주의는 이 두 가지 성격의 방향을 종합적으로 수행하는 데에서 성취된다.

이러한 성취를 위한 노력의 필요성은 자본주의의 두 가지 객관적 모순의 해결이라는 사회적 차원으로부터 오는 것일 뿐만 아니라 인성론적 차원으로부터도 온다. 왜냐하면, 시민 사회의 사적 영역은 타인의 희생을 통해서만 행복이 획득된다는 공격적 인성을 산출하기 때문이다. 이것은 개인과 개인, 개인과 공동체를 상대방의 희생에 의해서만 존재하는 반목관계로 만듦으로써 양자를 모두 허약하게 만든다. 더욱이 타인을 '부정하는' 의지를 가진 개인들은 공동체의 정치적 삶으로부터도 소외된 까닭에, 일상의 삶에서 자신을 무기력한 존재, 무가치한 비본래적 존재로서 체험한다. 이러한 체험은 개인들을 자기 자신을 부정하는 냉소주의로 이끈다. 타인과 자신을 부정하는 인성의 형성은 육체와 영혼의 분열에 대한 일상의 감각에서 단적으로 나타난다. 이 때문에 실질적 민주주의는 사회의 구조적 혁신을 도모하면서도, 동시에 '긍정적' 인성의 형성을 도모해야 한다는 책무를 가진다.

그러나 기존 사회주의의 이론과 실제(레닌주의적 전통)는 그러한 종합적인 방향을 유보하고 경제주의적 객관주의로 과도하게 경도되었다. 그래서 정치의 민주화에 대한 이론적·실천적인 관심 및 인성론과 이에 기반한 윤리학적 관심이 배후로 밀려나게 되었다. 그 역사적 귀결은 실로 참담한 것이었다. 그러면 이러한 사태의 원인은 어디에 있는가?

레닌주의는 혁명의 척도를 물질적 기초로서의 생산력 발전과 혁명적 기획으로서의 당의 지식과 결정에 두었다. 이것은 경제주의와 주의주의(主意主義)의 기묘한 결합형태이다. 이러한 결합은 권력 장악 후의 레닌의 문화혁명이론에서 보다 분명하게 표출되었다. 그의 문화 개념은 세 가지 의미를 갖는다 : ① 문명(civilization)으로서의 문화, ② 이데올로기로서의 문화, ③ 지식으로서의 문화. [1]

여기서 문명은 역사 진화의 어느 시점에서 획득된 생산력 발전의 수준을 의미한다. 레닌에게 그 구체적 실체는 서구 산업사회의 물질문명인데, 이것을 무산계급 체제에 결합시키는 것이 그에게는 급선무였다. 맑스와 마찬가지로, 그는 부르주아 문명을 사회주의 사회에 봉사할 수 있는 중립적인 것으로 보았다.

이런 맥락에서, 지식으로서의 문화는 과학과 기술적 지식이 된다. 레닌이 보기에, 당시 대중이 결여하고 있는 것은 사회주의 이데올로기가 아니라 산업문명과 지식이었다. 산업과 지식은 자본주의의 도구에서 사회주의의 도구로 전환되어야 새로운 문화를 형성하여 혁명의 성공을 지속시킬 수 있다는 것이었다.

이러한 유럽 중심주의적 근대화의 문맥에서, 무산계급의 문화는 지식 보고의 '논리적' 발전이어야 했다. 이 '논리적'이라는 말의 의미는 비판적이거나 변증법적인 것이라기보다는 '지속성'(continuity)을 의미했다. 바로 이 관점에서, 숙련된 기술과 지식(경영기술을 포함하여)의 소유자로서의 전문가 집단, 이른바 부르주아 인텔리겐차의 사회주의적 이용방안이 나왔으며, 이것은

---

1) Carmen Claudin-Urondo, *Lenin and The Cultural Revolution*, trans, Brian Pearce, Harvester Press, Sussex, 1977.

'전기화(electrification) + 소비에트 권력 = 사회주의'라는 유명한 공식으로 요약되었다. 대중은 산업의 군대이며, 생산성이야말로 모든 것이 거기에 종속되어야 하는 시금석이다. 레닌 스스로 '국가 자본주의'라고 부른 이러한 체제는 자본주의적 착취의 세련된 야수성과 과학적 성과의 결합인 테일러 시스템까지도 채택하게 하였다.

이러한 생산주의적 문화관은 또 하나의 가정에 의해 지배되었다. 그것은 당(party)조직론으로서, 이는 레닌주의의 가장 특징적인 것으로 인식되어 온 것이다. 당은 맑스와 엥겔스의 넓은 역사적 의미에서의 연맹이나 협회 정도가 아니라 한 차원 높은 위치에서 기능하는 전위이다. 카우츠키(Kautsky)의 견해였던 이러한 정예주의적 관점은 생산주의적 사고와 마찬가지로 혁명의 기초 이론으로서의 경제과학과 무산자는 혁명의 기획을 가질 수 없다는 판단, 즉 구체적 계급과 (사명을 가진) 역사적 계급 사이의 격차에 대한 인지로부터 도출된 것이다. 사회주의적 의식은 과학의 담지자인 부르주아 인텔리겐차로부터, 즉 계급의 '밖으로부터만'(only from without) 온다.

이러한 견해는 의식이 계급과 사회 사이의 변증법적 상호 운동으로부터 형성된다고 본 맑스와는 달리, 의식을 의식으로부터 도출하는 헤겔 유의 관념론적 편견을 전제한다. 의식은 지식으로부터 나온다는 이러한 견해는, 대중의 해방에 대한 그의 열렬한 관심에도 불구하고, 생산의 조직화와 사회 통합(integration)의 시급한 필요성과 맞물려 "소비에트 민주주의와 개인에 의한 독재권력의 수행 사이에는 근본적으로는 모순이 전혀 없다"[2]고 선언하게 했다. 사회는 최정상의 일인이 책임지는 군대조직에 비유되었다.

이제 국가는 이원적 성격을 가지고 사회 위로 부상한다. 국가

---

2) Lenin, *The Immediate Tasks of the Soviet Government*, C. W. V27, 1918.

는 억압기구와 기술적 관리기구로 구성된다. 전자는 계급 이데올로기적 기능을 수행하는 정치권력으로서의 국가 기구이며, 후자는 과학적 경영과 관리의 기구이다.

따라서 볼셰비즘 체제는 물신화된 생산력 발전에 국가 이성이 부여된 체제로서, 정치적 지위 소유자와 기술관료 집단의 지배체제가 된다(여기서 지위와 기술에 의한 착취가 가능하게 되었으며, 이러한 현상은 봉건 시대뿐만 아니라 현 자본주의 사회에서도 발견된다). 당의 절대적 외재성을 전제한 이러한 체제는 스탈린 체제에서 더욱 강화되었다. 당의 언명으로서의 혁명의 말씀(logos)이 보편적 선과 미의 척도가 된다. 권위의 진리가 진리의 권위를 대체하였고, 개인간의 관계, 개인과 국가간의 관계, 윤리적·미학적 가치 등은 생산의 효율성 아래 종속되었다.

사회의 국가화에 따른 이러한 귀결은 일상의 삶을 위로부터 부여된 보편적인 정치·도덕적 의식에 지배받는 경화된 속물주의(snobism)로 만들었다. 이러한 삶 자체가 체제의 비진실을 반증한다. 또 이것으로부터 사회주의와 민주주의를 대립시키는 이분법적 사고가 유포되었고, 그것은 지금까지도 그러하다. 그러나 사회주의가 국가의 사회화를 통한 사회의 실질적 민주화, 즉 대중에 의한 통제의 실현에 있다면, 이러한 민주주의는 아직 실현된 적이 없다. 사회 혁신의 이론과 실천은 여전히 과제로 남는다.

그런데 볼셰비즘을 포함하여 기존의 모든 계급 투쟁의 역사가 '대중에 의한 통제'의 해체를 증시한다면, 이것은 우리로 하여금 "무엇을 해야 할 것인가?"라는 다급한 물음에 앞서 "왜 사람들은 피흘려 투쟁하여 노예가 되고자 하는가?"(B. Spinoza)라는 물음 앞에 서게 한다. 장자(莊子)의 근본 물음 역시, 왜 사람들은 지배의지를 숨기고 있는 이론을 창조하고 거기에 예속되는 것일까였다. 이러한 물음의 의의는 실천가에 대해서만이 아니라 기존의 좌익이 무시하기 일쑤였던 영역인 일상의 삶에 대해서도 해당한다. 왜냐하면, 그것은 거의 모든 사람들이 쉽게 빠져드는 정신현상에 대한 병리학적 질문이기 때문이다. 국가와 경제의 사회화가 가능하기 위해서는 구조적 혁신이 필요할 것이다. 그러나 그것이 대중이 통제하는 진정한 민주주의로 되기 위해서는, 우선 노예-주인의 변증법에 갇혀 있는 인격이 아닌 자유의 인격이 요구된다. 일상생활에서의 혁신을 정착시키지 못하는 체제는 어떤 영웅, 어떤 구조도 그 윤리적 정당성을 갖지 못하고 무너져 왔으며 무너져야 할 것이다. 이런 문맥에서, 이제 윤리학적인 문제는 "무엇을 해야 할 것인가?"라는 물음 앞에 "누가 했으며, 누가 해야 하는가?"라는 인격의 문제를 놓는다.

이러한 문제는 자본주의 사회와 그 가치관에 대한 비판을 통해서 전개될 수밖에 없다. 왜냐하면, 자본과 국가에 의해 통제받는 삶이란 생산성과 이를 위한 과학적 합리주의 및 보편자로서의 국가 지배 속의 삶이기 때문이다. 이러한 유형의 삶 역시 국가에 의한 직접적인 생산력 통제, 무산자 정치의식에 의한 하향적 통합이라는 성격을 제외하면 볼셰비즘 체제와의 공통분모(경제주의와 국가주의)가 있다. 사적 자본의 축적과 집중에 따른 생산력주의, 점증하는 국가의 통합기능은 대중을 획일적 가치관으로 몰아가고 있으며, 세계 자본주의는 자신의 확장에 따라 국가에 대해서도 일국 경제주의적 시각을 넘어서서 세계화의 동반자로 끌어들이고 있다. 자본과 함께 국가와 대중은 운명을 함께하자는 것이다. 그러나 이럴 수 있을까? 만인과 만물을 상품화하는 이 속류 유물론이 마지막 승자가 될 것인가?

3. 자본의 흐름과 인성론

자본주의는 그 출발부터 그 중심부에서나 주변부에서 자신과는 다른 생산조직과 문화체계를 배타적으로 통합하거나 폭력적으로 일소하면서 자신의 체제를 확산시켜 왔다. 특히 다른 나라나 부족들에 대해서는 민족적 인종주의 편견과 결합된 과학적 합리주의를 가지고 자본의 공간을 야만적으로 개척하였다. 물질문명의 역사는 피와 불의 문자로 기록되는 역사였다. 이것은 중상주의 식민 시대의 본원적 축적기로부터 제국주의에 이르기까지 지속되어 온 것이었다.

스스로를 무한으로 증식시키지 않고는 자살하거나 타살당하는 위기를 면할 수 없는 자본은 국제적 배경하에서 성장하였고, 그 성격상 세계를 지향한다. 여기에 이윤에 의해 증식되어야 하는 자본은 자신의 순환시간을 가능한 한 빠르게 해야 한다는 필요성에 직면한다. 이윤의 기초인 잉여가치는 착취관계하의 생산과정에서만 얻어지는 것이 아니라 유통과정에 투하된 자본의 회전속도에 의해서도 좌우된다. 이윤은 회전속도에 비례한다. 이 회전시간에 생산시간을 더해 자본의 순환시간이 구성된다. 바로 이 순환시간의 가속화에 따라 기계를 도입하여 부단히 혁신해야 한다는 압력이 생기는 것이며, 교환을 위한 모든 공간적 장애를 분쇄해야 한다는 지구 정복의 필연성이 나온다.

기계화에 의한 생산시간의 단축과 대량 생산이 자본-노동의 생산관계 속에서 창출된다면, 생산력 발전에 의한 이른바 상대적 잉여가치의 생산은 자본의 생존을 위한 생산관계의 공고화로부터 나오는 것이다. 생산력은 생산관계보다도 사회에 대한 설명의 우선성을 가지지 않는다. 자본주의 사회로 하여금 늘 새것을 추구하게 하고 삶을 동요시키는 근본 동인은 생산관계의 유지에 있다. 또한 계몽주의자와 같이 진보를 향한 직선적 역사관을 역사를 재는 척도로 보게 하는 이유도 거기에 있다(이 점에서는 맑스도 예외는 아니다).

여기에 또 다른 형태의 기술이 발전되는데, 그것은 교환을 위한 공간장애 극복으로부터 나오는 것이다. 먼 거리는 긴 시간을 요하므로, 시간을 단축하는 기술 발전(교통, 통신 등)에 의해 공간을 근접시켜야 한다. 시간에 의해 공간을 압축시키는 축지술적 동기는 세계시장 창출을 위한 것이며, 세계시장 창출은 이제 각 개인의 자아에 압축된 지구촌을 표상하게 하였다. 시간과 공간의 지배가 넓어짐으로써, 시간과 공간은 순간과 작은 공으로 축소되었다. 현재 순간의 자아 속에 모든 것이 공존한다(정신분열화).[3]

자본의 시장 개척을 향한 이러한 흐름은 그 다양한 분화에 의해 다양한 산업과 그 종사자들을 창조해 낸다. 화폐는 사회적 권력을 표시하는 척도로서 노동계급뿐만 아니라 수많은 근로자들을 체계적인 지배관계로 묶는다. 그것은 모든 사람들을 획일적 시장 평가체계로 묶는다. 이 체계 안에서는 경제적 관계는 곧 정치적인 관계이며, 이러한 관계는 보편적인 것이다. 푸코와 같은 미시권력이론가들은 일상생활과 국지적 사회집단 내에서의 권력관계를 이해할 수 있는 지평을 열었음에도, 이 점을 간과하고 모든 것을 정치적 권력관계로 환원하였다.

화폐는 사회의 다지화 혹은 파편화를 추동하면서도, 바로 이 추동 자체가 화폐의 고유한 통제기능이 된다. 자본의 이러한 기능은 기존의 생산조직이나 비자본주의적인 고정된 인륜적 실체들을 파괴한다. 맑스는 농민의 무산계급화 과정과 식민지 착취에서 전통적 생활방식의 그릇인 지역공동체의 해체와 파편화를 관찰했다. 이러한 '탈영토화'(deterritorialization, Deleuze & Guattari)에서 이전에 볼 수 없었던 하나의 귀결이 있게 된다. 이것이 바로 개인의 자유인 바, 이것은 개인의 자유로운 공간이 동성과 교환의 추상적 매개인 화폐의 효과이다. 특히 교환의 추상성은 사물의 안정되고 고유한 본질을 무화시킴으로써 전통적인 인성(thos)과 그 질곡으로부터 벗어나게 한다. 사적 개인과 개

---

3) David Harvey, *The Limits to Capital*, 자본의 한계, 최병두 역, 한울, 1995, pp. 491~541쪽. 구동회·박동민 역, *The Condition of Post-Modernity* 포스트모던의 조건, 한울, 1995, pp. 277~373쪽.

인의 자유는 화폐권력의 구성물이다. 그러나 이것은 타인의 제약에 속박되지 않고 자유로이 사고할 수 있는 조건을 형성해 주며 그것을 정치적 원칙으로까지 발전시켜 왔던 것이다. 맑스는 이 점에서 역사를 이해하기도 했다. "그에게 세계사는 개인화의 과정이다."[4]

그러나 이것을 진보의 산물이자 미래 진보의 조건으로 볼 수 있는가? 자유의 확대라는 측면에서 보면, 니체와 맑스가 긍정했듯이 분명 그렇다. 그러나 자유를 장차의 삶의 전개에 적극적으로 진입시키기 위해서는 그것을 어떻게 변형하고 활용할 것인지의 문제가 남아 있으며, 이에 앞서 두 가지 현상을 고찰해야 한다. 왜냐하면, 다음의 두 가지는 자유의 귀결에 대해 도전적인 것이기 때문이다

첫째, 세계 자본주의는, 기존의 모든 체제와 마찬가지로, 모든 것이 자신과 동일하게 발전하는 한에서 통일성을 이루는 좋은 상태가 된다는 믿음을 전제한다. 이 신앙은 자신에 대립적인 것을 파괴적인 요인으로 보아 그것을 변증법적으로 통합하는 논리를 이성적이라고 간주한다. 이것은 노동계급의 자주성을 위협하며, 타자화된 이 계급을 늘 통합의 논리 안에 가두고 타자성의 자율적 발전을 악마적인 것으로 인지한다.

이러한 통합의 논리는 자본의 발전 초기에도 그랬듯이 국가의 지원하에서 이루어지며, 기존의 타자성의 영역(여성, 소수민족, 식민지 민중, 노인과 같은 노동력 부재의 계층 등)을 자신을 위해 배타적으로 활용하거나 제거한다. 자본의 이해관계에 따라서 자본은 어느 경우에는 복지정책을 지원한다. 자본은 기존의 가정과 제도들을 안정시키며, 노동력 재생산을 위해 교육, 주거, 건강 등의 문화정책을 지원한다. 이러한 광범위한 안정화는 주로 공간 재구성으로 나타나는데, 권력의지를 가지는 국가와 함께 자

---

4) Ian Forbes, *Marx and the New Indivisual*, Unasin Hyman, London, 1990, p. 85.

본주의의 '재영토화' 요인을 구성한다. 자본주의 사회는 이 재영토화와 탈영토화의 끝없는 긴장과 공조의 체계이다(이것의 단적인 예는 현대 중국에서 자본주의의 활용이라는 그럴듯한 표제 아래 이루어지고 있는 유교적 전통 사상 연구를 촉진하는 정책이다. 이것은 사회의 파편화에 대한 일종의 재영토화적 대응이다). 자본의 원심성과 구심성의 이 유연한 결합은 기존 사회주의 국가의 인위적 통합능력을 조롱하는 듯이 작동한다. [5]

이제까지의 자본주의는 언제나 제반 모순과 자본 자신의 한계인 위기를 넘겨 왔으며, 오히려 모순 때문에 살아가는 유기체이다. 그것은 내적 모순 때문에 망한다기보다는 그 외적 극한이 없는 것처럼 보인다.

둘째, 자본의 공간적 확장과 연관하여 발달된 통신기술은 만물의 상업화를 더욱 촉진하였다. 그것은 영상 이미지라는 꾸며 낸 환영(simulacra)을 모두에게 획일적으로 보여 줌으로써 화폐의 권력과 물신성을 현란하게 은폐한다. 사회의 파편화와 함께 이것은 사람의 자아를 정신 분열화한다. 예술의 상업화와 광고의 예술화는 가상의 욕망을 부추기고, 자본의 신속한 회전은 이 욕망을 즉시 새로운 가상으로 대체해야 한다. 자아는 그때그때의 순간성의 연쇄에 도취되도록 강요받아 소외에 대한 의식을 마비시킨다. 자본주의라는 이 세속의 종교는 지상의 아편이다. 포주는 마약을 먹이고 화대를 요구한다(D. Harvey). 이러한 탈근대적 현상은 자본의 탈영토화의 산물로서, 소외에서 오는 비판적 지성을 배후로 밀어 내어 인격의 통일성을 해체한다. 이것이 자유와

---

5) 더욱이 국가의 지원하에서 이루어지는 신용금융제도는 현물성을 가지지 않는 허구적인 의제자본을 만들어 냄으로써 자본의 위기를 극복해 가거나 그 순환의 시간을 가속화할 수 있다. 그러한 유동자본은 기업가의 경제력을 보여 준다. 그러나 기업가의 측에서 구매력을 의미하기도 하는 임금으로서의 유동자본은 그 많은 부분이 자본 측으로 다시 회수된다면, 임금 상승에도 불구하고 임금은 노동자의 무기력의 증거이기도 하다. 따라서 같은 단위로 계산되는 같은 유동자본이라 하더라도, 그 성격은 서로 다르다.

순간적 변덕을, 미래의 희망과 무책임성을 혼동시킨다.

　이러한 조건들이 자유라고 하는 진보적 귀결과 함께한다. 이것은 자유가 애초부터 국가권력의 비호하에 경제권력으로부터 구성된 것이라는 사실에 기인하는 것이다. 그러나 자본의 파괴성과 물신적 맹목성이라는 이 비합리주의를 넘어서서 인간성의 실현이라는 진실에로 접근하기를 원한다면, 퇴락과 재영토화의 과정에 대한 비판적 극복이 과제로서 부과되며, 이 비판과 함께 자유가 가지는 적극적 가능성을 모색해 볼 수 있을 것이다. 자유로운 사고는 자주성에의 자각에로 나갈 수 있으며, 자주성은 위로부터의 통합이 아닌 자발적 연대를 모색하게 한다. 역사적 귀결로서의 자유는 불구이다. 그러나 실질적 민주주의가 국가관료제 및 자본기술 지위에 의한 착취를 극복의 과녁으로 삼고 있다면, 그리고 이것이 물질적 만족과 불만족만을 기준으로 한 것이 아니라 자주적 인격 그 자체를 목적으로 하는 것이라면, 자유의 자각적 자유정신화로의 자기 양양 작업은 사회 변혁의 차원에서나 일상생활의 차원에서도 제거할 수 없는 과정인 것이다. 목적이 수단 속에서 작용하지 않는 어떤 실천도, 비록 그것이 신속한 효과를 이룬다 하더라도 스스로를 부패시키고 파멸시켜 왔다.

　이런 의미에서, 자주화의 과정은 제일의적인 윤리적 지평으로 부각되며, 그것은 인간 자신의 존재를 위한 철학적(이론·실천적인) 과정, 즉 자기를 위한[爲己] 과정이다. 이것은 수동성과 예속성에 의해 자신의 존재를 부정하거나 희생시키는 과정, 즉 타인을 위한[爲人] 과정에 저항하는 길이다. 따라서 자기 희생은 이 저항적 역운동을 위한 길에서 발생할 수 있는 제이의적인 선 혹은 차선의 악이다. 자기 부정은 '자기 위함'을 위할 때에만 선에 한 발을 들여 놓을 자격을 갖는다. 자주화 과정은 인간 자신에 대한 인간·생태학적 배려를 위한 전제가 된다.

　이러한 자기 긍정의 원리가 망각되어 일상의 삶이 경화된다. 심지어 혁명의 과정도 그 차별적 위계의 해체에서 오는 축제의 성격을 상실하고 정치·도덕적 감시체계로 떨어지는 것이다. 자기 긍정에서 오는 쾌활성의 상실은 인간의 미몽 때문이다. 이 미몽은 인간의 사회화 과정에서 온다. 경제·정치적으로 모순된 구조의 사회는 직접적으로 그 성격을 인간의 심성에 각인한다. 사회적 모순과 연관하여 형성된 이데올로기도 인간의 심성을 고착시킨다. 이데올로기는 단순히 관념적 상부 구조가 아니라 물질적 힘을 발휘한다(생산수단의 소유관계와 소유관념은 분리될 수 없으며, 이 관념은 어느 경우에는 실질적 소유관계를 형성해 낼 수도 있다).

이 때문에 사회 구성원은 모순된 성격 구조와 이에 따른 모순된 행태를 보여 준다. "노동자의 심적 구조는 한편으로는 (혁명적 태도의 토대를 갖춘) 사회적 상황으로부터 오며, 다른 한편으로는 권위주의적 사회의 전체 분위기로부터 도출된다. 그런데 양자는 서로서로 불화관계에 있다."[6] 아무도 순수 보수주의자가 아니고, 아무도 순수 혁명가가 아니다. 정도의 차이가 있지만, 누구나 이 양 극 사이에서 동요한다. 여기에 권위주의의 희생물이 될 소지가 놓여 있다. 더욱이 국가는 가부장의 가정제도를 통합의 차원이나 생산력의 차원에서 유지하고 그것을 통해 지배를 행사해 왔다면, 가정이야말로 권위주의적 심성의 서식지이다.

권위주의적 기구와 이데올로기에 의한 심적 구조화는 인간으로 하여금 자신의 물질적 이해관계와 자주적 인간성에 반대하여 '느끼고' 행동하게 만든다. 파시즘 체제하에서 대자본가의 이해관계에 희생물이 되면서도 파시즘의 사회적 기반이 되는 중간층(특히 하류 중간층)의 인성이 그 전형적 예이다.[7]

---

6) Wilhelm Reich, *The Mass Psychology of Fascism*, 오세철·문행구 역, 파시즘의 대중심리 현상과 인식, 1986, p. 55.

7) 이들은 위로는 부와 권력을 동경하면서도 그것의 소유자로부터 소외를 느끼며, 아래로는 무산계급을 동정하나 이 계급으로 전락하는 것에 저항한다. 의회민주제하에서 무산계급이 정치권력의 장으로 부상하게 되는 경우, 중간층은

이러한 사회심리적 현상은 기존 맑스주의를 포함하여 객관주의적 사회이론이 도외시해 오던 것이었다. 그런데 이 현상은 생물·심리학적 관점으로도 이해해야 한다. 왜냐하면, 가치가 있다고 여겨진 권위주의적 기구나 이데올로기에 대해 사람들은 생물·심리적 에너지를 투여하기 때문이다. 투여되는 에너지는 존경으로부터 열광에 이르기까지 정도의 차이가 있으나, 정도가 강할수록 그 맹목성이 증가한다. 이 맹목적 힘 혹은 의지는 그 실현 결과의 이익과 불이익을 고려하는 분별적 이성을 이끌어 가거나 능가한다. 권위주의적 질서나 관념은 그 자체 신성한 마력을 가진 것처럼 느껴지고, 그래서 금지나 명령은 그것이 터잡고 있는 심적 상태의 강렬한 강도(intensity)로부터 그 효력을 배가한다. 명령에 대한 조건 없는 존경과 경건심 속에서 실현되기를 기다리는 도덕적 선의지란 바로 그러한 메카니즘에 지나지 않는다. 따라서 의식 혹은 주체에 대한 질적인 도덕적 논의는 양적(에너지 역학적) 관점에 의해서도 해명된다.

권위주의에 흡수된 대중이 열정적인 폭발의 힘으로 이탈의 세력에 대해 폭력적으로 대응함으로써 '응집된 단일성'을 보여 주는 것도 거기에 투자된 심적 에너지를 동력으로 하는 것이다. 집단적으로 증폭된 에너지는 각 주체에게는 그 주체를 이끌고 추동하는 '타자'의 힘으로서 체험된다. 주체는 탈중심화되어 있다. 추동하는 에너지에 의한 이러한 정신 착란에 대한 인식은 이미지나 환상을 토대로 인간 행태를 연구하는 것에 그 유물론적 기초를 마련할 수 있다. 하부의 생물학적 힘이 관념을 현실화할 수 있다

위기와 박탈감을 느낀다. 이러한 심리는 무산계급의 성장에 대한 국가와 자본의 통제능력이 상실되어 있는 경우에는 초법적 권력의 성장과 지배 쪽으로 기울 수 있을 것이다. 국가독점자본주의가 반드시 파시즘으로 가는 것은 아니지만, 이와 같은 국가 형태 변경의 위기시에는 자본주의가 여러 조건하에서 여러 형태의 파시즘으로 나아갈 가능성을 배제하기는 어려울 것이다. 설사 자본주의가 파시즘으로 나가지 않고 의회민주제적 국가 형태로 충분한 권력을 행사할 수 있다 하더라도, 권위주의적 독재의 성격은 여전히 있다.

는 관념론의 본질을 성취시키기 때문이다. [8]

하부의 힘은 권위주의적 가치에 주체의 자유의지를 양도하게 하는데, 사회적 상황에 따라 흐름의 강도에 차이를 나타낸다. 점잖은 경건한 흐름으로부터 광포의 흐름이 있다. 그러나 이 유체역학적 흐름이 두려움이나 공포와 함께 수동적으로 각인된 권위적 가치에 의식을 예속시킨다는 점에서는, 의식은 허상의 장소이다. 이 영역에서 느끼는 자유란 하부 흐름의 강도와 사회의 구조적 역학이 미치는 효과에 기반한 것이다. 결과적 효과에 매료된 욕망과 그 원인에 대한 무지의 전제 아래에서 일어나는 자긍심이 자유로서 느껴질 뿐이다. 유사성과 차이성에 따라 사물을 분별하는 의식은 그 안에서 일어난다. 사회적 차별상의 한 조건인 명분[名]을 중시하는 유교적 전통은 명예를 위한 예절 시합과 덕(德) 시합을 자명한 것으로 행해 왔다. 그것은 물질적 손해를 감수해야 하는 일종의 포틀래치(potlatch: 아메리카 인디안의 선물경쟁) 의식행사인데, 위신 세우기가 목적인 경쟁이다. 여기서 특징적인 것은 의식의 무의식적인 자만벽(自慢癖)이다. [9]

이런 의미에서, 인간은 역사·사회적 존재이자 자연·생물적 존재이다(분별의식은, 하부의 힘이 외부의 저항에 의해 억압 수동화되는 과정——원초적 번뇌와 무지——에서, 그 힘이 우회적으로 자신을 관철시키려는 데에서 발생한 것은 아닐까?). 하부의 힘은 예속적 형식을 가짐으로써 사회의 통합과 응집을 가능하게 한다. 도덕과 종교는 이러한 집단화의 상징물이다. 개인으로서의 부분이 전체와 동일화된 힘을 발휘한다.

그러나 모순된 사회에 투자된 하부의 힘은 차별적 사회 구조가 파괴되는 축제기간에도 다른 형태로 작용한다. 억압된 힘은 폭발

---

8) 듀르카임(E. Durkheim)은 이러한 이치를 원시 종교 연구에서 관찰하였다. E. Durkheim, *Les Formes Elé mentaires de La Vie Religieuse*, 노치준·민혜숙 역, 종교생활의 원초적 형태 민영사, 1992, p. 294~339.

9) J. 호이징거, 김윤수 역, 호모루덴스, 까치, 1993, 93~120쪽.

하여, 사회적 차별성의 위기가 발생한다. 기존의 미몽의식은 신체의 에너지를 응축시킴으로써 신체를 갑각류로 만들었지만, 응축으로부터 자유화한 에너지는 무차별화의 발산형태를 갖는다. 전자의 수렴형태는, 의식이 자신의 신체의 감옥이자 타인에 대한 적대의 주관적 원천임을 보여 준다. 이런 의미에서, 자·타를 부정하는 이 찢어진 원한의식은 인간과 사회에 대한 무책임성을 책임성으로서 은폐한다. 억압과 착취는 늘 사이비 책임의 도덕과 동반관계에 있어 왔으며, 책임의식은 자신의 부정의지에 의해 일상의 영역에서도 주종관계와 카리스마를 제조해 낸다.

이런 문맥에서 볼 때, 인간과 사회의 정신병리적 현상의 초월은 자주화 과정에 필수적인 한 길이다. 이 과정은 모순과 차별에 반대하는 정의감에 의해서도 이끌려 가지만, 하부적 힘이 나타내는 작용방식의 변용과정을 동반한다. 그러나 이것은 자연적 힘의 승화나 순화가 아니라 그 형식만을 바꾸는 것이다. 의식으로 하여금 자신의 미몽을 깨기 위해 비판적이면서도 긍정적인 의식으로 전화하게 하는 것은 언제나 사회와 인성의 억압구조에 저항하는, 그래서 차별성의 위기를 산출하는 사회·자연적 힘이다.

반(反)차별화의 의지인 이 힘은 자신의 존재를 유지하면서 발현시키는 힘이지만, 차별성의 위기를 일으킨다는 바로 이 점에서는 파괴의지이다. 그러나 이 의지에는 무차별의 원융한 소통체계를 동경하는 의지가 숨어 있다. 이것은 분리 없는 '하나'의 세계를 그리워한다는 의미에서 에로틱한 의지이며, 그 자체가 유한한 주체의 해소라는 성격을 가진다는 의미에서도 에로스적 의지이다. 이런 의미에서, 개방적 사랑을 본질로 하는 그 의지는 '관계' 속에 들어가며, 이 관계를 자기 실현이 곧 타인 실현이 되는 장으로 활용한다. 그것은 차별 세계 속의 사랑까지도 거부하는 야성적인 순수 사랑이며, 미래의 희망을 열려고 하는 '운동성'이다.[10] 차별상에서는 어떤 진상도 볼 수 없다는 장자나 선가의 인식론은 이러한 초월적 운동 혹은 의지의 지혜에 기초한 것이다.

무차별상으로서의 진상에 대한 예지적 파악은 사랑의지의 자기의 식화이다. 평등상으로서의 진상은 우선 개념의 능동성이 아닌 수동적 직관과 정감에 의해서만 현현된다. 지혜[智]로서의 지성은 이론 이전적인 이 현시된 것을 자신의 선험적 이념[道]으로 가지며, 이 이념을 감성과 오성적 분별의식에 작용시켜 그것들과 상호 교류하면서 그것들을 개방시킨다. 그것은 경험적인 것을 고착시키지 않고 열어 놓는, 그래서 부단한 초월과 배움[學]을 가능하게 하는 지평이다. 지성은 감성과 오성을 포괄하면서 넘어서는 힘, 즉 내재적이면서도 초월적인 의지이다. 따라서 이념에 대한 사유능력으로서의 지성을 실체화하여 비의적인 광포한 직관으로 고립시킬 수 없다. 오히려 그것은 현실성을 문제시하는 문제 제기적 힘으로서 이미 경험에 앞서 주어져 있는 탈고착화 혹은 탈실체화의 능력이다. 이런 면에서는 지성은 경험에 참여하면서 넘어서는 실천적 자유의 능력이다. 그것은 경직되고 폐쇄된 정감과 이론에 참여하면서 넘어서는 형이상학적 능력이기도 하다. 그러므로 지성은 자신의 이 능력을 실현하기 위한 이론적이자 실천적인 기획[철학]을 요구한다. 인격의 유형학은 이 기획의 한 분야인 인간론에 해당한다.

그러면 자주성이란 자연의 힘에 따르는 힘의 물화(reification)인가? 자주적 인격이 내재적 실존양식을 선택하는 한에서는 그렇다. 그것은 의식의 관점에서는 의식 자신에 저항하는 악마적 타자에 따르는 것이다. 의식의 자연화는 다른 사람을 '대상'으로 강등시킴으로써 자신을 긍정하는 이 역사적 노예의식에 저항한다. 그러나 그것은 자연의 의식화를 동반한 것이다. 의식은

---

10) 송대의 程顥(1032~1085)가 생의지[生意]를 '인'(仁)으로 파악하고, 譚嗣同 (1865~1898)이 마음의 힘[心力]을 사랑으로 이해한 것에는 이러한 암시적 함의가 있으며, 옛 성인들이 사랑에서 구원의 가능성을 본 것도 이러한 이치가 추동한 것은 아닐까? 유교는 차별화의 세계로 사랑을 통합하였지만 늘 그 원리에서 활력을 얻어 왔다.

비판적 지성에 의해 트인 마음으로 초월 전화되어 자연과 타인에로 개방된다. 자유의 마음과 에너지의 자연적 필연성은 하나로 융합되어, 진정한 자유가 형성된다. 초월적 자유는 필연성에 기초해서만 가능하며, 이 만남은 쾌활성의 감각으로 나타난다. 자주적 인격은 사회에 대한 국가의 통제논리와 같이 감성을 통제하고 있는 노예적인 경건한 인격이 아니라, 쾌활이라는 유희적 정감에 필연적으로 이끌려 가는 인격이다. 쾌활은 문명화된 쾌락을 '넘어서서' 그 근저에서 기다리고 있는 형이상학적 정감이다. 비판적 지성은 정감의 회복과 전화에서 최상의 지적 인격을 본다. 신체와의 화해에서 의식은 살아 약동하는 마음의 자기 고향을 인식한다.

기존 사회·정치이론은 바로 이러한 인격의 유형학을 문제삼지 않음으로써 비인간화에 협조하였다. [11] 사회주의적 경제주의와 자본주의적 경제주의는 인간을 생산력의 차원에서 통제함으로써 인간성이 가진 다른 가능성들을 억압하였다. 이러한 억압은 자연을 노동대상과 생산을 위한 인식대상으로 환원하는 것과 같은 길을 갔는데, 이는 사물에 대한 다른 이해의 가능성을 차단하였다. 경제주의적인 총체적 동원체제라는 정치적 기획은 제일차적인 것이 아니라, 인간·생태학적인 배려를 전제한 정치 민주화 기획 아래에 종속되어야 할 것이다. 어떤 형태의 국가나 제도도 이 방향에 조응할 때에 선에 참여하는 기구가 될 것이다.

---

11) 또한 기존 형이상학 가운데에는 의식이 자신에 투여된 힘에 의해 자만에 빠져 자신의 관점에서 세계를 해석해 온 것들이 많다. 특히 자기동일자를 가정하는 것은, 의식이 자아의 지속적 통일성에 대한 느낌을 세계 해석의 원리로 투영한 것이다. 서구 근대적 인과 개념에도 통일적 실체들이 서로 영향을 미치고 받는다는 의인화된 관점이 숨어 있다. 이와 같이 형이상학에 음미되지 않은 일정한 인간 이해가 선취되어 전제되어 있다면, 인격의 유형학은 사물에 대한 해석의 지평을 달리할 수도 있는 가능성을 열 수 있을 것이다. 이런 의미에서, 인격의 유형학은 정치·윤리적 의미와 더불어 형이상학적 의의를 지닌다.

자연·생물적 존재로서의 인간은 자신의 존재 유지의 충동에 이끌려 노동을 자발적으로 수행한다. 이 실천은 그의 본성의 실현이기에 자유의 즐거움을 갖는다(존재론적 노동). 그러나 사회화 과정은 노동을 자기 희생이라는 존재 부정의 조건으로 만들었다(역사적 노동). 생물·심리적 에너지는 노동의 필요성에 의해 경제 구조에 직접 투자되지만, 그 착취 구조에 의해 불구로 된다. 이런 의미에서, 인간의 자주성에 대한 자기 긍정의 원리는, 문명을 거부할 수는 없지만, 문명비판론이 주는 교훈을 수용할 수 있다. 자연성은 이미 역사화되어 있다. 다만 그것이 가지는 탈출적 성격을 지성의 매개를 받아 저항의 한 추동력으로 활용하여 인간 자신과 문명의 불행한 운명에 양보하지 않으려 하는 것이다.

4. 지평과 전망

인간의 심적 에너지를 억압적 원리에 의해서 조직화하는 것에 반대하고 그것을 유동화하는 것은 기존 사회 구조에의 순응성을 이탈하게 하는 정치적 사건이다. 이 이탈은 의식을 기존 규범과 구조에 대한 책임성을 걸머지는 주체, 그래서 책임의 담지 여부를 감시하는 주체——그것이 밖에 있건 안에 있건——를 벗어나서 용해시키는 과정이다. 감시주체가 설정된다는 것은 사회화된 타인들에 대한 두려움의 정서에 기초한다. 사회 구조가 가하는 그 구성원들의 주체에 대한 압력에는 늘 이러한 대타적 정서가 개입한다. 이 정서는, 정도의 차이가 있지만, 강요되었다는 느낌 때문에 타인과 자신에 대한 미묘한 적개심을 유발한다.

순응주체의 자기의식은 이러한 자신의 분열을 안다. 그것은 규범을 부여하는 스스로를 타자로서 경험해야 하는 의식이다. 규범을 통해 자기 자신을 세우려 하는 주체는 사회적 일반성을 획득하는 대가로 그 자신으로서는 무가치한 존재임을 입증할 뿐이다. 규범적 삶이 가지는 이러한 위기에서 진정으로 자기 자신이 되기 위한 또 다른 형태의 주체적 운동이 일어난다. 이러한 자기 혁신의 운동은 삶의 위기에 대한 체험의 장에서는 내적 필연성을 가지고 다가오는 것이다. 순응주체의 해체는 바로 나에게 밀려오는 이런 필연성의 호소이다. 이것은 자기 소외만을 가져다 줄 뿐인 이 무정한 현실에 대한 저항의 소리이다.

저항하는 호소는 현존의 질서를 문제적인 장으로 환원시킨다. 그것은 질서의 견고함에 파괴적 유연성을 도입한다. 유연성은 질서에 적대하는 모종의 혼돈에 대한 감각을 동반한다. 질서가 은폐하면서 암암리에 대립해 왔던 이 혼돈, 그래서 불안 속에서만 개시되는 이것이, 경화된 질서가 아닌 연화된 새로운 질서를 창조하게 하는 이념 형성의 터전이다. 그러나 새로운 질서를 모색하게 하는 이념은 혼돈과 기존 질서의 섬뜩한 만남에서 섬광과 같이 나타나는 것이기 때문에, 아직 애매모호한 지평으로서 가물거릴 뿐이다. 현실은 이 지평에 의해 조명된다. 그러므로 보이는 것보다는 보이지 않는 것이, 명확한 의미를 가지는 것보다는 모호한 것이 역설적으로 더 실재적이다. 죽음을 통해서만 삶의 총체적 의미가 의문시되듯이, 이 실재적 지평이 현실을 다른 차원의 현실로 전환되어야 할 문제적 국면으로 만드는 근거이다. 그것은 현실을 포위한다. 바로 이러한 포괄적 지평, 사물을 감싸고 있는 안개가 행동가로 하여금 몸을 일으키게 하는 지렛대이다.

따라서 이 지렛대는 현실과 대비되는 유토피아적 대안 혹은 미래에 실현될 이상이 아니다. 오히려 그것은 대안이나 이상들의 가능 근거이다. 그것은 현재를 미래로 일어나게 하는 근거이다. 이 근거는 현재적 행동의 측면에서는 '이미' 그것을 추동하고 있는 과거의 지평이다. 그것은 자신의 현실을 요구하고 있으며, 지금은 부재하지만, 그것을 계시적으로 체험하는 사람에게는 이미 알려진 별이다. 그것은 어떤 구체적 대안을 만들게도 하지만, 대안의 존재 여부와 성공 여부는 본질적으로는 상관이 없는 것이다. 그것은 경험적인 것이 아니다. 그것은 경험적인 것을 자신의 성격에 따라 그 의미를 전환시키는 선험적인 것이다. 이 선험적인 것이 경험적인 성공과 좌절의 조건이자 그것들을 넘어서는 지평이다. 성공이 만일 사회의 경직화를 동반한다면, 지평은 이것과 화해하지 않는다. 지평은 좌절의 시기에도 침잠하고 있는 현실과 지평의 재회를 위한 새로운 형태의 인식과 실천을 찾게 한다.

이런 의미에서, 선험적 지평으로서의 이념은 영구 혁명의 원리이다. 그것은 절망 속에서 전원으로 돌아간 시인의 심상에조차도 그 여운을 남겨 시적 영감의 한 원천으로 작용하는 것이다. 선험적 지평이 이것을 체험하는 사람에게 주는 영감, 그러나 경험에의 몰입이 쉽게 그것을 망각하게 하는 영감에서 나타나는 이념은, 현재의 활동을 통해 미래에 새로운 경험적 현실에서 경험할 수 있으리만큼 이념이 현현되기를 기대하게 하는 것이다. 그러므로 이념으로서의 지평은 과거의 것이자 현재를 미래로 열어 놓는 미래의 것이기도 하다. 풍부한 영감의 모든 동·서양 교설에 "이미 진리를 보았다"는 과거형의 언설과 함께 진리가 체현될 시간에 대한 언설이 있는 것은 그 때문이다.

영감으로서 체험되는 지평은 모든 질서와 무차별의 혼돈 사이에서 현출한 것이기에 명확한 의미를 담지할 수 있는 개념으로 포착될 수는 없다. 그러나 그 윤곽은 표현될 수 있다. 또한 그 윤곽은 혼돈의 무한정성의 세례를 받은 것이기 때문에, 하나의 해석에로 고착되는 것이 아니라 무한한 해석 가능성으로 열려 있는 언설로서 표현될 수밖에 없다. 각 시대와 문화 특징에 따라 윤곽의 어느 특정 부분이 강조되어 그것만이 계승될 수도 있다. 그리고 윤곽은 시대에 따라 다른 문맥과 다른 언어로 표현되지만, 그 본질에 대한 직관적 통찰은 초시대적 성격을 갖는다. 그러면 역사적 삶을 가능하게 하는 하나의 조건으로서의 불투명한 지평이 가지는 그 대략적 윤곽은 무엇인가?

기존의 질서와 순응주체가 가지는 일반적 성격을 대비하면, 그 윤곽 속에 어떤 것이 들어가 있는지를 불완전하지만 대략 짐작할 수 있다. 이념은 현실의 삶을 제약으로서 경험하게 한다. 이 경험은 사회적 개인들의 상호 구속성을 삶의 유한성으로 한정하고, 이 한정을 넘어선 무한성에 대한 체험을 동반한다. 무한성의 감각은 자아와 타인과의 속박적 분열에 '대한' 것이기 때문에, 자아와 타인간의 공동의 유대를 통해 무한성을 회복하려 한다. 강도의 차이가 있지만, 모든 애정관계에는 비록 배타적이라 하더라도 무한성의 감각이 작용하며, 이 감각에 의해 비극적인 행위도 가능한 것이다. 그러나 폭넓은 무한성의 감각은 배타적 선택지를 넘어서서 무선택의 긍정적이고 포괄적인 정감을 낳고자 한다. 그것은 사회의 공동의 연대성, 그러나 더 이상 차별과 배타적 중앙지배가 소실된 자유로운 참여의 장을 열고자 하는 것이다. 격리된 자아들을 여는 것, 그것들을 소통시키는 것, 즉 서로가 서로를 무화시키는 것이 아니라 '함께 존재'하는 것에서 무한성의 감각은 해방된다.

그래서 무한성은 자신의 이름에 가치나 가격을 붙이고 있는 사람에 대해서는 동정과 적대의 감을 일으킨다. 그들의 이름과 그것에 붙어 있는 훈장은 지워지고 떼어져야 한다. 무한성의 감각은, 이름을 부르는 신의 속성으로 고착될 때, 그래서 인간을 호명된 이름을 가진 단독자로 만들 때에도 그 해방적 성격을 상실한다. 무한성은 초월적 실체를 위해 초월적으로 사용되어서는 안 된다. 그것은 경험세계를 변화시키는, 경험세계와의 긴장적 관계를 가능하게 한다는 내재적 차원에서 사용되어야 한다.

내재적으로 사용되는 무한성은 이름 없는 사람의 동반자이다. 따라서 그것은 차별적 관계, 즉 구조에 적대하는 비판적 기능을 갖는다. 내재적 무한성은 민중적 감각이다. 그것은 초월적으로 지배하는 통제에 저항하여 '이름 없는' 사람들의 기념비 없는 삶과 투쟁에 광휘를 부여한다. 태초에 이름 없음(無名)이 있었다.

생물·심리적 에너지는 바로 이러한 의미를 가지는 무한성의 감각에 따라 순응주체의 좁은 영역을 벗어나 타인에게로 확산된다. 주체의 해체가 가지는 사회적 의미는 방어와 공격을 넘어선 의식의 분산성에 있다. 의식의 발산이라는 측면에서는 그것은 능동적 운동성이다. 그러나 그것이 타인을 자기존재의 본질적 요소로서 수용한다는 의미에서는 수동적 고요함을 갖는다. 거울은 빛을 수용할 때에 대상을 비춘다. 신비가들의 신비체험이 말하는 대상과의 에로스적 일치는 사회적 관계에서의 무한성의 감각이 형이상학적으로 전환된 것이다. 실현되지 못한 무한성의 감각이 천상으로 올려진다. 그러나 그 비밀은 이념의 지평 속에서 사는 지상의 사회적 삶에 있다. 공동의 유적 존재와 이것으로부터 떨어져 나오는 개별화 과정의 고통에 대한 맑스의 묘사는, 무한성의 감각이 사회로부터 증발해 버리는 인간의 자기 상실의 과정을 보여 주는 것이다. 이념은 바로 고향 상실에서 고향을 가리켜 보이는 등대의 희미한 불빛이다. 그 빛은 보는 위치에 따라 여러 형태로 굴절된다. 그러나 그 희미한 윤곽이 없이는 시대와 지역에 따라 다르게 굴절되거나 증폭되는 일은 있을 수 없는 것이다.

유명성(有名性)의 분할된 사회에 적대해서 무명성(無名性)을 지시하는 무한성의 감각은 역사의 개별화 과정을 그대로 긍정하게 하지 않는다. 그것은 열려진 연대성 속에서 개별화를 촉진한다. 개별화를 촉진한다는 것은 정치·경제적 특권이 용인되는 방향이 아니라, 반대로 그 특권적 주체의 해체를 요구하는 것이다. 그러한 해체는 일체의 노예화를 산출하는 주체의 구조를 비판하고 이를 통해 자주적 주체의 형성을 모색한다. 그러므로 자주성은 어떠한 역사적 제도들 속에 몰입되거나 그것에 의존해서만 성립할 수 있는 것이 아니다. 그것은 역사주의에로 해소되지 않는 역사 형성의 한 조건이다.

이런 의미에서, 진정한 급진주의는 그때그때의 역사적 상황에 기초해서 제도적 대안을 모색해야 하지만, 현실화된 제도적 대안에 대해서조차도 그 지평으로의 개방성을 침투시킨다. 자주성을 옹호하는 급진주의는 언제나 한 발을 미래에 두고 있다. 그것은 민주주의에 관심을 가지지만, 다수의 동의나 국가의 선동적 합의가 자주성을 결여한 현실을 긍정하도록 하는 것을 수용하지 않는다. 그러면 이상과 같은 입장에서 세계 자본주의 제도를 전망하여 보자.

자본주의 제도는 이제까지 자신의 생존위기를 극복하여 왔고 위기를 만들어 내지만, 국가의 조정조차도 어찌할 수 없는 위기에 직면하여 대량 살육전으로 파산할 수도 있을 것이다. 아니면 위기에 대한 현명한 대처에 의해 보다 나은 제도로 변형될 수도 있을 것이다. 그러나 현재의 추세는, 설사 탈자본주의 제도가 이루어진다 하더라도, 그 사회는 다른 형태의 지배계급이 지배하는 사회가 될 가능성을 보게 하고 있다.

맑스는 역사 이행의 논리를 두 가지로 이야기했다. 하나는 프랑스 혁명에 기초한 것이고, 또 하나는 탈자본주의의 논리이다. 그런데 모순의 위치가 이 두 가지 논리에서 각기 다르게 나타난다. 프랑스 혁명에 기초한 논리에서는 이미 형성되어 있는 부르주아적 생산관계(생산력과 함께)와 구체제의 봉건 상부 구조 사이에 모순이 있다. 즉, 구사회 내에 다음 시대의 지배계급이 착취자로서 이미 형성되어 있었다. 그러나 탈자본주의 논리에서는 생산력이 기존의 생산관계 및 상부 구조와 모순을 이룬다. 여기서는 다음 시대의 생산관계가 이미 형성되어 있는 것은 아니다. 이러한 차이를 도표화하면 다음과 같이 된다.[12]

---

12) Alan Carter, *Marx : A Radical Critique,* The Harvester press, Sussex, 1988, p. 49.

사회 구성체에서의 모순

(가) 프랑스 혁명 :

상부구조 1·········상부 구조 1 —변화→ 상부 구조 2

〈불일치〉

생산관계 2 —변화→ 생산관계 1·········생산관계 2

생산력 1 —변화→ 생산력 2 ·········생산력 2

시간·········→

(나) 사회주의 이행 :

상부 구조 1·········상부 구조 1 —변화→ 상부구조 2

생산관계 1·········생산관계 1 —변화→ 생산관계 2

〈불일치〉

생산력 1 —변화→ 생산력 2 ·········생산력 2

시간·········→

여기서 점선은 변화가 없는 기존의 것을 나타내고, 실선은 변화가 있었거나 있을 것을 나타낸다. 〈 〉로 표시된 것이 모순의 위치인데, 이처럼 그 위치가 서로 다르다.

그런데 만일 우리가 (나)의 논리를 선택하면, 역사적 사실이었던 (가)와 모순되어 (나)는 이행의 일반논리로 될 수가 없을 것이다. 더욱이 생산력만으로 이상적 대안을 제시하기에는 너무 허약하다. 그러한 사고의 순진성은 차치하고서라도, 오히려 생산력을 추동력으로 삼는 것은 현재로서는 역사의 암울한 비전을 더 많이 보여 준다. 그것은 문명 비판의 의의를 수용하지 않는 것이기도 하다.

그래서 실제에 근접하는 (가)의 논리에 따라 생각해 본다면, 새로운 사회로의 이행이 가능하기 위해서는 지배적 능력을 갖춘 계급이 이미 형성되어 있어야 한다. 그런데 노동과 임금 자체가 노동자의 허약성을 증시한다는 것과 또 자본에 귀속된 노동운동의 현실을 고려하면, 현 자본주의 사회에서 지배력을 가지고 부상하는 집단은 기술관료 집단이다. 이들은 현재에는 자본가의 휘하에 있거나 직·간접으로 자본가를 지원한다. 그러나 그들은 피착취자가 아니라 자신들의 경영관리 지식과 과학적 기술을 가지고 착취자로서 기능하고 있다. 그들의 이러한 능력은 탈자본주의 사회하에서도 정치·경제적 권력을 향유할 수 있는 수단이 될 것이라는 것은 의심의 여지가 없다. 이것은 마치 구소련 체제하에서 정치적 지위와 기술이 착취수단이 될 수 있었던 것과 유사하다. 더욱이 자본주의에서의 생산력에 대한 기술관료의 통제 범위는 증가해 가고 있으며, 그들의 특권적 소득은 그들의 여가놀음을 위한 비용으로 쓰여진다.

또한 그들의 이데올로기는 합리적 보편주의로서, 실용적 이성의 합리성이란 이름으로 삶을 통제하고 다른 형태의 삶의 양식을 배제한다. 합리적 이성의 이 배타성에서 삶의 질적인 차원에 대한 문제의식이 질식당한다. 합리적 지식은 권력의 도구로서, 직접적 생명의 차원 위에 걸터앉아 생명의 희생을 의무로서 부과한다.

이성의 이러한 자기 부정은 자기 긍정의 저항적 방향을 갖는 이성으로의 전환을 시급한 과제로서 제기하고 있다. 그럼에도 자본주의의 현재 추세는, 자본에 의한 착취를 넘어선다 하더라도, 그 후의 사회가 지위와 과학기술에 의한 또 다른 형태의 착취사회가 될 것임을 내다보고 있다.

그렇다면 자주성의 급진주의는 자본뿐만 아니라 지위와 지식에 의한 착취이론에 의해 보충되어야 한다. 이것은 비판을 위한 것만이 아니다. 자주성의 지평은 인간의 생물·심리적 차원에 뿌리를 두는 해방된 생명을 긍정하고, 타자와의 긍정적 연대성을 내포하기 때문이다. 지위나 지식은 자연을 포함한 타자에로의 열려진 삶에 대한 근원적 통찰에 의해 그 해독제를 발견해야 한다. 인간 자신에 대한 이러한 생태학적 지식에 따라 탈자본주의의 계급 분할적 성격은 초극되어야 할 것으로 된다. 대중에 의한 생산력 통제라는 실질적 민주주의는 불균등한 생산관계 내에서의 생산활동이라는 기존의 모든 습관을 폐기하고 자주성의 새로운 습관에 물들 것을 요구한다. 레닌도 지적하듯이, 기존의 역사사회는 사회 경영자와 피경영자로 나뉘어져 왔으나, 새로운 사회는 모든 사람이 경영자로서 등장하는 사회여야 한다. 이러한 그의 전망에는, 비록 그것이 서구적 문명의 보편사적 전개 (프롤레타리아는 기존의 노동자 문화의 구현자가 아니라 세계 문명의 계승자이자 구현자이다)를 전제한 것이지만, 거기에는 인간의 자주성에 대한 깊은 열정이 숨어 있다.

자주성의 지평 안에서 움직이는 삶의 열정은 미래의 삶을 단순히 현재로부터 분리된 '이상으로서 생각하는 것'이 아니다. 그것은 기존의 습관만이 현재에서 지속하는 것에 저항하는 자주성을 현재의 '습관으로 사는 것'이다. 자주성의 사회는 현재에 없는 것이지만, 지금 여기서 이미 나타나 현재의 삶의 양식으로 작용한다. 모든 창조는 지금 여기서 분투하면서 향유하는, 고단하면서도 즐거운 현재적 습관의 결과이다. 그리고 이것이 강력한 습관이 되는 까닭은, 미래의 결과만을 계산하는, 그래서 결과가 주어지지 않을 것이라고 판단되면 곧 기존 질서를 차선책으로 선택하는 공리주의에 의거하는 것이 아니기 때문이다. 오히려 진정한 습관은 계산적 이성이 기억하고 있는 쾌락을 추구하는 것이 아니라, 그러한 경험적 삶의 근저에서 추동해 오는 생명의 소리와 그 이념에 수동적으로 귀의하여 따라가는 '운동'이다.

이런 의미에서, 운동으로서의 습관은 지상에서의 내재적 삶의 영광을 구가하는 것이다. 그것은 쾌락원리를 '넘어서서' 나아가는 형이상학적 운동이지만, 어디까지나 내재로의 초월이지 내재를 초월하지 않는다. 그것은 애초부터 초자연적인 길을 찾을 것을 알지 못한다.

근대화와 서구화의 길은 쾌락과 효용이라는 초월적 원리를 경험적 삶의 전 차원인 듯이 오해시켜 부의 확대를 능동적 삶의 전형으로서 유포시켰다. 그러나 이것은 내재적 삶에 대적하는 길, 즉 자기 자신의 근원성으로부터 멀어지는 존재 부정의 묵시록적 공포로 귀결되는 길이었다. 기존의 모든 급진이론이 쾌락과 이익의 영광에 대해, 비록 소수라 할지라도 버림받은 자, 빈자, 눌린 자의 삶에서 혁명적 영감을 받아 온 데에는, 내재적 삶의 자족성과 이것이 가져다 주는 존재 회복의 현실성과 가능성에 대한 직관이 숨어 있다. 절박한 배고픔에는 허기진 위를 채워 주는 거친 음식으로 자족하고, 쾌락을 위한 능동적 기획이 부재하다. 가진 자가 아니라 안 가진 자가 내재적 삶의 영광에 가깝다는 것을 직관하게 한다. 버림받은 곤고함, 울부짖는 좌절, 외로운 빈곤에 대해 하늘의 축복을 부여한 성인들이야말로 역설적이게도 지상에 가장 가까운 가르침을 주었다. 동학(東學)의 초기 교주들이 유랑하는 민중과 그 삶을 하늘[天]로 규정한 데에는, 내재적 실존이 이미 하늘의 영광임을 통찰한 것이다.

그러므로 자주성의 교설은 생산성의 증대를 해방의 기초적 지표로 삼을 수 없다. 생산성은 오히려 기초의 성격을 상실하고 자주성과 내재적 삶을 기초로 해서만 의의를 가질 수 있는 상대적 지표에 지나지 않는다. 생산력의 증대를 기초로 삼는다면, 장래의 어떤 시점이 기존 계급관계를 철폐하는 시점인지를 측정하기 어려울 뿐만 아니라, 생산력의 천문학적인 양에 의해서만 평등과 자유를 이룰 수 있게 될 것이다.

내재적 자주성의 교설은 생산자에 의한 생산력 통제를 원칙으로 선택한다. 그러나 그것은 기존 부르주아의 원칙을 단순한 사회관계의 혁명을 통해 이어 나가는 것이 아니다. 대중의 자주적 연대성은 빈자의 부자에 대한 원한을 모방심리로써 푸는 것이 아니라, 가난이 함축하고 있는 그 내재적 진실을 축적과 착취를 넘어선 부의 창조를 통해 현현하도록 하는 것이다. 민주(民主)는 부에 의거하는 것이 아니라, 바로 자신의 주어인 '민'에 의거하는 경제와 정치를 창조하는 습관이자 목적이다.

(추기) 이 글에 대해 해방 50주년 발표회에서 논평을 받았다. 평자(최진덕 선생)는 전체적 측면과 세부적 측면에서 매우 친절하고 상세한 비판을 하였다. 이에 고마움을 표시한다. 발표 후, 발표문을 논문 형식으로 다시 써 달라는 요청에 따라 논문으로 구성하였다. 그러나 논평을 고려하여 발표시의 글의 내용을 교정 보는 수준에서 그치고 크게 수정하지 않았다. 그 대신 추가로 결론 부분(지평과 전망)을 썼다.

여기서는 본 지면을 활용하여 평자의 비평 가운데 가장 핵심적이라고 생각되는 점에 관해 간단히 답하고자 한다. 평자는 이 글이 유토피아적이고 윤리적이기 때문에, 그것만으로는 세계를 변화시킬 수는 없으며, 그래서 폭력적 수단으로 기울거나, 아니면 은둔적이 될 것이라고 비평하였다. 이러한 지적은 상당히 일리가 있다. 왜냐하면, 나의 생각은 기존의 역사이론(정통론적 사적 유물론)이 과도하게 객관주의적 성격을 가지기 때문에 인성론적 측면을 무시하게 되었고, 그래서 탈억압이라는 실천적 과정을 온전히 수행할 수 없었다고 판단하고 주관적 영역을 강조하는 방향으로 나아가기 때문이다.

그러나 주관주의적 윤리설만으로 객관세계를 모두 해명하거나 변화시킬 수 있다고는 생각하지 않는다. 구조의 실천에 대한 제약성은 엄연한 사실이기 때문이다. 다만 사고방식의 혁신이라는 과제는 철학이 버릴 수 없는 한 과제이며, 소수만이 받아들일지라도, 그것이 가치가 있는 한 고수되어야 할 것이라고 생각한다.

철학은 구조를 해명해야 하지만 그것과 긴장관계를 유지하는 저항하는 전선에도 서야 한다. 이런 측면에서, 자주화의 교설은 주의주의적 성격이 농후할 수밖에 없을 것이다. 자주화의 교설은 그것이 생명의 요구를 반영하는 것이기 때문에 미래 지향적이면서도 현재에도 절실한 과정이다. 그것이 유토피아적이라 할지라도 단순한 공상은 아니다. 생명의 요구는 지금 여기서 분출하려고 하는 것이고, 분출하고 있는 것이다.

폭력적 투쟁을 배제하고 역사현상이 이해될 수는 없는 것이지만, 자주성의 논리는, 사회의 어느 분야에서건, 작은 실천이라도 그것이 인간·생태학적 성격을 가지는 것이라면 그것에 일치할 수 있으리라 보여진다. 따라서 반드시 총체적 변혁(그 최선의 형태는 평화적인 것이리라) 혹은 다른 유형의 폭력이 아니면 은둔을 선택할 이유는 없는 것이다.

또한 기존의 모든 형태의 급진이론은 유토피아적 성격을 지닌다. 정통 사적 유물론조차도 해방의 유토피아를 그리워하는 정열의 소산이다. 유토피아가 역사상 존재하는 어떤 특정한 제도로 고착되지 않는 한, 그것은 늘 인간을 각성시키고 현재의 순응성을 현재의 저항성으로 바꾸어 놓는 힘이라는 것을, 우리는 이해할 수 있다. 모든 삶의 희망은 유토피아적이지 않은가?

사적 유물론은 여러 형태가 있을 수 있고 있어 왔다. 왜냐하면, 실증적 사실의 탐구는 시대가 흐름에 따라 비판적으로 극복되거나 부정되는 경우가 있으며, 생각지 않았던 새로운 영역이 발견되기도 하기 때문이다. 사적 유물론은 계속 발전되어야 한다. 그러나 실증성이 억압집단의 실천과 억압구조의 정당성을 보장하는 것은 아니다. 오히려 억압적인 것들이 현실화되게 된 것이 인간의 자주성을 꺾고 그 자유를 졸도시키고자 하는 의도를 가진 것이었다면, 역설적으로, 자주성과 자유는 또 하나의 역사적 원리로서 작동하여 왔음을 증거하는 것이다. 자주성의 교설은 바로 이러한 과거의 원리를 현재와 미래에서 실현하려는 의지의 소산이다. 그것의 정당성은 생의 창조적 흥기에 있고, 이 흥기를 완성하려는 의지적 선택에 있다. 즉, 과거의 역사적 생성 가운데 있으며 유토피아적 지향성 그 자체에 있다.

이 글의 결론 부분은 바로 이 점을 주장하고자 한 것이다.

교육철학의 기(氣)철학적 원리와 여성

정 세 화
(이화여대)

1. 머리말

교육의 대상은 인간이다. 형식적·비형식적 교육을 막론하고, 교육은 모든 인간 형성과정을 포괄한다. 따라서 교육활동 전반의 기본 방향을 탐구하는 교육철학의 이론은 대부분 인간의 존재원리 해명으로부터 접근되고 있다.

교육철학 전공자인 본인의 경우 역시 30여 년의 교직생활을 통해서 주로 인간의 존재원리 해명을 기본 과제로 연구해 왔다. 그 중에도 특히 교육의 대상에서 소외된 인간에 대해 관심이 경사되어, 교육기회 균등의 원칙에 입각한 인간 평등의 원리를 탐구하기 시작했다. 그 탐구과정에서 교육적 소외의 최후의 존재는 여성임을 인식하게 되었다.

한국의 경우, 삼국 시대에 연원을 둔 형식적 교육은 조선 시대 말기까지 여성을 소외시켰다. 따라서 1,600여 년을 헤아리는 학교교육의 역사에서 여성의 학교교육의 역사는 100여 년을 헤아릴 뿐이다. 형식적 교육이 보편화된 현대에 이르러서는 여성에게도 기회의 평등은 보장되기에 이르렀으나, 성별 불평등 요소는 아직도 뿌리 깊게 남아 있는 것을 볼 수 있다.

본인은 이와 같은 교육에 있어서의 여성 소외가 본질적으로 인간의 존재적 특성에 기인한 것인가의 여부에 관심을 가져왔다. 그러나 대부분의 철학자들은 존재론에서 성을 문제삼지 않은 채 인간의 본질을 해명함으로써, 여성의 존재적 특성은 규명되지 않았다. 즉, 여성은 인간 일반의 개념 속에 포괄되어 존재론적으로는 남성과 똑같이 이해되고 있으나, 현 실태로서는 불평등한 존재양태를 가진 이중 구조를 나타내고 있다.

여성의 존재적 특성을 탐색함에 있어, 본인은 연구의 초기 단계에서는 주로 루소의 자연주의적 인간관, 러셀의 원자적 개체론, 듀이의 생물학적 유기체론 등에 관심을 가졌다. 그것은 대체로 자연주의적 존재론에 바탕하여 인간 평등을 추구하는 교육사상을 보여 주고 있기 때문이었다. 그러나 점차 서구이론으로는 한국 여성의 교육적 소외를 해명하고 극복하는 데 괴리와 한계가 있다는 사실에 직면하게 되었다.

후기에 이르러, 한국의 교육사에서 소외를 극복하는 이론적 통로는 기(氣)철학의 존재론이 열어 주었다는 사실에 주목하게 되었다. 즉, 기철학의 합자연적 인간평등관은 조선조 말기에 반상 계급 타파, 여성 차별 철폐, 교육의 기회 균등 등이 추구된 이론적 근거를 제공하였음을 인지한 것이다.

본 논고에서는 본인이 한국의 역사 속에서 찾아본 여성의 교육적 소외의 실상을 소개하고 그 초극의 원리로서 기철학적 평등원리의 교육철학을 추구하게 된 논거를 설명해 보고자 한다.

2. 교육철학의 기(氣)철학적 원리

교육의 대상으로서의 인간을 어떻게 해명하고 파악하느냐에 따라 '누구에게' '무엇을' '어떻게' 가르칠 것인가가 규정된다. 한국의 현대 교육철학 영역에서 이 문제는 주로 서구의 관점과 이론을 주축으로 하여 추구되어 왔다고 할 수 있다.

그러나 한국의 제반 교육현상은 한국인의 보편적인 가치관과 인간 인식 위에서 성립된 것이라고 보아야 할 것이다. 그리고 이러한 인간 인식은 서구적 관점보다 오랜 시간의 경과 속에서 여과되고 침잠된 전통적인 존재 인식에 바탕하고 있으리라고 짐작된다.

한국의 전통적인 존재론을 천착할 때 가장 먼저 떠오르는 것은 성리학적 이·기 철학(理氣哲學)의 이론이다. 우주와 인간의 근본 원리를 이(理)와 기(氣)의 이원으로 파악하고, 그 중에도 이가 기를 주재한다는 이존론적(理尊論的) 수직체계가 주류를 이루어 왔다.

그러나 한국 전통 사회의 세계 인식이나 인간 인식은 이철학에만 근거하여 성립된 것은 아니라고 생각된다. 원래 삼국 시대에 처음 유학이 전래되었던 같은 시기에 또 다른 인식체계의 이론적 근거를 제공하였던 불교와 도교가 전래하였다. 뿐만 아니라, 한국 민족 고유의 무속신앙의 전통 역시 이철학적 인식체계와는 그 궤(軌)를 달리한다.

불교, 도교, 무속의 종교적·철학적 차원의 차이는 명백한 것이나 이철학에 의해서 배척되어 왔다는 점에서는 공통된다. 그리고 이들의 인간관에 있어 이철학과 가장 상충되는 핵심적인 공통 원리는 기철학적 평등의 원리라고 할 수 있다. 기철학의 일반 원리를 개관하면 다음과 같다.

기(氣)는 일반적으로 인간과 자연을 성립시키고 있는 생명·물질의 동적인 에너지라고 볼 수 있으나 시대에 따라 또는 관점의 차이에 따라 달리 이해되고 있다. 즉, 기는 원래 원초적 생명관의 '원기'(元氣)로서의 개념에서 비롯되었으나, 중국 송대의 주자(朱子)에 의하여 이·기 철학의 두 지주인 '이'와 '기'로 편입되면서 그 개념에 변화가 일어났다. 오늘날 동양적 우주관이나 인간관을 해명하는 가장 기본적인 철학이 '이·기 철학'인 것이다. 따라서 기철학의 이론적 파악은 '이'와 '기'의 관계 구조를 통해서 명백해진다.

이·기 철학은 넓은 의미로는 우주를 음양이원(陰陽二元)의 기로 파악하여 이를 철학적으로 체계화한 동양 철학의 제흐름을 의미하며, 좁은 의미로는 성리학파의 이기론적 철학의 체계를 의미한다.

여기서는 전자의 광의의 개념에 입각하여 원시 유가(儒家), 도가(道家), 성리학(性理學), 유기철학(唯氣哲學) 등을 포괄하는 다양한 이기론적 세계 인식의 원리로 관심을 확대하였다. 그것은 한국적 인간관의 기본 원리가 음양이원을 핵으로 하는 이·기 철학에 근거하고 있으되, 반드시 성리학적 관점만이 아닌 다양한 음양관, 다양한 이·기관에 의해 시대에 따라 차이 있는 견해를 형성하고 있기 때문이다.

음양사상의 연원은 《주역》(周易)에 있다. 《주역》에서는 우주자연의 생성, 변화의 근원에는 원래 태극(太極)이 있고, 그 태극이 음기와 양기를 낳았다는 우주발생관을 제시하고 있다.

음·양은 원래 그늘과 양지, 어둠과 밝음 등과 같은 자연적 현상에 대한 즉물적(卽物的) 의미의 말로 자연의 순환원리를 밝혀주는 등가적(等價的) 관계에 있었다.

그러나 인류 문화의 진전과 함께 음·양의 관계도 바뀌어 갔으니, 태극의 존재원리, 태극과 음·양과의 관계, 음과 양의 관계 등에 대한 철학적 관점의 차이에 따라 차츰 주기론(主氣論), 주리론(主理論), 유리론(唯理論), 이·기 이원론(理氣二元論) 등의 다양한 이·기 철학의 흐름을 낳게 된 것이다.

이와 같은 이·기 철학을 크게 이분(二分)하면, 공자(孔子), 맹자(孟子), 주자(朱子), 퇴계(退溪), 율곡(栗谷)으로 이어지는 이철학(理哲學)과 노자(老子), 장자(莊子), 화담(花潭), 녹문(鹿門), 혜강(惠岡)으로 이어지는 기철학(氣哲學)의 두 유형이 있다.

이철학은 원시 유학의 태극, 음양론에 대하여 송대 주자를 필두로 한 신학자들이 태극을 이로, 음·양을 기로 파악함으로써 이·기 이원론적 우주관을 확립함으로써 체계화되었다. 특히 주자는 기를 주재하는 궁극적인 근원으로서 이를 보고 '이선기후'(理先氣後), '이귀기천'(理貴氣賤)의 이우위론적 이·기 철학(理優位論的 理氣哲學)을 형성하였다. 이로써 음·양의 관계는 '존양음비'(尊陰陽卑)의 위계관계로 고정화되어 제반 인간관계, 남녀관계도 종적인 질서관을 적용하기에 이르렀다.

기철학은 음양 2기(二氣)의 해석에 있어 음을 보다 본래적이고 근원적인 존재로 본 노자와 장자에 연원한다. 이들은 우주의 근원을 1기(一氣)로 상정하고, 이 1기(一氣)가 취산소장(聚散消長)하는 데 있어 우주의 운행이나 그것을 주재하는 이법(理法)이 따로 있는 것이 아니라 기(氣) 자체 안에 내재한다고 보았다. 따라서 자연계나 인간계에 존재하는 모든 음양관계는 주재자를 우위에 설정하는 상하존비(上下尊卑)관계가 아니라 평등관계가 된다. 이러한 기철학은 화담, 녹문, 혜강으로 이어지고 실학, 동학, 증산교 등에도 영향을 미쳤다.

특히 기철학은 18, 9세기 한국의 근대화 과정에서 실학, 동학 등의 사상적 배경이 되어 평등원리를 전파함으로써 반상계급 타파, 여성 차별 철폐, 교육의 기회 균등 추구 등을 구현하게 하였다. 교육기회의 확대는 19세기 말엽, 여성에게도 학교교육의 문호를 개방하였고, 오늘날 교육에 있어서는 인간 평등이 완수되었으리라는 믿음을 보편화하기에 이르렀다.

본인에게 있어 이와 같은 기철학과의 만남은 교육철학의 근간인 인간존재원리에 대한 한국적 해명의 논거와의 만남을 의미한다. 즉, 성선론적 인간관의 논거로는 루소를, 개인 존중의 논거로는 러셀을 그리고 자율적 존재론의 논거로는 듀이를 통로로 했던 서구 지향적 연구태도로부터의 전향을 가능케 한 것이다.

기철학의 원리에서 인간은 자연주의적 성선론을 바탕으로 무한

한 가능성을 간직한 열려진 존재로서 파악되고 있다. 성·속, 지·우, 계급, 성을 초월하여 모든 인간은 평등하다는 것이 기일원론의 논리이다.

이와 같은 기철학의 관점에서 오늘의 한국 여성의 교육적 소외를 진단할 때, 초극해야 할 과제가 있음을 간과할 수 없는 실정이다.

3. 기철학의 인간관과 여성 교육

기철학의 원리에 따르면, 교육의 대상으로서의 인간은 합자연적 존재이다. 따라서 인간을 주재하고 섭리하는 이법이나 초월적인 존재는 따로 없다. 그러므로 인간은 신분이나 성에 의해 차별받지 않는 평등한 존재이며, 자연에 합치하는 것이 곧 선이다. 이와 같은 기철학의 인간관을 이철학의 인간관에 대비시켜 남성과 여성의 관계구조에 초점을 맞춰 파악하면 다음과 같다.

이철학적 인간관 :
이철학적 인간관의 기본 원리는 남성과 여성을 음양이원으로 파악하고 거기에는 뚜렷한 다음이 있다는 '유별'(有別)관과, 그 다름은 천존지비(天尊地卑)의 우주 질서에 의해 규정된다는 '상하존비'관에 근거하고 있다. 이와 같은 인간관은 현상적인 기의 세계를 주재하는 절대적 원리로서의 이의 실재를 상정하는 이철학적 우주 인식의 특성에서 도출된 것이다.

이철학에 있어서 음인 여성은 양인 남성에 의하여 지배되며 순종과 정절의 도리를 절대시해야 하는 차등적 위치에 선다. 특히 정절은 생명보다도 소중한 것이고, 부부관계는 군신의 관계와 동일시했다. 이와 같은 인간관은 조선 시대 한국의 통치원리와 결합하여 여성의 절대적 순종을 제도화하는 교육의 원리로 작용하였다.

기철학적 인간관 :

이철학적 인간관에 정면으로 대립되는 기철학적 인간관의 특징
은 '평등의 원리'에 있다. 이는 기를 주재하는 이의 실재를 부정
하는 기철학의 우주관에서 연원한다. 즉, 주재자로서의 이가 부
정될 때, 우주의 운행은 기 자체의 자율적인 활동으로 귀착된다.
이 관점이 가치원리로 외면되면 자연법을 초월하는 형이상학적
도덕의 법칙을 부정하게 되며, 인간관계에 적용하면 자연인으로
서의 평등한 인간관계 이외의 신분질서 관계는 부정된다. 이 원
리를 남성과 여성의 관계에 대입하면, 성(性)을 매개로 한 상·
하 질서 관계로 규정지을 이론적 근거 역시 찾아지지 않는다.

이와 같은 기철학적 인간평등관은 실학을 위시하여 동학·증산
교·원불교와 같은 근대 자생 종교의 계급 타파와 여성 평등적
교리 형성에 지대한 영향을 미쳤다. 또한 여성들의 무속신앙 등
에 내재하는 무의식적 가치관을 형성하는 기본 원리를 이루고 있
다고도 볼 수 있다.

기철학은 인간과 사물, 선과 악, 성인과 범인간에 근본적인 차
이가 없다고 하여 평등적 인간관을 견지한 것과 같은 논리에서
남성과 여성간의 차이도 인정하지 않는다. 따라서 이철학이 지배
적이던 조선조 초·중기에 널리 반포되었던 《내훈》(內訓)과 같은
여성 교훈서는 따로 주장되거나 만들어진 바가 없다.

반대로, 여성도 가정 밖으로 나와 남성과 똑같은 학교교육의
기회를 향유해야 한다는 여성 교육 제도화론에 강력한 시사를 준
바 있다.

이와 같은 기철학의 인간평등론의 잣대로 오늘의 여성 교육을
돌아볼 때, 교육의 제도적 기회 균등과 실제적 평등 사이에 괴리
가 있음을 간과할 수 없다.

4. 맺음말

이상의 고찰을 통하여 기철학의 존재원리와 여성 이해의 원리를 개관해 보았다. 그 내용을 요약하면 다음과 같다.

1) 기철학은 우주 안에 가득한 1기(一氣)가 있어, 이 기가 모이고 흩어지는 자연적 현상이 만물의 생성·소멸의 원리라고 본다. 따라서 기(氣)를 주재하는 이(理)가 기 밖에 있다는 이철학의 이원론에 정면으로 대립하여, 이는 기 안에 내재하는 자연적 원리일 뿐이라고 한다.

2) 이와 같은 기일원론의 우주관은 인간관에 일관되게 적용됨으로써 기철학적 인간평등론이 도출되었다. 즉, 현존재는 기 일원에서 유래하는 것이므로, 모든 인간은 동일한 본질을 가지며, 그 본질은 선이다. 특히 인간은 기가 가장 바르게 응취한 존재이기 때문에 우주 본체의 존재방식과 일치하는 존재로서 선악, 성우, 지우에 이르기까지 한결같이 기 일원에 귀착된다는 성선설의 입장이다.

3) 이와 같은 인간평등관은 여성관에도 적용되어 조선조 말기의 반·상의 계급 타파, 남녀 차별 철폐, 여성의 학교교육 편입 등을 주장하는 이론적 근거를 제공하였다.

이제 이와 같은 성선론적 인간관과 평등적 인간관이 오늘의 한국 여성 교육에 시사하는 바를 천착해 보고자 한다.

기철학의 성선론적 인간관은 서양의 루소나 듀이와 같은 자연주의에 기반한 것이다. 자연과 인간 본성의 선성을 신봉하는 낙관주의는 개방교육의 가능성을 시사한다. 그러나 듀이가 진화론의 입장임에 반하여, 기철학은 자연의 순환적 운행을 전제하는 입장이므로 이들간의 차이를 부정할 수 없다.

이와 같은 기철학의 관점에서 보면, 교육의 대상으로서의 인간의 개별성은 결정적인 인간성의 차이로 외연되지는 않는다. 이러한 견해는 학급 구성원으로서의 학생들을 가급적 선·악이나 지·우로 차등시하지 않을 수 있는 이론적 근거를 제공한 것이라고 할 수 있다.

뿐만 아니라, 기철학의 성평등관은 오늘날의 한국 교육현장에 내재하고 있는 성 차별적 교육현상에 대한 비판과 초극의 논리를 시사해 준다고 볼 수 있다.

성 차별은 전통 사회에만 있었던 과거의 일이 아니라 오늘의 사회, 오늘의 교육의 장에도 상존하고 있다. 특히 교육이념, 목표, 내용 및 교사와 학생들의 의식이 내부에 이르기까지 의식·무의식의 성 차별적 관행이 온존하고 있다. 즉, 인간의 생물학적 성차가 교육에 있어서의 성의 이분 구조를 조성할 수밖에 없다는 믿음이 널리 퍼져 있는 것이 문제이다.

본인은 교육에 있어서의 성 이분법적 논리를 극복하는 데 있어, 한국적 전통의 계승이라는 이름 아래 사실은 이철학적 전통만을 주장해 왔던 관행을 넘어서서 기철학적 전통을 계승하는 것을 하나의 방안으로 제언하고 싶다.

기철학적 여성관의 적용 사례

한국 자생 종교에 나타난 여성관을 통하여 그에 내재하는 기철학적 여성관을 도출해 보고자 한다. 그 이유는 이들 자생 종교 속에 기철학적 우주관이 깊이 침투해 있으며, 특히 교리상 기존 유학의 이귀기천적(理貴氣賤的) 사고체계를 초극한 평등관이 표방되어 있기 때문이다. 그리고 이들 종교가 많은 여신도들을 대상으로 직접 포교활동을 전개했으므로, 그들의 여성 평등 이념이 적극적으로 여성 교화에 작용하여 실천적 기능을 하였기 때문이다. 고찰대상으로는 무교(巫敎), 동학(1860), 증산교(1902), 원불교(1916)를 택하였다.

먼저 무교를 살펴보면, 무교는 종교이긴 하지만, 주요 관심사는 내세가 아니라 현세적인 인간의 삶 그 자체에 있다는 데 특징이 있다.

또한 무교는 철저히 여성 중심의 종교라는 것이 특징이다. 남무(男巫)가 없는 것은 아니지만, 대부분 굿의 주제자는 여무(女巫)이다. 신도는 압도적으로 여신도가 주종을 이룬다. 굿에 등장하는 신령들도 여신이 많으며, 굿의 내용도 여성의 한풀이같은 요소들이 주류를 이루고 있다.

기복(祈福)의 염원도 형이상학적 도덕률에 비추어 여과하는 일 없이 인간의 자연적인 소망과 욕구 그 자체에 근거한 것일 뿐이다. 예컨대, 굿을 통한 아들 발원(發願), 부자 발원(富者發願) 그리고 내세에 남자로의 환생 발원 등은 현세적이고 자연적인 인간의 삶에 바탕한 꾸밈 없는 바람이다.

이러한 관점에서 볼 때, 무교에는 이철학적 체계에서 볼 수 있는 절대적 도덕률같은 것이 전제되어 있지 않은 것을 알 수 있다. 오히려 무교는 인간의 자연적 본성을 원형 그대로 시인하는 기철학적 견해에 접근되어 있는 것으로 보인다. 특히 무교에서의 신령들이 원한에 의하여 사후에 본래의 1기(一氣)로 흩어져 돌아가지 못한 원혼들인 경우(최영 장군, 남이 장군, 바리 공주, 심청 등)가 많고, 망자(亡者)를 위한 굿도 왕생극락적인 것이 아니라 '기'의 흩어짐을 원활히 하고자 함이라는 것이 무가에 잘 나타나 있다.

동학은 외세의 강한 도전 속에서 국가적 위기 상황이 고조되어 가고 있던 1860년에 한국 신흥 종교의 효시로서 개교되었다. 그 기본 교리는 지기론(至氣論)이라 하여 기일원론적(氣一元論的)인 기철학에 근거하고 있다.

그리하여 천지만물을 모두 대천주(侍天主)라고 보는 일원론적인 관점에서, 동학은 여성을 포함한 모든 인간의 평등을 기본으로 하는 교리를 펴냈다. 따라서 계급 타파 의식과 함께 여성의 인권에 대한 인식을 강하게 전파했던 동학은 우리 나라 여성 해방 사상의 기원으로 간주되고 여성 개화 운동에 중대한 영향을 미친 것으로 평가되어 왔다.

그러나 동학의 경전인 《동경대전》(東經大典), 《용담유사》(龍潭遺詞), 《동학가사》(東學歌辭) 등을 통하여 추출해 볼 때, 동학의 여성관은 인간 평등의 이념을 관철하지 못하고 음양사상에 입각한 여성의 순종의 도리를 설교하는 쪽으로 굴절되어 버린 것을 볼 수 있다. 이 사실은 당시의 남존여비적 사회체제의 벽에 부딪침으로써 인간 평등의 교리가 변질될 수밖에 없었던 구 사회체제의 경직성의 강도를 짐작케 한다.

먼저 동학의 우주관을 보면,

대개 천지 귀신 조화라는 것은 유일한 지기(至氣)로 생긴 것이며, 만물이 또한 '지기'의 소산이니, 이렇게 보면 하필 사람뿐이 천주(天主)를 대하였으랴. 천지만물이 대천주(侍天主) 아님이 없나니…….

라고 하여 우주의 근원을 '지기'로써 파악하는 기일원론적 관점에서 인·물을 모두 평등한 '대천주'라고 하였다. 그리고 '지기일원'의 양 극을 음양 또는 무극(無極)과 태극(太極)으로 보았다.

음양이라 함은 무엇이뇨. 일원(一元)의 양 극을 이름이니, 이는 '무극'이 생태극(生太極)이라 함이라. 무극은 음이며, 태극은 양이오. 상하(上下)로 논하면, '상하' 역시음양이며, 동서로 말하면 동서 역시 음양이며, 기타 한(寒)과 서(暑), 주(晝)와 야(夜), 거(去)와 래(來), 굴(屈)과 곤(伸)이 다 음양 아님이 없나니, 도모지 그 본원을 소구(遡究)하면 천지귀신(天地鬼神) 변화의 '이' 상대·상응에서 되는 것이며, 상대·상응은 곧 음양이라 칭하는 것이니라.

위에서 무극이 태극을 낳았다고 하는 것은 노·장의 사상과도 일맥상통하는 관점으로서, 이 관점을 관철하면 음이 만물의 근원으로서 양보다 우월한 위치에 서는 것이다. 그러나 동학에서는 이러한 일관성이 결여되어, 음인 무극을 만물의 근원으로 상정했으면서도 음양론의 전개는 양우위론적으로 이루어져 논리의 일관성이 없다.

천존지비(天尊地卑) 이치따라 부화부순(夫和婦順) 하련이와, 치내일신(治乃一身) 둘러보니 명명(明明)하기 다시 업다.

라고 한 것에서 볼 수 있는 것처럼, 동학의 음양관은 기일원론으로 시작된 우주관과는 상이하게 '천존지비'의 이귀기천적 이원론으로 비약하여 전통적 유교사상과 상통하는 여성 순종의 도리를 펴고 있는 것이다.

증산교는 전래적인 민간신앙체계를 바탕으로 하면서 그 위에 도교, 불교, 유교, 동학, 서학 등 기성 종교의 교의를 곁들인 일종의 혼합 종교이다. 그 중에서도 특히 도교의 음우위론적인 우주관이 교리의 핵심을 이루고 있다. 증산교의 경전인 《대순전형》(大巡典經)에 의하면, 말세적인 현실세계를 고쳐서 지상선계(地上仙界)의 이상세계를 구현하자는 천지공사(天地公事)를 중심 교리로 하고 있다. 천지공사에서 추구하는 이상세계는, 기존의 시대가 천존(天尊) 시대인 데 반해 인존(人尊) 시대의 구현으로서, 모든 인간이 평등을 누리는 세계를 말한다.

그 가운데 특히 억음존양(抑陰尊陽)의 한을 풀어 음과 양의 도수를 균등하게 화합시킴으로써 정음정양(正陰正陽)의 남녀 평등한 사회를 구현하자고 주장한 점이 주목된다.

이때는 해원(解冤) 시대라 몇 천 년 동안 깊이 갇혀 있어 남자의 완롱(玩弄)거리와 사역거리에 지나지 못하든 여자의 원을 풀어 정음정양(正陰正陽)으로 건곤(乾坤)을 짓게 하려니와, 이 뒤로는 예법(禮法)을 다시 꾸며 여자의 말을 듣지 않고는 함부로 남자의 권리를 행하지 못하게 하리라.

예전에는 억음존양이 되면서도 항언(恒言)이 음양이라 하야 양보다 음을 먼저 이르니, 어찌 기이한 일이 아니리요. 이 뒤에는 음양 그대로 사실을 바로 꾸미리라.

음과 양을 말할 때에 음(陰)자를 먼저 읽나니, 이는 지천태(地天泰, 《주역》의 지천태봉(地天泰卦)을 지칭하는 말)이니라.

또한 하늘뿐만 아니라 땅도 똑같이 받드는 것이 옳다고 보고 있다. 그리하여

선천(先天)에는 하늘만 높이고 땅을 높이지 아니하였나니, 이는 지덕(地德)이 큰 것을 모름이라. 이 뒤에는 하늘과 땅을 일체로 받들음이 옳으니라.

고 하여 여성이 평등한 지위를 누리는 후천 시대의 도래를 예언하고 있다.
증산교의 우주관 역시 태극을 우주의 근본으로 보고 건곤, 음양의 2기(二氣)로 분화되는 것으로 보는 관점에 서 있으나, 천존지비관을 부정하고 동등한 것으로 본 데 특징이 있다. 그리고 1음 1양의 원리를 순환의 원리로서만이 아니라 일부일처제의 부부관계의 원리로도 보고 있다. 그리하여

건곤(乾坤)이 있을 따름이요, 2곤(二坤)이 있을 수 없아오니, 1음 1양(一陰一陽)이 원리인 줄 아나이다.

라고 하여, 부부는 반드시 일부일처여야 하고, 일부다처는 교리에 어긋난다고 하여 첩을 둔 신도를 벌하기도 하였다. 그리하여 마침내는 남녀 평등 시대가 올 것이라고 예언하고 있다.

부인이 천하사(天下事)할려고 염주를 딱딱거리는 소리가 구천(九天)에 사모쳤으니, 장차 부인의 천지(天地)를 만들려 함이로다. 그러나 그렇게까지는 되지 못할 것이요, 남녀 동권(同權) 시대가 되리라.

그러나 이처럼 남녀평등사상이 투철한 것으로 보이는 교리에도

불구하고, 증산교 역시 교리와 실천간의 괴리를 보여 준다. 뿐만 아니라,

　이제는 해원 시대라 남녀의 분별(分別)을 티워 각기 하고 싶은 대로 하도록 풀어 놓았으나, 이 뒤는 건곤(乾坤)의 위차(位次)를 바로잡아 예법(禮法)을 다시 세우리라.

고 말함으로써 남녀평등관의 관철을 믿을 수 없게 하고 있는 점에서 동학과 유사하다. 교리와 사회체제와의 괴리가 낳은 또 하나의 유형이라고 볼 수 있다.

　원불교는 일원상(一圓象)을 진리의 상징으로 설정하고 있다. '일원상'은 모든 것이 들어 있어서 원만하다는 뜻, 돌고 돌아 무한하다는 뜻, 절대적인 한 이치라는 뜻을 담고 있는 원불교 최고의 종지(宗旨)를 상징한다.
　원불교는 현실생활을 영위함에 있어 '4요'(四要)라는 네 가지 실천덕목을 들고 있는데, 그것은 첫째, 자력 양성, 둘째, 지자본위(知者本位), 셋째, 타자녀 교육(他子女敎育), 넷째, 공도자 숭배이다. 원불교의 남녀 평등적인 여성관은 4요에 잘 나타나 있다.
　먼저 4요 중 '지자본위'에서는 제반 차별제도를 열거하면서 남녀 차별도 그 하나로 지적하고 있다.

과거 불합리한 차별제도의 조목

① 반상(班常)의 차별이요,
② 적서(嫡庶)의 차별이요,
③ 노소(老少)의 차별이요,
④ 남녀(男女)의 차별이요,

⑤ 종족(種族)의 차별이니라. (4요, 지자본위 중)

그리고 이러한 차별을 극복하기 위해서는 자립해야 하는데, 그러기 위해서는 자립적 힘을 길러야 한다고 주장한다. 자력 양성에서 그 방법으로 남성과 동등한 교육기회와 직업생활을 여성에게도 보장할 것을 다음과 같이 제시하고 있다.

자력 양성의 조목

① 남녀를 물론하고 어리고, 늙고, 병들고 하여 어찌할 수 없는 의뢰면이어니와, 그렇지 아니한 바에는 과거와 같이 의탁생활(依賴生活)을 하지 아니할 것이요,

② 여자도 인류사회에 활동할 만한 교육을 남자와 같이 받을 것이요,

③ 남녀가 다 같이 직업에 근실하여 생활에 자유를 얻을 것이며, 가정이나 국가에 대한 의무와 책임을 동등하게 이행할 것이요,

④ 차자도 부모의 생전 사후를 과거 장자의 예로써 받들 것이니라. (4요, 자력 양성 중)

이와 같은 원불교의 평등적 여성관은 음양상생을 우주 원리의 순행으로 보는 데에서 비롯된다.

2. 대종사(大宗師) 말씀하시기를, "천지에 사시 순환하는 이치를 따라 만물에 생로병사(生老病死)의 변화가 있고 우주에 음양상생(陰陽相生)하는 도(道)를 따라 인간에 선악인과보응(善惡因果報應)이 있게 되나니, 겨울은 음이 성할 때이나 음 가운데 양이 포함되어 있으므로, 양이 차차 힘을 얻어 마침내 봄이 되고 여름이 되며, 여름은 양이 성할 때이나 양 가운데 음이 포함되어

있으므로, 음이 차차 힘을 얻어 마침내 가을이 되고 겨울이 되는 것같이, 인간의 일도 또한 강(强)과 약(弱)이 서로 관계하고 선과 악의 짓는 바에 따라 진급·강급(進級降級)과 상생·상극(相生相克)의 과보(果報)가 있게 되나니, 이것이 곧 인과보응의 원리니라.

40. 말씀하시기를, "음양상생의 도가 곧 인과의 원리인 바, 그 도를 순행하면 상생의 인과가 되고 역행하면 상극의 인과가 되나니, 성인(聖人)들은 이 인과의 원리를 알아서 상생의 도로써 살아가시나, 중생들은 이 원리를 알지 못하고 욕심과 명예와 권력에 끌려서 상극의 도로써 죄업을 짓게 되므로, 그 죄고(罪苦)가 끊일 사이 없나니라."

즉, 음양은 상하관계가 아니라 상생관계로서 순환원리에 따르는 것이므로, 양자는 존·비(尊卑)가 없이 평등하다. 이런 점에서는 기철학적이지만, 상생의 원리를 윤회설과 결합시켜 논하고 있는 것은 불교적 관점이 개입된 것이라고 할 수 있겠다.

원불교의 실천윤리적 교법에는 이와 같은 음양상생론을 기반으로 하여 유교윤리의 부부유별을 부부 화합으로 변형시키고 있는 것이 보인다.

통사적 고찰을 통해서 추출된 여성상을 이·기 철학에 비추어 분석해 보면, 다음과 같은 구조로 나타난다.

고대사회	삼국시대	고려시대	조선시대	대한제국시대	현 대	미 래
기철학적	기철학적 이철학적	기철학적 이철학적	이철학적 (기철학적)	이철학적 기철학적	이·기 철학적	기·이 철학적

즉, 한국의 여성상은 일원론적 기철학으로 해명될 수 있는 모습에서 연원하여 점차 이원론적 이철학에 의하여 변형되어 왔다. 특히 이철학적 여성관은 성립 당초부터 지배 이데올로기와 결합하여 의도적·강압적으로 여성의 삶을 통제하였다.

현대에 이르러 민주사회의 인간 평등 이념과 여성 존중 시각의 확대로 기일원적 인간관에 바탕한 여성상이 추구되고 있기는 하다. 그러나 한국 사회에 내재하는 뿌리 깊은 성별 이분 구조는 갖가지 구실과 전통이라는 미명으로 이철학적 여성상을 현대에도 상존시키고 있다. 그러나 한국인의 인간 인식의 원형은 이철학적인 것이 아니고 오히려 기철학적 연원을 갖는 것임을 상기할 때, 기철학적 인간 평등의 원리를 교육철학의 기본 원리로 고려해 볼 수도 있지 않을까 생각해 본다.

생명을 어떻게 볼 것인가? [1]

장 회 익
(서울대)

우리는 누구나 생명이 무엇인지를 안다. 생명이라는 개념은 우리의 경험세계 속에서 비교적 손쉽게 추상해 낼 수 있는 개념이며, 일상적 언술 안에서 별로 큰 어려움이 없이 통용되는 개념이다. 우리는 살아 있는 존재들과 그렇지 않은 존재들을 비교적 손쉽게 구분할 수 있는데, 이러한 구분의 과정에서 살아 있는 존재들을 특징짓는 내용, 즉 '살아 있음'의 성격을 추상해 낸 개념이 바로 '생명'인 것이다.

그런데 자세히 살펴보면, 우리의 일상적 생명 개념 속에는 이러한 추상 개념으로서의 의미 이외에도 '생명체'라는 의미의 생명 개념이 함께 포함되어 있다. 예컨대, "고양이도 다람쥐도 모두 생명을 가지고 있다"고 하는 언술에서 나타나는 생명은 추상 개

---

1) 이 논문의 개요가 발표된 '철학연구회 1995년 춘계 발표회'에서 논문 내용에 대한 오창희 박사의 심도 있는 논평이 있었다. 이 글에서는 이 논평에 대한 해답이라 할 일부 내용을 추가하였으나, 논평 전반에 대한 체계적인 반응은 시도하지 않았다. 논평이 제시한 일부 문제들은 별도의 논의에서 검토될 수 있을 것이다.

념으로의 생명이 되겠으나, 한 고양이가 죽는 것을 보고 "한 생명이 없어졌다"고 하거나 "바이러스도 생명이냐?"고 말할 때의 생명은, 엄격히 말해서 하나의 생명체를 의미하는 것이다. 그러나 이 두 가지 개념이 서로 분리되어 있는 것은 아니다. 생명이 무엇인가 하는 추상 개념으로서의 생명이 규정되고 나면, 이러한 생명을 가졌다고 생각되는 실제 대상에 대해 구체 개념으로서의 생명, 즉 생명체로서의 자격을 부여하면 되는 것이다.

많은 경우에, 우리는 이러한 생명 개념을 경험적으로 그리고 직관적으로 파악하고 이를 각각의 대상에 적용하여 생명체인지 아닌지를 구분해 내는 일에 별 어려움을 느끼지 않는다. 그러나 생명과 생명 아닌 것 사이의 경계라든가, 한 생명에서 다른 생명이 나오는 시초에 해당하는 영역에 이르면, 문제가 그리 간단하지 않다. 예를 들면, 마른 나뭇가지가 생명이냐 아니냐 하는 물음을 생각할 수 있다. 대부분의 경우, 그것은 땅에 꽂아서 살지 못한다. 그러나 아주 조심스런 방식의 처리를 하면, 그것이 다시 싹을 피우고 소생할 가능성도 없지 않다. 마찬가지로, 모체 안에서 자라나고 있는 태아가 독립된 생명이냐 아니냐 하는 물음에 대해서도, 우리는 어느 한쪽으로 간단하게 대답할 수가 없다.

이러한 문제들을 처리하기 위해 우리는 생명에 대한 과학적 고찰에 기대해 볼 수 있다. 생명에 대한 엄격한 과학적 정의를 제시하고, 이에 맞추어 생명이냐 아니냐 그리고 독립된 생명체냐 아니냐를 논의해야 할 것이라는 생각이다. 그러나 놀랍게도 과학에서조차도 이에 대한 명쾌한 해답을 찾아보기가 어렵다. 생명의 정의 문제는 그간 과학 자체의 엄청난 발전에도 불구하고 여전히 합의되지 않은 어려운 문제로 남아 있는 것이다.

이제 과학에서 생명을 정의함에 어떠한 어려움이 따르는지를 간단히 검토해 보고, 이러한 어려움이 생명의 성격에 대해 시사하는 바가 무엇인지를 살펴보기로 하자. 브리태니카 백과사전에 의하면, 지금까지 알려진 생명의 정의는 대략 다섯 가지로 분류될 수 있다고 한다. 즉, 생리적(physiological) 정의, 대사적(metabolic) 정의, 유전적(genetic) 정의, 생화학적(biochemical) 정의 및 열역학적(thermodynamic) 정의가 그것이다.[2] 그 가운데 앞의 세 가지는 대체로 전통적 생물학의 테두리 안에서 생물학적 개념들을 통해 설정되는 정의이며, 나머지 두 가지는 전통적 생물학의 영역을 넘어서는 물리·화학적 개념들을 통한 정의에 해당한다. 우선 전통적 생물학의 테두리 안에서 생각해 볼 수 있는 정의들부터 살펴 나가자. 생명에 대한 생리적 정의에서는 생명이 지닌 특징적 활동이라 할 수 있는 각종 생리작용을 나열하고, 이러한 작용을 지닌 대상을 생명체라 규정한다. 즉, 먹고, 배설하고, 호흡하고, 신진대사를 하며, 자라고, 움직이고, 생식작용을 하며, 외부 자극에 대해 일정한 반응을 나타내는 것 등의 생리활동을 지니는 것을 생명체라고 규정하는 것이다. 이는 물론 우리의 상식적 생명 규정에 가장 근접한 정의임이 사실이다. 그러나 가만히 들여다보면, 이는 오로지 생명의 다양한 현상적 성질들을 평면적으로 나열했을 뿐, 이의 본질적 특성이 무엇인지를 잘 보여 주지 못함을 알 수 있다. 뿐만 아니라, 우리가 마땅히 생명이라 보아야 할 대상들 가운데에는 이 중 하나 또는 그 이상의 성질들을 분명히 보여 주지 않는 것들이 적지 않다.

이에 반해, 생명의 대사적 정의는, 생명의 이러한 특징들 가운데 생명의 신진대사가 가장 본질적인 것이라는 입장을 취한다. 즉, 생명체라 함은 일정한 경계를 지니고 있는 체계로서, 적어도 일정 기간 내에 그 내적 성격에는 큰 변화를 가져오지 않으면서 외부와는 끊임 없이 물질의 교환을 수행해 나가는 존재라고 규정한다. 그러나 이것 또한 너무 좁은 정의가 됨과 동시에 너무 넓

---

2) 이는 예컨대 1975년도 판 브리태니카 백과사전 Macropaedia 10권 pp. 893~894에 나오는 'Life' 항목에서 찾아볼 수 있음.

은 정의가 된다는 약점을 지닌다. 즉, 식물의 씨나 박테리아의 포자 등은 상당 기간 이러한 대사작용이 없이 존재하는 것들이어서 생명의 범주에서 벗어날 수 있으며, 반대로 이 정의에 따르면, 오히려 촛불과 같은 존재가 생명체로 분류될 수 있는 것이다.

이와는 달리, 생명의 유전적 정의에서는 생명의 본질적 특성을 한 개체가 자신과 닮은 또 하나의 개체를 만들어 내는 특성, 즉 그 생식작용에 있는 것으로 보고, 생명체를 바로 이러한 특성을 지닌 존재로 규정하려는 입장을 취한다. 이러한 정의는 특히 자연 선택을 통한 생물의 진화 문제와 밀접히 관련됨으로써 생명의 본질적 이해에 한층 가까이 접근한 것이라고 말할 수 있다.[3] 그러나 여기에도 이로써 포괄할 수 없는 예외가 존재한다. 예컨대, 꿀벌 집단 안의 일벌들이나 노새와 같은 특정의 잡종들은, 다른 모든 점에서는 생명체와 다름이 없으나 생식능력만은 지니고 있지 않은 것이다.

여기서 우리는 생명이 전통적인 생물학의 개념만으로는 정의되기 어려운 속성을 지닌 것이 아닌가 하는 의혹을 가져 볼 수 있다. 이는, 예컨대, 한국어만으로 한국어 속의 모든 말을 완전히 정의하기 어려운 사실에 견주어 볼 수 있는 일이다. 그렇다면 전통적인 생물학적 개념을 떠나 한층 보편적인 용어들을 통해 생명을 정의하려는 시도는 좀더 성공적일 수 있는가? 이를 위해 전통적 생물학의 영역을 넘어서는 한층 보편적인 개념들, 예컨대, 물리학이나 화학의 개념들을 동원하여 생명을 정의하는 시도들을 살펴보자.

---

3) 생물학자 오글(Leslie E. Orgel)은 이를 좀더 정교화하여 생물체를 CITROENS(Complex Information Transmitting Reproducing Organisms that Evolved by Natural Selection), 즉 "자연 선택에 의해 진화된 정보를 전달하고 증식해 나가는 복잡한 유기체"라고 규정하기도 한다(Orgel, 1973).

이러한 정의 가운데 대표적인 것 하나가 생명에 대한 생화학적 정의이다. 이는 생명의 특성을 나타내는 가장 기본적인 물질 형태가 유전적 정보를 함축하고 있는 핵산 분자들, 즉 DNA 분자들과 생물체 내의 화학적 반응들을 조절하는 효소 분자들, 즉 단백질 분자들이라고 보아, 이러한 물질들을 기능적으로 함유하고 있는 체계를 생명체라고 보는 입장을 취한다. 그런데 여기에도 예외를 생각할 수 있다. 예를 들어, 일종의 바이러스를 닮은 스크라피(scrapie) 병원균은, 그 자신이 아무런 핵산 분자를 지니지 않으면서도 숙주의 핵산 분자들을 교묘하게 활용함으로써 스스로의 번식을 이루어 나가는 존재이다. 그리고 이 정의가 지닌 더욱 중요한 약점은, 이와는 상이한 분자적 구조를 지니면서도 기능적으로 흡사한 성격을 나타내는 존재가 나타났다고 할 때에 이를 생명으로 인정하지 않을 것인가 하는 점이다. 예를 들어, DNA 분자나 단백질 분자와 같은 탄소 화합물이 아닌 다른 형태의 화합물들로 구성된 체계로서 생명체가 보이는 모든 기능적 특성을 지니는 것이 존재한다고 할 때, 이를 생명이 아니라고 주장할 것인가 하는 점이다.

　이와는 달리, 생명에 대한 물리학적 정의라고 할 수 있는 생명의 열역학적 정의에서는 생명의 생화학적 정의가 지닌 이러한 약점은 나타나지 않는다. 이 정의에서는 생명을 자유에너지 출입이 가능한 하나의 열린 체계로 보아, 특정된 물리적 조건의 형성에 의하여 낮은 엔트로피, 즉 높은 질서를 지속적으로 유지해 나가는 특성을 지니는 존재로 규정하고 있다. 위의 생화학적 정의가 생명의 소재적 정의라 한다면, 이는 생명의 기능적 정의라 할 수 있다. 이 체계가 그 어떤 소재로 이루어졌든 간에, 이러한 기능만 수행할 수 있으면 생명이라 부를 수 있다는 것이다. 그러나 이 경우에는 그 반대의 문제가 발생한다. 즉, 이것만으로는 생명이 되기 위한 충분조건이 되기가 어렵다는 것이다. 사실 여기서 말하는 "높은 질서의 지속적 유지"를 해석하기에 따라서는, 우리가 통상적으로 이해하는 생명체들 이외에도 이러한 기능을 지닌 자연적 또는 인위적 물질체계를 찾아보기가 그리 어렵지 않은 것이다. [4] 그러나 이 정의가 지닌 보다 심각한 문제는, 이러한 의미의 열린 체계는 그것이 어떠한 상황에 놓이느냐에 따라 이러한 기능을 나타낼 수도 있고, 그렇지 않을 수도 있다는 점이다. 즉, 이것이 생명이냐 아니냐의 여부는, 이것이 어떠한 상황에 놓이느냐에 따라 극히 예민하게 의존하는 것이며, 따라서 이것이 놓이게 될 상황을 지정하지 않고는 정의로서 매우 불완전하다는 점이다.

이러한 논의를 통해 볼 때, 생명의 정의에 관한 한 그 어떤 것도 우리에게 만족스러운 결과를 주고 있지 않음이 분명하다. 그렇다면 이러한 어려움은 어디에 연유하는가?

여기서 우리는 그 가능성을 몇 가지로 짚어 볼 수 있다. 그 하나는, 생명에 대한 우리의 과학적 이해가 아직도 우리가 생명에 대해 직관적으로 파악한 개념의 수준에 이르지 못하기 때문일 것이라는 가능성이다. 생명이란 매우 신비한 것이어서, 최소한 현재까지의 과학적 탐구만으로는 그 신비에 도달할 수 없으리라는 생각이다. 그러나 직관적으로 파악한 생명의 개념은 과연 그 신비의 정체를 꿰뚫고 있는 것인가? 최소한 직관적으로 지시하는 외연의 내용은 논란의 여지가 없이 받아들일 만한 것인가 하면, 곧 그렇지 못하다는 것을 알 수 있다. 이미 언급한 바와 같이, 직관적 관념만을 통해 그 어떤 것이 생명인가 아닌가를 구분할 수 없는 경우가 허다하게 존재하기 때문이다.

그렇다면 우리는 다시 그 반대의 가능성을 생각해 볼 수 있다. 즉, 우리의 과학이 생명의 본질을 포착했음에 반해, 우리의 경험적 직관은 아직 이에 이르지 못하는 데에서 오는 가능성이다. 생명에 대한 직관적 개념은 분명히 우리의 일상적 경험을 통해 얻

---

4) 지구상의 기후 시스템이 그 대표적 예이다. 이것 외에도 냉장고라든가 자동차 등이 그 예에 해당할 수 있다.

어졌으며 이는 시간·공간적으로 우리의 직접적인 경험 영역에 국한된 것이라는 제약을 받는다. 그러나 생명에 대한 과학적 탐구는 미시적으로는 이의 분자적 수준의 이해에 도달하였고, 거시적으로는 전 지구를 통해 퍼져 살아가는 생태적 존재 양상에 대한 이해에 이르렀다. 뿐만 아니라, 시간적 측면에서 다시 이의 발생적 연유 및 진화적 과정에 대한 이해를 도모하고 있다. 따라서 이렇게 확대된 이해를 통해 드러난 생명의 개념이 기왕에 파악된 소박한 생명 개념과 반드시 일치해야 할 이유는 없다는 것이다.

그러나 이러한 점이 생명 정의를 어렵게 만드는 데 크게 한 몫을 하는 것은 사실이지만, 이것만으로 생명의 정의가 어려워지는 이유를 완전히 설명할 수는 없다. 이러한 설명들은 대체로, 생명에 대해 우리가 직관적으로 파악하고 있는 외연적 내용이 과학적 검토를 통해 도달한 명시적 정의가 지시하는 내포적 성격과 잘 일치하지 못한다는 점에 대한 피상적 설명을 제공하고는 있으나, 생명의 정의에 나타나는 외연과 내포의 불일치는 반드시 경험적 직관과 과학적 정의 사이의 불일치에서만 오는 것은 아니다. 예컨대, 생명의 생화학적 정의에 나타나는 예외로서의 스크라피 병원균의 경우는 과학적으로 정의된 내포와 과학적으로 파악된 외연 사이의 불일치를 말해 주고 있는 것이다. 그러므로 여기서 우리는 일상 경험에서는 물론 과학적 이해에 있어서도 내포와 외연이 일치되는 그 어떤 선명한 생명의 정의를 이끌어 낼 개념적 작업이 아직 이루어지지 못하고 있다는 사실을 알 수 있다.

그러나 이는 반드시 과학적 이해가 이러한 작업을 수행해 낼 만한 단계에 이르지 못했기 때문임을 의미하는 것은 아니다. 이미 언급한 바와 같이, 생명에 관한 과학적 지식은 분자적·생태적 그리고 진화적 측면에서 엄청나게 신장해 온 것이 사실이며, 현재로서는 오히려 이를 종합하고 정리하여 생명에 관한 하나의 전체적 모습을 파악하는 일이 새로운 과제로 등장하게 되었다.

그러므로 생명의 정의에 관련된 만족스런 개념적 작업이 이루어지지 못하고 있다면, 이는 오히려 부분부분으로서의 과학적 이해는 이를 해 내기에 충분한 정도에 도달했음에도 불구하고, 이를 결합하여 생명의 전체적 모습을 파악하고 이를 의미 있는 개념구조로 전환시킬 전반적인 개념 정리의 작업이 이루어지지 못한데 있다고 보는 것이 정당할 것이다.

이제 우리는 생명의 정의에 관련해 어떠한 개념적 정리작업이 요청되는가를 살피기 위해 생명의 정의에 관련된 최근의 한 논의에 주의를 기울여 보자. 이론생물학자 로위(G. W. Rowe)는 생명에 대한 이론적 모형을 설정하는 과정에서, 생명이란 다음과 같은 세 가지 특성을 갖춘 것이어야 한다는 결론에 이르게 된다 (1994). 그 첫째는 대사(metabolism)로서, 하나의 생명체는 주변으로부터 자유에너지를 흡입하여 이를 자체 유지를 위해 사용할 수 있어야 한다는 것이며, 둘째는 생식(reproduction)으로서, 개체의 유한성을 극복하기 위해 자기 자신에 대한 복제의 능력을 가져야 한다는 것이고, 셋째는 진화(evolution)로서, 변화하는 환경에 적응하기 위해 세대를 거쳐 가며 변이와 선택에 의한 적응력의 증가가 이루어져야 한다는 것이다.

그런데 가만히 살펴보면, 하나의 개체적인 생명체로서는 이 세 요건을 모두 충족시킬 수가 없음을 알 수 있다. 우선 생식이라는 것은 개체와 개체 사이의 관계인데, 이것을 단일 개체에 적용할 경우에 일벌이나 노새에서 나타나는 것과 같은 문제가 생긴다. 더구나 진화라는 것은 장기적으로 수많은 개체들의 생멸을 통해 이루어지는 것이므로, 이를 개체가 가진 특성으로 보아 개체에 대한 생명 부여의 조건으로 활용할 수는 없는 것이다. 물론 우리는 이러한 것들을 통해 이루어진 산물이라는 의미에서 개체적인 생명체 하나하나에 대해 생명성을 부여할 수는 있다. 그러나 이는 이미 개체로서의 특성을 말해 주는 정의가 아니며, 전체로서의 생명을 적어도 암묵적으로 전제하고 난 후 그 하나의 구성요소라는 의미를 부여받는 것에 지나지 않는 것이다. 결국 생명의 정의를 한 단위 개체에 대해 수행하려 할 경우에는 피할 수 없는 문제점이 발생한다는 것이며, 이는 생명의 이해에 있어서 전체와 개체 사이의 관계가 그만큼 중요함을 말해 주는 사실이 된다. 그럼에도 불구하고 지금까지는 생명의 이해에 있어서 개체 중심적인 시각을 크게 벗어나지 못했으며, 따라서 이것이 지니는 개체적 성격과 전체적 성격 그리고 이들 사이의 관계를 적절히 나타내 줄 응분의 개념화 작업이 이루어지지 못했다고 말할 수 있다.

사실상 현대 과학을 통해 파악된 생명의 참 모습은 단순한 개체적 생명체들의 집합체로 이루어지는 것이라 보기보다는 하나의 총체적 단일체로 이해되어야 할 성격을 더 강하게 지닌다고 할 수 있으며, 따라서 이에 부응하는 새로운 개념적 작업을 수행하지 않고는, 적어도 생명의 정의에 관련된 논의를 모순 없이 이끌어 나가기가 몹시 어렵다는 이야기를 할 수 있다. 즉, 우리의 직접적 경험의 대상이 되는 개체적 생명체들은 오직 이 총체적 단일체와의 관련 아래에서만 그 정당한 존재성이 인정되는 생명의 부분적 국면에 해당하는 것임에도 불구하고, 기존의 생명 개념들은 이러한 개체들을 생명의 주체로 삼고, 이러한 개체적 생명의 틀 안에 생명의 총체적 모습을 담아 내야 하는 근원적 모순을 지닌 것이었다고 말할 수 있다.

그렇다면 과학이 파악한 생명의 참 모습이란 과연 어떠한 것인가? 이를 위해 먼저 생명이 탄생하게 된 역사적 경위부터 살펴 나갈 필요가 있다. 현대 과학의 눈을 통해 본다면, 우리 우주는 대략 150억 년 전에 탄생하여 계속 팽창·변화해 오고 있으며, 여러 형태의 수많은 천체들이 형성되고 소멸되면서 오늘에 이르고 있다. 이 가운데 대략 50억 년 전에 이루어진 우리 태양계에서는 태양과 지구 사이에 일정한 온도 차이가 유지되면서 지속적인 자유에너지의 흐름이 형성되어, 이를 통한 그 어떤 부분적 질서 형성의 계기가 마련되었다. [5] 처음에는 일종의 동적인 비평형 준안정 상태라고 할 물질-에너지 순환계, 즉 원시 기후 시스템이 이루어졌으며, 이 안에서 하나의 시·공간적 국소 질서가 계기가 되어 유사한 국소 질서를 자체 촉매적으로 형성하는 '연계적 국소 질서'가 발생하게 되었다. 여기서 질서라 함은, 그 어떤 물리계의 거시 상태가 지닌 '부 엔트로피'(negative entropy)의 정도를 말하는 것이며, 특히 '시·공간적 국소 질서'라고 할 경우, 시·공간적으로 제약된 하나의 물리계에서 주변에 비해 상대적으로 낮은 엔트로피를 지닌 그 어떤 거시 상태가 일정한 공간적 경계 안에서 일정한 기간 동안 유지되는 것을 의미한다.

지구상에 이러한 상태가 형성된 후 일정 기간이 경과한, 지금부터 대략 35억 년 전에 해당하는 시기에 이르러서는, 이러한 연계적 국소 질서의 존속률이 1을 넘어서는 상황에 이르게 되었다. [6] 즉, 하나의 국소 질서가 그것의 유지 기간 내에 평균 하나 이상의 유사한 국소 질서를 촉발해 내는 상황에 도달한 것이다. 물론 이때에 하나의 국소 질서가 유지되는 것은 주변 상황의 함수이며, 따라서 약간씩의 변형을 지닌 후속 국소 질서들 가운데에는, 주변 상황에 좀더 잘 적응하여 좀더 오래 지속되며 좀더 효과적으로 후속 질서를 촉발해 내는 것이 있고 또 그렇지 못한 것이 있게 된다. 그리고 이러한 과정을 거쳐 이루어진 후속 질서, 특히 주변 상황에 좀더 잘 적응하는 질서일수록 그 질서의 크기, 즉 부 엔트로피의 값이 큰 것이 되리라고 예상해 볼 수 있

---

5) 생명의 형성을 위해 국소 질서의 존재가 필수적이며, 이러한 국소 질서는 오직 일정한 온도 차이를 지닌 에너지 발산체와 에너지 흡수체 사이에서만 존재할 수 있다. 이 점에 대한 좀더 깊이 있는 논의는 모로비츠의 책(Morowitz, 1968) 제1장이나 졸저(장회익, 1990) 제8장에서 찾아볼 수 있다.

6) 여기서 35억 년 전이라는 시기 설정은 오직 근사적 의미만 지닌다. 최근의 논의에서는 이 시기를 훨씬 더 올려 잡는 경향이 있다. 따라서 이를 대략 35억 년 내지 40억 년 전이라 보면 무난할 것이다. 그러나 이 글에서는 편의상 35억 년 전이란 표현을 쓰기로 한다.

다.

일단 이러한 상황이 이루어지면, 하나의 국소 질서가 계기가 된 질서의 연계가 약간씩의 변형을 겪으면서 다양한 형태로 광범위하게 펼쳐 나갈 수 있게 되는데, 우리가 흔히 생명이라 부르는 현상이 바로 이러한 성격을 지닌 존재이다. 그러므로 우리는 생명 그 자체를 바로 이러한 현상이라고 이해하더라도 사실상 별 무리가 없을 것이다. 만일 그렇게 한다면, 지구상의 생명은 대략 35억 년 전에 국소 질서의 존속률이 1을 넘어서는 상황을 기점으로 탄생한 것이라고 말할 수 있으며, 이를 계기로 이어져 내려온 후속 질서의 총체를 일러 생명을 이루는 실체, 즉 생명체라 부를 수 있다.

이제 이를 다시 한 번 요약해 보면, 생명이란 "우주 내에 형성되는 지속적 자유에너지의 흐름을 바탕으로 기존 질서의 일부 국소 질서가 이와 흡사한 새로운 국소 질서 형성의 계기를 이루어, 그 존속률이 1을 넘어서면서 일련의 연계적 국소 질서가 형성, 지속되어 나가게 되는 하나의 유기적 체계"라고 규정해 볼 수 있다. 여기서 '체계'라고 할 때, 이는 이러한 추상적 질서의 체계를 의미할 수도 있고 이를 구현하고 있는 물리적 체계를 의미할 수도 있다. 만일 전자의 의미를 따른다면 추상개념으로의 생명 개념에 가까운 것이 될 것이고, 후자의 의미를 따른다면 구체 개념으로의 생명, 즉 생명체에 해당하는 개념이 될 것이다. 여기서는 이 두 의미를 구태여 구분하지 않고 문맥에 따라 양쪽으로 모두 사용하기로 한다.

일단 생명의 개념을 이와 같이 정의하고 나면, 이 지구상에는 태양과 지구 사이에 형성되는 지속적 자유에너지의 흐름을 바탕으로 대략 35억 년 전에 하나의 생명이 형성되었으며, 이것이 지속적인 성장의 과정을 거쳐 오늘에 이르게 되었다고 말할 수 있다. 우주 내에는 이것 말고도 바로 이러한 의미의 생명이 어떤 다른 곳에 형성될 수 있으며, 바로 이 순간에도 그 어떤 곳에 이러한 생명이 현실적으로 존재할 수도 있다. 그러나 태양-지구 사이에 나타난 이 생명은 우주 내에 가능한 여타 생명과는 무관하게 그 자체로서 하나의 독립된 실체를 이루고 있으며, 이것이 우리가 보는 지구상의 생명이다.

그런데 이렇게 이해된 생명의 개념은, 우리가 경험을 통해 얻게 된 기존의 생명과 반드시 일치하는 것은 아니다. 기존의 생명 개념은 대체로 하나하나의 개별 생명체들을 접하는 가운데 이들이 지닌 공통점을 추상하여 얻어진 것임에 반하여, 이는 지구상에 나타난 생명현상을 그 연원과 더불어 여타 물리현상과 구분되는 결정적인 특성을 파악함으로써 도출해 낸 것이다. 그러므로 이러한 생명 개념은 그 내포에서뿐 아니라 그 외연에서도 기존의 생명 개념과 상당한 차이를 가질 수 있다. 그러므로 여기서는 이 개념을 기존의 생명 개념과 구분하여 '온생명'(global life)이라 부르기로 한다. [7]

이렇게 정의된 온생명이 기존의 생명 개념과 구분되는 가장 중요한 차이는 지구상에 나타난 전체 생명현상을 하나하나의 개별

---

7) 필자가 '온생명' 개념을 최초로 도입한 것은 1988년 4월에 유고슬라비아 두브로브닉에서 있었던 과학철학 모임에서인데, 이때 영문으로 이를 'global life'로 표기했다(Zhang, 1988). 같은 해 9월, 서울올림픽 국제학술회의에서 역시 같은 명칭으로 이 개념을 사용하였으며, 그때의 글은 본 학술회의 논문집 영문판 그리고 이후 《Zygon》 24호(1989년 12월)에 실려 해외에 소개되었다(Zhang, 1989). 한편, 이 개념에 대한 우리 말 표현은 두브로브닉 논문을 《철학연구》 23집에 번역하여 게재하면서 '세계생명'(global life)이라고 사용한 것이 처음이며(장회익 1988), 그 후 이를 다시 '우주적 생명'(장회익, 1990) 또는 '우주생명'(장회익, 1992a) 등으로 표기해 보기도 하였으나, 모두 적절한 표현이라고 할 수가 없었다. 그리하여 여러 가지로 고심하던 중 1992년 무렵, 외람됨을 무릅쓰고 하나의 새 용어인 '온생명'이란 말을 만들어 내게 되었다(장회익, 1992b 및 그 이후의 글들). 그러나 영문으로는 여전히 'global life'라는 표현이 무난할 듯하여, 이 글에서는 '온생명'(global life)의 형태로 소개한다. 이 명칭과 관련해 그간 야기시킨 혼란에 대해 그리고 새 용어를 함부로 제정하지 않을 수 없었던 경위에 대해 독자들의 양해를 촉구한다.

적 생명체들로 구분하지 않고 그 자체를 하나의 전일적 실체로 인정한다는 사실이다. 물론 생명의 이러한 정의 속에는 개별적 생명체에 해당하는 '국소 질서'의 개념이 함께 도입되고 있다. 그러나 생명의 정의 속에 나타난 핵심 사항은 이러한 국소 질서 그 자체에 있는 것이 아니라, 이것이 질서로서 존속할 수 있는 주변의 여건과 함께 이들 사이에 성립하는 관계, 즉 선행 질서와 후속 질서 사이에 그 존속률 1을 넘어서는 계기적 관련의 성립에 있는 것이다. 즉, 고립된 의미의 국소 질서라는 것은, 그것을 물리적으로 존속시킬 주변의 여건과 함께 이를 계승시켜 나갈 이들 사이의 연계적 관계가 없다면 별로 큰 의미를 지니지 못하는 것이다. 따라서 온생명으로 지칭되는 개념의 내포 속에는 생명이 지니는 이러한 특성이 함축되며, 이러한 상황을 현실적으로 구현해 내는 체계의 집합을 그 외연으로 삼는다고 할 수 있다. 물론 현재까지 알려진 온생명의 예로는 지구상에 나타난 생명 하나밖에 없으며, 그러한 점에서 지구상의 생명을 지칭하는 고유명사와 다름 없이 사용될 수 있겠으나, 그 정의가 내포하는 의미로는 어디까지나 하나의 보통명사에 해당하는 개념이다.

그렇다고 하여 온생명의 정의 속에 등장하는 '국소 질서'의 중요성을 가볍게 보아도 된다는 것은 아니다. 생명이 지니는 이러한 모든 특성은 이러한 성격의 국소 질서 형성을 계기로 해서만 가능한 것이기 때문이다. 뿐만 아니라, 이러한 국소 질서들은 온생명 안에서 상당한 정도의 독자성을 지니게 됨으로써 많은 경우에 독립된 실체로 인정하는 것이 유용하다. 그러므로 이러한 국소 질서에 대해 온생명과는 구분되는 독자적인 명칭을 부여할 필요가 있으며, 여기서는 이를 일러 '개체생명'(individual life)이라 부르기로 한다.

온생명과 개체생명의 개념을 이렇게 규정하고 보면, 우리가 지녔던 기존의 생명 개념이 대체로 개체생명의 개념에 해당하는 것임을 알 수 있다. 이는 사실 별로 이상한 일이 아니다. 생명을

인식하는 우리들 자신이 하나하나의 개체생명들이며, 주요 관심
사가 되는 주변의 대상들 또한 대부분 개체생명들이므로, 우리는
생명 또는 생명을 지닌 실체로서 일단 이 개체생명들에 주목하지
않을 수 없었던 것이다. 오직 생명의 본성에 대한 총체적인 과학
적 고찰을 거치고 난 후에야, 비로소 우리는 온생명이라는 개념
으로 표상되는 하나의 단일체로서의 생명 이해에 도달할 수 있는
것이다.

이미 언급한 바와 같이, 지금까지의 생명의 정의가 겪어 온 어
려움이 바로 여기에 있다. 생명이라 함은 개체생명들과 함께 온
생명의 성격을 지니게 되는 존재인데, 이를 경험적으로 친숙한
개체생명의 틀 안에서만 이해하려 하는 데에서 오는 어려움이다.
그리고 이러한 어려움은 생명에 대한 과학적 이해가 깊어질수록
더욱 증대될 수밖에 없는 성격을 지닌다. 생명에 대한 과학적 이
해가 깊어질수록 생명이 지닌 온생명적 성격이 더욱 뚜렷해지게
되며, 온생명적 성격이 뚜렷해질수록 개체생명 개념의 틀 안에
이를 수용해 내기가 어려워지기 때문이다.

물론 여기에 하나의 반론이 제기될 수 있다. '생명'의 개념을
굳이 '온생명'의 개념까지 함축하는 것으로 보지 말고 '개체생명'
의 개념만을 지칭하는 것으로 한정시켜 사용하면 어떠냐 하는 주
장이다. 그리고 '온생명'에 해당하는 그 무엇이 있다면, 이러한
의미의 '생명'과는 다른 또 하나의 별개 개념으로 설정할 수 있지
않느냐 하는 주장이다. 생명 개념 자체가 어차피 하나의 정의에
불과할 바에는 그렇게 해서 안될 이유도 없다. 그러나 생명 개념
의 이러한 분화 또는 제한은 생명이라는 현상이 나타내고 있는
특징적 그리고 본질적 양상을 총체적으로 표현해 내지 못하는 결
함을 지닌다. 즉, 온생명 개념과 함께 개체생명 개념을 아울러
담고 있는 하나의 총체적 개념이 필요한데, 이를 나타낼 가장 적
절한 표현은 역시 '생명'이라는 것 이외에 다른 것이 없다. 모든
다른 개념들이 그러하듯이, 생명의 개념도 그것에 대한 우리의

이해가 증진됨에 따라 그 내용에 변화가 오지 않을 수 없으며, 이러한 변화를 인정할 바에는 개체생명 개념으로 이를 제한할 것이 아니라 생명의 총체적 특성을 담게 될 내용으로 심화시키는 것이 온당하다. 사실상 기왕의 생명 개념 속에 이미 이러한 의미의 내용이 일부 함축되어 있으며, 여기서는 이를 좀더 명료하게 규정하는 작업을 하는 셈이 된다. 그리고 이렇게 설정된 '생명' 개념을 다시 온생명적 성격을 지칭하는 부분과 개체생명적 성격을 지칭하는 부분으로 분리하여 나타내고자 할 때에는, 이를 각각 명시적으로 '온생명' 그리고 '개체생명'이라는 용어로 표현할 수 있는 것이다.

여기서 잠시 이러한 '온생명' 개념이 기왕에 설정된 학술적 용어들인 '생태계'(ecosystem)라든가 '생물권'(biosphere) 등의 개념과는 어떠한 차이가 있는지, 그리고 러브록(Lovelock)에 의해 제안되어 최근에 널리 유포되고 있는 '가이아'(Gaia)라는 말과는 어떤 차이가 있는지를 잠시 살펴볼 필요가 있다. 이것이 만일 기왕의 이러한 용어들과 큰 차이가 없는 것이라면, 굳이 새 용어를 도입하여 혼란을 야기시킬 필요가 없을 것이기 때문이다.

먼저 '생태계' 개념과 관련하여 이야기하자면, 이는 흔히 생물적 그리고 비생물적 환경을 포함한 하나의 상호 작용하는 생물 군집(community)으로서, 특히 이들 사이의 생태적 관계, 즉 환경을 통해 유입되고 전환되는 에너지의 흐름에 초점을 맞추어 서술되는 체계라고 말할 수 있다.[8] 이를 다시 온생명의 관점에서 풀이해 보면, 온생명의 한 주요 기능인 생태적 기능을 중심으로 하여 이를 수행하고 있는 하나의 체계라는 입장에서, 일군의 개체생명들과 그 인접한 보생명의 관계를 나타내고 있는 개념이라

---

8) 생태계의 정의에 관해서는, 예를 들어, 표준생물학 교재인 월라스 등의 *Biology : The Science of Life*에서 찾아볼 수 있다(Wallace, Sanders and Ferl, 1991, pp. 1165~1178).

할 수 있다. 그러므로 만일 태양까지도 포함한 지구 생태계 전체를 말한다면, 이는 그 지칭되는 물리적 대상에 있어서 온생명을 구성하는 물리적 대상과 대체로 일치한다고 볼 수 있다.

그러나 생태계 개념 속에 내포된 생명 이해의 양식은 역시 개체생명을 기본으로 보고, 이들이 모여 이루어 나가는 공동체적 집단이라는 것 이상으로 생명의 개념 자체를 확대해 나가려는 자세는 지니지 않는다. 다시 말하여, 생태계라는 것은 어디까지나 개체적 단위들로 구성된 하나의 체계일 뿐이지, 그 자체가 또 하나의 그리고 보다 본질적인 기본 단위를 이루는 것은 아니라고 보는 입장이다. 그러므로 설혹 그 지칭하는 대상이 동일하다 하더라도, 어떠한 입장에서 개념화하느냐에 따라 그 함축하는 내용에는 엄청난 차이를 가져올 수 있다. 예를 들어, '고양이'라는 명칭을 취할 때와 '고양이 세포'라는 특정한 성격을 지닌 세포들의 체계라는 입장에서 '고양이 세포계'라는 명칭을 사용할 때, 그 지칭하는 대상의 물리적 내용은 동일할 수 있으나, 그 함축하는 의미는 서로 엄청나게 다른 것이다. '고양이'라고 한다면, 그 안에 고양이 세포들과 이들의 관계로 이해될, 예컨대, 세포생리적 측면 이외에도 행동적 측면 기타 다양한 여러 의미를 담고 있으나, '고양이 세포계'라고 한다면, 이러한 대부분의 의미가 상실되고 마는 것이다.

더구나 이들 개념이 지닌 통시적 정체성(identity)의 측면에서 보면, 이들 사이의 차이는 더욱 커진다. 우리가 하나의 '사람'을 지칭할 때, 이는 출생 이후 현재까지의 통시적 정체성을 가진 존재로 인정하듯이, '온생명'이라고 할 때, 우리는 출생 이후 35억 년이란 연륜을 지닌 하나의 지속적 존재로 인정하고 있으나, '지구 생태계'라 하면 이는 어디까지나 현시적 존재로서의 양상을 나타낸다고 할 수 있다.

생태계와는 다소 다른 의미를 지닌 개념으로 '생물권'이란 용어도 종종 사용된다. 학술적으로는 지구상의 생물들이 놓여 있는 그리고 이들의 생존을 위해 필요로 하는 모든 물질들이 놓여 있는 지구상의 전 영역을 생물권이라 정의한다. [9] 그러므로 지구의 어느 한 부분이 생물권에 포함되느냐 아니냐 하는 것은, 이 부분의 물질이 생물의 생존을 지탱하는 일에 얼마나 의미 있게 기여하느냐 하는 데 달려 있다. 예컨대, 지구의 표면을 이루는 땅과 물 그리고 생물의 생존에 관계되는 영역까지의 대기가 이에 포함되나, 지각 내부의 멘틀이라든가 성층권에 속하는 대기들은 일단 생물권에 속하지 않는 것으로 본다. 여기서 물론 태양 자체를 포함시켜야 하느냐 아니냐 하는 것은 관점에 따라 다르겠지만, 여기에 유입되는 태양 에너지를 포함해야 하는 것은 필수적이다.

이렇게 볼 때, 생물권이란 지구 생태계를 구성하는 대상 전체의 물질적 소재 및 그 분포 양상을 총칭하는 내용이라 할 수 있으며, 이러한 점에서, 온생명의 '신체적' 구성에 가까운 개념이라고 말할 수 있다. 그러나 이것으로 온생명 개념을 대치시킬 수 없는 것은, 마치 '사람'의 개념을 '인체'의 개념으로 대치시킬 수 없는 것과 같다.

그런데 이와 관련하여 한 가지 주의를 기울이고 지나가야 할 점이 있다. 이는, 즉 샤르댕(Teilhard de Chardin)에 의해 그 의미가 크게 심화된 좀 다른 의미의 '생물권' 개념이 존재한다는 것이며, 이는 다시 좀더 후에 나타난 '가이아' 개념과 흡사한 측면을 지닌다는 점이다. 잘 알려진 바와 같이, 샤르댕은 그 자신 가톨릭 사제인 동시에 지질생물학자로서 생명을 진화적·우주적 관점에서 이해해 온 사상가이다. [10] 샤르댕의 말을 따르면, '생물권' 개념은 슈스(Suess)에 의해 처음 창안되었고 베르나드스키

---

9) 예컨대, Wallace, Sanders and Ferl, 1991, pp. 1134~1138 참조.

10) 《Zygon》지 최근호(Zygon Vol. 30 : March 1995)는 샤르댕의 생애와 사상에 대한 특집을 내고 있다. 특히 여기에 게재된 갈레니의 논문(Galleni, 1995)은 샤르댕의 생물권 개념을 재조명하고 이것과 러브록의 가이아 개념(Lovelock, 1979)과의 관계에 대해 논의하고 있다.

(Vernadsky)에 의해 생명을 포함하는 지구상의 권역으로 해석된 것인데, 자기 자신은 이를 "지구를 둘러싼 생명화된 물질의 실제 층위"(the actual layer of vitalised substance enveloping the earth)라는 의미로 사용한다고 한다.[11] 그런데 이 점과 관련하여 갈레니가 분석한 바에 의하면, 그는 여기서 지질학적·생물학적 요소들 사이의 상호 작용 관계를 전체로서 그리고 대규모로 살펴야 할 대상으로 보았다는 것이다. 그리하여 이들이 항상성(homeostasis) 유지라는 주요 기능을 지닌 하나의 유기체로 연결된다는, 러브록의 이른바 '가이아' 가설에 매우 가까이 접근하고 있다는 것이다(Galleni, 1995).

여기서 중요한 점은, 샤르댕의 생물권 개념이 러브록의 가이아 개념과 얼마나 유사한가 하는 점에 있는 것이 아니라, 이러한 개념들이 우리가 제시하는 온생명 개념과 어떠한 공통점과 차이점을 가지는가 하는 점이다. 러브록의 가이아 가설이 지니는 중요한 점은, 이것이 생명을 보는 새로운 관점이라기보다는, 그가 '가이아'라 명명한 이러한 생물권이 종래에는 생물체 안에서만 볼 수 있었던 항상성 유지라는 특수한 성질을 가지고 있다는 사실을 발견했다는 점이다. 이에 반해, 우리가 말하는 온생명 개념은 이러한 성격을 지녔다는 사실 자체와는 무관하게 하나의 전일적 단위로서의 온생명을 인정해야 한다는 점이다.

온생명의 관점에서 보면, 샤르댕의 생물권이나 러브록의 가이아가 모두 온생명의 '신체'가 지닌 한 국면을 대표하는 개념들이라 할 수 있으며, 이 이론들이 보탬이 된다면, 이는 온생명의 '신체'가 지닌 (어쩌면 매우 중요한) 일부 특성들을 밝혀 주었다는 점이 될 것이다. 그러나 샤르댕의 생물권 개념이나 러브록의 가이아 개념은 '정신'마저도 지니고 있는 온전한 생명체로서의 의미를 지니는 데에까지는 이르지 않고 있다. 샤르댕은 '생물권' 개

---

11) 1964년에 번역·출간된 샤르댕의 저서 *The Future of Man*(Teilhard de Chardin, 1964) p. 163.

넘에 이어 다시 독자적인 '정신권'(nousphere) 개념을 도입함으로써, 인간을 통해 나타난 정신 또는 마음의 세계가 생물권과는 별도로 존재하는 것을 분명히 하고 있다(Chardin, 1956). 그러므로 그의 이러한 개념들과 온생명을 관련짓자면, 온생명이란 그 '신체'로서 그가 말하는 '생물권'을 지니며, 그 '정신'으로서 그가 말하는 '정신권'을 지니는 하나의 성장해 가는 전일적 생명이라고 말할 수 있다. 한편, 러브록은 가이아와 인간 정신의 관계를 명시하고 있지는 않으나, 그의 가이아 개념에는 주로 지구물리 및 지구화학적 성격의 측면이 강조되고 있어서, 역시 이것이 인간에게 나타난 정신세계까지를 함축한다는 암시는 찾아보기 어렵다(Lovelock 1979, 1988). 오히려 그는 가이아 개념을 인간 밖에 있는 그 무엇인 것으로 의인화함으로써 인간 정신과는 다른 그 어떤 별개의 정신적 존재인 듯한 인상을 풍겨 주고 있다(장회익, 1992b).

결론적으로, '생태계'라든가 '생물권' 그리고 '가이아'라는 개념들이 온생명이 지칭하는 일부 내용을 담고 있는 것은 사실이지만, 적어도 온생명 개념이 지시해 주고자 하는 생명의 본질에 관련된 핵심적 내용을 담아 내지는 못하고 있다. 따라서 굳이 이들 기존의 용어들을 채용해 이 내용을 표현하려 한다면, 이들이 지칭하는 내용에 대한 일정한 수정이 가해지지 않을 수 없을 것이며, 내용상의 이러한 수정을 가해 가면서까지 이 용어들을 빌어 새로운 내용을 표현해야 될 이유는 없는 것이다. 더구나 이들 용어는 이미 학술적으로 구체화된 분명한 내용을 지니고 있는 것이므로 이를 임의로 변용시켜 나가서도 안될 것이다.

다시 본론으로 되돌아와 온생명과 개체생명 사이의 관계를 좀 더 자세히 살펴보자. 우리가 일단 온생명의 관점을 취하고 보면, 기존의 생명 개념을 대표하는 개체생명들은 매우 의존적인 존재일 뿐 아니라, 그 정체가 언제나 명백한 것도 아님을 곧 알 수 있다. 이들은 자유에너지 흐름을 기반으로 마련된 그 어떤 전체적 질서의 틀 안에서 하나의 상대적 구획 가능성만을 지닌 존재단위들로서, 결과적으로, 후속 개체생명의 형성과 온생명의 전체질서 유지에 기여하고 있는 지극히 의존적인 존재들이며, 특히 이들의 초기 형성 단계에서는 이들과 선행 개체생명 그리고 주변의 여건 사이에 명백한 구분을 설정하기 어려운 경우가 많다. 그리고 경우에 따라서는, 심지어 전체의 생명체계 안에서 이들의 정체가 끝내 불분명한 것들도 존재한다. 예를 들면, 바이러스를 하나의 독립된 개체생명으로 인정할 것인가 아닌가 하는 것이 바로 이러한 점에서 오랜 논란의 대상이 되어 왔던 것이다.

그럼에도 불구하고 온생명 안에서 개체생명이 지니는 중요성을 결코 간과할 수는 없다. 우리는 온생명의 기원 자체를 최초로 나타난 개체생명의 기원과 일치시키고 있다. 이제 온생명 안에서 개체생명이 지니는 중요성에 대해 좀더 자세히 살펴보자. 하나의 질서라는 입장에서 볼 때, 온생명은 실로 엄청난 질서의 구현체이다. 태양과 지구 사이의 자유에너지 흐름 속에서 놓인 하나의 물리계로서 이러한 정도의 높은 질서를 스스로 이루어 낸다는 것은 도저히 상상하기 어려운 일이다. 그럼에도 불구하고 지구상의 생명은 유한한 기간 안에 이러한 높은 질서에 이르게 되었는데, 이것이 바로 이러한 개체생명들의 기여에 의한 것이다. 온생명 안에서 개체생명들이 가지는 가장 중요한 기능이 바로 자체의 생존 유지 기간 이내에 자신과 대등한 개체생명을 평균 하나 이상 형성해 내도록 하는 것인데, 이것 자체도 물론 쉬운 일은 아니나, 자유에너지의 공급을 받는 지구의 여건 아래에서 가장 원시적 형태의 이러한 기구가 자연스럽게 형성된다는 것은 생각됨직한 일이다. 그런데 가장 간단한 형태의 이러한 개체생명이 일단 마련되고 나면, 자연 선택의 방식을 통해 그 후속 개체생명들이 보다 정교하고 복잡한 형태를 지닌 기구로 '성장'해 가는 것은 그리 어려운 일이 아니다. 뿐만 아니라, 온생명이 만일 이러한 개체생명들로 구성되어 있지 않다면, 이것이 그 어떤 기적에 의해 현재와 같은 높은 수준의 질서를 부여받았다 하더라도 이를 유지해 나가기가 극히 어려울 것이다. 엔트로피의 지속적인 증가 경향으로 인해 그 구성요소들의 노쇠가 불가피할 것인데, 이것이 대체 가능한 개체생명들로 구성되어 있지 않았다면 이러한 노쇠를 도저히 만회해 낼 수가 없을 것이기 때문이다. 그러나 지구상의 온생명은 흔히 복제라 일컬어지는 개체생명들 사이의 계기적 관련을 조성함으로써 대체 가능한 개체들을 지속적으로 공급할 수 있게 되며, 이를 통해 온생명 전체의 질서 그리고 그 정체성을 유지해 나가게 되는 것이다. 이는, 말하자면 하나의 기구가 존속하기 위해 그 구성물에 대한 물질적 연속성을 포기하는 대신 그것이 지닌 정보적 연속성을 취함으로써 자신의 정체성을 유지해 나가는 전략이라 할 수 있는데, 이를 우리는 '생명의 개체화 전략'이라 부를 수 있다.

흥미로운 점은, 이러한 개체생명들이 모두 동일 수준의 내적 구조를 가지는 것이 아니라 매우 복잡한 다층적 존재 양상을 지닌다는 사실이다. 예컨대, 우리가 세포들을 1차적인 개체생명이라고 한다면, 이들로 구성되는 유기체들, 즉 다람쥐나 전나무와 같은 동식물 생물체들은 한층 높은 2차적 개체생명이 된다. 그리고 다람쥐나 전나무 등의 개체들이 속한 생물의 종들은 이들보다 한층 더 높은 3차적 개체생명이 될 수 있다. 그러므로 사람의 존재 양상만 보더라도, 하나하나의 세포로서의 개체생명, 각각의 개인으로서의 개체생명, 그리고 인간이 속하고 있는 생물학적인 종, 즉 인류로서의 개체생명 등의 다양한 다층적 개체생명의 일원으로 존재하게 됨을 알 수 있다.

그러나 여기서 주목해야 할 점은, 그 어떤 개체생명이라 하더라도 근본적으로 자유에너지의 원천인 태양-지구계를 벗어나 존재할 수 없음은 물론, 비교적 안정적인 주변의 특정 여건 아래에서만 그 생존이 유지될 수 있다는 사실이다. 이러한 점에서, 개체생명은 불가피하게 하나의 의존적인 존재 단위가 된다. 오직 태양-지구계와 같은 항속적인 자유에너지 원천을 그 안에 품고 있는 '온생명'과 같은 존재만이 한 생명으로서의 자족적인 존재 단위를 형성하는 것이다(장회익, 1988). 그러므로 우리가 만일 그 어떤 생명체에 부가적인 조건이 없이 명백한 독자적 존재성을 부여할 수 있다면, 이는 오직 '온생명'에만 해당되는 일이다.

이를 다시 한 개체생명의 입장에서 살펴보면, 이 개체생명의 생존은 필연적으로 온생명의 생존과 함께 이루어지는 것이며, 자신의 생존이 자신을 제외한 온생명의 나머지 부분에 결정적으로 의존하는 것이 된다. 그러므로 하나의 개체생명의 입장에서 볼 때, 자신의 생존에 결정적인 영향을 미치는 온생명의 이 나머지 부분이라는 것이 특별한 의미를 지니는 것이 되며, 따라서 이 부분을 개념화하여 여기에 대한 적절한 명칭을 부여할 필요가 있다. 그리하여 한 개체생명을 기준으로 했을 때, '온생명에서 이 개체생명을 제외한 그 나머지 부분'을 이 개체생명의 '보생명' (co-life)이라 부르기로 한다. 한 개체생명에 대한 '보생명'을 이렇게 정의하고 나면, 이는 정의상 지정된 개체생명에 대한 상대 개념일 수밖에 없다. 즉, '나'의 보생명과 '너'의 보생명이 서로 다를 수밖에 없는데, '나'의 보생명에는 '너'가 포함되고, '너'의 보생명에는 '나'가 포함된다. 뿐만 아니라, 한 개체생명의 입장에서 볼 때, 보생명의 여러 부분 가운데 좀더 직접적인 중요성을 지닌 부분이 있고 그렇지 않은 부분이 있다. 예를 들어, 신체 내의 한 세포를 해당 개체생명이라 할 때, 함께 신체를 구성하는 주변의 여타 세포들은 그 세포의 생존을 위해 직접적인 중요성을 지니는 것임에 반해, 지구 반대 쪽에 있는 다른 어느 생물의 몸은 이 세포에 대한 보생명으로서의 연관이 훨씬 약하다고 하지 않을 수 없다.

생명을 이해함에 있어서 온생명을 하나의 중요한 그리고 가장 본원적인 생존 단위로 설정함으로써, 모든 개체생명들은 자신들의 보생명과 더불어 온생명으로서의 생존을 유지함과 동시에 상대적인 독립성을 지닌 개체로서의 자신의 생존도 유지해 가는 존재로 볼 수 있게 된다. 이는 기존의 개체생명 중심적 관점과는 크게 다른 것으로, 이러한 관점의 변화는 현실적으로 우리의 세계관 일반에 엄청난 변화를 초래할 수 있다. 종래의 개체생명 중심적인 관점에서는 개체생명 그 자체가 생명으로서의 의의를 지니는 최종적인 존재자이므로 개체생명의 생존에 절대적인 가치를 부여해 왔고, 따라서 이러한 생존을 지켜 나가려는 개체생명 단위의 투쟁을 생존의 본원적 양상으로 파악해 왔다. 그러므로 생물계의 생존활동이란 바로 생존경쟁이며 약육강식이란 이해에 집착하게 되었고, 이러한 '밀림의 규칙'이 팽배하는 자연계를 그대로 방치해서는 안되겠다는 판단 아래 생명의 존엄성을 별도로 '선포'하고 자연 외적인 윤리를 '부가'함으로써, 적어도 인간 사회에서만이라도 이러한 아수라장에서 구제하려 한 것이다.

그러나 일단 온생명의 관점을 취하게 되면, 자연의 본원적 질서는 기본적으로 경쟁이 아닌 협동의 장으로 이해할 수 있게 된다. 동종의 개체들은 협동을 통해 한층 높은 차원의 상위 개체들을 형성하며, 이러한 상위 개체들은 다시 그들 사이의 새로운 협동을 통해 한층 더 높은 상위 개체들을 형성해 나가면서 최종적으로는 하나의 생존 단위인 온생명에 이르게 되는 것이다. 이와 동시에 타종의 개체생명들간에 서로가 서로의 생존을 지탱해 주는 생태적인 연계로 묶여 있음으로써 전체적으로 온생명 안에서의 분화된 기능을 담당한다고 말할 수 있다.

물론 이러한 관점에서도 개체간의 경쟁이 존재하지 않는다고 보는 것은 아니다. 이는 오히려 '생명의 개체화 전략'의 한 부분으로 모든 개체로 하여금 자신의 생존을 최대한 유지해 갈 의지를 심어 줌으로써 상황과 능력에 맞는 생존을 보장해 가게 하는 것이며, 이것이 모여 결국 온생명의 건강한 생존 및 성장이 가능해지는 것이다. 이를 개체생명의 입장에서 보면 생존경쟁이라 할 수 있겠으나, 온생명의 입장에서 보면 건강 유지의 한 방편에 해당한다. 그러므로 일단 온생명의 관점에 서면, 온생명의 생존과 성장이라는 근원적 당위를 바탕으로 각각의 개체생명들이 지녀야 할 당위적 생존양식은 매우 자연스럽게 도출되는 것이다. 그러나 상황을 지나치게 단순화하여 상위 개체를 위해 하위 개체의 희생을 강요하는 전체주의에 빠진다든가 혹은 모든 것을 자연 그 자체에 맡겨 두어야 한다는 방임주의에 빠지는 일은 옳지 못하다. 온생명적 관점이라 함은 온생명 안에 나타나는 모든 현상에 대해 그 본말을 분명히 가려 최적의 판단에 이르는 것을 의미한다. 특히 이러한 과학적 이해의 틀을 사회와 윤리의 문제와 연관시킬 경우, 모든 상황을 종합적·다각적으로 고려함으로써 편향된 결과에 이르지 않도록 각별한 주의가 요청된다. 오직 분명한 점은, 상황에 대한 과학적 이해의 폭이 넓으면 넓을수록 그만큼 편향한 판단에 도달할 가능성이 줄어들 수 있다는 사실이다.

이러한 도덕적 혹은 당위적 측면 이외에도 생명에 대한 이러한 고찰이 우리의 사물 이해를 위해 적지 않은 도움을 줄 수 있다. 여기서는 이와 관련하여 두 가지 점만을 더 지적하고자 한다. 우선 하나는, 생명의 이해에 있어서 개체생명 중심으로가 아니라 개체생명과 보생명의 관계를 중심으로 이해하게 됨으로써 종래에 생명 개념이 지녔던 많은 문제점들이 자연스럽게 해소된다는 사실이다. 이미 살펴본 바와 같이, 지금까지의 생명 문제가 지녔던 많은 문제들은 보생명에 대한 고려가 없이 개체생명만으로 이것이 생명이다 아니다 하는 주장을 해 보려는 데에서 왔다고 할 수 있다. 예컨대, 꺾여진 막대기가 생명이냐 아니냐 하는 것을 그 막대기 자체만 놓고 말하기는 어려운 것이다. 이것이 땅에 꽂힌 다고 하는 보생명과의 결합 가능성이 주어졌을 때 이는 생명이며, 그렇지 못하고 내팽겨쳐질 때 이는 이미 생명이 아닌 것이다. 마찬가지로, 바이러스도 그의 보생명인 여타 생물의 생체 내부에 침투할 수 있을 때 생명으로서의 기능을 지니는 것이 되나, 이와 분리된 존재로의 바이러스는 여타의 대형 분자 덩어리와 다를 바 없는 것이다.

바로 이러한 관점에서, 우리는 개체생명이 지닌 여러 성질들도 이해할 수 있다. 이미 언급한 '생명의 개체화 전략'을 인정한다면, 개체생명들은 주어진 여건 아래에서 스스로의 생존에 대한 책임을 지게 되는 존재이며, 이를 위해 이들은 이른바 본능의 형태로 개체생명 자체를 보존하려는 일종의 생존의지를 지니게 된다. 그러나 생존을 위한 모든 활동은 독립적으로 이루어지는 것이 아니라 보생명과의 관계를 통해서만 이루어지는 것이므로, 이를 위해 각각의 개체는 개체로서의 생존을 유지해 나감과 동시에 보생명과의 원만한 공존 상태를 지속시켜 나가려 한다. 즉, 개체생명은 그 보생명과의 관계에서 개체 생존에 유리한 그 무엇을 얻어 내려 함과 동시에 이와의 공존 유지를 위한 생태적 배려도 함께 하는 이중적인 성격을 지니는 것이다. 즉, 개체생명은 생존경쟁만 할 뿐 아니라 생존협동을 함께 하는 존재인 것이다. 바로 이러한 점에서, 이상적인 사회는 어떠한 형태로 구성되어야 할 것인가 하는 데 대해 중요한 시사점들을 얻을 수도 있다(장회익, 1995).

생명 개념에 대한 이러한 구조적 이해를 통해 도달할 수 있는 또 한 가지의 중요한 점은 온생명 안에 놓인 인간의 위치를 좀더 명백히 파악할 수 있다는 사실이다. 인간은 본질적으로 온생명과 독립된 독자적 존재가 아니라 온생명의 한 부분으로 하나의 개체생명에 불과하다는 사실과 함께, 인간은 온생명 안에서 매우 중요하고 특별한 지위를 점유하고 있다는 점에 대한 인식이 가능하다는 것이다. 인간 역시 이러한 생명의 세계, 즉 온생명 안에서 그 보생명과의 관계를 통해 생존해 가는 하나의 개체생명임이 분명하며, 따라서 인간의 생존방식 또한 개체생명이 일반적으로 지니는 보편적 생존 양상에서 크게 벗어날 수는 없다. 오히려 인간은 생존이라는 측면에서 볼 때 매우 까다로운 제약조건을 지니는 존재이다. 생태계적 위치에서 볼 때, 인간은 최상위에 속하는 존재여서 그 어느 생물 종보다도 더 깊고 광범위한 생태계적 의존성을 지니고 살아갈 수밖에 없으며, 이는 곧 그 보생명과의 종적 그리고 횡적 관계에 있어서 그만큼 더 깊고 광범위할 수밖에 없음을 의미한다. 그럼에도 불구하고 우리는 지금까지 이를 우리와의 한 몸, 즉 우리의 보생명이라 생각하지 않고 단지 환경이라 생각해 왔다. 현대 문명이 환경적 위기를 맞이하는 것이 다분히 이러한 시각의 차이에 근거하는 것이 아닌가 하는 생각을 해 볼 수 있다.

그러나 인간은 온생명 내의 한 개체로써 단순히 온생명에 의존하여 그 생존이나 유지해 가는 존재가 아니다. 의식과 지능을 지닌 존재로서의 인간은 최초로 자기 자신에 대한 반성적 사고를 할 수 있을 뿐 아니라, 그가 지니게 된 집합적 지식을 활용하여 자신이 속한 생명의 전모, 즉 온생명을 파악해 내는 존재가 된 것이다. 온생명의 입장에서 본다면, 이것은 결코 예사로운 일이 아니다. 자신의 내부로부터 자신을 파악하는 존재가 생겨났다는 것은, 곧 자기가 자기 스스로를 의식할 수 있는 단계에 도달했음을 의미하는 것이 되기 때문이다. 결국 온생명은 35억 년이란 성장과정을 거쳐 비로소 스스로를 의식할 수 있는 존재가 되었으며, 이것이 바로 온생명의 한 부분을 이루는 인간을 통해서 가능해진 것이다. 인간은 곧 온생명의 의식 주체로서 온생명 안에서 마치 신체 내에서 중추신경계가 지니는 것과 같은 위상을 지니게 되었으며, 이는 생명의 역사 전체를 통해 볼 때에 생명의 출현만큼이나 중요한 의의를 지니는 사건이라 아니할 수 없다.

그러나 인간은 아직도 온생명 안에서 자신이 지닌 위상에 걸맞는 역할을 해 내지 못하고 있다. 중추신경계가 지닌 중요한 기능의 하나가 자신이 관장하는 신체의 전역을 자신의 몸이라고 보고 여기에 자기정체성(self-identity)을 부여하는 일이라고 할 때,

인간은 아직 온생명 자체를 자신의 몸이라고 느끼는 단계에까지 이르지 못하고 있음이 분명하다. 이와 더불어, 중추신경계는 자신의 신체에 어떠한 위해가 가해질 때에 이를 재빨리 인지하고 이에 대처할 방안을 마련하여 자신의 신체를 적극적으로 보호해 나가는 기능을 지닌다. 그러므로 인간이 만일 온생명 안에서 이러한 중추신경계적 기능을 지녀야 한다면, 인간 또한 온생명의 안위에 관심을 지니면서 이에 어떤 위험이 부딪칠 때 이를 감지하고 보호해 나가야 할 것이나, 지금까지 이에 이르지 못하고 있을 뿐 아니라, 오히려 이를 무분별하게 파손함으로써 온생명의 건강에 대해 심대한 위해를 가하는 주체가 되고 있다.

온생명의 관점에서 볼 때, 인간의 급격한 번영은 상반된 두 가지 측면으로의 해석이 가능하다. 그 하나는 온생명이 의식을 지닌 존재로 깨어나기 위하여 그 중추신경계를 급격히 확장해 나가는 과정이라는 해석이고, 다른 하나는 온생명의 일부 세포들이 분별 없이 번식하여 온생명의 생리를 크게 교란시킴으로써 온생명의 건강에 치명적인 위해를 주는 암적인 존재라는 해석이다. 물론 이 두 해석 모두가 온생명을 인간의 신체에 비유해 보는 것에 기반을 둔 것이며, 온생명의 생리 자체에 바탕을 둔 해석은 아니다. 그러므로 이 점에 대한 좀더 정확한 해석을 위해서는 온생명 자체에 대한 한층 더 깊은 이해가 수반되지 않으면 안된다. 그러나 현재 나타나는 여러 정황을 통해 잠정적인 결론을 내려 본다면, 인간의 전례 없는 이 번영은 위에 말한 두 가지의 성격을 적어도 부분적으로 함께 지닌 것이라 보지 않을 수 없으며, 날이 지날수록 전자의 성격보다는 오히려 후자의 성격이 강해지고 있다는 우려를 낳게 한다.

상황이 이러하다면, 우리는 바로 이 문제에 대한 바른 해답을 추구하기 위해서라도 생명이 지닌 본질적 성격에 대한 보다 진지한 추구의 길에 나서야 할 것이다. 그런데 현재로서 이러한 추구는 현대 과학에 바탕을 둔 깊은 철학적 성찰을 떠나서는 기대하기 어려울 것으로 생각된다.

참고 문헌

L. Gallini, "How Does the Teilhardian Vision of Evolution Compare with Contemporary Theories?", in *Zygon: Journal of Religion and Science,* 30 (March), 1995.

J. E. Lovelock, *Gaia: A New Look at Life on Earth,* Oxford: Oxford University Press, 1979.
The Ages of Gaia: A Biography of Our Living Earth, London: W. W. Norton, 1998.

H. J. Morowitz, *Energy Flow in Biology,* New York: Academic Press, 1968.

G. W. Rowe, *Theoretical Models in Biology,* Oxford: Oxford University Press, 1994.

L. E. Orgel, *The Origin of Life,* New York: John Wiley, 1974. (소현수 역 : 전파과학사)

P. L. Teilhard de Chardin, "The Antiquity and World Expansion of Human Culture", in *Man's Role in Changing the Face of the Earth,* ed., William Thomas Jr, Chicago: University of Chicago Press, 1956 (Gallini 1995에 인용됨).
The Future of Man., Trans, Norman Denny, New York: Harper & Low, 1964.

R. A., Wallace, G. P. Sanders, and R. J. Ferl, *Biology: The Science of Life,* New York: Harper Collins, 1991.

H. I. Zhang, "The Units of Life: Global and Individual", delivered at the Philosophy of Science Conference,

Dubrovnik, Yugoslavia, April, 1988.

"Humanity in the World of Life", in *Zygon: Journal of Religion and Science* 24 (December), 1989.

장회익 "생명의 단위에 대한 존재론적 고찰", 철학연구 제23집, 1988.

과학과 메타과학, 지식산업사, 1990.

"우주 생명과 현대인의 암세포적 기능", 녹색평론 제2호, 1992a.

"가이아 이론 : 그 과학성과 신화성", 과학사상 제4호, 1992b.

"온생명과 현대 문명", 과학사상 제12호, 1995.

이성과 상상력
—모더니티에 대한 한 고찰—

이 성 원
(서울대)

18세기 말에서 19세기 초에 이르는 기간은 우리가 이해하고 있는 서구 문명이 확연히 그 현대적인 특성을 갖게 된 시기이다. 이 글에서는 계몽주의와 낭만주의라는 근대 서구 문명의 가장 중요한 두 문화적 조류가 이성과 상상력이라는 인간의 기능과 맺고 있는 관계를 논하고자 한다. 그러나 이 글은, 이성과 상상력은 각각 인간의 어떠한 기능인가 하는 물음에 대한 답을 추구하는 작업을 시도하지는 않을 것이다. 오히려 이들 짝 개념이 문화를 구성하는 두 축으로 인식되기 시작한 사실 자체, 또 이들 개념의 정립을 통해 서구인들은 세계 설정과 자기 이해의 방식을 정립했다는 사실 자체에 대한 해석작업으로 우리의 관심을 전환시킴으로써——즉, 이성과 상상력을 더 넓은 문화적 맥락 속에 놓고, 그 맥락을 이 용어들이 담지하고 있는 '의미'의 일부로 간주함으로써——모더니티를 바라보는 의미 있는 시각을 찾을 수 있으리라는 점을 제시하고자 한다. 따라서 이것은 포스트모더니티에 대한 최근의 활발한 논의에도 관계하는 일이 될 것이다. 이 글은 아도르노상을 수락하면서 행한 하버마스의 강연 '모더니티—미

완성의 기획'에 의해 촉발된 본인의 진행중인 생각을 단편적으로 제시하고자 하는 것인데, 계몽사상이 지닌 교육적인 함축에 대한 음미가 시종일관 이 글에 전제되어 있음을 미리 밝혀 두고자 한다.

문화현상으로서의 모더니티는 이성과 상상력의 관계에 대한 인식과 밀접하게 관계되어 있다. 우선 18, 9세기 서구 문화에 독특한 (현대적) 성격을 부여한 요소가 이성과 상상력에 대한 인식이었다고 할 수 있고, 이들이 짝 개념으로 등장한 것 자체가 문화적 모더니티의 특징이라고 할 수 있다. 이성과 상상력이 서로를 전제한 짝 개념의 관계 속에서 인식된 것은 바로 문화 창조의 동력으로서인데, 상상력이 이성과 동등한 권리를 부여받고 인간을 인간으로 만들어 주는 본연적이고도 근본적인 자질로 인식된 것도 문화적 모더니티를 떠나서는 생각할 수 없다.

문화적 모더니티란, 한마디로 문화는 역사적으로 그렇게 규정되었기 때문에 가능한 여러 형태 중에서 그와 같이 자리잡았을 뿐이라는 자각에서 출발한다. 이는 비판으로서 그 성격을 드러낸 계몽주의에 이미 마련되어 있는 관점이라 할 수 있다. 이제 과거의 유산은 전통이 갖는 구속력을 상실하게 되었고, 제반의 제도는 이제껏 여기에 적법성을 부여해 온 전통의 후광을 업고 다가오지는 않게 되었다. 오직 그 자체로 규범적으로 타당하기 때문에 내적 구속력을 가진 것만이 의미 있는 것으로 여겨지게 된 것이다. 따라서 역사적으로 형성된 관습, 사고방식, 미적 기준 등은 삶을 개선하고 인간 정신을 완벽히 구현하는 데 기여할 수도 있고 방해가 될 수도 있다고 여겨지게 되었다. 과거의 유산은 우리를 규정하는 힘인 동시에 우리가 규정하면서 활동할 수 있는 자원이라고 인식되기 시작한 것이다. 즉, 그것은 우리를 조건짓는 영향력이기도 하지만 우리가 선택적으로 활용함으로써 무언가 새로운 것을 만들어 낼 수 있는 가능성의 집적이기도 한 것이다.

바로 이것이 계몽주의 이후의 서구인들의 자기 인식 혹은 당대에 대한 인식이 '모더니티', 즉 '현대성'이라는 매우 부조리한 이름을 부여받게 된 이유였다. 현대적이라는 말은, 이 맥락에서는 고대, 지나간 것과 대립되는 지금, 동시대라는 시간성을 의미하는 것이 아니다. 오히려 그것은 전통적인 것의 대립 개념으로서 정신이 지향하는 바를 기술하는 용어이다. '현대'라고 선포된 새 시대는 자기 쇄신의 기운, 시간의 흐름을 앞질러 가는 가능성에서 그 본질을 찾았다.

　여기에는 물론 '주인된 존재', '이성적 존재'라는 인간 해석이 작용하고 있다. 계몽이란 인간 정신의 구현을 방해하는 모든 제약으로부터 우리를 자유롭게 하는 일이다. 그럴 때에만 인간의 행위는 보편타당성을 지닌 목표로 귀결된다. 이 보편타당한 목표를 지향하고 열망하게 만드는 것이 바로 문화(Bildung, 형성)이다. 이때의 문화란 더이상 관습, 전통이 아니라 진정한 인간의 본성인 바, 자유롭고 이성적인 정신이 명령하는 가치를 의식적으로 실행하는 일이다.

　여기서 가장 중요한 원칙으로 제시된 것이 바로 자율성이다. 종래에 한 행위가 추구될 가치가 있는 것이라면, 이는 그 행위가 보다 고귀한 인간의 욕구를 충족시키고 따라서 가장 큰 성취감을 주는 삶과 일치하기 때문이었다. 이에 비해, 이제 자율성의 개념은 어떤 면에서는 이와 정반대이다. 행위의 결과로서 외화(外化)된 실천이 가치 있는 것이라면, 그것은 전적으로 그 행위에 내재하며 어떠한 외적 기준으로부터도 독립된 기준에 비추어 가치 있기 때문이다. 이런 뜻에서의 문화적 자율성에 대한 입론은 특정한 유형의 실천(가령 전문화)이 사회 속에서 자리잡을 수 있는 가능성을 마련했다는 점에서 매우 심대한 사회 변화를 이끌어 왔다고 말할 수 있다. 스스로를 규정하고 자체의 논리에 따라 전개될 수 있는 가능성이 가져오는 사회적 재편성이 정신활동의 진정한 지표인 자유를 보장해 준다는 뜻에서 곧 '해방'이라고 인식되어 왔다는 점이야말로 문화에 대한 계몽주의적 관점이라 할 것이다.

자율성에 대한 이러한 강조는 이성 개념에 중요한 의미 변화를 가져왔다. 무엇보다도 이성은 실체적 개념으로부터 절차적 개념으로 바뀌어 이해되기 시작했다. 이제 이성보다는 합리성 그리고 합리화 과정이 더욱 의미 있는 개념으로 대두되게 되었다. 이것이 칸트로부터 베버로 이행되는 과정의 성격이다. 세계 질서에 구현된 이성의 이념은 한 주체의 행위를 결정하는 합리성의 원칙으로 또는 주체들간의 행위에서 성취될 수 있는 합리적 규칙과 절차로 대체된 것이다.

그런데 여기서 더 나아가, 보편 개념으로서의 이성은 형식적 규칙으로 압축·환원되었다(형식논리로 귀착하지 않는 이론이성이라는 것이 있다면, 그것은 무엇이고 절차로서는 어떻게 드러날 수 있는 것인지 이제는 불분명하기만 하다). 또 이론이성이건 실천이성이건 모두가, 철학적으로는 매우 빈곤한 개념이지만, 점점 더 그 위력을 발휘하고 있는 도구적 이성이라는 공통분모에 흡수되고 있는 것이 모더니티의 전개과정에서 가속적으로 나타나는 추세인 듯하다.

그 결과로, 서로 경쟁관계에 있는 다양한 유형의 합리성이 있을 수도 있다고 인식되게 되었고, 다원주의적 모델이야말로 이성의 다양화의 징표로 여겨지게 되었다. 분명히 지금에 이르러서는 한 행위나 현상을 주체보다는 맥락에, 의식보다는 문화에 관련하여 설명하기를 선호하는 추세가 점점 더 강해졌다고 말할 수 있다.

모더니티의 가장 큰 특징 중의 하나는 사회조직을 기능적으로 분화하여 상대적으로 자율성을 누리는 그리고 상호 보완적인 하위조직으로 분화하였다는 점이다. 이에 따라 각 영역 고유의 합리성을 논할 수 있게 되었고, 실제로 이것이 각 분과 학문이 대두되게 된 배경이라고 할 수 있다. 그런데 여기서 우리가 문제삼아야 하는 것은, 이성이 조직의 합리성으로 분화되어 감에 따라 세계 그 자체는 점점 더 접근 가능한 것이 되지 못하는 것은 아니냐 하는 점이다(가령 'res cogitans'와 'res extentia'라는 구분은 사유의 산물일 뿐 이것이 사물에 내재한 것이라고는 볼 수 없는데, 사유는 이러한 구분을 통해 오직 스스로를 정의할 뿐인 것은 아닌지? 또 대상은 (사유에) 대상에 대한 사유로서만 존재하는 것은 아닌지? 마찬가지로, 체계는 차별화를 통해 복잡하게 구축되나, 체계는 체계가 의미 있다고 규정하여 차별화한 것만을 발견해 내는 것은 아닌지?).

18세기는 진정한 모더니티가 처음으로 확연히 자리잡은 시대였으며, 동시에 인간의 기능 중 상상력의 역할에 관해 전 시대와 비교가 되지 않을 정도로 엄청나게 많은 관심과 집착을 보인 시대였다. 우선 18세기 이전까지는 '공상'(fancy)와 '상상'(imagination)이라는 각각 그리스어와 라틴어에 어원을 둔 용어는 별 구분 없이 사용되었고, 어느 경우든 예술에 관한 담론에서 중심적 위치를 차지하지는 않았다. 그런데 18세기부터는 수많은 논의가 상상력을 둘러싸고——특히 여기에 깃든 위험한 측면을 중심으로——이루어졌으며, 이 논의는 예기치 않게 의학적 담론으로 번져 나가기 일쑤였다. 즉, 상상력을 방치해 두면, 전적으로 무관한 상념들이 뒤범벅이 된 상태로 귀결되고 이는 광기와 다름 없다는 것이었다. 다시 말해, 상상력에 관한 18세기의 논의는 상상력을 적절히 통제할 필요성에 대한 논의였다. 그래서 '상상한다'는, 동일 범주의 능력이라고 말할 수밖에 없는 것을 두고, 보다 긍정적이고 양성(良性)인 것과 그렇지 못해 부정적인(위험한) 형태의 것으로 구분하고자 했던 것이다. 그리고 후자에 '공상'이라는 이름을 부여하여 진정한 상상력과는 구별되는 것으로 폄하하고자 했던 것이다.

이같은 현상은 무엇을 의미하는가? 18세기 서구인들이 상상력에 유별나게 집착하였다는 점, 또 상상력을 이렇게 '고삐 풀린' 위험한 것과 그렇지 않은 것으로 분간하고자 하였다는 데에서, 우리는 상상한다는 행위 자체에 깃들어 있는 전복적인 힘을 억제하고 이를 순치된 형태로서만 용인하고자 하는 숨은 동기를 읽을 수 있다. 이는 더 넓은 시각으로 조망할 때, 규율과 질서화를 통해 제반의 인간 행태를 조직하고, 훈련하고, 지배하고자 하는 저 거대한 '모더니티의 기획'——합리화, 추상화, 중앙집권화——의 일환이었다고 이해할 수 있다. 삶을 합리화한다는 것은 인간의 사고, 행동방식, 관습 그리고 욕망까지도 상호 비모순적인 전체로 통합하는 것을 의미했다.

　종래에 상상력이 잠재적으로 위험한 것으로 여겨졌다면, 그 원인은 밖에 있는 것으로 설명되었다. 즉, 자체로는 좋은 것도 나쁜 것도 아닌 중립적인 기능인 이 상상력을 악마가 자신의 목적을 위해 이용한다는 것이었다. 이제 마녀, 악귀의 탓으로 여겨져왔던 것은 인간 내면에로 귀속되어 자아의 일부로 상정되지 않을 수 없었고, 외부에서 오는 유혹, 사로잡힘 등은 질병으로 간주되게 되었다. 그래서 자유연상이라고 할 때의 자유가 관념철학에서 의미하는 자유와는 오히려 반대 개념이듯, 자유의지를 근간으로 하는 주체의 철학은 애당초 우리의 의지와는 무관하게 우리를 지배하고 있는 힘인 무의식을 설명하기도 힘들었고 수용하기도 어려웠다. 왜냐하면, 무의식은 주체의 관점에서 볼 때 오히려 필연성인 셈이기 때문이다.

　그리하여 상상력은 미학의 영역에서 구현됨으로써만 받아들일 수 있는 것으로 정립되었던 것도, 역설적으로 그렇게 됨으로써 상상력이 지닌 체제 전복적인 잠재력을 제어할 수 있기 때문이었다. 여기서 모더니티의 가장 큰 특징 중의 하나가 사회조직을 기능적으로 분화하여 상대적으로 자율성을 누리는(그리고 상호 보완적인) 하위조직으로 재편한 것이었다는 사실, 그리고 미학이라는 분과학문이 이 과정의 일환으로 출현했다는 사실 등을 상기할 필요가 있다. 상상력에 대한 논의는 모더니티의 이행 속에서 이루어진 18세기 서구인들 나름의 해결방식이었다고 볼 수 있는 것이다.

이는 인간의 상상력이 지닌 잠재력을 제어하고자 하는 '모더니티의 기획'의 일환으로 해석될 수 있다. 따라서 최초로 예술체험의 자율성을 논한 칸트의 사상은 지금까지도 미학의 초석이 되고 있지만, 이는 동시에 예술과 삶을 엄격히 구별하고 전자의 영역에서만 상상력을 용인하는 결과를 낳고 만 것이다.

여기서 환타지(fantasy)에 아방가르드적 의미를 부여하고 출현한 독일 낭만주의의 의의를 생각해 볼 수 있다. 낭만주의 예술가들은 칸트가 열어 준 가능성을 토대로 하되 칸트와는 다른 길을 가고자 시도했다. 인간의 상상력의 순치라는 모더니티의 기획을 피부로 느끼면서, 낭만주의 예술가들은 상상력이야말로 현실세계를 지배하는 이성 중심 사고방식의 보상을 찾고 새로운 현실을 만들어 갈 수 있는 원동력이라고 믿었다. 이를 이들은 상상력이 지닌 해체적·아나키즘적 잠재력의 해방을 통해 시도하였다.

"합리적으로 사고하는 이성의 법칙과 그 진행과정을 해체하고 우리를 저 인간 본성의 본래적 혼돈인 '환타지'의 아름다운 혼돈에로 다시금 되돌려 놓는 것, 바로 이것이 시의 임무이다" (F. Schlegel).

즉, 예술과 삶을 구분하는 모더니티의 기능적 분화를 극복하고 예술을 다시금 삶에 되돌려 주고자 하였고, 미학 영역과 일상 영역 사이의 구분을 없앰으로써 일상 영역을 변화시키고자 했던 것이다.

그러나 그 변화는 과연 얼마나 이루어졌는가? 또 얼마나 이루어질 수 있는 것인가? 슈레겔은 적어도 그 가능성을 믿었다. "일단 환타지가 인간의 사유에 승리하게 되면, 인간성은 완결되게 될 것이다." 그러나 결과가 증명하듯, 낭만주의자들의 이러한 시도가 모더니티의 자기 관철을 돌려 놓을 수는 없었다. 물론 그럴수록 이러한 시도가 격세유전적으로 다시금 부활하는 것을 우리는 목도한다. 20세기 초의 초현실주의 운동이 그러했고, '68년 파리 대학생들의 구호 또한 초현실주의의 모토였던 '상상력의 복권'(L'Imagination au pouvoir)이었다.

여기서 우리는 포스트모더니티와 관련되어 자주 논의되는 사상가들(Lyotard, Derrida, Foucault)의 작업을 이런 관점에서 검토할 수 있다. 이들의 작업의 특성을 한마디로 말하자면, 이들에게서 문학과 예술은 철학적·정치적·역사적 이슈에 접근하는 전략적 우회로로 작용하고 있다는 점일 것이다. 즉, 문화와 예술이 제공하는 가능성(혹은 문학과 예술이 열어 주는 틈새)을 통해, 이들은 철학과 이론을 반성하고 재편하는 계기를 찾고자 하는 것이다. 바로 이 점에서, 이들의 작업은 슈레겔과 노발리스(Novalis)의 연장선상에 있는 것이다.

이렇게 볼 때, 포스트모더니티란 노쇠한 모더니티를 계승하고 대체한 그 무엇, 모더니티가 배태한 것이되 모더니티와는 확연히 구별되는 그 무엇은 아니라고 해야 할 것이다. 계몽정신의 관철로서의 모더니티는 이미 그 안에 낭만주의를 동전의 양면처럼 지니고 있다. 마찬가지로, 모더니티는 그 안에 모더니티의 한 본질로서——특히 예술에서——포스트모더니티를 지니고 있는 것이다. 그렇지 않다면 다음과 같은 리오타르의 말을 어떻게 이해할 수 있을까?

"포스트모던한 것은 두말할 나위 없이 모던한 것의 일부이다. ……예술작품은 우선 포스트모던할 때에만 모던하게 된다. 포스트모더니즘은 끝 무렵의 모더니즘이 아니라 태어나는 상태의 모더니즘이다. 그리고 그 상태는 언제나 상존한다."

리오타르가 이렇게 말할 수 있는 것은, 물론 예술이란 정의할 수 없는 것이기 때문이다. 예술은 물음으로 기능하지 결코 답이 될 수 없다. 따라서 예술을 준거점으로 삼아 철학을 심문하고자 하는 시도——'철학의 심미화'——는 대항적 사고로서의 의의를 획득한다.

그러나 그 '대항'은 얼마나 유효한 전략일 수 있을까?

합리화 과정의 일환으로 제반의 하위체계가 자율성(전문성)을 행사하게 된 것이 역사적 현실이다. 개개인은 역사적으로 형성된 주체이고, 따라서 제도적 기능 분담은 우리의 육체와 정신에 이미 기록되어 있다고 말할 수 있을 정도이다. 그럴진대, 이미 우리 안에 있는 구조를 극복하고자 하는 것은 결코 일방적으로 비변증법적으로 수행될 수는 없을 것이다.

우리의 육체와 정신이 이미 기능적으로 분화된 현상에서 기인하겠지만, 우리는 계몽주의가 상정한 이성적 주체로서의 인간은 더 이상 인간에 대한 정확한 기술이 아니라는 말을 자주 접하게 된다. 또 파편화되지 않은 인간 주체에 대한 향수는, 이른바 거대이론에 의해 지속적으로 재생산되는 것일 뿐이기 때문에 이를 버릴 것을 요구받고 있기도 하다. 그러나 지나치게 냉소적인 말인지는 모르지만, 그 파편화된 주체는 현대 사회의 기능적 분화 속에서 '언제나 이미' 화해되고 결합되어 있는 것은 아닌가? 즉, 우리 의식의 파편화는 역설적으로 우리로 하여금 한편으로는 타협을 모르는 급진적이고 근본적으로 사고하게 하면서, 동시에 다른 한편으로는 일상생활 속에서 현실에 완벽하게 적응해서 살아가는 것을 가능하도록 만들어 주지는 않았는가? 이러한 현상을 두고, 주체란 중층적으로 결정되므로, 우리는 자본가, 노동자, 지식인으로서 존재하는 것이 아니라, 생활 영역에 따라 동일 주체의 이데올로기는 다양하게 나타나고 있고, 동일 주체는 각기

다른 사회 영역에서 각각 다른 합리적(!) 규칙에 따라 행동한다
는 식으로 설명되고 있다(Laclau). 그러나 바로 그렇기 때문에
해체적·무정부주의적 환타지의 구가는 오히려 기능적으로 분화
된 사회조직에 더 용이하게 편입될 수 있는 것이다. 일찍이 아도
르노(Adorno)는 "환타지는 그것이 물화되고 현실의 반대편에
추상적으로 자리잡을 때에만 용인된다"고 지적한 바 있었다. 하
버마스(Habermas)가 이들을 '젊은 보수주의자들'로 분류한 이
유도 여기에 있는 것이다.

　이상으로, 이성과 상상력은 모더니티의 전개과정에서 각각 어
떤 의미를 부여받았으며 서로 어떤 관계를 맺고 있나, 그 큰 줄
기만을 검토하였다. 실체적 개념의 이성에 대한 믿음을 유예한
채 절차적 개념의 합리성만을 필요하고도 충분한 조건으로 놓는
것은 많은 문제를 지니고 있다. 그렇다고 이제 실체적 개념의 이
성에로 되돌아가는 것이 가능할 것 같지도 않다. 따라서 파편화
된 여러 패러다임의 합리성의 폐쇄회로를 넘어서는 것은 끊임 없
는 해석작업을 통한 전체 조망을 필요로 하는데, 여기에는 상상
력이 필수불가결한 기능일 것이다. 우리는 이것을 리코
(Ricoeur), 카스토리아디스(Castoriadis)의 작업에서 확인한
다. 또 '철학의 심미화'를 통해 계몽주의적 이성 개념을 심문하고
철학의 가능성을 확대하고자 하는 것은 매우 의미 있는 일이나,
그것으로 현실이 바뀌어질 것 같지는 않다. 오히려 하버마스가
강조한대로 인식적·이론적 차원, 윤리적·실천적 차원, 미학
적·표현적 차원에 대한 반성작업이 동시에 이루어져야 하는데,
칸트의 세 비판이 대변하는 이 작업이야말로 문화를 일궈 나가기
위해 늘 병행되어야 할 것이다. 결론적 진술이 너무나 막연한 돈
강법이라면 비판을 달게 받겠다.

■ 필자 소개

김남두

서울대 철학과에서 학사, 석사 과정을 수료하였고 독일 프라이부르그 대학에서 철학박사·논문으로 "플라톤의 정의규정", "소피스트 안티폰에서 법과 자연" 저서 「희랍철학연구」, 「대화의 철학」 등 다수가 있다. 현재 서울대 철학과 교수.

김병채

고려대 철학과를 졸업하였으며, 동 대학원에서 석사를 마친 뒤 국립 대만대학교 철학연구소에서 석·박사학위를 취득하였다. '94년 대만중앙연구원 중국문학철학연구소 파견 교수를 역임하였으며, 현재 한양대학교 인문과학대학 철학과 부교수로 있으면서 한국중국학회 회장이기도 하다. 그동안 〈선·유학의 도덕형이상학〉, 〈유가철학의 방법과 그 성과〉, 〈순자의 심성론〉, 〈순자의 인성론〉, 〈순자 철학적 현대 의의〉(中文), 〈한국 조선 시대적 맹자학 연구〉(中文), 〈5·4운동과 근대화 연구〉, 〈전환기의 중국 문화〉, 〈현대 동양 철학의 경향과 한국적 의미〉, 〈중국의 현대 신유학 연구〉, 〈대 신유학 재중국대륙〉(中文) 등 다수의 논문을 집필하였다.

김여수

독일 본대학에서 철학박사학위를 받았으며, 현재 서울대학교 철학과 교수로 재학하고 있다. 주요 논문으로 "진리와 문화주체성의 문제", "상대주의 논의의 문화적 위상" 등이 있다.

목정배

동국대 철학과를 졸업하고, 현재 동 대학교 불교대학 교수와 불교대학원 원장직을 겸직하고 있다. 그동안 〈신라 보살계본소 연구〉, 〈삼국 시대의 불교〉, 〈불교 윤리학〉, 〈계율학 입문〉, 〈원효의 윤리관〉, 〈불교와 환경〉 등 다수의 논문을 집필하였다.

박동환

연세대 철학과 졸업. 미국 써던 일리노이스대학에서 박사학위 취득. 현재 연세대 철학과 교수.

박순영

한신대 졸업. 연세대 대학원 철학과에서 석·박사 과정을 수료하였고, 독일 보쿰대 철학과를 졸업하였다. 저서로 「산업사회의 이데올로기」, 「해석학의 철학」, 「사회구조와 삶의 질서—비판으로서의 철학」이 있다. 현재 연세대 철학과 교수.

박양자

일본 히로시마대학에서 박사학위를 취득하였으며, 현재 강릉대 철학과 부교수로 있다. 전공은 중국철학(주자학)으로, 그동안 〈주자의 서원간〉, 〈유교 윤리에 있어서의 여성 문제〉, 〈21세기에 있어서의 주자학의 역할〉 등 다수의 논문을 집필하였다.

백종현

서울대 철학과 및 동대학원 졸업. 독일 Freiburg대 철학박사. 논문으로 "Phanomeologische Untersuehung Zum Gegenstandbegriff in Kant 'Kritik der reinen Vernunft'", "칸트의 자유개념", "의식의 초월성" 등이 있고 역서로 『칸트 : 비판철학의 형성 과정과 체계』가 있다. 현재 서울대 철학과 교수.

소흥렬

1936년생. 미국 알마대학에서 석사학위를, 미시간 대학에서 박사학위를 취득하였다. 계명대학교와 연세대학교 교수, 철학연구회장, 한국인지과학회장을 역임하였다. 현재 이화여대 교수로 있으면서 한국철학회 회장을 겸직하고 있다. 〈논리와 사고〉, 〈과학과 사고〉, 〈윤리와 사고〉, 〈자연주의적 유신론〉 등의 저서와 다수의 논문을 집필하였다.

심재룡

1949년생. 서울대 철학과를 졸업하고, 경향신문 기자('67~'69)를 지낸 뒤, 미국 하와이 대학에서 석·박사('69~'79)학위를 취득하였다. 캐나다 토론토대학의 객원교수('92~'93)를 지낸 바 있으며, '79년부터 서울대 철학과 교수로 있다. 그동안 〈한국의 전통 사상〉, 〈한국에서 철학하는 자세들〉, 〈동양의 지혜와 선〉, 〈중국불교 철학사〉, 〈부처님이 올 수 없는 땅〉, 〈삶이여, 번뇌의 바다여〉를 저술하였고, 『아홉 마당으로 풀어 쓴 선(禪)』, 『연꽃 속의 보석이여—티베트 불교 길잡이』, 『있는 그대로의 자유』, 『유배된 자유—달라이 라마 자서전』 등을 번역하였다.

윤구병

1943년생. 서울대학교 철학과를 졸업하고, 「뿌리깊은 나무」 초대 편집장과 한국 글쓰기 연구회 대표를 지냈다. 현재 충북대학교 철학과 교수, 한국철학사상연구회 공동대표로 활동하고 있으며, 한국 글쓰기 연구회 연구위원으로 활동하면서 삶을 가꾸는 글쓰기를 위해 애쓰고 있다. 그동안 〈어린이 마을〉, 〈달팽이 과학동아〉, 〈올챙이 그림책〉, 〈보리 아기 그림책〉 등 어린이를 위한 책들을 기획하였고, 〈꼭 같은 것보다 다 다른 것이 더 좋아〉, 〈몸 가는 데 마음 간다〉, 〈조그마한 내 꿈 하나〉 등 여러 권의 책을 펴냈다. 「시대와 철학」에 '존재론 강의―있음과 없음'을 연재중이기도 하다. 앞으로 변산에 가서 농사를 지으면서 실험학교를 열 준비를 하고 있다.

윤사순

1936년생. 고대 철학과를 졸업하고, 1964년 고대 강사를 시작으로 조교, 부교수를 거쳐 현재 교수로 있다. 그동안 일본 와세다대학 연구교수, 한국 공자학회 회장, 한국 동양철학회 회장, 한국 철학회 회장 등을 역임했다. 현재 중국 곡부 사범대학 종신 객원 교수이며, 북경 소재 국제유학연합회 부회장을 겸직하고 있다. 〈퇴계 철학의 연구〉, 〈한국 유학의 논구〉, 〈한국 유학사상론〉, 〈한국의 성리학과 실학〉, 〈동양 사상과 한국 사상〉 등의 저서와 다수의 논문을 집필하였다.

이규성

1952년 충남 연산에서 출생하여 1971년 서울대 철학과에 입학하였다. 같은 대학의 대학원에서 석사, 박사과정을 졸업하고 1989년에 학위를 취득하였다. 1983년부터 1989년까지 영남대학교에서 교편을 잡았으며, 그 후 현재까지 이화여자대학교 철학과에 재직하고 있다.

이남영

서울대 철학과 졸업후 국립 대만대학교에서 석사과정을 수료하였다. 주요논문 "초정과 다산실학의 비교연구" 저서 〈윤리적 시천과 현대국법정신〉 현재 서울대 철학과 교수.

이성원

서울대 영문과 졸업. 서울대 대학원에서 석사학위를 취득하고 미국 뉴욕주립대학에서 박사학위 취득. 주요 논문 "인문과학과 문학적 인식", "목소리 자아, 영상" 등 다수. 현재 서울대 영문과 교수.

이초식

1935년생. 서울대 철학과를 졸업하고 동 대학원에서 석사를 마친 후, 오스트리아 잘츠부르크 대학교 대학원에서 철학 박사학위를 취득하였다. 서울교대 윤리교육과 교수와 건국대 철학과 교수를 거쳐, 현재 고려대학교 문과대학 철학과 교수로 있다. 그동안 한국인지과학회 회장, 철학연구회 회장을 역임하였고, 현재 한국철학교육아카데미 원장을 겸임하고 있으며, 〈확률과 결단론〉(*Wahrscheinlichkeit und Entscheidung*), 〈집필과 논리〉, 〈고등학교 논리학〉, 〈인공지능의 철학〉 등의 저서와 다수의 논문을 집필하였다.

장회익

1938년 예천 태생으로, 서울대학교 물리학과를 졸업한 후, 미국 루이지애나 주립 대학에서 물리학 박사학위를 취득하였다. 현재 서울대학교 물리학 교수 겸 과학사 및 과학·철학 협동과정 겸임 교수로 재직중이다. 저서로는 《과학과 메타과학》, 《현대 과학의 제문제》(공저) 등이 있으며, 관심 분야는 응집물질물리학, 과학이론의 구조, 양자역학의 철학적 해석, 생명 문제 등이다.

정세화

1932년생. 서울대 철학과를 졸업하고, 이화여대에서 교육학 석사(교육철학 전공), 연세대에서 교육학 박사학위(동양교육철학 전공)를 취득하였다. 그 후 미국 남가주대학교, 일본 오짜노미즈 여자대학, 미국 펜실바니아 대학교에서 연구를 한 바 있으며, 그동안 이화여대 사범대학 교학과장, 교육학과장, 대학원 여성학과장, 한국 여성연구소장, 현재 한국여성개발원 원장으로 있다. 〈교육철학의 구조주의적 접근〉, 〈동양 교육사상 비교연구〉, 〈기철학적 인간 평등관과 여성 교육이념〉, 〈한국 여성 교육이념 연구—이·기 철학적 접근〉 등의 저서와 다수의 논문을 집필하였다.

허남진

서울대 철학과에서 석·박사 학위를 받았으며, 주요 논문으로 〈조선후기 철학연구〉 등이 있으며, 현재 서울대 철학과 교수.

해방 50년의 한국 철학

1996년 5월 25일 제1판 1쇄 인쇄
1996년 5월 30일 제1판 1쇄 발행
편 저 : 철학연구회편
발행인 : 전 춘 호
발행처 : 철학과현실사
　　　　서울시 서초구 양재동 338-10
　　　　전화 579-5908·5909
등 록 : 1987. 12. 15 제1-583호

값 10,000원
ISBN　89-7775-162-4 03100
편자와 협의에 의하여 인지는 생략함.